目录

欧非战场

苏德战场

中国战场

亚太战场

国际关系

欧非战场

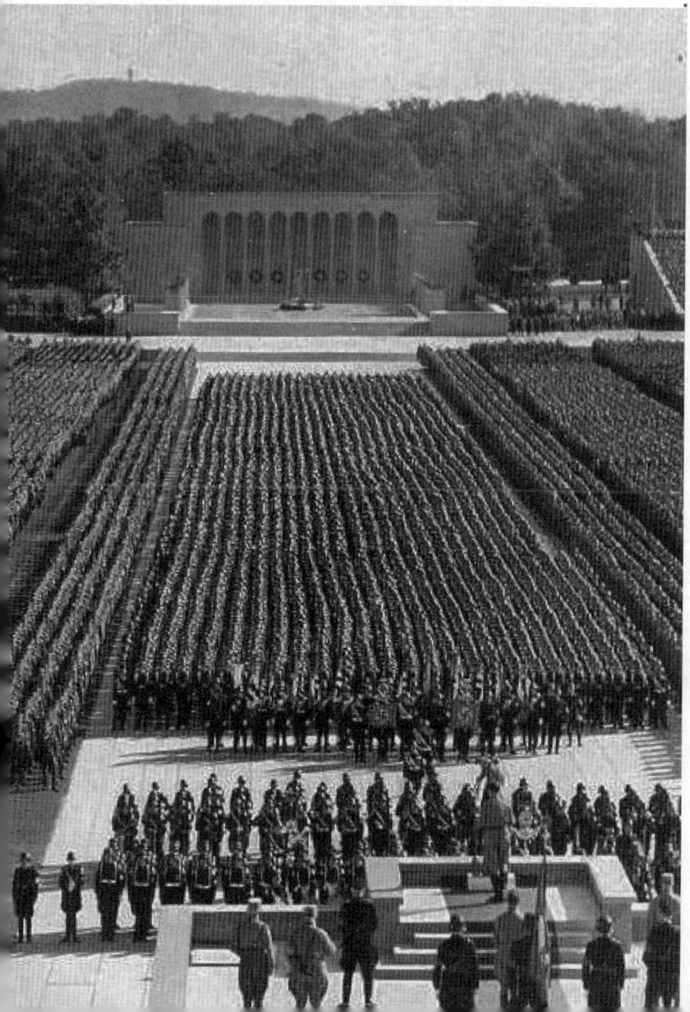

【引子】

1918年

11月11日 第一次世界大战结束。

1919年

6月28日 《凡尔赛条约》在凡尔赛镜厅签订。根据条约，德国失去了1/8的领土和1/10人口，并需向协约国支付2260亿金马克的赔款。德国在海外的殖民地全部被英、法、日等国瓜分。德国丧失了65%的铁矿、45%的煤矿以及大部分海外投资、商船和海军舰队。条约还对德国的军备进行了严格的限制：解散总参谋部，废除义务兵役制，陆军不得超过10万人，海军不得超过1.5万人，不准有主力舰，不许建立空军，禁止拥有飞机、坦克和重炮。对此，德国人极为不满，其代表团甚至在凡尔赛折断了签字用笔，报纸也大骂“《凡尔赛条约》是历史上最卑鄙的罪恶”。

1922年

10月28日 墨索里尼向罗马进军，意大利法西斯主义抬头。

1923年

11月8日 希特勒在慕尼黑贝格勃劳凯勒啤酒馆发动政变，失败后于次日被捕，并被关进兰德斯堡旧炮台监狱。他在监狱里口授了《我的奋斗》。

1925年

希特勒公然违背《凡尔赛条约》对德国军备的限制，着手制订战争计划，要求把条约规定的10万兵力扩充到280万，即8个集团军、102个师和252名将军。

1929—1932年

西方世界爆发严重的经济危机，各国急切寻求出路，国与国之间的关系空前恶化。1932年12月，英、美、法、意、日首脑会议通过决议，原则上承认了德国军备平等的权利。

1933年

1月30日 希特勒成为一个由国社党和纳粹党组成的“国民政府”的总理，他一上台就提出了“要大炮不要黄油”的口号，明目张胆地破坏《凡尔赛条约》对德国军备的限制，试图把德国从一个受辱国变成欧洲最大的军事强国。根据军方上层人物制定的一项计划，德国将把条约允许的10万兵力扩充到280万，并将之编入102个师和8个完整的集团军。

2月27日 纳粹党二号人物戈林制造了“国会纵火案”，并把罪名强加在共产党头上。

2月28日 德国颁布“保卫人民和国家”紧急法令，从而废除了基本民权。

3月21日 德国党卫队首领希姆莱在达豪建立第一个实验性的集中营，并以此为“样板”，于1936年9月在奥拉宁堡附近建立了萨克森豪森集中营，1937年7月建立了布痕瓦尔德集中营，1938年5月建立了弗洛森堡集中营。这些集中营的公开名称是“国家劳动自新营”，其营门上写着：“劳动就是解放”。据美国大屠杀纪念馆材料，二战期间，纳粹集中营和隔离区多达4.25万个，在集中营里死亡的人数估计为770万到1100万人。

3月24日 德国国会根据授权法，授予希特勒最高权力。

7月14日 德国颁发禁止成立新政党的法律，从而催生了一个极权主义国家。

1934年

7月26日 德国国社党在维也纳暴动失败。多尔富斯总理被刺。

8月2日 德国总统保罗·冯·兴登堡逝世，希特勒成为“德国元首兼总理”。德国陆军向希特勒宣誓效忠。

12月30日 墨索里尼把侵略埃塞俄比亚（旧称“阿比西尼亚”）的行动计划交给意军总参谋长巴多格里奥，后者只用了半年多的时间，就在埃塞俄比亚边境上集结了30万军队。

1935年

3月16日 希特勒正式废止了《凡尔赛条约》中关于禁止德国军队复活的内容。他发表讲话说：“通过重新武装，德意志帝国政府表达了一个满怀信心的希望，即重新获得荣誉的德意志民族，能在独立平等的基础上，有权在与其他国家自由和开放的合作中，创造出一种有利于世界和平和稳定的环境。”

10月2日 意大利罗马城里演出了一场闹剧：随着“咚咚咚！咚咚咚！”不停的鼓声，一队队身穿黑衫、头戴高帽、腰佩手枪的法西斯党徒快步奔向广场。每队的前头都有一面旗帜，旗上的图案是一束木棒围着一把斧头。这就是法西斯的标志。墨索里尼翘着下巴登上检阅台，先是高举右手表示致礼，再用他嘶哑的嗓音发表演讲：“现在是一劳永逸地解决埃塞俄比亚的时候了！39年前，我们远征该国吃了大败仗，死了1万多人。现在，我以意大利首相的名义宣布，我们要惩罚他们！”

10月3日 意大利军队从北、东、南3个方向侵入埃塞俄比亚。

11月1日 希特勒要求所有年满21岁、身体健康的德国男性公民全部参军。按照新的计划，德国军队将拥有36个师、55万人。

1936年

2月 西班牙人民阵线建立共和国政权。7月，佛朗哥发动武装叛乱。

3月7日 德国废除《洛迦诺条约》，占领了非军事区——莱茵兰区。

4月 侵埃意军达到40万人，大炮增至1.2万门。意大利空军对埃塞俄比亚城市和乡村狂轰滥炸。这样，意军得以在5月5日攻占埃塞俄比亚首都亚的斯亚贝巴，塞拉西皇帝流亡英国。

5月9日　意大利正式宣布吞并埃塞俄比亚，建立意属“东非帝国”。

7月18日　西班牙内战爆发。

9月4日　西班牙共和国新政府组成，人民阵线各党派的代表参加了政府。10月，共产党等开始了马德里保卫战。

9月8日　希特勒宣布实施扩充军备的“四年计划”，他在关于该计划的《备忘录》中写道：“德国军队应在4年内做好作战准备。”

10月25日　德意签订《反共产国际条约》，德国承认意大利对埃塞俄比亚的占领。

11月5日　希特勒告知陆军将领：“解决德国问题的唯一办法就是诉诸武力。”

1937年

6月24日　德国军事部长兼武装部队总司令冯·勃洛姆堡向三军总司令部发出秘密指示，要求武装部队对可能发生的几种战争做好准备：对奥地利的战争代号为“奥托方案”，对捷克斯洛伐克的战争代号为“绿色方案”，对法国的战争代号为“红色方案”。

11月5日　希特勒在总理府会议上声言：“在欧洲寻找与德国直接相关的原料地区，比到海外去寻找这些地区更为适宜。”

11月6日　意大利正式加入《德日反共产国际协定》。三天后，希特勒在慕尼黑声称：“三个国家联合起来了。起初是欧洲轴心，现在是世界的大三角。……这个三角并不是由三个微弱的幻影组成的，而是由三个大国组成的，它们准备并决心实现它们的权利和确保它们的生死利益。”

【1938年】

2月4日 德国改组国防军，希特勒成为“最高统帅”。

3月11日 希特勒下达了实施“奥托方案”的第一号指令，随后又强逼奥地利总理许士尼格辞职，并坚持由亲德国的赛斯–英夸特担任总理。许士尼格被迫下台，但奥地利总统米克拉斯却不同意任命赛斯–英夸特为总理。在此情况下，德国指使奥地利的纳粹分子冲上大街，强占了总理府，夺取了政权。

3月12日 拂晓，德国军队越过边界进入奥地利。这一天，出生在奥地利的希特勒回到维也纳，即刻下达命令：签署“德奥合并”的法律。按照这一命令，德国内政部副部长斯图卡特将一份“法律草案”交给了奥地利政府，该法案规定奥地利只是德国的一个省。赛斯–英夸特当即在上面签了字。

3月13日 奥地利并入第三帝国。“大日耳曼主义”付诸实施。

3月28日 希特勒把德国在捷克斯洛伐克的代理人、体育教员康拉德·汉莱因召至柏林，密令他在捷克斯洛伐克制造事端，提出捷克斯洛伐克政府“不能接受的要求”。汉莱因表示：“我们必须总是提出永远无法使我们得到满足的要求。”

马德里陷落，西班牙共和国被国内外反动势力颠覆。

3月31日 英国向波兰提出安全保证。

4月24日 以汉莱因为首的苏台德日耳曼人党召开代表大会，制定了《卡罗维发利纲领》，公开提出成立“自治政府”，要把苏台德区从捷克斯洛伐克分割出去。消息传开，捷克斯洛伐克人民十分愤怒，要求政府镇压汉莱因分子。捷克斯洛伐克政府在人民的压力下，宣布苏台德区处于军事状态。汉莱因慌忙逃往德国。

5月20日 希特勒在德捷边境集结兵力。下午，捷克斯洛伐克总统贝奈斯主持召开内阁紧急会议，决定实行局部动员。21日，捷克斯洛伐克40万后备军应征入伍，迅速而有秩序地进入防御阵地；苏联表示愿向捷克斯洛伐克政府提供援助。

5月30日 希特勒在他签署的一项指示中宣告，他的“不可动摇的决心就是在不久的将来以军事行动粉碎捷克斯洛伐克”。

6月8日 德国驻苏大使舒伦堡在经过认真分析后，向柏林报告：苏联“不可能出兵保卫一个资产阶级国家——捷克斯洛伐克”。同时，波兰为了自身利益，表示不愿苏联军队借道增援捷克斯洛伐克。

8月3日 英国首相张伯伦派人赴捷克斯洛伐克“调查”，并充当苏台德危机的“调解人”。但是，他的真正意图是为把苏台德区转交给德国人铺平道路。

8月27日 德军参谋长贝克将军为抗议希特勒的政策而提出辞职。

8月31日 希特勒批准德军最高统帅部作战处处长约德尔8月24日的一份备忘录，这份备忘录提出了入侵捷克斯洛伐克的命令发布的时间和防卫措施，其中包含这样一句话：“‘绿色’行动将通过在捷克斯洛伐克制造事端，使德国有机会进行军事干涉。决定这一事端的确切时间至关重要。”

9月12日 希特勒在纽伦堡体育场发表演说，宣称要为苏台德人“伸张正义”，并且扬言，如果捷克斯洛伐克政府不接受德国的全部要求，就将面临战争危险。当晚，日耳曼人党策动叛乱，德军大规模向德捷边境移动。

9月13日 法国内阁整天讨论是否应履行对捷克斯洛伐克的义务的问题。内阁意见不能统一。最后，总理达拉第要求英国火速同德国谈判。

9月14日　张伯伦匆匆从德国回到伦敦。英法两国很快就商量出一项强加给捷克斯洛伐克的联合提案。提案规定："凡是苏台德区日耳曼籍居民占50%以上的全部领土，都直接转让给德意志帝国"。另外，英、法、德将一起"担保"捷克斯洛伐克的"新边界不受无端侵略"，这种"国际保证"将代替捷法、捷苏之间的现有条约。这样，既可以把苏台德区作为礼物奉送德国，又可使法国从法捷条约中脱身，并使捷苏条约不能生效。

9月15日　清晨，张伯伦拿着雨伞，行色匆匆地赶往德国去拜见希特勒。他经过4小时飞行，在德国慕尼黑机场着陆，然后又乘了3小时火车，才到达德国西南角的小城伯希特斯加登。希特勒在高山别墅会见他时竟然坚决表示，德国决心要"在最短时间内，用一切办法来结束苏台德区不能容忍的局面"；"现在不是苏台德日耳曼人自治的问题，而是把这一地区割让给德国的问题"。

9月16日　张伯伦召开内阁会议，说是只有答应德国的要求，才能阻止希特勒进犯捷克斯洛伐克。达拉第同日也赶到伦敦，联合向捷克斯洛伐克施加压力。无奈之下，捷克斯洛伐克总统贝奈斯9月21日发表公报说："我们没有别的选择，因为我们被抛弃了！"

9月20日　斯洛伐克人向捷克斯洛伐克政府提出了实行自治的要求。

9月21日　波兰向捷克斯洛伐克政府提出在特青地区举行公民投票的要求。

9月22日　张伯伦口袋里装着英法提案，到了莱茵河畔的小城哥德斯堡。希特勒一看两国送货上门，立即又抬高了要价。他说："我极其抱歉，由于过去几天形势的发展，这个计划再也没有什么用处了。"他斩钉截铁地要求：苏台德区必须立即由德国实行军事占领，这个问题最迟要在10月1日完全地、最后地解决。

匈牙利向捷克斯洛伐克的卢西尼亚地区提出领土要求。

9月23日　上午，张伯伦给希特勒写了一封信，表示愿意把希特勒的要求提交给捷克人，并愿意向布拉格建议，在苏台德区正式移交以前，可由那里的日耳曼人自己来维持当地的法律和秩序。英国首相等了一天，才收到一个措辞激烈的照会：看来只有战争才能解决问题！当天晚上，张伯伦同希特勒举行最后一次会谈，希特勒以备忘录的形式提出了他的全部要求并附有地图。

9月26日　希特勒在柏林体育馆声言："如果10月1日苏台德区还没有交

给德国，我希特勒就是打进捷克去的第一个士兵。”

9月27日 希特勒命令7个师的德国军队进逼捷克斯洛伐克边境的出击点，要求部队必须在9月30日准备好按照“绿色方案”行动。

9月28日 早晨，法国驻德大使按照本国政府的指示，前往总理府晋见希特勒，并献计说：“当你的主要要求能不需要战争而得到满足时，为什么你要冒那种风险呢？”这正合希特勒的心意。希特勒同意把总动员的时间推迟24小时。下午2时，希特勒作出决定：向英法意3国发出请帖，要它们第二天中午到慕尼黑开会，解决捷克斯洛伐克问题。下午4时15分，正在下院发表演说的张伯伦收到希特勒的信，如获至宝，欣喜若狂地对议员们说：“我刚刚接到希特勒先生的通知，他邀请我明天早晨去慕尼黑同他会晤。他也邀请了墨索里尼先生和达拉第先生。……我们都是爱国者，危机又一次推迟，再一次给我们提供一个机会……对此，本院不会有哪一位尊敬的议员先生不感到万分激动。”晚上6时45分，张伯伦给捷克斯洛伐克总统贝奈斯发出电报，正式通知他到慕尼黑开会。

9月29日 张伯伦兴致勃勃地奔向伦敦机场。他在机场发表谈话说：“当我是一个小孩子的时候，我总是爱说：‘如果开头没有成功，就再试一试，再试一试，再试一试。’我现在要做的正是如此。当我回来的时候，我希望能像莎士比亚的历史剧本《亨利四世》里霍士波所说的：‘把那芬芳可爱的蔷薇拔了下来，不让一颗刺人的荆棘在他的土地上生长发育。’”

当天12时45分，张伯伦、达拉第、希特勒、墨索里尼及其随从在慕尼黑纳粹新厦“褐色宫”举行正式会议。这就是历史上臭名昭著的慕尼黑会议。会上，张伯伦和达拉第极力迎合希特勒和墨索里尼提出的出卖捷克斯洛伐克的建议。开会时，两位捷克斯洛伐克的代表在德国秘密警察的监护下，坐警车来到举行会议的“褐色宫”，在会议室隔壁的房间里等候四大国首脑对他们祖国命运的判决。

慕尼黑会议进行到晚上9时，希特勒邀请与会者出席宴会。此时，译员们都在忙于准备协定草稿。9月30日凌晨1时，四大国首脑在慕尼黑协定上签字。协定载明：德国得到捷克斯洛伐克的苏台德区（约1.1万平方英里，居民350万人），波兰得到特青地区（约400平方英里，居民24万人），匈牙利得到卢西尼亚南部地区（约5000平方英里，居民100万人）。会议结束后，张伯伦连连打着哈欠。有人问他是不是累了，他说：“我累，但累得很舒服。”

他勉强打起精神，叫人把捷克斯洛伐克的两名代表带进会议厅。张伯伦同达拉第等人一起，向捷克斯洛伐克代表介绍了协定的内容。捷克斯洛伐克代表还被告知，这是一个“无权上诉和不能修改的判决书”。

9月30日　下午12时50分，捷克斯洛伐克政府终于屈服。

10月1日　德军开进捷克斯洛伐克的苏台德区。

10月20日　希特勒下令毁灭“捷克斯洛伐克的残余部分”。

11月9日　德国有组织地摧毁犹太人在全国各地的商店和教堂，并于次日制造了“水晶之夜”（焚毁犹太教堂、砸碎犹太人商店的橱窗）。

【1939年】

3月15—16日　德军24个师开进布拉格，占领了捷克斯洛伐克的剩余部分，确立了德国"保护"波希米亚和摩拉维亚的地位。这是德国走向战争的决定性一步。

3月21日　德国向波兰提出解决边界争端的建议。3月26日，波兰政府拒绝了德国的建议。

3月22日　立陶宛把梅默尔割让给德国。

3月23日　英、法正式结成军事同盟。

3月28日　佛朗哥国家主义党的军队进入马德里。这支军队是在意大利和德国的帮助下战胜西班牙共和国的。此前，法国和英国就已承认了这个新的国家；4月，美国也承认了西班牙。

3月31日　英国向波兰、希腊、土耳其和罗马尼亚提供保证，法国对英国表示支持。

4月1日　佛朗哥宣布西班牙内战结束。

4月3日　希特勒下达代号为"白色方案"的秘密指令，要求德国三军部队在9月1日前完成对波兰作战的准备工作。

4月7日　意军入侵阿尔巴尼亚，在都拉斯港登陆后沿海岸线向前推进。

5月18日　英国恢复征兵。

6月14日 德国第3集团军司令布拉斯科维茨向希特勒提交了“白色方案”的详细计划。

8月19日 德国两艘袖珍战列舰和18艘潜艇驶往大西洋。

8月24日 英国宣布总动员。

8月25日 希特勒推迟原定于8月26日对波兰的进攻。

8月31日 12时40分，希特勒发布进攻波兰的最后指令。

9月1日 4时45分，德国开始进攻波兰。

德国兵力：北方集团军群（司令冯·博克大将），下辖第3集团军（司令冯·屈希勒尔炮兵上将）、第4集团军（司令冯·克卢格炮兵上将），约63万人；南方集团军群（司令冯·龙德施泰特大将），下辖第8集团军（司令布拉斯科维茨步兵上将）、第10集团军（司令冯·赖歇瑙炮兵上将）、第14集团军（司令利斯特大将），约88.6万人。共计6个装甲师、4个轻装师、4个摩托化师、3个山地师和37个步兵师。投入当时国内3195辆坦克和5门强击火炮（自行火炮）的大部。由第1航空队（司令凯塞林航空兵上将）和第4航空队（司令勒尔航空兵上将）担任空中支援，有飞机1302架。此外，还有直属空军总司令部的飞机133架、陆军近程侦察机288架，以及东部国土防空部队的歼击机216架，总计1939架。

德国航空队通常由2个航空军或数个航空师编成，装备500—1000架飞机。二战中，德国共有7个航空队。

波兰兵力： 38个步兵师、2个摩托化旅、11个骑兵旅、1143辆轻型装甲车辆（2.4—8.9吨）。空军：277架歼击机、203架多用途飞机、66架轰炸机和199架近程侦察机，共计745架。

10时，希特勒在国会演说中宣布，但泽（今格但斯克）将划入德国版图。

希特勒签署在德国屠杀伤病员和残废者的指令。其后，约有10万被称为“无用”的德国人遭到屠杀。

意大利宣布在德波战争中保持中立。

9月1—3日 波兰“莫德林”集团军（司令普泽德济米斯基-科鲁博维基将军）被德国第1军（军长佩策尔中将）逐出姆瓦瓦阵地。

德国第19装甲军（军长古德里安装甲兵上将）突破但泽走廊（一条将东普鲁士与德国分隔开的狭长地带），向库尔姆和格劳登茨（今格鲁琼茨）推进。波兰“波莫瑞”集团军大部被合围，至9月5日全部被歼。

德国第10集团军的第15装甲军（军长霍特步兵上将）和第16装甲军（军长赫普纳骑兵上将）突破琴斯托霍瓦两侧防线。波兰第7步兵师被歼。

9月2日　亨利·吉桑就任瑞士军队总司令。

9月3日　上午11时，英国对德宣战，实施封锁，并派出皇家空军在德国的汉堡、不来梅和鲁尔区上空抛撒传单。接着，法国、澳大利亚和新西兰也对德宣战。

德国西线兵力：C集团军群共33个步兵师，其中只有11个现役师，无装甲部队和摩托化部队。由第2、第3航空队担任空中支援。

法国兵力：110个师，其中57个现役步兵师、1个装甲师、2个机械化师、5个骑兵师，并有坦克约4000辆。

德国海军开始在北海布设“西壁工事”水雷障碍区。17艘潜艇开始在北大西洋实施贸易战，通过禁运、切断敌国重要运输线、劫掠和击沉敌国商船等手段瘫痪敌国经济。U-30号潜艇（艇长伦普海军中尉）未发警告，就将停泊在1艘辅助巡洋舰旁的英国“雅典娜”号客轮击沉。德国潜艇将第一批磁性水雷布设在英国东海岸。

9月3—30日　德国潜艇在北海和大西洋击沉同盟国商船48艘，约17.9万吨。

9月4日　英国皇家空军的29架轰炸机轰炸停泊在布伦斯比特尔和希林—雷德的德国军舰。

在西线，德国飞机除侦察飞行外，尚未进行空战。

9月5日　波军总司令雷兹斯米格雷元帅命令军队撤至维斯瓦河以东。

9月6日　法国第4集团军（司令雷坎将军）在西壁工事前方地带（萨尔布吕肯地域）的有限地域内，开始实施一次象征性的“进攻”。

南非对德宣战。

9月7日　英国第一支护航运输船队驶离港口。

9月8日　德军第4装甲师的先头部队到达华沙。

9月8—11日　德军3个军将波兰“普鲁士”集团军合围，迫其投降并俘虏波军6万人。

9月9日　首批英军被运到法国瑟堡。

加拿大对德宣战。

9月9—12日　波兰“波兹南”集团军在布祖拉河附近实施强大突围，被德军击退。

9月10日 德国第19装甲军突破波兰“纳雷夫”集群的防线，并将波兰第18步兵师歼灭于沃姆扎。

驻守在西线齐格菲防线的德军增加到43个师，但没有配备坦克；对面的法军有90个师和近2000辆坦克。

9月11日 德军切断了华沙与东部的联系。

9月11—16日 英国舰队在多佛尔—加来海峡（今多佛尔海峡）布设3000枚水雷。

9月12日 希特勒第一次透露他将在西线发动攻势。

9月12—17日 德军分别通过布列斯特—立陶夫斯克（今布列斯特）和卢布林省的托马舒夫，由南、北两个方向向库尔姆实施突击，位于布格河以西的全部波兰陆军被合围。

9月14—16日 英国首批大西洋运输船队驶离弗里敦、金斯敦和哈利法克斯。

9月15日 英国远征军（司令戈特将军）在法国勒芒开设司令部。

德军分别从南面和东面包围了波兰首都华沙。

9月17日 苏联白俄罗斯方面军（司令科瓦廖夫大将，下辖第3、第11、第10、第4集团军）和乌克兰方面军（司令铁木辛哥大将，下辖第5、第6、第12集团军）开进波兰东部。

波兰政府和波军统帅部迁往罗马尼亚，其成员后被逮捕。

德国U-29号潜艇在北大西洋将英国“勇敢”号航空母舰击沉。

9月17—20日 德军将波兰“卢布林”集团军合围，迫其6万人投降。

9月18日 德苏军队在布列斯特—力托夫斯克会师。

9月18—19日 波兰“波兹南”集团军和“波莫瑞”集团军共17万人，在再次突围失利后投降。

9月19日 德军向波兰首都华沙发起总攻击。

英国海军大臣温斯顿·丘吉尔向战时内阁提交一份关于阻止德国从挪威海港运出铁矿石的备忘录。

9月21—22日 伦贝格（今利沃夫）波兰守军投降苏军。

9月21—23日 德军撤至维斯瓦河，这里是8月23日《德苏互不侵犯条约》规定的分界线。

9月23日 英国致函比利时，建议双方总参谋部举行会谈。

9月24—26日 德国开始逐渐放宽对贸易战的限制。迄今一直停泊在南大西洋和北大西洋待机海域的“施佩尔海军上将”号和“德意志”号装甲舰出海作战。

9月25日 德军对华沙实施突击。德国航空兵出动1176架次飞机空袭华沙，投掷燃烧弹72吨，爆破弹486吨。

9月26日 德国450架飞机空袭波兰要塞莫德林。13架飞机首次攻击停泊在北海的英国本土舰队的部分舰只，“皇家方舟”号航空母舰险被击中。

9月27—28日 华沙守军（司令鲁梅尔将军）12万人投降。

9月29日 波兰莫德林要塞投降。

9月30日 以瓦迪斯瓦夫·西科尔斯基将军为首的波兰流亡政府在法国建立，逃亡西方的波兰军队均在其领导下。

9月 希特勒下令屠杀“劣等种族”吉卜赛人。大规模屠杀发生在1941年和1943年。据统计，被屠杀的吉卜赛人达50万。

10月1日 海尔半岛的波兰海军部队4000人投降。

10月1—31日 德国潜艇在北海和大西洋击沉同盟国商船34艘，约16.8万吨。

10月2日 德国开始逐步取消对潜艇在英国海域不发警告而诉诸武力的限制。起初只袭击标志不清的商船，后敌国所有商船都成为袭击目标。

进行抵抗的最后一个波兰城市格丁尼亚停止战斗。

10月3日 德国南方集团军群司令冯·龙德施泰特大将任“东线总司令”，下辖留驻波兰的30个师。其余部队转移至西线或返回本土。

10月5—12日 德国“施佩尔海军上将”号装甲舰首次出现在南大西洋，击沉盟国商船4艘。

10月6日 波兰最后一批部队约1.68万人在科茨克和卢布林投降。游击战一直持续到1940年春。波军约10万人出逃，其中大部经匈牙利进入同盟国势力范围；70万人被德军俘虏。德军在波兰战局中的损失为：死亡10572人，受伤30322人，失踪3404人；损失坦克217辆、飞机285架。

希特勒在国会发表演说，提出所谓“和平倡议”，后被法英拒绝。

10月7—9日 德国舰队以“格奈泽瑙”号战列舰、“科隆”号巡洋舰和9艘驱逐舰首次突击挪威海岸，企图诱使英国本土舰队通过德国潜艇作战海域进入德国空军的作战领域。

10月8日 德国分别将留置东线的第3、第8、第14集团军司令部改称“北部”、“中央”和“南部”边境地段司令部。

西波兰和但泽市并入德国版图。

10月9日 希特勒发布在西线发动更大规模进攻的“第6号元首指令”。

10月10日 德国海军总司令雷德尔海军元帅向希特勒面陈挪威对德国的战略意义。

10月10—19日 德国首次实施潜艇集群作战，但由于潜艇数量过少和战术指挥失策而失利。6艘潜艇击沉同盟国3艘运输船，己方却损失3艘潜艇。相反，在以单艘潜艇所进行的攻击作战中，击沉对方20艘舰船，约11.8万吨。

10月14日 德国U-47号潜艇成功潜入英国海军的斯卡帕弗洛基地，将排水量近3万吨的英国战列舰“皇家橡树”号击沉。

10月15日 英国“北方巡逻队”奉命抗击偷越封锁线的德国船只。

10月16日 德军首次轰炸英吉利海峡沿岸的英国军舰。其驱逐舰首次布雷。

10月16—17日 德国空军首次在弗斯湾和斯卡帕湾攻击英国军舰。

10月17—18日 德国6艘驱逐舰首次在英国东海岸的亨伯河河口布设进攻性水雷。

10月19日 德国陆军总司令部制定第一个进攻西方的计划。

10月23日 佛朗哥在靠近西班牙边界的法国城市昂代会晤希特勒时，暗示西班牙不参加战争，也不允许德国军队越过西班牙领土去进攻英国人控制的直布罗陀。

10月25日 德国废止在波兰的军事管理机构。位于德、苏“势力范围分界线”和“已划入德国版图的东部领土”（但泽—西普鲁士省和瓦尔特兰省；齐兴瑙，上西里西亚专区）之间的波兰残存领土的民政事务统由“波兰占领区总督”掌管。11月8日汉斯·弗兰克被任命为总督。

10月30日 德军U-56号潜艇在奥克尼西部海域攻击丘吉尔乘坐的准备驶往斯卡帕湾的“纳尔逊”号战列舰，由于鱼雷的磁性引信失灵，未遂。

10月31日 德军冯·曼施坦因中将为西方攻势制定了第一个作战草案。

11月1—30日 德国潜艇在北海和大西洋击沉同盟国商船28艘，约7.46万吨。

11月5日 陆军总司令部（总司令冯·布劳希奇大将）说服希特勒推迟

西线攻势。进攻日期定于11月12日。

11月7日 西线攻势的发起时间推迟至11月15日。直至1940年5月10日发起进攻，共推迟29次。

荷兰女王威廉米娜和比利时国王利奥波德三世提出调解建议，均遭英、法和德国拒绝。

11月8日 希特勒在慕尼黑比格布罗伊酒馆对“老战士”发表演说时，险遭格奥尔格·艾尔泽谋杀。

11月9日 德国保安局在德国、荷兰边境逮捕两名英国谍报官，酿成“芬洛事件”。

11月15日 同盟国提出应对德国进攻的“代尔”计划。

11月20日 德国首次使用海军航空兵的飞机，从空中在英国东海岸布雷。11月份共布雷3次，空投水雷41枚。

11月21—27日 为减轻南大西洋上的“施佩尔海军上将”号装甲舰的压力，海军舰队（司令马沙尔海军上将）以“格奈泽瑙”号战列舰和“沙恩霍斯特”号战列舰对英国北方巡逻舰队实施攻击。英国“拉瓦尔品第”号辅助巡洋舰被击沉。

11月23日 希特勒在对高级将领的讲话中声称，他进攻英、法的“决心不可动摇”，破坏比利时和荷兰的中立“无关紧要”。

11月30日 芬兰、苏联冬季战争开始。苏联列宁格勒军区的约30个师越过苏芬漫长的边界线。芬兰的兵力为：总司令曼纳海姆元帅，10个师，7个混编旅，约150架飞机，共30万人，主要防御方向为“曼纳海姆防线”上的卡累利阿地峡；在此方向上，苏军部署了第7、第13集团军，在拉多加湖北部部署了第8、第9、第14集团军。苏军对赫尔辛基、汉科和拉赫蒂实施空袭；海军则炮击芬兰南部海岸。

德国陆军总司令部与A集团军群（司令冯·龙德施泰特，参谋长冯·曼施坦因）就进攻西方的“曼施坦因计划”展开讨论。

12月1—31日 德国潜艇在北海和大西洋击沉同盟国商船37艘，约10万吨。

12月2日 苏联与芬兰反政府的芬兰共产党政府签订“互助协定”，但由于苏联的攻势在越过旧边界线不久便停滞不前，新政府未起任何作用。

12月6日 冯·曼施坦因中将为西线作战起草一份备忘录。

12月8日 夜晚，德国谍报局长卡纳里斯海军上将在访问罗马尼亚时，与罗马尼亚保密局长就在油区部署一支伪装良好的德国保安部队达成一致。

12月11日 德国海军总司令雷德尔海军元帅接见挪威前国防大臣、“民族团结党”领袖维德孔·吉斯林。吉斯林提醒说，英国将对挪威发动进攻。

12月11—28日 芬兰第9师运用围歼战术，歼灭苏军一个步兵师。

12月13日 英国3艘巡洋舰与“施佩尔海军上将”号装甲舰在拉普拉塔河口展开海战。德舰受伤后被迫驶往乌拉圭的蒙得维的亚，并于12月17日自行炸沉。3天后，舰长朗格斯道夫在蒙得维的亚旅馆自杀。

12月14日 希特勒接见吉斯林，允诺给予支持。

12月16日 丘吉尔再次向战时内阁提交一份关于阻止德国从挪威海港运出铁矿石的备忘录。

由于海军航空兵基地结冰，德国西线航空队结束在英国海岸空投水雷的行动。自11月20日，在5次布雷中，共空投1000公斤重的B型水雷22枚、500公斤重的A型水雷46枚。

12月18日 英国第9、第37和第149航空中队的24架轰炸机，在对维廉港实施武装侦察时，被德国第1歼击机联队击落12架。

12月28日 德国U-30号潜艇在克莱德河河口用鱼雷攻击英国“巴勒姆”号战列舰。

12月31日 英国在北非的远征军兵力达16万人，其中空军9392人。由英国运往北非的飞机共23894架，弹药3.6万吨，燃料2.5万吨，给养和装备6万吨。

【1940年】

1月1—31日 德国潜艇在北海和大西洋击沉同盟国商船58艘，约17.9万吨。

1月5—8日 芬兰第9师在苏奥穆萨尔米东部歼灭苏军第9集团军的第44步兵师。在苏奥穆萨尔米附近的两次会战中，苏军死亡27500人，被俘1300人，损失坦克50余辆。芬军死亡900人，伤1770人。

1月9—30日 德国轰炸机在英国东海岸炸沉船只12艘，共23944吨。

1月10日 希特勒将西线攻击的时间定为1月17日。

由于天气恶劣，一架偏离航线的德国飞机在比利时的梅赫伦迫降，机上的赖因贝格和赫恩曼斯空军少校将随身携带的有关即将发动西线攻势的大部分文件销毁，但比利时人仍从抢救出来的残碎纸片中证实了他们估计到的事情：德国企图通过比利时和荷兰领土对西方发动攻势。

1月11日 希特勒发布“1号原则命令”，其核心是：“对于保密之事，任何人……如不是出于工作之必需，绝不允许知道。”也就是说，不给高级“军事领导以独立、全面地判断事物的可能性”。

1月13日 希特勒命令，停止西线的一切进军行动。

1月15日 比利时政府拒绝同盟国军队的过境要求。

1月16日 希特勒最终将西线攻势的发起时间定在春季。

同盟国着手准备斯堪的纳维亚海上和陆上的作战。

1月19日 法国议会排斥共产党。

1月27日 德国国防军统帅部开始制定“威悉河演习”计划，即占领丹麦和挪威的军事基地的计划。

2月1—3日 苏联西北方面军（司令铁木辛哥）以第7集团军和第13集团军对由芬兰6个师防守的卡累利阿地峡上的“曼纳海姆防线”发动进攻，被芬军击退。

2月1—29日 德国潜艇在北海和大西洋击沉同盟国商船49艘，约18.6万吨。

2月3日 负责4年计划的全权代表戈林在给帝国经济部长冯克的信中指出，军备生产应在“1940年有一个尽可能大的发展”。

2月5日 同盟国军事会议在巴黎作出援助芬兰并将部队运往纳尔维克的决定。苏芬战争期间，瑞典向芬兰提供飞机25架、火炮112门、高炮104门、反坦克炮85门、枪支8万枝，以及弹药和其他作战物资。芬兰军队从英国得到101架飞机、114门火炮，从法国得到200余门火炮和30架歼击机。

2月11—13日 苏联第7集团军在穆奥拉湖和库奥莱马湖之间发起的第二次攻势，在苏马达成突破，芬兰被迫将其南翼撤至维堡以东地域。

2月16日 英国“哥萨克”号驱逐舰在挪威领海的约星峡湾袭击德国“阿尔特马克”号辅助舰，救出船上的303名俘虏。“阿尔特马克”号于1939年秋作为“施佩尔海军上将”号的补给舰在南大西洋行动，现正返回德国。挪威政府对英国破坏中立法的行动提出抗议。

2月17日 希特勒听取步兵上将冯·曼施坦因对西方攻势的设想。曼施坦因主张把进攻重点放在A集团军群南翼。希特勒和曼施坦因“在想法上惊人的一致”。

2月20—23日 芬兰军队将苏军第13集团军的第18步兵师歼灭于拉多加湖北部。

2月21日 冯·法尔肯霍尔斯特步兵上将被任命为“威悉河演习”工作组组长。

2月24日 德军制定“黄色”进军指令新文本，即“镰割计划”。

3月1日 希特勒签署占领丹麦和挪威的“威悉河演习”指令。

大西洋之战第一阶段结束，德国击沉同盟国75万吨船只。

3月1—30日 德国潜艇在北海和大西洋击沉同盟国商船23艘，共66246吨。

3月2日 德国飞机首次在英吉利海峡南部攻击海上目标。在怀特岛附近，1艘英国客轮中弹起火。

3月3日 苏军第7集团军（司令梅列茨科夫）以维堡为主突方向，在卡累利阿地峡再次发起大规模进攻。第13集团军司令格伦达尔由于作战失利被解职，由军长帕鲁西诺夫接任。

3月4日 为将海军的全部兵力用于“威悉河演习”行动，德国海战指挥部中止潜艇继续出海执行对付英国的贸易战任务。

3月7日 曼纳海姆元帅在芬兰军事委员会上支持与苏联进行谈判的建议。他表示，在芬军已伤亡、失踪约6万人（相当于芬兰全部军队的20%）的情况下，仍继续无望地作战，他将不承担任何责任。

3月8日 以帕西基维为首的芬兰代表团前往莫斯科。

3月10日 夜晚，墨索里尼向在罗马访问的德国外交部长冯·里宾特洛甫表示，在战争中他将站在德国一方。

3月12日 苏芬冬季战争结束。卡累利阿地峡及其维堡，以及卡累利阿其他地段和菲舍尔半岛（今雷巴契半岛，位于摩尔曼斯克北部）上属于芬兰的领土割让给苏联，而汉科则“租借”给苏联。芬兰国防军损失：死24923人，伤43577人，空军损失飞机61架。苏联外交人民委员莫洛托夫于3月29日向苏联最高统帅部报告的红军损失为：死48745人，伤158863人。

法国总参谋长兼英法联军总司令甘末林上将主持制定的“D”计划最终完成。该计划分为两个方案：如德军进攻比利时，法军2个集团军和英军1个集团军迅速进入比利时，坚守代尔河一线；如德军进攻法国北部的马奇诺防线，则以1个集团军依托工事进行防御，再以1个集团军作为第二梯队，准备随时增援。其时，同盟国军队有法军94个师、英军远征军9个师、荷兰10个师、比利时22个师，坦克3000余辆，飞机1300余架。英国本土还有1000余架飞机可供调用。

3月18日 希特勒与墨索里尼在布伦内罗山口会晤。墨索里尼确认，意大利已做好参加战争的准备。

3月19日 英国皇家空军轰炸机司令部的50架飞机轰炸德国海军航空兵基地赫努姆。

3月20日 在达拉第引退后，由保罗·雷诺组成法国新政府。

3月26日 希特勒在与雷德尔海军元帅就形势进行商谈之后决定，“威悉河演习”行动应先于西方攻势若干天实施。

3月28日 同盟国军事会议在伦敦决定，4月5日在挪威领海布雷，占领挪威军事基地。此外，应采取“尽量有力的措施”，“以减少罗马尼亚对德国石油的供给”。英国和法国表示绝不单独与德国媾和。

3月31日 德国“亚特兰蒂斯”号辅助巡洋舰受命出海。它是二战中德国第一艘出海的此类舰艇。

4月1—30日 德国潜艇在北海和大西洋击沉同盟国商船6艘，共30927吨。

4月2日 希特勒将“威悉河演习”行动开始日期定为4月9日。

4月4日 德国谍报局中央处处长奥斯特上校将进攻日期通知了荷兰驻柏林武官萨斯，但没有引起丹麦和挪威两国的任何反应。

4月5日 英国在铁门（塞尔维亚多瑙河河段名）附近进行破坏活动，企图封锁多瑙河，但由于德国谍报局的戒备而失利。多瑙河作为罗马尼亚向德国输出石油的主要运输线依然畅通。

4月7日 德国执行“威悉河演习”行动的首批作战舰只出发。11个舰队计划分别占领纳尔维克、特隆赫姆、卑尔根、克里斯蒂安桑、阿伦达尔、奥斯陆、埃格尔松、尼堡、科瑟、哥本哈根、米德尔法特、贝尔特布吕克、埃斯比约、诺尔比、蒂博伦等地。为执行此次行动和担任掩护任务，共出动2艘战列巡洋舰、3艘重型巡洋舰、4艘轻型巡洋舰、14艘驱逐舰、8艘鱼雷艇、31艘潜艇、12艘快艇，以及其他舰船。

同盟国远征军起航去挪威。

4月8日 英国驱逐舰在博德、斯特兰达和克里斯蒂安桑前方海域布雷。在得到德国舰队已出海的报告后，前日已上船准备占领挪威的英军返回岸上。

4月9日 5时15分，德国开始占领丹麦和挪威的行动。挪威方向司令为冯·法尔肯霍尔斯特步兵上将，丹麦方向司令为考皮施航空兵上将。德国空军参加此次行动的有878架飞机。

丹麦对德国的行动提出抗议，挪威军队则组织了抵抗。挪威拥有6个师、84架飞机、4艘近海装甲舰、34艘鱼雷艇、9艘潜艇和若干小型军舰。

德国驻挪威公使布罗伊尔与挪威政府进行的谈判，由于希特勒提出在占领挪威后由吉斯林出任挪威政府首脑的要求而宣告破裂。晚上，挪威政府号召进行军事抵抗。

4月10日 15架英国舰载飞机在卑尔根将德国“柯尼斯堡”号轻型巡洋舰击沉。

英、德驱逐舰在奥福特峡湾（纳尔维克）展开首次海战。双方各损失2艘驱逐舰。

4月13日 在与英国“厌战”号（“沃斯派特”号）战列舰和9艘驱逐舰的战斗中，德国在纳尔维克的其余8艘驱逐舰有的被击沉，有的因燃料弹药消耗殆尽，被迫自行凿沉。

4月14日 为支援挪威第6师，英国第24旅在纳尔维克北部的哈尔斯塔登陆。

4月15日 英国第49师一部在挪威纳姆索斯登陆；法国和波兰军队在4月19日抵达。

4月16日 经丹麦总督同意，英军在法罗群岛登陆。

4月17日 鉴于纳尔维克的态势对德国守军日益危急，希特勒允许迪特尔少将进入瑞典。在约德尔的恳切要求下，晚间又下达“尽可能长期坚守”的命令。

4月18日 英国第15旅的6000名士兵在翁达尔斯内斯登陆。这样，英军便从南北两面对特隆赫姆构成威胁。

4月20日 遣散丹麦军队的工作结束。

4月21日 德国第196步兵师一部向利勒哈默尔南部的英军第148旅发起攻击，迫使该旅在此后几天向北部的翁达尔斯内斯方向退却。

4月24日 希特勒在挪威建立德国专员辖区，由高级专员约瑟夫·波特文管理。

4月30日 德军由奥斯陆向北突击的第196师与由特隆赫姆向南突击的第181步兵师在杜姆奥斯会师。

5月1日 希特勒将发起西方攻势（“黄色方案”）的日期定在5月5日。

夜晚，英军撤出纳姆索斯和翁达尔斯内斯。

5月1—31日 德国潜艇在北海和大西洋击沉同盟国商船15艘，共63407吨。

5月5日 挪威流亡政府在伦敦成立。

5月7日 希特勒将西方攻势开始日期推迟至5月9日。

5月9日 上午，希特勒将进攻西方的时间最后定在5月10日。奥斯特上校通知荷兰驻德国武官萨斯，“作战行动”将于次日开始，然而如同德军占领丹麦、挪威时的情况一样，这一通知仍未产生任何预期的效果。

5月10日 即5月9日深夜，在西方攻势开始前，德国飞机在比利时和荷兰港口前布设100枚水雷。5时35分，德军置荷兰、比利时、卢森堡的中立于不顾，沿北自北海、南至卢森堡南部边界一线，对西方发起进攻。

德军兵力（陆军总司令冯·布劳希奇大将，总参谋长哈尔德炮兵上将）共有10个装甲师、7个摩托化师、1个骑兵师、1个空降师、1个伞兵师和117个步兵师，共137个师，2445辆坦克和3834架飞机。

盟军总司令为甘末林将军。英、法第1集团军群（司令比约特将军）在获悉德国发起进攻日期后，由比利时、法国边界撤至比利时西部的迪尔河防线；第2集团军群（司令普雷特拉将军）防守马奇诺防线北段；第3集团军群（司令贝松将军）防守马奇诺防线东段。英、法、荷、比军队共有131个师、7个旅。作战飞机2372架，其中歼击机1151架。

德军在“荷兰要塞”、鹿特丹和穆尔代克的几座桥梁实施空降，奇袭并夺占了埃本埃马尔要塞，被围守军在5月11日中午投降。

张伯伦引退后，温斯顿·丘吉尔组成一个由各党派参加的战时联合内阁，艾德礼任副首相，艾登任国防大臣，哈利法克斯勋爵任外交大臣。

英军占领冰岛。

5月11日 英国内阁决定，准予轰炸机司令部对德国后方进行“轰炸战”。在此后的几个夜晚，英机空袭了多特蒙德、埃森、哈姆、亚琛、汉诺威以及其他城市。

英军占领了荷兰的库拉索岛和阿鲁巴岛。

5月12日 德国又在荷兰、比利时港口内及其前方海域空投水雷32枚。此后几个夜晚继续布雷。自5月17日，濒英吉利海峡的法国港口敦刻尔克、加来、迪耶普、布洛涅、勒阿弗尔，也成了德国水雷战的目标。自5月25日，水雷战又扩展到英国港口朴次茅斯、多佛尔、南安普敦、福克斯通和纽黑文。几天内共布设水雷575枚。

5月13日 德国第15装甲军（军长霍特步兵上将）和克莱斯特装甲集群分别在迪南和色当渡过马斯河。第223步兵师占领吕蒂希。

盟军在海军支援下，在纳尔维克开始进攻。

丘吉尔在英国下院发表就职演说，宣布英国将“不惜一切代价去争取胜利”。

5月14日 向比利时西部撤退的盟军第1集团军群在迪尔河防线展开。

德国对盟军防守的鹿特丹实施空中突击。但此时荷方正与德军在该城进行投降谈判，由于通讯不畅，已出发的第54战斗机联队未能及时停止对该城的攻击，其中57架He-ll1型飞机投掷爆破弹97吨，炸死900人，城市遭重大破坏，只有43架He-ll1型飞机在目标上空看到灯光信号后返回。

5月15日 清晨，电话铃声惊醒了英国首相丘吉尔。他拿起电话听筒，听见了法国总理雷诺急促的声音：“我们被打败了……通往巴黎之路被打开了。”丘吉尔惊诧得说不出话来，半天才问：“不会败得这么惨吧？”雷诺绝望地说：“色当附近的战线被突破了！德军的坦克和装甲车大批大批地涌了过来。”丘吉尔大惊失色：“什么？法兰西军队就这样倒下去了吗？”

11时45分，荷兰武装部队总司令温凯尔曼将军代表荷兰军队在投降书上签字。5月13日抵达伦敦的维廉米娜女王及其大臣组成流亡政府。在其殖民地支持下，流亡政府继续同德国作战。

5月15—16日 英国皇家空军93架飞机轰炸德国鲁尔区的工业目标。

5月16日 德国B集团军群突破迪尔河阵地。

夜晚，英国皇家空军开始对德国实施战略空袭，99架飞机轰炸了鲁尔区的油库和铁路。

5月17日 德军兵不血刃地占领了布鲁塞尔。A集团军群的装甲先头部队到达圣康坦东部的瓦塞河。

法国政府改组，总理雷诺兼任国防部长，驻马德里大使贝当元帅任副总理，达拉第任外交部长，芒代尔任内政部长。

5月18日 赛斯-英夸特被任命为“德国驻荷兰全权代表”。

5月19日 德军克莱斯特装甲集群到达阿布维尔，第6集团军到达斯海尔德河。

甘末林将军被解除盟军总司令职务，由魏刚将军接任。此前，魏刚任“东方集团军”（驻叙利亚，15万人）司令。

5月20日 德军克莱斯特装甲集群到达索姆河河口，从而切断了索姆河以北比利时、英国和法国军队的全部陆上联系。

5月21日 德国雷德尔海军元帅第一次与希特勒商谈关于可能在英国登陆的问题。

5月22日 魏刚命令盟军渡过索姆河向北突击，而被合围的部队由北向南突击，以重建联系。但是，只有阿拉斯地域的部队发起突击，并被德军击退。

5月24日 希特勒听取了A集团军群司令龙德施泰特的建议，并在“与他取得完全一致的意见”后，向已推进至拉巴塞运河的克莱斯特装甲集群下达了“停止前进”的命令。原因是：为法国战局的第二阶段保存装甲部队实力；认为弗兰德的围垦低地不适于使用坦克；担心其南翼遭盟军攻击；戈林保证空军可担负歼灭被围敌军的任务。

希特勒与陆军总司令部（总司令布劳希奇、参谋长哈尔德）之间产生信任危机。

英国内阁决定中止在挪威的行动。

5月26日 德国A集团军群又准许其装甲部队越过拉巴塞运河，但仍不准进攻敦刻尔克，只能炮击。

5月26至6月4日 敦刻尔克大撤退即“发电机”行动。盟军共撤走366162人，其中英军224717人，法军141145人，创造了世界战争史上的一大奇迹。6月4日 丘吉尔在英国下院发表著名的战时演说，表示英国“将战斗到底”。他同时说：“我们必须非常谨慎——不要把这次救援说成是胜利。战争不是靠撤退赢得的。”

比利时政府逃往法国。

5月27日 德、罗签署“石油—武器协定”。

5月28日 比利时国王利奥波德三世代表比利时军队签署投降书，并当了德国俘虏。比利时内阁宣布成立流亡政府，站在同盟国一边继续与德国作战。

5月30日 墨索里尼向希特勒表示他将参战的最后决心。

6月1—30日 德国潜艇在大西洋击沉同盟国商船63艘，约35.5万吨。

6月3日 德国对巴黎城郊的机场和飞机发动机工厂实施猛烈空袭。

盟军部队开始撤出纳尔维克。

6月4—8日 同盟国以6艘大型运输船组成的第1支撤退运输船队，从纳尔维克运走1.5万人，安全到达斯卡帕湾。

6月4日—9日 德军“朱诺”（罗马神话中司婚姻和生育的女神）行

动：由马沙尔海军上将指挥，由“格奈泽瑙”号、“沙恩霍斯特”号战列舰、“施佩尔海军上将”号重型巡洋舰和4艘驱逐舰编成的舰队攻击挪威海滨城市哈尔斯塔。6月8日，德国舰队在中途将英国“奥拉马”号运输船（19840吨）以及1艘油轮和1艘猎潜艇击沉。在“施佩尔海军上将”号巡洋舰和驱逐舰返回后，2艘战列舰将英国“光荣”号航空母舰和2艘驱逐舰击沉，“沙恩霍斯特”号也被其中1艘驱逐舰发射的鱼雷击中。

意大利47艘潜艇驶离基地，开赴大西洋、西地中海和东地中海作战海域。

6月5日　5时，“法国会战”（“红色”方案）开始。德国B集团军群在第2航空队支援下，以第4、第6、第9集团军（司令施特劳斯步兵上将）和克莱斯特装甲集群，以及后来的第18集团军，突破“魏刚防线”，向塞纳河下游方向突击。“魏刚防线”是在索姆河和埃纳河下游仓促设置的一道防线，由法国第3集团军群的第10集团军和第7、第6集团军防守，共计49个师。

6月6日　戴高乐参加雷诺内阁，任陆军部副部长。

6月7日　夜晚，盟军首次空袭柏林：1架法国“法尔芒”海军远程侦察机向城内投掷2吨炸弹，后经约14个小时的飞行，在巴黎—奥利着陆。

6月7—10日　盟军以7艘运输船组成的第二支撤退运输船队，从纳尔维克、哈尔斯塔地域运走1万人，安全到达斯卡帕湾。

6月8日　德军再次开进纳尔维克。

6月9日　挪威国王哈康七世命令军队停止战斗。

德国B集团军群到达塞纳河下游。A集团军群从埃纳河上游和马斯河向东南方向发起进攻。

6月10日　挪威北部的挪威部队投降，“威悉河演习”行动从而告终。德军损失：1艘重型巡洋舰、2艘轻型巡洋舰、10艘驱逐舰、1艘鱼雷艇、6艘潜艇、1艘舰炮教练船以及若干小型舰船，死亡1317人，受伤1604人，失踪2375人。盟军舰队损失：1艘航空母舰、2艘轻型巡洋舰、9艘驱逐舰、5艘潜艇以及大量小型舰只。

挪威国王与王后逃往英国，在那里成立了流亡政府。

意大利参战，但其兵力不足以应付一场长期战争：59个师部署在半岛、西西里岛和撒丁岛上（部队满员率：20个师为70%，还有20个师仅达50%）。

6月10—11日　英国第51师从法国高原上的圣伐勒里的撤退仅获得部分成功，共运走英军2137人、法军1184人。法国第9军被迫于6月12日投降。4万名俘虏中有12名将军。

6月11日 德军占领法国兰斯。

法国政府离开巴黎，迁往南方的图尔。

意大利首次空袭马耳他。

6月11—12日 “为激励法国人将战争继续下去”，丘吉尔访问法国。

6月12日 苏联向立陶宛提出最后通牒，立陶宛于6月14日接受。6月15日，苏军占领科夫诺（今考纳斯）和维尔纳（今维尔纽斯），从而使作为一个国家的立陶宛名存实亡。

法国政府决定投降，把首都迁往波尔多，宣布巴黎为“不设防城市”，并授权亲德派将军当茨枪毙那些企图抵抗的巴黎市民和士兵。

6月14日 德国第18集团军第87步兵师进入巴黎，B集团军群司令博克在香榭丽舍大街举行了阅兵仪式。

德国C集团军群开始突击萨尔布吕肯以南的马奇诺防线。

法国政府迁至波尔多。

纳粹德国在克拉科夫和卡托维兹之间的波兰城镇奥斯威辛开设集中营。1941年1月，这个集中营变为一座用来加速对犹太人的“最后解决办法”的灭绝营。

6月15日 德军占领凡尔登，马奇诺防线被突破。

6月16日 德国第1集团军在科尔马渡过莱茵河。

苏联向爱沙尼亚和拉脱维亚提出最后通牒。

英国向法国政府建议，两国组成联盟（一个国籍，一个政府，一支军队），其主要目的是利用法国海军确保英国安全。法国内阁多数成员拒绝这一计划，决定停战。以雷诺为首的内阁引退。贝当领导新政府，魏刚出任国防部长。当晚，贝当通过西班牙大使向德国提出停战要求。

6月16—25日 德国潜艇在英吉利海峡西部和比斯开湾频繁出击，共击沉同盟国船只32艘，约19万吨。

6月17日 古德里安装甲集群到达瑞士边界，将法国陆军大部合围在马奇诺防线和洛林。

苏军占领爱沙尼亚和拉脱维亚。

6月18日 德军第7装甲师占领瑟堡，第38军占领勒芒。

希特勒与墨索里尼商讨法国提出的停战条件。

已抵英国的戴高乐将军自任“自由法国领袖”，并发表《告法国人民书》，号召人民继续进行战斗。

贝当下令各部队放弃2万人口以上的城市。

6月19日 德军第15装甲军（军长霍特步兵上将）占领布雷斯特；第2军（军长冯·施蒂尔普纳格尔步兵上将）占领南特。

6月20日 法国政府向意大利请求停战。

德军占领里昂。

希特勒与雷德尔两次商谈在英国登陆的可能性，但均未作定论。

6月21日 在阿尔卑斯山一线的意大利集团军群对兵力薄弱的法国阿尔卑斯山集团军发起进攻，占领特拉韦塞特要塞，并进至芒通城东郊。

6月22日 德、法在贡比涅签署停战协定。协定内容：日内瓦—多勒—图尔—蒙德马桑—西班牙边界一线以北和以西的法国领土由德国占领，从而使濒临英吉利海峡和大西洋的全部沿岸地区落入德国之手；将法国军队削减至10万人，保留少量空军和海军。将大部舰队裁减，但不准转手他国。法国政府可在法国非占领区继续存在。

皮埃尔·赖伐尔进入法国政府，成为贝当手下的第一部长。

6月23日 意大利在阿尔卑斯山的进攻被阻于法军主阵地前。

6月24日 意大利、法国停战协定在罗马签字。在法国、意大利边境和利比亚、突尼斯边境建立非军事区。

意军在对法国阿尔卑斯山集团军作战中，战死1247人，失踪和受伤2631人，另有2151人严重冻伤。法军只损失229人。

6月25日 1时35分，法国实现全面停火。法军损失：死9.2万人，伤20万人，被俘190万人。德军损失：死27074人，伤11.1万人，失踪18384人。英国远征军损失6.8万人，皇家空军损失1526人。

6月26日 苏联向罗马尼亚提出割让比萨拉比亚和布科维纳北部地区的最后通牒，罗马尼亚于6月27日接受。6月28日至7月1日，苏军占领上述地区。

6月27日 英国宣布对从挪威最北部的突出部北角到西班牙的欧洲地区实施封锁。

6月28日 由戴高乐在伦敦组建的“自由法国民族委员会”得到英国政府承认。

在抗击英国对托卜鲁克（亦译“图卜鲁格”）的空袭时，意大利高炮误将意大利驻利比亚总督巴尔博元帅的座机击落。

6月30日至7月1日 德国占领英国位于英吉利海峡的泽西岛、根西岛和奥尔德尼岛。英国已提前从这些岛屿将22656人运往本土。

7月1日 法国政府迁都小城维希，管辖法国南部地区，成为受德国操纵的傀儡政权，即所谓“维希政府”。

7月1—31日 德国潜艇在大西洋击沉同盟国商船38艘，约19.5万吨。

7月2日 德国国防军统帅部指令：希特勒已经决定“在一定条件下”，可以考虑在英国登陆。

德国中央保安局头目海德里希在一份报告中提到，“元首发出了一项特别命令，消灭波兰人的指令传到了千万人中间”。据波兰官方统计，至战争结束，大约有600万波兰人的头颅在希特勒的屠刀下落地。

罗马尼亚国王卡罗尔请求德国保障其边境安全，并向罗派驻一个德国军事代表团。

7月3日 英国空袭奥兰附近的凯比尔港的法国舰队。法国海军上将让·苏尔拒绝英国的最后通牒（英国要求停泊在北非奥兰的法国舰队归顺英国或将舰只凿沉）后，英国H舰队遂向自己几天前的盟友、停泊在港内尚未做好战斗准备的法国舰只开火。法国舰队总计死亡1147人。这是自1815年以来英、法两国军队第一次交火，因此，军事学家认为，即使从战争的观点来看，它也是一场悲剧。

7月4日 以吉古尔图为首的亲德内阁在罗马尼亚组成。

意大利进攻苏丹。

7月8日 英国“赫姆斯”号航空母舰上的鱼雷攻击机，攻击1艘停泊在达喀尔的法国新型战列舰“里舍利厄”号，并派1艘摩托艇潜入港内，在该舰舰尾底部投放深水炸弹。

7月9日 英国地中海舰队与意大利舰队在爱奥尼亚海的斯蒂洛角首次展开海战，均无战果。

希特勒命令，将德国军备的重点放在空军和海军上。

7月10日 不列颠之战开始。德国第2航空队（司令凯塞林）和第3航空队（司令施佩勒）首次以强大兵力攻击英国南部的军事目标和英吉利海峡的英国运输船队。本月，德国共击沉同盟国商船40艘，约7.6万吨，另击沉4艘英国驱逐舰。

意大利向同盟国宣战。

7月11日 在勒布伦总统引退后，维希政府授权贝当元帅任“法国元首”，皮埃尔·赖伐尔任副总统。

7月13日 在哈尔德的一项报告中，希特勒插话说，英国将希望寄托于美国和苏联。

7月15日 希特勒要求法国政府允许德国在摩洛哥建造一批机场，被贝当回绝。

7月16日 希特勒向三军下达“第16号指令”：着手准备对英国的登陆作战（“海狮”行动），“如有必要”则付诸实施。

希特勒命令德军作好进攻苏联的准备。

7月19日 希特勒在帝国国会报告中，最后一次对英国发出“和平呼吁”。德国陆军和空军的12名上将和大将晋升为元帅，戈林被封为“帝国元帅”。

斯帕达角海战：意大利最大的1艘军舰“巴尔托洛梅奥·科莱奥尼”号轻型巡洋舰在与澳大利亚“悉尼”号巡洋舰和4艘驱逐舰交战中被击沉。

7月22日至9月24日 新赫布里底群岛、象牙海岸、乍得、赤道非洲、法属太平洋诸政府、法属西印度群岛、新喀里多尼亚相继加入自由法国。

7月26日 希特勒在山间别墅接见罗马尼亚首相吉古尔图，并建议他在锡本比尔根领土问题上以和平方式解决与匈牙利的争端。

7月27日 希特勒接见保加利亚首相菲洛夫，通知他德国在北多布罗加问题上的态度。

多布罗加地区跨罗马尼亚和保加利亚两国，历史上为多国所纷争。1918年布加勒斯特和约将该地区北部划归罗马尼亚，南部划归保加利亚，但实际上一直为罗马尼亚所占。希特勒为避免保、罗为此大动干戈而影响其战略部署，主张将该地区南部归还保加利亚。根据1940年9月的克拉约瓦条约，罗马尼亚将该地区南部归还保加利亚。

7月31日 希特勒在一次与海军总司令雷德尔的会商中，将计划在英国的登陆日期初定在9月15日，确切日期将待对英国实施8天猛烈空袭后确定。

8月1日 希特勒在“第17号指令”中命令，加强对英国的海战和空战。

8月1—31日 德国潜艇在大西洋击沉同盟国商船54艘，约28.3万吨。

8月2日 凯特尔通知德国国防军统帅部经济和装备局局长托马斯步兵上将，为适应陆军兵力增加到180个师的需要，需制定新的装备计划。

8月3日 爱沙尼亚成为苏联的加盟共和国。

8月4—17日 意大利占领由英军1500人防守的英属索马里。8月5日占领泽拉和哈尔格萨。8月6日占领奥德韦内。8月11日进攻英军在图阿干的主阵地。8月15—17日，伯贝拉的英军在澳大利亚“霍巴特”号巡洋舰的火力掩护下乘船撤走。

8月5日 拉脱维亚并入苏联。

8月6日 立陶宛并入苏联。

8月7日 法国阿尔萨斯—洛林并入德国。

8月13日 7时30分，“鹰日”行动：德国开始加紧对英国的空战，企图夺取制空权，为“海狮”行动创造条件。第2、第3航空队出动轰炸机485架次，歼击机约1000架次，损失飞机34架。

8月15日 德国第2、第3、第5航空队出动飞机2119架次，空袭英国南部，主要目标是纽卡斯尔和韦茅斯之间的机场。德国损失飞机55架。

8月16日 德国空军出动1720架飞机空袭肯特、苏塞克斯、汉普郡、泰晤士河入海口以及哈里奇与怀特之间的南部海岸。在空袭8个机场时，炸毁英国飞机46架。

8月17日 德国国防军统帅部宣布，为对英国诸岛实行“全面封锁”，其周围地域均为“作战地域”。

冯·里宾特洛甫向意大利大使建议，放弃对南斯拉夫和希腊采取军事行动的设想。

为对挪威北部的德军实施补给，德国与芬兰开始就签订一项过境协定举行军事谈判。

8月18日 英国战列舰炮击利比亚拜尔迪耶。

8月20日 德国制定第一个占领直布罗陀的作战方案，代号为“费利克斯”。

意大利宣布地中海和非洲海岸为作战区。意军吞并英属索马里，打通了苏丹至埃及的交通线。

8月22—25日 德国第9航空师在邓迪、纽卡斯尔、米德尔斯伯勒、哈特尔浦、多佛尔、波特兰、普尔附近海域、斯卡帕湾、泰晤士河入海口、唐斯以及怀特岛周围海域布雷。

8月23日 匈牙利与罗马尼亚自8月16日开始就解决锡本比尔根问题在塞

维林堡举行的谈判宣告破裂，东南欧局势趋于尖锐化。相反，罗、保就南多布罗加划归保加利亚问题在克拉约瓦举行的谈判却进展顺利。

8月24日 德国空袭拉姆斯盖特、朴次茅斯和英国南部的空军基地。当晚，德军空袭罗切斯特和泰晤士港，其中有两架迷航的飞机误炸了伦敦。这是战争爆发以来的第一次。其他轰炸机继续空袭伯明翰、布里斯托尔、利物浦和威尔士南部。

8月25日 夜晚，英国皇家空军轰炸机司令部出动81架飞机报复性地首次空袭柏林。由于天气恶劣，只有数架飞机到达目标上空。柏林遭轻微破坏。

8月26日 罗马尼亚要求德国出面，在锡本比尔根问题上进行裁决。希特勒决定介入匈罗之争，命令作好占领罗马尼亚产油区的准备，以应付调解失利而出现的意外。

德国10个师移驻波兰占领区。

苏联部队向苏、罗新边界机动。

8月27日 在德国陆军总司令部和海军总司令部所争论的“海狮”行动的“基本问题”上，希特勒决定采取“小解决”的办法，即在英国南部海岸大约140公里的正面登陆。计划投入A集团军群的25个师，而在诺曼底的第6集团军为预备队。此时英国陆军兵力为26个野战师。

8月28日 夜晚，英国第二次空袭柏林。

8月30日 德国和意大利在维也纳对罗、匈领土纠纷进行仲裁，决定罗马尼亚将北锡本比尔根和塞克勒少数民族居住区割让给匈牙利；确立德国在匈、罗的移民作为法人的特殊地位。

德国海军总司令部报告，海军为实施“海狮”行动所作的准备工作无法在9月15日完成，最早要到9月20日。

英国第三次空袭柏林。

8月31日 德军对英空战结果：出动飞机4779架，投掷爆破弹4447吨，燃烧弹191吨。德国损失歼击机252架，轰炸机215架；英国损失飞机359架。

9月1—30日 德国潜艇在大西洋击沉同盟国商船52艘，约26.6万吨。

9月2日 英、美签订交换协定：美国以50艘旧驱逐舰换得英国在巴哈马、牙买加、安提瓜、圣卢西亚、特立尼达和英属圭亚那，以及纽芬兰的阿根夏和百慕大的基地。

希特勒决定向罗马尼亚派遣一个军事代表团。

9月3日 希特勒计划将“海狮”行动的日期定在9月21日。

9月4日 罗马尼亚国王卡罗尔任命安东内斯库将军为握有特别全权的首相（国家元首）。

希特勒解除夜间空袭英国目标的限制。

9月5日 驶自地中海的意大利潜艇通过直布罗陀海峡，占领波尔多基地。

夜晚，德国第2航空队对伦敦，特别是船坞设施进行猛烈轰炸。

9月6日 罗马尼亚国王卡罗尔逊位，由其子米夏埃尔继位。

9月7日 德国猛烈空袭伦敦和英国机场。在对伦敦实施“报复性攻击”中，共投入约300架轰炸机。此后，又对伦敦进行了连续65天的夜间空袭。

9月7—30日 德国4405架飞机空袭伦敦，投掷爆破弹5361吨，燃烧箱7499个。

9月13日 意大利第10集团军（司令贝尔蒂将军）在格拉齐亚尼元帅率领下，以6个步兵师和8个装甲营的兵力，越过利比亚、埃及边界发动进攻。

9月14日 以安东内斯库为首、包括“铁卫军”代表的罗马尼亚新政府组成，“铁卫军”首领霍里亚·西马任副首相。

夜晚，英国皇家空军攻击停泊在布洛涅和安特卫普之间各港口的德国舰船。停泊在安特卫普、用于“海狮”行动的运输舰队遭受重大损失。

9月15日 “不列颠会战”日。在伦敦上空的空战中，德国飞机被击落56架，英国被击落26架。此役证明英国的防御仍然坚固。

9月16日 意大利部队占领埃及的西迪巴拉尼。

9月16—17日 西班牙外交大臣塞拉诺·叙内访问柏林，德国促其参战和占领直布罗陀的试探均无进展。

9月17日 希特勒将“海狮”行动“不定期”推迟。

英国首相丘吉尔在下院宣布，9月上旬死于德国空袭的英国居民约2000人，伤8000人。

9月17—18日 568架德国飞机在两日夜间向伦敦投掷爆破弹684吨，燃烧箱1019个。

9月18日 由于补给困难，意大利在埃及西部的进攻被迫停于西迪巴拉尼东部。

英国皇家空军攻击德国为“海狮”行动而准备的舰船。

9月19日 希特勒决定向罗派遣一个陆、空军代表团，表面以“教导队”面目出现，实际目的是保护罗马尼亚油田，使罗马尼亚部队现代化，并为德、罗部队在德苏战争中从罗马尼亚出击作战作好准备。冯·里宾特洛甫将德国这一决定通知了意大利外长齐亚诺。

9月21日 在英国对比利时和法国濒临海峡各港口的空袭中，炸沉德国渡船51艘、轮船9艘和拖船1艘。

德国潜艇部队司令邓尼茨出动“狼群”，向一支由41艘商船编成的护航运输队发起攻击，击沉商船12艘。一个由“狼群”攻击商船的狂潮由此拉开序幕。

9月23日 德国、芬兰签署“过境协定”。2个德国师将通过芬兰北部移驻挪威北部地区。

9月23—25日 “威胁”作战行动：英国海军攻击达喀尔，为戴高乐部队在该地登陆作准备。

9月26日 海军元帅雷德尔向希特勒表示，自10月中旬起，海军在“海狮”的准备工作上将无法维持迄今所达到的规模，因此必须在此之前决定是否还实施“海狮”行动。

9月30日 本月德国对英空战结果：空袭英国741次，其中268次空袭伦敦，投掷爆破弹6224吨，燃烧箱 8546个；共出动飞机7260架。英国空军只向德国本土投掷爆破弹390吨。

10月1日 德国与芬兰签订一项协定：德国向芬兰提供武器，芬兰则给予德国优先购买芬兰矿产（佩萨莫的镍矿）的全部开采权。

10月1—31日 德国潜艇在大西洋击沉同盟国商船61艘，约34.4万吨。

10月3日 卡米耶·居特和阿尔贝·德·弗利夏威尔在伦敦正式建立比利时政府。

10月4日 希特勒与墨索里尼在布伦内罗会晤，商谈德、意对法国和西班牙的政策。

10月6日 德国B集团军群（司令博克元帅）在波森（今波兹南）设置大本营。

10月7日 德军开进罗马尼亚。

10月12日 希特勒将“海狮”行动推迟至1941年春。准备工作继续进行，但“只作为施加政治、军事压力的手段”。

德国国防军军事代表团抵达布加勒斯特。在本月的最后10天内，“教导队”即第13摩托化步兵师也到达这里。“德国第1教导司令部”负责训练罗马尼亚的3个样板师。

10月15日 意大利军事委员会决定进攻希腊。

按苏芬条约规定，芬兰在阿兰群岛（今阿维南马群岛）不得设防。

10月18日 维希政府颁布犹太人法。

10月23日 希特勒和佛朗哥在昂代会晤。在西班牙参战和计划进攻直布罗陀的问题上，会谈未取得任何直接结果。

10月24日 希特勒与贝当在蒙图瓦尔会晤。希特勒要求法国“参加一个对付英国的欧洲联盟，并在非洲作出其军事贡献”。会谈未取得直接结果。

10月26日 苏联以伊兹梅尔附近的多瑙河三角洲上的3个岛屿属于比萨拉比亚为由，将这3个岛屿占领。

10月26—28日 德国远程轰炸机在爱尔兰西部将“英国女皇”号客轮（4.2万吨）击中，并利用无线电召唤来的U-32号潜艇将其击沉。这是二战中被击沉的最大的同盟国商船。

10月27日 戴高乐在布拉柴维尔成立法兰西帝国防务委员会。

10月28日 5时30分，意大利从阿尔巴尼亚对希腊发动进攻：空袭希腊机场、雅典附近的塔蒂以及普雷韦扎、帕特雷等港口。意军总司令维斯孔蒂—普拉斯卡将军起初只有1个装甲师、1个山地师和6个步兵师，共15.5万人。驻阿尔巴尼亚的空军有107架歼击机、55架轰炸机和25架侦察机。

希腊军队（总司令帕帕戈斯将军）拥有1个骑兵师和14个步兵师，总动员后有43万人。空军有44架歼击机、39架轰炸机和66架侦察机。

反犹太人的第一部法律在比利时生效。

10月29日 英国陆、空军部队在克里特岛登陆，并占领苏扎湾。

10月30日 德国陆军总司令部将其大本营由枫丹白露移至柏林附近的措森。

10月31日 迄今为止，德国被击落飞机1733架，英国被击落915架。10月，德国空袭英国783次，其中空袭伦敦333次。英国空袭德国601次。英国居民被炸死1.5万人，伤2.1万人。

11月1—30日 德国潜艇在大西洋击沉同盟国商船34艘，约17.4万吨。

11月2—3日 希腊第2军发动反突击，将突入希腊深远纵深的意大利第

11集团军的左翼赶出沃鲁扎—克拉索翁地域。

英国作战分队在雅典地域登陆。

11月4日 由于意大利的进攻停滞不前和希腊发动反突击，希特勒决定通过匈、罗、保领土对希腊发动进攻。

西班牙将1940年6月14日占领的国际共管区丹吉尔划入自己版图。

11月10日 由戴高乐将军领导的自由法国军队占领加蓬首都利伯维尔，从而控制了从大西洋至乍得湖（包括喀麦隆）的全部法属赤道非洲殖民地。

英国前首相张伯伦去世。

11月11日 夜晚，英国“光辉”号航空母舰上的鱼雷攻击机和轰炸机攻击停泊在塔兰托湾的意大利舰队。意大利“利托里奥”号战列舰被3枚鱼雷击中，“卡伊奥·杜伊里奥”号和“卡武尔伯爵”号旧型战列舰各被1枚鱼雷击中。

11月12日 希特勒签署“第18号指令”。据此，陆军总司令须做好一切准备，“以便在必要时，从保加利亚出发，占领爱琴海北部的希腊领土，从而为德国空军攻击地中海东部目标，尤其是攻击对罗马尼亚油田构成威胁的英国空军基地创造条件”。

11月14—22日 希腊军队实施反突击，将意军赶至希腊、阿尔巴尼亚边界。11月21日，希军占领科尔察。

11月15日 德国人封锁华沙的犹太人区

11月19日 英国歼击机部队移驻希腊埃莱夫西斯，并在该日的首次出击中击落意大利9架飞机。。

11月26日 由于在阿尔巴尼亚的失败，墨索里尼命令再次扩充陆军。

11月27日 罗马尼亚出现政治骚乱。“铁卫军”与其政敌发生暴力冲突，并与国家元首安东内斯库的关系日趋紧张。

11月29日 德国在陆军总参谋部第1军需部部长保卢斯中将的领导下，开始进行入侵苏联的图上作业。

12月1—31日 德国潜艇在大西洋击沉同盟国商船39艘，约23万吨。

12月4日 德国谍报局局长卡纳里斯海军上将受希特勒之命前往马德里，与西班牙政府就计划中的进攻直布罗陀问题（“费利克斯”行动）举行会谈，并力促西班牙参战。

12月5日 冯·布劳希奇元帅和哈尔德大将向希特勒报告对希腊的进军

和作战计划，以及对东方战局的设想。

墨索里尼将意大利总参谋长巴多格里奥元帅革职，由卡瓦莱罗将军接任。

12月7日 佛朗哥与卡纳里斯会谈。佛朗哥以他的国家未作任何准备为由，拒绝参战。

英军以一支3万人的摩托化部队向意军发动突然反击，进展神速。12月9日9时，英军俘虏意军2000多人，打死打伤200多人。12月12日，已有3.9万意军成了俘虏。

12月8日 夜晚，413架德国飞机空袭伦敦，投掷爆破弹387吨，燃烧箱3188个（每个燃烧箱含36枚燃烧弹，重1公斤）。

12月9日 英国军队（司令韦维尔将军）对昔兰尼加（利比亚东部地区名，亦称拜尔盖）的意大利第10集团军（司令加里博尔迪将军）发起反击。投入兵力3.1万人，225辆坦克。12月11日占领西迪巴拉尼，12月17日占领苏卢姆。英军在首次突击中一举击溃利比亚第1、第2师，“1月3日”民兵师和“马莱蒂”集群，俘虏4名将军和3.8万人。英军死133人，伤387人，失踪8人。

12月9—11日 意大利海军改组。里卡尔迪海军上将接替卡瓦尼亚里海军上将的副国务秘书和海军总司令之职；亚基诺海军上将接替坎皮奥尼海军上将的舰队司令之职。

12月10日 德国国防军统帅部命令第10航空军（军长盖斯勒航空兵上将）移驻西西里岛和意大利南部。

卡纳里斯海军上将通过匈牙利驻马德里公使，向希腊传递一项德国官方的和解建议。如果希腊回到中立立场上来，希腊可保留所占领的阿尔巴尼亚领土。

12月12—19日 德国第9航空军（军长克勒尔中将）在泰晤士河口进行大规模布雷。至12月底，同盟国12艘船只被水雷炸沉，共计20675吨。

12月13日 贝当解除他的代理人皮埃尔·赖伐尔的一切职务，任命弗朗丹为外交部长。达尔朗海军成了维希最有影响的人物。法国以“观望”政策取代“合作”政策，原因是希特勒未给法国以必要的支持。

希特勒签署“第20号指令”，规定进攻希腊（“玛丽塔”行动）的细节。

德国国防军统帅部向各集团军群和集团军司令下达第一个有关东方战局（闪击苏联）的指示。

12月15日　德国将拿破仑一世之子赖希施塔特的遗骸在巴黎转交给法国当局，以示对法友好。

为加强“教导队”，德国第16装甲师进入罗马尼亚。

12月19日　英国“厌战”号和“英勇”号战列舰炮击阿尔巴尼亚发罗拉。

意大利军队请求德国尽速向的黎波里派遣一个装甲师。

12月20—21日　504架德国飞机接连两个夜晚空袭利物浦—伯肯黑德，投掷爆破弹485吨，燃烧箱1701个。炸沉停泊在港口的商船20艘，约12.3万吨。

12月23日　在哈利法克斯勋爵被任命为英国驻华盛顿大使之后，安东尼·艾登接任英国外交大臣。

12月25日　希特勒与达尔朗在博韦会晤。达尔朗向希特勒转交了贝当的亲笔信。希特勒拒绝向维希政府提供任何援助。

12月28日　意大利要求德国支援其在阿尔巴尼亚的行动。

12月30日　意大利将军卡瓦莱罗接替生病的索杜将军，自任驻阿尔巴尼亚意军总司令。在这里，意大利的16个师与希腊的13个师对峙。

【1941年】

1月1—31日 德国潜艇在大西洋击沉同盟国商船17艘，计98702吨。

死于德国空袭的英国居民达1550人，伤2021人。

1月5日 英军占领拜尔迪耶，俘虏意军4万人。这样，意大利利比亚集团军群（司令格拉齐亚尼元帅）在昔兰尼加只有5个师，另5个师在的黎波里的塔尼亚。

1月6—13日 为加强马耳他防务，英国实施代号为“超额”的护航运输行动。

德国第10航空军的俯冲式轰炸机首次攻击地中海的英国海军，将“南安普敦”号巡洋舰击沉，重创“光辉”号航空母舰。

1月9日 希特勒决定向利比亚派遣一支反坦克部队，支援那里的意军。

1月10日 德国第12集团军司令利斯特元帅受命担任为实施“玛丽塔”行动集结于罗马尼亚的部队司令。司令部设在克龙斯塔德（今布拉索夫）南部的普雷代亚尔 。

夜晚，153架德国飞机空袭朴次茅斯。

1月10—11日 德机轰炸马耳他岛的海上运

输线。

1月11日 在希特勒签署的“第22号指令”中，命令为利比亚的意军组建一支反坦克部队，并于2月20日派往的黎波里。

当晚和12日晚，共278架德国飞机空袭伦敦。

1月12日 英国WS.5B部队运输船队驶往北非：4万名士兵分乘21艘运输船（41.8万吨），由1艘战列舰、3艘巡洋舰和12艘驱逐舰护航。

1月13日 保加利亚国王鲍里斯三世到山间别墅拜访希特勒。鉴于保加利亚加入三国同盟条约，其财力物力统由三国同盟条约支配。

希腊拒绝英国向其派遣部队的建议。

1月14日 罗马尼亚国家元首安东内斯库在山间别墅拜会希特勒时表示，罗将站在德国一方参加作战，“如果进攻苏联，将以全部力量参加军事行动”。

1月16日 126架德国飞机空袭埃文茅斯。

1月17日 苏联外交人民委员莫洛托夫向德国驻莫斯科大使宣布，苏联把保加利亚视为苏联的安全区。

匈牙利政府同意德国在匈牙利设立国防军联络机构，以方便德国向罗马尼亚实施补给。

1月19日 在印度军队占领意大利于1940年7月4日夺占的苏丹卡萨拉后，英国便开始对埃塞俄比亚发动进攻。

1月19—20日 希特勒与墨索里尼在山间别墅会晤。意大利在北非和希腊同时进行的“两场战争”已经无望，自此德国开始介入地中海地区的作战。希特勒通知墨索里尼，他决心通过保加利亚进攻希腊；鉴于意大利在北非的不利处境，他决定向利比亚派遣一支德国部队。

1月20日 英国国防委员会决定，占领利比亚班加西和希腊佐泽卡尼索斯群岛，并为巴尔干组建战略预备队。

1月20—23日 “铁卫军”在霍里亚·西马领导下，在布加勒斯特举行暴动，被国家元首安东内斯库领导的罗马尼亚军队镇压。在此事件上，驻罗德军严守“中立”。

1月21日 自1936年一直流亡在国外的塞拉西皇帝越过埃塞俄比亚边界，参加了在该国西部由英国温盖特少校组织的“爱国者”运动。

1月22日 英军占领托卜鲁克。意军2.5万人投降。英军缴获208门火炮和

87辆坦克。

1月22—23日 利斯特元帅与保加利亚军官代表团在普雷代亚尔就德军进入保加利亚的准备工作进行会商。

1月24日 英军开进埃塞俄比亚。

1月29日 英、美总参谋部开始在华盛顿进行秘密会商，讨论美国参战后两国共同作战的问题。

1月30日 芬兰总参谋长海因里克斯将军拜访德国陆军参谋长哈尔德大将。德国对芬兰参加东方战局的可能性进行试探。芬兰同意提供财力物力，但拒绝参加对列宁格勒的进攻。

英军占领利比亚的德尔纳。

2月1日 从利比亚返回德国的冯·冯克少将向希特勒报告北非的严重局势。

2月1—28日 德国潜艇在大西洋击沉同盟国商船42艘，约21万吨。

2月3日 英军向埃塞俄比亚的突击被意军阻于克伦防御阵地前。双方在此进行7周消耗战。

2月6日 英国尼罗河集团军（司令韦维尔将军）占领昔兰尼加首府班加西，进军阿盖拉。

希特勒要装甲师将领隆美尔担任非洲远征军司令。此后，隆美尔用两个装甲师和北非驻军组成“非洲军团”。

德国国防军统帅部向陆军和空军总司令部下达在北非的作战指令（“向日葵”行动）。

2月8日 希腊恢复与英国政府关于英国向希腊派遣军队的谈判。

2月8—11日 第一支为非洲军团运送部队和物资的运输船队，从那波利（今那不勒斯）驶向的黎波里。

2月9日 英国直布罗陀分舰队炮击法国热那亚。

2月10日 英国断绝与罗马尼亚的外交关系。英国第12摩托化“非洲师”由肯尼亚向意属索马里发动进攻。

2月10—11日 英国皇家空军的189架轰炸机空袭汉诺威。在空袭鹿特丹时，英国皇家空军首次使用四引擎的“肖特斯特林”式轰炸机。

2月12日 欧文·隆美尔在首批德军部队到达利比亚的第二天抵达的黎波里。

德国“施佩尔海军上将”号重型巡洋舰在葡萄牙西南端圣文森特角西南海域，攻击同盟国没有护航的SLS.64运输船队，击沉7艘货轮，计32806吨。

2月12—13日 墨索里尼和佛朗哥在博尔迪盖雷会晤。佛朗哥和贝当元帅在蒙彼利埃会晤。

2月14日 英国的南非部队（司令坎宁安将军）占领索马里朱巴州的首府基斯马尤。

希特勒与南斯拉夫总理茨韦特科维奇就南斯拉夫加入三国同盟条约举行会谈，无果。

2月15日 隆美尔被正式任命为驻北非德军总司令，他夸下海口说：“我的目标是开罗和苏伊士运河。”

2月17—21日 德国为了废弃“玛丽塔”行动，再次对希腊和意大利的冲突进行调解，遭希腊拒绝。

2月18日 德国在利比亚的部队被正式命名为“非洲军团”。

2月21日 英国空袭维廉港。

2月22日 隆美尔中将向利比亚北部城市欧盖莱西部30公里处派出第5轻装师的侦察分队；该城于2月8日被英军占领。

迄今，意军在北非已有14万人被英军俘虏。

2月24日 英国国会批准实施“远征希腊”行动计划。

2月25日 英国东非部队占领意属索马里首都摩加迪沙。

弗朗丹被免职后，作为贝当元帅的代理人和指定继承人的达尔朗海军上将接管维希政府的外交、内政和海军部大权。

2月25—27日 英军在希腊东南部较大岛屿卡斯特洛里佐岛（罗得岛东部）登陆。在此后两日，意大利以驱逐舰和鱼雷艇增援守岛意军，迫使英军放弃该岛。

2月28日 7时，德国开始在罗马尼亚久尔久架设横跨多瑙河的桥梁，为德国部队进入保加利亚作准备。

德国驻土耳其大使冯·巴本在与土耳其总统伊讷尼谈话时表示，德国国防军将尊重土耳其边界。

夜晚，英国皇家空军轰炸机司令部出动100多架飞机空袭科隆。

3月1—4日 4艘意大利潜艇从埃塞俄比亚马萨瓦出发，企图绕好望角到达法国波尔多。

3月1—31日　德国潜艇在大西洋击沉同盟国商船43艘，约23.6万吨。

德国空袭造成英国居民死亡4298人，伤4794人。

3月2日　6时，德第12集团军开始从罗马尼亚进入保加利亚。第8航空军转移至普罗夫迪夫和索非亚。自此，英国断绝与保加利亚的外交关系。

3月4日　南斯拉夫摄政王保罗到山间别墅拜访希特勒。其间，保罗宣布南斯拉夫原则上准备参加三国同盟条约。

希特勒通过德国驻安卡拉大使巴本，向土耳其总统伊斯梅特·伊讷尼电告德国进入保加利亚的原因。

“光辉”行动开始：英国向希腊运送陆军部队。截至4月24日，共运送约5.8万人。

英国5艘驱逐舰和2艘登陆舰对挪威西北部群岛罗弗敦进行了一次成功的突袭，击沉德国10艘舰船，计19350吨；俘虏225人，摧毁斯塔姆松、亨宁斯韦尔、斯沃尔韦尔和布雷特斯内斯的鱼类加工设施。

3月7日　第一批英国陆军部队在希腊沃洛斯和比雷埃夫斯登陆。至月底，澳大利亚第1军的第6师、新西兰第2加强师和第1装甲旅也相继登陆。

3月9日　德国先遣支队到达保加利亚、希腊边界，并向希腊发动攻势。希腊军队撤出西色雷斯（横跨希腊、保加利亚和土耳其的地区名），只留置了埃夫罗斯旅。东马其顿集团军集中约7万人防守萨洛尼卡地域。意大利开始在阿尔巴尼亚发起进攻。

3月12日　英国皇家空军轰炸机司令部空袭汉堡和不来梅。

夜晚，316架德国飞机空袭利物浦—伯肯黑德，投掷爆破弹303吨，燃烧箱1782个。

3月16日　意大利在阿尔巴尼亚发动的进攻最终失利。

德国第10航空军的2架He-111型鱼雷攻击机在克里特岛西部实施武装侦察时，攻击英国地中海舰队的部分舰只，并报告击中2艘估计是战列舰的重型舰只。这一错误报告对意大利此后的海上作战造成了严重后果。

英国海军将印度和索马里部队由亚丁运至索马里柏培拉，再次将该城占领。

3月17日　德国第12集团军分两个梯队全部开进保加利亚（共11.5个师），其后进入希腊边境的展开地域。

3月18日　英联邦部队通过意属索马里，占领阿比西尼亚高原的吉吉加。

3月19日 夜晚，479架德国飞机空袭伦敦，投掷爆破弹467吨，燃烧弹122.3吨。

3月19—24日 向马耳他运送补给品的英国MC.9补给运输船队，在英国地中海舰队（3艘战列舰、1艘航空母舰和其他舰只）远程护卫下，驶离亚历山大。德、意空中侦察一直未发现该船队行踪。

3月20—21日 夜晚，德国出动293架飞机空袭普利茅斯—德文波特。

3月24日 隆美尔利用在北非的侦察突击占领欧盖莱。

3月26—27日 德国“舍尔海军上将”号重型巡洋舰巧妙地避开2艘英国巡洋舰，通过丹麦海峡返回基地。3月30日，“舍尔海军上将”号到达卑尔根前方海域，4月1日驶入基尔。此次贸易战战果：击沉同盟国船只17艘，计11.3万吨。

3月26—29日 马塔潘角（今泰纳龙角，位于希腊伯罗奔尼撒半岛南端）海战：意大利舰队依据对情况的错误判断，以现代化的舰只攻击英国驶往希腊的运输船队。结果，意大利2艘重型巡洋舰和2艘驱逐舰被英国战列舰击沉。意军损失约3000人，其中包括巡洋舰舰群司令卡塔内奥海军少将。

3月27日 贝尔格莱德发生军事政变，17岁的彼得二世国王即位。原总参谋长西莫维奇将军担任新政府首脑。摄政王保罗亲王流亡希腊。贝尔格莱德和塞尔维亚的其他许多城市发生群众反德示威。

13时，希特勒在总理府与布劳希奇、凯特尔、戈林、约德尔、里宾特洛甫和陆军、空军总参谋长会商。希特勒宣布，他决心要将“南斯拉夫军队击溃，将南斯拉夫毁灭”。他要求意大利、匈牙利和保加利亚给予合作。夜晚，希特勒签署“第25号指令”：对南斯拉夫实施闪击作战；与此次作战有联系的进攻希腊的行动由4月1日推迟至4月6日。入侵苏联的“巴巴罗萨”行动因此而向后推迟4周。

英美在华盛顿举行参谋部会商，确定美国参战后的基本战略方案：首先集中力量对付德国，尔后再对付日意。

3月29日 希特勒批准进攻南斯拉夫的进军指令和“玛丽塔”行动的补充指令：第2集团军主力在奥地利集结待机，第46装甲军在匈牙利西部，第41军在罗马尼亚，第1装甲集群在索非亚北部集结待机。

3月31日 德第15装甲师开始在的黎波里上岸。

在英国空袭埃姆登时，1架维克斯“威灵顿”式轰炸机首次投下1枚1.8吨炸弹。

隆美尔率领德意4个师的兵力，对阿格拉地区发动了一场闪击战，英军退到利比亚和埃及之间的重要通道托卜鲁克港。

4月1日 英军占领意属厄立特里亚首府阿斯马拉。

4月1—30日 德国潜艇在大西洋击沉同盟国商船46艘，约26万吨。

德国空袭炸死英国居民6131人，伤6900人。

4月3日 希特勒签署关于与其盟国（匈、罗、保）在巴尔干合作的“第26号指令”。

匈牙利总理泰莱基伯爵自尽，以示对德国胁迫该国参加对南作战的抗议。

德意部队占领班加西。

4月6日 5时15分，德国从奥地利、匈牙利、罗马尼亚和保加利亚调集32个师和1500多架飞机，向南斯拉夫和希腊同时发起进攻。克罗地亚和斯洛文尼亚地区的南斯拉夫军队停止抵抗。德军在意军的配合下进入希腊。

夜晚，英国轰炸机空袭索非亚。

4月7日 英国轰炸机空袭匈牙利芬夫基兴（今贝奇）、塞格德和维拉尼。

德军占领马其顿斯科普里。

非洲军团占领德尔纳，并在迈基利歼灭英军一个集群。

4月8日 5时30分，德军向南斯拉夫尼什方向发起突击。

4月9日 德军进入萨洛尼卡。希腊东马其顿集团军在德军突破迈塔克萨斯防线后投降。德军进而向贝尔格莱德方向突击。

英军占领亚的斯亚贝巴。

丹麦同意美国政府在格陵兰建立空军基地。

夜晚，237架德国飞机空袭伯明翰，另116架飞机空袭纽卡斯尔。

4月10日 德军进入阿格拉姆（今萨格勒布）。南斯拉夫总参谋部上校克瓦特尔尼克宣告“克罗地亚独立国”成立，成为德意保护下的一个王国。由安特·帕韦利奇博士领导的、多年流亡意大利的乌斯塔沙（意为暴动者）集团返回南斯拉夫。

德意军队包围了托卜鲁克。

4月11日 匈牙利第3集团军开进南斯拉夫，4月14日结束战斗，俘虏1.5万人。

意大利第2集团军开始从伊斯特拉半岛出发，沿南斯拉夫西南部的达尔马提亚沿岸向前突击。

希特勒及其随从，以及国防军指挥参谋部国土防御部的外勤队乘元首专列和“阿特拉斯”号办公列车到达陶亨—绍尔艾克。此地位于维也纳新城至格拉茨的铁路线上，元首大本营设在一个隧道附近，直至4月25日。

4月12日 德第1装甲集群第11装甲师开进贝尔格莱德。德第2集团军和意第2集团军在卡尔洛瓦茨西部40公里处建立联系。

德军在阿利阿克蒙河上建立桥头堡，并向奥林匹斯山的英军拦阻阵地发起突击。

德、意军队在越过利比亚、埃及边界并占领苏卢姆后，停止了在北非的攻势。

希腊西马其顿集团军开始向阿利阿克蒙河上游方向退却。

4月14日 在阿尔巴尼亚作战的希腊伊皮鲁斯集团军开始撤退。

南斯拉夫陆军司令部决定投降。

非洲军团突袭托卜鲁克要塞行动失利。

4月15日 意军在追击正在撤退的希腊伊皮鲁斯集团军过程中，占领了阿尔巴尼亚的科尔察。

德第16摩托化师占领萨拉热窝。

4月16日 德国向北非运送部队的第20运输船队的5艘运输船，由3艘意大利驱逐舰护航，驶至突尼斯东部的克肯纳岛附近，被4艘英国驱逐舰击沉。英国损失1艘驱逐舰。翌日，7艘意大利驱逐舰和鱼雷艇、2艘卫生船和海上救护飞机，从落水的3000人中救起1248人。

夜晚，685架德国飞机空袭伦敦。

4月17日 英国政府同意韦维尔将军从希腊撤退。

卡拉法托维奇将军代表南斯拉夫军队在贝尔格莱德签署投降书。南斯拉夫军队被俘34.4万人。国王彼得二世和西莫维奇政府经耶路撒冷流亡伦敦。

4月18日 希腊在雅典举行军事会议。

4月19日 保加利亚军队开进马其顿。

希腊首相科里济斯自杀身亡。

夜晚，712架德国飞机空袭伦敦。

4月20日 德国党卫队近卫部队推进至品都斯山脉北端的迈措翁山口，并将希腊伊皮鲁斯集团军退路截断。伊皮鲁斯集团军被迫向党卫队投降。

里宾特洛甫与齐亚诺就瓜分南斯拉夫问题在维也纳举行谈判。

4月21日 德国利斯特元帅接受希腊的投降。

4月21—23日 354架德国飞机接连3个夜晚空袭普利茅斯—德文波特，共投掷爆破弹403吨，燃烧弹92.5吨。

4月21—24日 德国在对希腊海域实施的空中突击中，将希腊“基尔基斯”号旧型战列舰、1艘驱逐舰、5艘鱼雷艇、1艘海测船击沉；此外还击沉43艘商船（63975吨）。

4月23日 希腊军队再次在萨洛尼卡签署投降书。此次，意大利统帅部派代表出席，德方代表为约德尔炮兵上将。

4月24日 德国第18军突破由英国远征军防守的希腊温泉关阵地。

希特勒与匈牙利摄政霍尔蒂在奥地利的默尼西基兴会晤：将南斯拉夫的巴奇卡、巴兰尼亚三角地带和穆尔河地区割让给匈牙利。匈牙利对南斯拉夫的西巴纳特的领土要求“待以后”解决。

4月24—26日 美国舰队将在大西洋的中立巡逻区延伸到西经26°，南纬20°。

4月24—29日 “精灵”行动：英军搭乘英国舰队船只撤离希腊；一部运往克里特岛，一部运往埃及，共计50672人。

英国2艘驱逐舰和4艘人员输送船被德国空军击沉，共40480吨。

4月27日 清晨，德第5装甲师先头部队及第6山地师一部先后进入雅典。

4月30日 希腊大陆及伯罗奔尼撒半岛全部被德军占领。希腊军队被俘22.3万人，英军被俘2.19万人。希腊覆灭。

德军在巴尔干战局中的损失是：死2559人，伤5820人，失踪3169人。

4月至12月 大西洋之战第三阶段，德国潜艇击沉同盟国186万吨船只。

5月1日 在德、意占领军扶植下，以措拉科格卢为首的希腊政府在雅典成立。

5月1—7日 在5个夜晚，德国出动625架飞机空袭利物浦—伯肯黑德，共投掷爆破弹805吨，燃烧弹100.3吨。炸沉港内商船18艘（35605吨），重创25艘（92964吨）。港口吞吐量在一段时间内减少1/4。

5月1—31日 德国潜艇在大西洋击沉同盟国商船63艘，约35万吨。

德国空袭造成英国居民死亡5520人，伤5207人。

5月5日 埃塞俄比亚皇帝海尔·塞拉西返回首都亚的斯亚贝巴。

5月6—12日 “虎”行动：英国向地中海舰队运送补给品和武器装备的运输船队，通过直布罗陀海峡驶往亚历山大。意大利空军和舰队未能拦阻英国船队的行动。5艘运输船中的4艘（另1艘触雷沉没）及其运载的238辆坦克和43架歼击机安全到达目的地。

5月8日 英国皇家空军对德国实施迄今最大规模的空袭：共计出动359架轰炸机，其中317架空袭汉堡和不来梅。

5月10日 “元首代理人”鲁道夫·赫斯飞往英国，在格拉斯哥跳伞，打算与汉密尔顿公爵会晤（“和平使命”）。赫斯被捕，在伦敦塔经英政府代表审问后被送往伦敦。他打算与英国领导人进行政治谈话的希望未能实现。

契特尼克（意为游击队）首领德拉扎·米哈伊洛维奇上校不承认南斯拉夫军队的投降，开始在塞尔维亚西南拉夫纳戈拉地区进行反抗德国占领军的斗争。

晚23时30分，德国空军主力在撤往东线以前，对伦敦进行了最后一次轰炸。507架德国飞机投掷爆破弹711吨，燃烧箱2393个。城内约200处起火，炸死1212人，重伤1769人。这是此后3年内最大的一次空袭。

5月11日 德国夺占东爱琴海岛屿的行动结束。

希特勒在山间别墅会见达尔朗海军上将。达尔朗与德国恢复“合作”的希望，由于希特勒的态度冷淡而化为泡影。

5月12日 马丁·鲍曼接替赫斯担任德国“党务办公厅主任”。

5月15—17日 英国对位于利比亚、埃及边境上的苏卢姆和卡普措堡的突击失利。

5月16日 在埃塞俄比亚的意军投降。

5月18日 保加利亚占领希腊和南斯拉夫的马其顿。

5月18—27日 “莱茵河演习”行动：德国排水量达4.2万吨的“俾斯麦”号战列舰（德国当时最新的战列舰）和“欧根亲王”号重型巡洋舰在舰队司令吕特晏海军上将率领下，在大西洋作战。当舰队5月20日通过卡特加特海峡和21日通过卑尔根附近的海域时，被英国情报部门和空中侦察发现。舰队在英军监视下通过丹麦海峡后，于5月24日与英国舰群遭遇。战斗伊始，英国“胡德”号战列巡洋舰便被击沉；“威尔士亲王”号战列舰受重创被迫返回。此后，英国集中全部力量追击“俾斯麦”号。英国空中侦察利用无线电测向，于5月26日再次发现“俾斯麦”号。英国鱼雷攻击机将“俾斯麦”号船舱击毁。5月27日，“俾斯麦”号被占优势的英国舰队击伤后将难以修复的船体凿沉。“欧根亲王”号脱离“俾斯麦”号逃脱。

5月20日至6月1日　“墨丘利”（罗马神话中司商业和手工业之神）行动（突袭克里特岛）：7时15分，德军分3部分实施空降。

5月21日　夜晚，德国第1机帆船大队20艘船运载2300名山地步兵启航。午夜，该大队受到英国3艘巡洋舰和5艘驱逐舰的攻击，10艘机帆船被击沉。在意大利“狼”号鱼雷艇勇敢护卫下，该大队才免遭全军覆没。德军死亡和失踪297人。

5月27日　克里特岛的态势逐渐向有利于德国的方向转化。英国加强该岛的努力被迫中止后，共撤走1.7万人。英陆军损失15743人，海军损失2011人。英国4艘战列舰被德国轰炸机炸伤3艘，唯一的1艘航空母舰被命中；12艘轻型巡洋舰被炸沉3艘，炸伤6艘；30艘驱逐舰中被炸沉6艘，炸伤5艘。

5月23日　希特勒下达“第30号指令”，其第一句话是：“阿拉伯的自由运动是我们在中东反对英国的天然盟友。”

5月24日　希腊国王乔治二世和楚泽罗斯的希腊政府由克里特岛流亡埃及。

5月24—25日　意大利由4艘客轮组成的部队输送船队驶往的黎波里，由2艘驱逐舰和6艘鱼雷艇护航，另有1艘重型巡洋舰和3艘驱逐舰担任远距离警戒。在西西里岛东部，最大的1艘装有涡轮发动机的“罗索伯爵”号船（17879吨）被英国“支持”号潜艇击沉，船上的2500名士兵只被救出1680人。

5月28日　法国国防部长恩特西热与德国国防军统帅部代表瓦利蒙特在巴黎经7天会谈后，签订一项议定书，规定法国除向伊拉克提供武器援助外，要确保通过突尼斯对非洲军团实施补给，以及支援德国在以达喀尔为基点的中大西洋的海战。然而，由于德国的冷漠，法国政府重又恢复其“观望”路线。作为恩特西热—瓦利蒙特议定书生效的先决条件，法国要求与德、意缔结临时和平条约，遭希特勒拒绝。

5月30日　英军占领巴格达；次日，伊英签订停战协定。反英的伊拉克盖拉尼内阁流亡伊朗。

5月　同盟国破译了希特勒密码。

6月1—30日　德国潜艇在大西洋击沉同盟国商船60艘，约30.6万吨。

6月2日　英国皇家空军轰炸机司令部轰炸威廉皇帝运河（今基尔运河）。

6月8日 英联邦部队和少量自由法国部队进攻在叙利亚的法国托管区。忠于维希政府的法国部队约4.5万人，在当茨将军指挥下进行抵抗。

6月10日 英军占领阿萨布，意大利从而失掉在红海的最后一个港口。

6月16日 希特勒在比利时南部的阿柯兹堡接见西班牙军队参谋的特使。这个特使告诉希特勒，佛朗哥已准备好作为轴心国的盟国参加战争。但是，11月18日，希特勒与西班牙外交部长苏涅尔在贝格霍夫会晤时，未能说服西班牙承担参战的义务。

6月21日 自由法国部队占领大马士革。

6月25日 韦维尔在北非指挥英军反击德意军队，双方激战3天，英军败退。韦维尔随即被解除中东英军总司令职务。

6月29日 希特勒在一份秘密法令里，将帝国元帅戈林定为他死后的继承人。

6月30日 英国首次在昼间以汉德利·佩奇“哈利法克斯”式轰炸机空袭基尔。

英国奥金莱克将军接替韦维尔任中东最高司令。

7月1—31日 德国潜艇在大西洋击沉同盟国商船17艘，计61741吨。

7月3日 在叙利亚巴尔米拉的维希政府部队投降。

7月4日 南斯拉夫共产党（总书记铁托）决定武装反抗德国法西斯对南斯拉夫的占领。

意大利加泽拉将军在埃塞俄比亚西南部的加拉—锡达莫地域率部投降。迄今，意大利只有1个战斗群在东非的贡德尔组织抗击。

7月6日 德军进攻马耳他。

7月7日 德国第36军级司令部（司令法格骑兵上将）占领芬兰战线中段的萨拉。

南斯拉夫游击队在贝拉茨尔克瓦伏击2名塞尔维亚警察，拉开了南斯拉夫游击战的序幕。

美国海军陆战队在冰岛登陆。

7月11日 夜晚，德国第4战斗机联队的30架轰炸机空袭苏伊士运河畔的塞得港和伊斯梅利亚。

7月12日 法国的当茨元帅接受英国提出的条件，宣布在叙利亚停火。在法军37700人中有5668人投奔戴高乐将军。

“制宪会议”在采蒂涅决定，门的内哥罗（今黑山）宣布独立，并请求意大利国王委任一名摄政者。

苏英签订联合作战协定。

7月14日 威尔逊将军和当茨在叙利亚签署停战协定。全部领土归属英国和自由法国，交出全部重型武器，维希—法国人通过海路自由返回法国南部。

7月16日 自1940年10月起任法属北非总督的魏刚将军，现被任命为“阿尔及利亚总督”。

卢森堡并入德国。

7月21—27日 “物质”行动：英海军以强大海军兵力护卫一支由6艘货轮组成的补给运输船队，由直布罗陀驶往马耳他。

7月24日 英国以149架轰炸机对在布雷斯特的德国“格奈泽瑙”号战列舰和在拉帕利斯的“沙恩霍斯特”号战列舰实施迄今最猛烈的轰炸，“沙恩霍斯特”号中弹受损。

7月31日 戈林授权党卫队中将海德里希，“为在欧洲的德国势力范围内全面解决犹太人问题”做好一切必要的准备，从而开始了“最后解决”行动，即从肉体上消灭欧洲的犹太人。

7月 德国在立陶宛波纳里镇建立了大规模枪杀场。从1943年年底开始焚烧尸体，一直延续到1944年6月。后人从21179立方米的9个坑内挖出至少10万具尸体。

8月1日 根据7月17日“关于东方新占领区管理工作的法令”，东加利西亚划入总督辖区，即波兰占领区。

8月1—31日 德国潜艇在大西洋击沉同盟国商船22艘，计67638吨。

8月12日 达尔朗海军上将任维希政府国防部长。

8月20日 由意大利一支庞大舰队护航的部队运输船队驶往的黎波里，在即将到达目标时，“埃斯佩里亚”号部队运输船（11398吨）被英国“珍奇”号潜艇击沉，船上1170人只被救出1139人。

8月23日 戴高乐将其在伦敦的“临时委员会”改组为“全国委员会”，附设一个咨询性国民议会。

德国“猎户座”号辅助巡洋舰在大西洋、太平洋和印度洋经过510天的劫掠海战，驶抵法国西南部的吉特伦河河口。总战果：击沉同盟国商船10艘，计62915吨。

8月25日 英苏军队以“轴心国试图将伊朗置于其控制之下”为借口开进伊朗。伊朗进行抵抗。苏联由外高加索和里海以东地域发起进攻，而英印军队由伊拉克和俾路支斯坦发起进攻。伊朗海军在阿巴丹和霍拉姆沙赫尔前方海域与英国驱逐舰作战中，2艘最大的炮舰被击沉。

8月29日 一个由奈迪奇将军领导的塞尔维亚政府在德军扶植下成立。

8月31日 英苏先头部队在伊朗加兹温会师。

9月1日 德国警方颁布关于在德国使用犹太人标记的规定，即从9月19日开始，在德国使用“犹太教六角星标志”。

9月1—30日 德国潜艇在大西洋击沉同盟国商船54艘，约21万吨。

9月3日 罗马尼亚重占苏联控制的布科维纳。

9月4日 “格里尔事件”：英国飞机通知正在驶往冰岛的美国“格里尔”号驱逐舰，在它附近有1艘德国潜艇。“格里尔”号按英机报告的方位测出在其一旁的U-652号潜艇（艇长弗拉茨海军中尉）。英机用深水炸弹攻击潜艇，德国潜艇误将“格里尔”号当作进攻者，遂以鱼雷还击。随后，“格里尔”号也以深水炸弹回击，未中。

9月6日 匈牙利帝国摄政者霍尔蒂解除韦尔特的总参谋长职务，由索姆包泰利将军接任。霍尔蒂开始“疏远”与德国的关系。

9月8日 霍尔蒂到“狼穴”元首大本营拜访希特勒时，催促希特勒将匈牙利“快速军”从东线调回本国。10月中，匈牙利“快速军”撤出战斗，1942年1月15日返回匈牙利。

9月11日 作为对“格里尔”号事件的回答，罗斯福总统发布所谓“射击命令”。他宣布，“轴心国”的船只胆敢驶入为保障“美国防务所必须保护的”海域，一旦被发现，立即射击。

9月12—22日 英国“拉托娜”号和“阿布迪尔”号布雷舰与数艘驱逐舰将6300名士兵和2100吨物资运往托卜鲁克，将6000名澳大利亚士兵转运亚历山大。

9月15日 德国研制火箭武器的“佩讷明德”计划被列入异常紧迫的发展项目。

礼萨·巴列维将伊朗王位禅让于其子穆罕默德·礼萨·巴列维。

9月16日 礼萨·巴列维流亡南非，于1944年7月逝世。

威廉·凯特尔发出一道命令，要求在从挪威到希腊的所有被占领的欧洲国家，德国兵每被杀一个，就要处决50到100个人质，这就是所谓“人质法”。

9月17日　英苏军队占领德黑兰，但由于该城属于“中立区”，英苏军于次日撤离。

9月17—25日　在北大西洋，由5艘驱逐舰组成的一支美国护卫舰队首次为一支英国运输船队护航。从此，美国开始积极参加大西洋的作战。

9月18日　意大利运输船队在驶向的黎波里途中，其“内普图尼亚”号（19475吨）和“奥恰尼亚”号（19507吨）部队运输船被英国“支持”号潜艇击沉。

9月24—30日　“戟”行动：英国补给船队——9艘运输船在强大舰队护卫下，由直布罗陀驶往马耳他。“戟Ⅱ行动”：英、意舰队在撒丁与突尼斯北部斯克尔基海滩之间一直保持等距航行，傍晚双方返回。英国9艘运输船在5艘巡洋舰和9艘驱逐舰护卫下继续驶往马耳他。夜晚，意大利飞机在邦角（今阿达尔角）攻击英船队，将“帝国之星”号运输船（12427吨）击沉。

9月27日　赖因哈德·海德里希被任命为波希米亚和摩拉维亚（均为捷克斯洛伐克旧名）的帝国代理保护长官。原帝国代理保护长官冯·诺伊拉特“被准假离职”。

9月　3.3万名犹太人在基辅附近的巴比亚尔峡谷惨遭屠杀。

10月1—31日　德国潜艇在大西洋和地中海击沉同盟国商船39艘，约18万吨。

10月3日　德国发布关于对国内犹太人进行强制劳动的法令。

10月9日　伊拉克组成亲英新内阁。

10月14日　德国发出征召17岁至25岁的卢森堡公民参加劳动服务的命令。

10月21—23日　在塞尔维亚克拉古耶瓦茨暴动期间，纳粹占领军在这座只有3万居民的城市杀害了7000人，并在克拉列维察杀害2300人。根据德国陆军元帅威廉·凯特尔的命令，每一名德国人死亡要杀死100个塞尔维亚人来抵偿；每一名德国人受伤要杀死50个塞尔维亚人来抵偿。

10月26日　效忠国王的游击队首领米哈伊洛维奇与铁托之间长达数周、旨在商讨共同抗敌可能性的谈判最终破裂。

11月1—31日　德国潜艇在大西洋和地中海击沉同盟国商船19艘，计91628吨。

11月2日　德军占领由铁托领导的乌日采（今铁托乌日采）人民共和

国，其游击队残部向黑山的杜米托尔山脉撤退。

11月7日 夜晚，英国皇家空军出动400架轰炸机空袭德国：其中169架空袭柏林，被击落21架；55架空袭曼海姆，被击落7架；43架空袭鲁尔区，损失9架；另外133架空袭科隆、奥斯坦德和布洛涅，英机无一损伤。

11月8日 夜晚，英国K舰队（2艘巡洋舰、2艘驱逐舰）于午夜后不久，向一支前日被空中侦察发现的驶往北非的意大利护航运输船队发动攻击，击沉全部7艘运输船（39055吨）以及2艘护航的驱逐舰。强大的意大利护航舰队由于没有雷达设备，面对处于劣势的英军一筹莫展。

11月10—14日 英国直布罗陀区舰队的37架歼击机和7架轰炸机从地中海西部海域的2艘航空母舰上起飞，飞往马耳他。舰队在返航途中，11月14日，英国“皇家方舟”号航空母舰在直布罗陀附近被德国U–81号潜艇（艇长古根伯格海军上尉）击中，次日沉没。

11月12日 法国国防部长恩特西热将军遇难身亡。

11月16—20日 德国向地中海派遣第三批潜艇，共6艘，途中损失1艘，另有1艘被炸弹命中后返回。

11月18日 英国在德国计划于11月23日对托卜鲁克发起进攻之前，在北非发动反突击：英第8集团军由马达累纳堡地域向托卜鲁克突击，企图解救被围于此的英国守军，并将非洲军团歼灭。

由于德国的压力，维希政府将法属北非的代理人和阿尔及利亚总督魏刚将军解职。

11月22—23日 德国海战指挥部暂时中断在北大西洋袭击运输船队的作战行动，命令潜艇司令部将纽芬兰东部的13艘潜艇和北大西洋中部海域作战的潜艇向直布罗陀西部集中，以减轻地中海的压力。

11月24日 英国K舰队在克里特岛西部100海里处袭击德国为北非实施补给的护航运输船队，将2艘运输船击沉（4752吨），为其护航的2艘意大利鱼雷艇逃走。

11月25日 鉴于英军在北非作战中损失惨重，第8集团军司令坎宁安中将被解职，由里奇少将接任。

11月28日 意大利在东非的最后一批部队在贡德尔投降。

11月29日至12月2日 意大利再一次试图向北非派遣补给船队。在强大舰队护卫下的6艘补给运输船中，只有1艘到达班加西，2艘受伤返回，3艘被英国轰炸机和军舰击沉，另有1艘护卫驱逐舰被击沉。

12月1—15日 意大利再次向北非运送补给品。英国潜艇击沉其4艘运输船，计23996吨。

12月1—31日 德国潜艇在大西洋和地中海击沉同盟国商船23艘，约10万吨。

12月4—23日 德国16艘潜艇向地中海转移的行动未获圆满成功，损失2艘，3艘受伤返回。

12月5日 希特勒命令第2航空队（司令凯塞林元帅）撤离东线，投入利比亚和西西里的作战。

12月6日 英国对匈牙利、罗马尼亚和芬兰宣战。

12月7日 希特勒发布“秘密法令”，以“惩治反抗帝国或驻军的犯罪行为”。自此，各级机关和司令部在逮捕和惩罚非德意志人方面有了更大的自主权，因为几乎所有行为都可被视为“危害了驻军的安全”，从而“原则上被判处死刑”。

隆美尔决定停止夺取托卜鲁克的战斗，将非洲装甲集群撤至利比亚海滨城市加扎拉一线。

12月7日至1945年8月15日 美国造船厂共造出10艘战列舰、13艘重巡洋舰、33艘轻巡洋舰、27艘航空母舰、110艘护航航空母舰、352艘驱逐舰、203艘潜艇、109342艘小艇，总计900万吨。

12月8日 英国第8集团军与被包围的托卜鲁克要塞守军重建联系。

12月10日 英军解救托卜鲁克的被围部队。

12月11日 德意对美宣战。两国达成联合作战协议。

12月12日 匈牙利、罗马尼亚和保加利亚对美宣战。保加利亚对英宣战。

12月14—22日 负责为直布罗陀HG–76号运输队护航的英国军舰击沉德国5艘潜艇。

12月15日 爱尔兰宣布中立。

12月19日 数名意大利士兵搭乘1艘潜艇潜入亚历山大港，利用人控鱼雷将英国“英勇”号和“伊丽莎白女王”号战列舰击沉。

瓦尔特·冯·布劳希奇将军辞去最高统帅部的职务，希特勒接管指挥权。

英国将征兵年龄限制提高到51岁，并通过妇女征兵法。

12月23日 非洲军团撤离班加西。

12月24日 戴高乐命令米西利埃海军上将占领纽芬兰的圣皮埃尔岛和密克隆岛，从而与美国发生纠纷。

12月24—28日 英国“射箭”行动：突袭挪威罗弗敦群岛。

【1942年】

1月1—31日 德国潜艇在大西洋和北海击沉同盟国商船49艘，约27.6万吨。

1月3—6日 3支意大利护航运输船队分别由墨西拿、塔兰托和布林迪西出发，安全驶抵北非。

1月6日 罗斯福总统宣布，美国的作战目的是“粉碎德国法西斯主义”。

1月10日 希特勒发布关于军工生产新的基本方针，规定把生产重点重新放在陆军装备上。

1月11—31日 德国潜艇首次出现在美国东海岸：实施“击鼓”行动的4艘潜艇和其后参加该行动的3艘潜艇，共击沉同盟国商船23艘，约14.3万吨。

1月13日 由西莫维奇领导的南斯拉夫流亡政府在伦敦倒台后，由约万诺维奇组成新内阁，反抗运动领袖米哈伊洛维奇出任国防部长。

1月15日 新成立的波兰共产党号召人民反抗德国占领军。

1月17日 被包围在苏卢姆—哈勒法耶山口的德、意部队投降。自1941年11月18日英国开始进攻以来，德军在北非损失1.3万人，意军损失2万人，英军损失1.7万人。

1月19日 英军开始进攻埃塞俄比亚和厄立特

里亚。

1月20日　“万湖会议”召开，德国政府各大部的国务秘书参加，由帝国保安总局局长海德里希主持。会上，海德里希宣布通过将犹太人“送往”东方和“其他办法”，在全欧洲“最后解决犹太人问题”。

1月21日　非洲装甲集群（司令隆美尔装甲兵上将）为夺回昔兰尼加，开始由马拉达—卜雷加港阵地发起反击。防守艾季达比耶周围地域的英第30军被击溃。

1月26日　首批美国部队到达北爱尔兰，该国总理德瓦莱拉对此提出抗议。

1月28日　德国非洲装甲集群占领班加西。

1月至7月　大西洋之战第四阶段；德国潜艇击沉同盟国大约300万吨船只。

2月1日　由帝国全权代表、高级专员特博文任命的挪威政府组成，吉斯林任国务委员会主席（首相）。

2月1—28日　德国潜艇在大西洋击沉同盟国商船70艘，约41.2万吨。

2月7日　德意非洲装甲集群发动的反攻被迫停止于托卜鲁克西部的加扎拉地域。

2月8—10日　海军上将弗朗索瓦·达尔朗被任命为贝当的副手和外交部长。

2月9日　德国武器弹药部部长弗里茨·托特死后，由阿尔贝特·施佩尔接任，德国军工生产开始迅速发展。

铁托宣布，南斯拉夫的杜尔米托尔游击地带为苏联加盟共和国。

2月11日　罗马尼亚国家元首安东内斯库在位于东普鲁士拉斯滕堡的“狼穴”大本营拜会希特勒。

2月12日　“刻尔柏洛斯”（希腊神话中守护地狱入口之犬）行动：德国“沙恩霍斯特”号、“格奈泽瑙”号战列舰和“欧根亲王”号重型巡洋舰，在6艘驱逐舰、14艘鱼雷艇、3支快艇分队和多艘扫雷舰组成的战斗群，以及空军的176架歼击机和驱逐机掩护下，由布雷斯特出发，突破英国对英吉利海峡的封锁进入北海。英国进行了微弱抵抗，无力阻止德军的突破。

隆美尔入侵利比亚。

英国内阁改组，驻莫斯科大使斯塔福德·克里普斯就任掌玺大臣和下院议长。

2月14日 波兰反抗力量联合组成“本土军”，司令为罗韦基将军，副司令为博尔—科莫罗夫斯基将军。

2月17日 铁托开始就苏联向南斯拉夫共产党游击队提供物质援助一事，通过无线电与苏联进行协商，未有结果。

2月22日 美国在英国组建由埃克准将指挥的美军轰炸机司令部，这是在欧洲组建的第一个美军司令部。

2月26日 驻非英军攻占摩加迪沙。

3月1—31日 德国潜艇在大西洋、地中海和北海击沉同盟国商船84艘，约44.6万吨。

3月10日 匈牙利摄政霍尔蒂任命卡劳伊·米克洛什为匈牙利总理和外交部长。

3月21日 纳粹省党部头目绍克尔被任命为“义务劳动全权总代表”。在此后的战争年月里，共有750万外国劳工和约3000万德国民工被迫为德国战时经济服务。

3月26—29日 英国海军在马塔潘角战胜意大利海军。

3月27日 美国国防部长史汀生和总参谋长马歇尔共同提出了一个在法国北部登陆的计划——“马歇尔计划”。该计划由作战处长艾森豪威尔少将负责拟制。登陆日期：1943年4月1日，投入约48个师、5800架飞机。

3月28日 英国突袭位于法国西海岸的圣纳泽尔，企图摧毁能容纳战列舰的大型干船坞。登陆的突袭分队遭敌方猛烈抵抗，最后被歼。

3月31日 利比里亚政府给予美国在战争期间在其领土修建空军基地的权利。

4月1—30日 德国潜艇在大西洋、地中海和北海击沉同盟国72艘商船，约39.5万吨。

4月2—8日 为攻占马耳他岛要塞，德国第2航空军和意大利轰炸机对马耳他进行猛烈轰炸。停在港口的英国2艘驱逐舰和4艘潜艇被击沉。英国第10潜艇舰队的其余潜艇被迫于月中撤离马耳他。轰炸一直延续到5月10日。

4月8—17日 丘吉尔与罗斯福总统的代表霍普金斯就开辟第二战场的可能性进行会谈。

4月14日 英美经商谈，决定采纳美国制定的关于1943年盟军在法国北部登陆的计划，代号为“波莱罗”（西班牙双人舞）：到1943年4月1日，美国将在英国部署为数达100万人的陆军和航空兵部队，英国将组建18个师。一旦苏联被击溃，将采取在法国北部登陆的应急措施，代号为“锻锤”。

4月17日　1940年被德军俘虏的吉罗将军逃出柯尼施泰因要塞，到达法国非占领区。4月28日，贝当元帅在维希接见了他。

4月18日　维希组建新政府。皮埃尔·赖伐尔被任命为总理、外交和内政部长，达尔朗留任武装力量总司令。

4月19日至5月16日　华沙犹太人居留区的犹太人举行起义，纳粹党卫队和德国警察的野蛮镇压造成6万居民死亡。

4月26日　希特勒要求拥有德国国会的最大权力，以采取一切必要措施“造福于德国人民”。

4月29—30日　希特勒、墨索里尼以及两国军事领导人在克莱斯海姆堡举行“预备性会议”，会上草拟了1942年夏季在地中海地区和北非的作战计划，其中包括征服马耳他和向埃及进军。

5月1—31日　德国潜艇在大西洋、地中海和北海击沉同盟国商船125艘，近59万吨。

5月4日　德国国防军统帅部下达指令：占领马耳他（“赫拉克勒斯”行动）。

5月5日　意大利总参谋长卡瓦莱罗同意隆美尔关于在昔兰尼加发动攻势的计划，条件是不能因此而影响“赫拉克勒斯”行动。

5月5—7日　英军在马达加斯加登陆，并占领海军基地迭戈—苏亚雷斯（今安采拉纳纳）。4000多法国守军的抵抗很快被粉碎。

5月7日　希特勒颁布一项法令，指出应保障装备工业的统一领导，以改变国防经济与装备工业分离的状况。

5月11日　德第1教导联队第1大队在克里特岛南部海域击沉英国驱逐舰“基普林”号、“莱夫利”号和“杰考尔”号。

5月12日　纳粹在奥斯威辛集中营第一次使用煤气大规模杀害犹太人。

5月21日　希特勒将占领马耳他的“赫拉克勒斯”行动无限期推迟。

5月23日　德国潜艇撤离美国东海岸。

5月24日　德国驻波希米亚和摩拉维亚的保护长官海德里希在布拉格遇刺，5月26日死亡。为进行报复，德军于6月10日将捷克利迪策村夷为平地，把全部男人杀死。海德里希的帝国中央保安局局长一职由卡尔滕布鲁纳接任，达吕格任代理保护长官。

5月25—30日 德国在北海对同盟国PQ.16护航运输船队作战。同盟国共损失32400吨作战物资，其中坦克147辆、飞机77架、载重汽车770辆，以及多艘运输船。

5月26日 在加扎拉一线的德、意装甲集团军（司令隆美尔大将）开始发起代号为“忒修斯”（希腊神话中斩妖除怪的英雄）的进攻行动，但此次进攻被迫停于由自由法国第1旅防守的比尔哈希姆沙漠阵地前。

5月26日至6月30日 德意在利比亚发动的攻势获胜。

5月30日 夜晚，德国科隆首次遭千架轰炸机空袭：从52个机场起飞的1047架英国轰炸机空袭科隆，868架飞机到达目标上空，向科隆内城投弹1459吨，炸死474人，伤5000人（其中重伤565人），4.5万人无家可归，3330座建筑物被毁，9510座遭严重破坏；英机被击落40架，被击伤45架，其中12架在着陆时断裂。

6月1日 夜晚，726架英国飞机空袭埃森、杜伊斯堡和奥伯豪森，投弹1235吨，被击落32架。

6月1—30日 德国潜艇在大西洋和地中海击沉同盟国商船131艘，约61.7万吨。

6月5日 美国对罗马尼亚和保加利亚宣战。

6月10日 德国非洲装甲集团军占领英军顽强防守的比尔哈希姆堡，这是英军整个防线最南端的支柱，从而使处于停滞状态的德、意军队的进攻再次复苏。英国第8集团军被截为两段，一部向托卜鲁克方向撤退，另一部撤向埃及边界。

英国内阁决定，只有兵力充足时才同意盟军在法国北部登陆的计划。6月20日，有关该决定的备忘录送达罗斯福。英方同时建议在法属北非实施登陆。

6月12日 希姆莱批准所谓的“东方总计划”，该计划决定将东欧人（波兰、捷克、乌克兰、白俄罗斯）迁往西伯利亚。

美国23架B-24型“解放者”式轰炸机由埃及起飞，首次空袭罗马尼亚康斯坦察港和普洛耶什蒂炼油厂，无果。返航途中，有4架轰炸机被迫在土耳其紧急着陆。

6月12—16日 为加强马耳他的防御，英国两支护航运输船队分别由直布罗陀和亚历山大出发，实施“鱼叉”和“健壮”护航运输行动。在17艘货轮和油轮中，只有2艘到达马耳他；运输船队主要遭德国轰炸机攻击，被炸沉4艘运输船、1艘油轮和2艘驱逐舰。“赫米昂”号巡洋舰被德国U-205号潜艇击沉；1艘驱逐舰被1艘德国快艇击沉；另有2艘驱逐舰和1艘货轮被水雷及意大利飞机和军舰击沉。

6月17日　希特勒批准潜艇部队司令部的一项计划——对同盟国在巴西西部海域的航线实施一次突然袭击。由于外交部提出异议，该计划推迟至6月19日。

德军包围托卜鲁克。

6月20日　北非英军投降，2.5万人被俘，其余撤退至阿拉曼防线，隆美尔因此被称为“沙漠之狐”。

6月21日　德意部队占领托卜鲁克要塞，俘虏32220人，其中有要塞司令克洛普尔少将。

6月22日　隆美尔晋升为元帅。他放弃了马耳他作战计划，拟于6月30日之前占领阿拉曼—亚历山大—尼罗河口—开罗一线。

6月23日　德意非洲装甲集团军越过利比亚、埃及边界。

罗斯福总统支持英国提出的首先在北非登陆的建议。

6月24日　英美总参谋部同意推迟在欧洲的登陆。

戴高乐的“法国宪章”颁布，确定自由法国与抵抗运动的联合。

6月25日　英国第8集团军由中东盟军司令奥金莱克将军直接指挥。

夜晚，713架英国飞机空袭不来梅，投弹1450吨，被击落48架。

6月26日　夜晚，德国轰炸机空袭诺里奇。

6月29日　德第90轻装师占领埃及马特鲁港，俘虏2000人。

6月30日　德意装甲集团军到达北非阿拉曼的隘路（亚历山大以西100公里处），全军仅剩70辆坦克和装甲侦察车。

7月1—31日　德国潜艇在大西洋、北海和地中海击沉同盟国商船93艘，计454535吨。

7月2—4日　第一次阿拉曼战役给隆美尔以决定性打击。7月3日，隆美尔接连三日突击英国第8集团军的阿拉曼阵地，均告失利，被迫命其残部转入防御。

7月4日　美国对德国进行第一次空袭。

7月4—7日　在北海，德国潜艇和飞机对同盟国向苏联运送物资的PQ.17

护航运输船队作战，同盟国共损失24艘舰船，约14.4万吨。与船只一起损失的有3250辆载重汽车、430辆坦克、210架飞机和99316吨其他作战物资。

7月5日 由阿尔汉格尔斯克驶出的同盟国QP.13运输船队，在浓雾中误入己方在丹麦海峡布设的雷区，损失5艘运输舰（计30909吨）和1艘扫雷舰。

7月11日 英国皇家空军轰炸机司令部第5大队的44架“兰开斯特”式轰炸机空袭但泽（今格但斯克），只有1/3的飞机在波罗的海上空找到目标，2架被地面防空火力击落，8架被击伤。

7月16日 英军在阿拉曼阵地前发起进攻，突入意大利防区纵深，意第10军被歼。至7月27日，英第8集团军也因筋疲力尽，停止进攻。

7月18—25日 丘吉尔与罗斯福总统的代表霍普金斯以及双方总参谋长，在伦敦就1942年同盟国作战计划进行磋商。

7月19日 德国再次将潜艇战的重点放在同盟国运输船队所经过的北大西洋航线上。

7月21日 被集中在华沙犹太人居住区的大约35万犹太人开始被有计划地解往特雷布林卡灭绝营。

7月24日 英美总参谋长就在法属西北非登陆行动（“火炬”行动）达成一致意见。

7月25日 连续4个夜晚，共约1300架英国飞机空袭德国城市杜伊斯堡、汉堡、萨尔布吕肯、杜塞尔多夫和诺里奇。

8月1—31日 德国潜艇在大西洋和地中海击沉同盟国商船105艘，约51.7万吨。

8月4日 丘吉尔飞到开罗，撤销了奥金莱克的英军总司令职务，任命第13军军长戈特将军为第8集团军司令。

8月6日 罗斯福任命艾森豪威尔将军为“火炬”行动的司令，准备实施盟军在法属北非的登陆作战。

8月7日 戈特乘飞机前往北非上任时，座机被德机击落，不幸身亡。

8月10—13日 “基石”行动：英国试图将一支后勤补给舰队护送至马耳他。8月10日，14艘货轮和油轮在强大舰队护卫下由直布罗陀驶出，但最后只有5艘运输船运载3.2万吨货物到达目的地。

8月15日 亚历山大将军接替奥金莱克将军的中东盟军司令之职。

8月17日 意大利最高统帅部命令德、意装甲集团军司令隆美尔，将英国第8集团军消灭在尼罗河三角洲西部地区，占领亚历山大并向苏伊士运河推进。

美国陆军第8航空队从英国基地首次出击，12架“空中堡垒”B-17型飞机轰炸德国鲁昂火车站。

8月18日 刚刚被任命为第1集团军司令的蒙哥马利中将改任英国驻埃及的第8集团军司令。

8月19日 英军突袭法国濒临英吉利海峡的港口迪耶普：加拿大第2师（师长罗伯茨少将）的坦克在强大空军掩护和奇袭小分队的配合下，在迪耶普两侧登陆。截至中午，英军大部被德第302步兵师、海岸炮兵和航空兵歼灭，其残部被迫乘船撤走。英军损失 1艘驱逐舰、33艘登陆舰、106架飞机、4350人（其中死亡1179人，被俘2190人）。德军损失:48架飞机、1艘猎潜艇、591人（其中死亡或失踪311人）。

8月20日 美国第8航空队的B-17型轰炸机在约500架盟国歼击机掩护下，于昼间轰炸亚眠的铁路。

8月28日 巴西对德宣战。

8月30日 德国在卢森堡征兵。

晚10时，隆美尔下达了向英军进攻的命令。次日早晨，他驱车来到阵地，听到的只有噩耗：军团司令受了重伤，冯·俾斯麦将军阵亡。

8月30日至9月3日 隆美尔的最后攻势失败后，轴心国的北非战线岌岌可危。

8月至1943年5月 大西洋之战的第五阶段。德国潜艇在北大西洋对同盟国海上运输队作战，击沉380万吨船只。

9月2日 隆美尔因燃料短缺，伤亡惨重，命令德军逐步退回出发阵地。

9月9日 在铁托抗议下，驻莫斯科的南斯拉夫皇家公使提升为大使级。

9月10日 英国再次对马达加斯加拥护维希政府的法国人采取军事行动。

夜晚，360架英国飞机空袭杜塞尔多夫，投弹760吨，被击落30架；炸死44人，伤170人，4000人无家可归，造成400起大火。

9月12日 德国U-156号潜艇在大西洋中部海域将载有1800名意大利战俘的英国“拉科尼亚”号运输舰（19695吨）击沉。9月13日，美国1架轰炸机对浮出水面搭救落水者的意大利潜艇进行攻击。9月17日，德国潜艇部队司令邓尼茨海军上将命令，“立即采取一切措施，搭救落水人员”。

9月14日 英军突袭托卜鲁克的行动失利。500名登陆兵中只有少数人上岸。德国炮兵和德意飞机将英国“考文垂”号巡洋舰、2艘驱逐舰、3艘快艇和2艘汽艇击沉。德国扫雷艇俘获英国1艘快艇。英军被俘576人。

9月19日 坦克专家施登姆将军赶到北非，临时接替生病的隆美尔的职务。23日，隆美尔返回他在奥地利的故居休息。

9月20—22日 8艘德国潜艇在北冰洋攻击同盟国QP.14护航运输船队，击沉1艘驱逐舰、1艘扫雷艇和4艘商船，共计20762吨。

9月22日 艾森豪威尔将军将“火炬”行动发起日期定为11月7日。

9月23日 英军占领马达加斯加的塔那那利佛。

9月24日 德国陆军总参谋长哈尔德大将在同希特勒发生争执后，辞去总参谋长职务，由西线总参谋长蔡茨勒步兵上将接任。

9月27日 德国“金牛星座”号辅助巡洋舰在南大西洋与1艘美国货轮的战斗中遭重创，被迫放弃。

9月29日 希特勒对西线各司令官发表关于建造“大西洋壁垒”的讲话（建造命令已于8月25日下达）。

9月30日 希特勒在柏林体育馆举行的冬赈活动开幕式的讲话中称，德国士兵在任何地方都不会后退。

10月1日 自1941年5月15日由德国民政机构管辖的奥地利领土南克恩滕和南施泰尔马尔克地区被划入德国版图。

10月1—31日 德国潜艇在大西洋、南非沿海和印度洋击沉同盟国商船91艘，共约58.5万吨。

10月10日 德意再次空袭马耳他。至10月19日，每天投入飞机约200—270架。

10月18日 希特勒在“第46号指令”中命令，在欧洲或非洲发生的一切所谓敌后偷袭行动中，凡是“与德国部队作对的人，不管是穿军装的，还是穿便衣的，不管手中有无武器，也不管是作战的还是逃跑的，一律格杀勿论”。

10月22日 为同盟国在法属北非登陆的“火炬”行动护航的首批舰队驶离埃韦湾和克莱德河河口。

10月23日 21时40分，英国第8集团军在阿拉曼战线发动攻势。该集团军共有5万人，1114辆坦克和880架飞机。德意非洲军团代理指挥的施图姆装甲兵上将于10月24日身亡。

10月25日 早晨8时，隆美尔拖着病体，慌忙飞往北非营地。10时，他乘坐的飞机降落在罗马。当他得知北非军队的汽油只够用3天时，他咆哮起来："现在至少也得有30天的汽油啊！"

10月28日 上午10时，英军向德意军队发起总攻。

11月1日 德国元首大本营由文尼察迁回东普鲁士的拉斯滕堡"狼穴"。

11月1—30日 德国潜艇在大西洋、地中海、非洲南部海域和印度洋击沉同盟国商船118艘，计74.3万吨。

11月2日 蒙哥马利指挥的英第8集团军对德、意非洲装甲集团军的阵地实施突破，此即"增压"行动。

11月2日 夜晚，隆美尔向元首大本营报告撤退的必要性，并开始从阿拉曼阵地撤退。希特勒获悉后，命令北非德意部队司令部"要不惜一切代价坚守阵地"。

11月4日 15时30分，隆美尔命令所属部队继续撤退。

11月5日 在马达加斯加岛上的英法军停火。维希政府的部队停止最后抵抗。

11月6日 自阿拉曼会战以来，英第8集团军俘虏德军3万人，缴获和摧毁坦克350辆、火炮400门。

11月7日 夜晚，"火炬"行动开始。在艾森豪威尔将军指挥下（大本营设在直布罗陀），盟军准备在摩洛哥、阿尔及利亚和奥兰登陆。西部集群由巴顿中将指挥，中部集群由弗雷登德尔少将指挥，东部集群由安德森中将指挥，而部署在地中海的英国H舰队（司令坎宁安海军上将)）掩护整个作战行动。

11月8日 贝当元帅对同盟国的登陆提出抗议，并命令突尼斯、摩洛哥和阿尔及利亚的法军司令进行抵抗。达尔朗海军上将得到贝当可以自主行事的指示后，于下午命令阿尔及尔的法军停止抵抗；但他拒绝在北非实行全面停火。

中午，希特勒命人询问法国维希政府，是否准备站在德国一边与英美作战。如是，他将与法国"同生死共患难"。为此，法国总理赖伐尔应邀前往慕尼黑进行商谈。

在卡萨布兰卡，法国海军对美军实施顽强抵抗。在奥兰，法国海军损失4艘驱逐舰、1艘潜艇和1艘快艇，另有7艘潜艇失踪。

夜晚，德国国防军统帅部强烈要求法国政府同意向突尼斯运送德国部队。

11月9日　希特勒在慕尼黑会见意大利外长齐亚诺；次日会见法国总理赖伐尔。

德军南线总司令凯塞林元帅向突尼斯空投第5伞兵团及其他分队，抢先占领了突尼斯城的欧韦奈机场，10日占领比塞大的西迪艾哈迈德机场。

丹麦首相布尔辞职后，由外交大臣斯卡维纽斯接任。

11月10日　中午，根据贝当元帅的一份秘密电报，达尔朗海军上将同意在北非实行全面停火。美军坦克开进奥兰，该城法军司令投降。

英第8集团军在追击撤退的德意装甲集团军过程中，占领西迪巴拉尼。

11月11日　7时，“安东”行动开始。德国第1集团军和费尔贝尔集团军级集群越过德法分界线，进入迄今尚未占领的法国领土（不含维希和军港土伦）。希特勒在给贝当元帅的信中，竭力阐述他采取此项措施的必要性。贝当通过非占领区内的全部法国电台表示他的抗议。冯·龙德施泰特元帅到达维希，就此项行动的经过向贝当作了说明。

至此，维希政府军队解散。

2个意大利师分别由撒丁岛和大陆出发，在科西嘉岛登陆。意大利第4集团军开进里维埃拉的法国领土。

同盟国军队在布日伊（今贝贾亚）登陆。这样，盟军也控制了阿尔及利亚东部地区，并向阿尔及利亚、突尼斯边界派出先遣支队。

11月12日　英第8集团军占领苏卢姆、卡普措堡、拜尔迪耶。

摩洛哥总督诺盖将军作为维希政府驻北非部队总司令达尔朗的继任者，与美国巴顿将军在费达拉（今穆罕默迪耶）签署停战协定。

在与登陆的同盟国军队的作战中，法国的损失是：在摩洛哥死亡475人，伤528人；在奥兰死亡165人，伤18人；在阿尔及尔死亡11人，伤7人。

截至11月16日，盟军在“火炬”行动中损失1艘护送航空母舰、1艘防空舰艇、3艘驱逐舰、6艘小艇和18艘运输舰，近20万吨，其中9艘人员输送舰就有1万多吨。

11月13日　英国第8集团军占领托卜鲁克。

艾森豪威尔将军和达尔朗海军上将签署一项军事协定，承认达尔朗为法国驻北非的最高领导人。

魏刚将军被党卫队保安局逮捕，解往德国。

11月14日　美国第8航空队轰炸法国潜艇基地拉帕利斯和圣纳泽尔。

11月15日　吉罗将军被任命为驻北非法军总司令。

英第1集团军占领突尼斯西北部海岸城市塔巴尔卡。

11月16日　贝当元帅正式宣布解除达尔朗海军上将的一切职务，任命赖伐尔总理为他的代理人和未来继承人。

法国军队开始积极参加对北非轴心国军队的战斗。

希特勒发布关于帝国防御委员会和统一经济管理的法令。

西班牙为维护其中立，宣布部分动员。

11月17日　在比塞大西部60公里处，德军与盟军首次在突尼斯遭遇。

"石器时代"行动：英国向马耳他运送物资的护航运输船队由亚历山大出发。4艘运输船全部到达马耳他，打破了该岛被围困的状态。

11月18日　英第8集团军占领班加西。

11月23日　达喀尔的法属西非总督布瓦松归属达尔朗海军上将领导，并与同盟国结盟，从而使整个法属西北非完全摆脱维希政府的影响。

11月26日　"南斯拉夫反法西斯民族解放委员会"在比哈奇举行首次会议，这标志着铁托领导的游击队已发展成一个近似政府的"民族阵线"。

隆美尔飞抵东普鲁士的希特勒总部，要求撤离北非，希特勒仍要他回到卜雷加港坚守。

11月27日　"淡紫色"行动：德国第7、第10装甲师在党卫队第2装甲军军长（豪塞尔上将）指挥下占领土伦。

根据海军上将德拉博德的命令，土伦法国海军将其舰队的61艘舰船凿沉。土伦法军停止抵抗后，被解除武装。

英军先遣支队占领位于突尼斯和比塞大之间的朱代伊德，但德军于12月1日将其夺回。

11月29日　美国轰炸机空袭的黎波里。

12月1日　英美军空袭比塞大、突尼斯、加贝斯和斯法克斯。

12月1—31日　德国潜艇在大西洋、地中海和南非海域击沉同盟国商船59艘，共约31.6万吨。

12月4日　德第90军（军长内林装甲兵上将）的部队在美第1装甲师和英第11旅的顽强抗击下，占领突尼斯西部30公里处的泰布尔拜。

美军首次空袭意大利的那波利（今那不勒斯），将"穆齐奥·阿滕多洛”号巡洋舰炸沉。此后，意大利将其战列舰转移至拉斯佩齐亚，重型巡洋舰转至撒丁岛的马达莱纳岛。

达尔朗任阿尔及利亚国家元首。

12月11日 英第8集团军开始向位于卜雷加阵地的德意装甲集团军发动进攻，迫使德意集团军撤至布艾拉特阵地。

12月13日 德意装甲集团军放弃欧盖莱。

德军统帅部下令终止U型潜艇进入地中海。

12月19日 希特勒经与意大利最高统帅部总参谋长卡瓦莱罗大将以及意大利外长齐亚诺商谈，决定坚守北非。

12月20日 4架英国“蚊”式飞机在“双簧管”式雷达遥控系统（一种不靠肉眼观察而能使高空飞机准确投弹的系统）的引导下，轰炸荷兰的一个发电厂。

12月21—24日 由于持续大雨，盟军在突尼斯的攻势未获任何战果；艾森豪威尔命令停止进攻。

12月24日 达尔朗海军上将在阿尔及尔被一名激进的戴高乐追随者F.博尼埃暗杀。

12月27日 吉罗接任达尔朗的职务，朱安将军继任吉罗的法军总司令之职。

12月29日 法属索马里（吉布提）与戴高乐的“战斗的法国”结盟，从而结束了英国自1940年7月对这块殖民地的封锁。

12月31日 由德国“施佩尔海军上将”号、“吕措夫”号重型巡洋舰和6艘驱逐舰编成的战斗群，在北海与同盟国JW.31B护航运输船队交战失利。“施佩尔海军上将”号受伤，1艘驱逐舰被击沉；英国护航队损失1艘驱逐舰和1艘扫雷艇。

【1943年】

1月1—31日　德国潜艇在大西洋、北海和地中海击沉同盟国商船42艘，约21.8万吨。

1月19日　安东内斯库向墨索里尼建议，以欧洲所有德国盟国的名义与西方同盟国建立联系。

1月20日　“白色”行动开始：德国、克罗地亚和意大利部队企图将铁托游击队主力包围并歼灭在波斯尼亚。游击队摆脱包围，撤向意大利占领区。

1月21日　同盟国将摧毁德国潜艇列为首要的军事目标。

1月23日　蒙哥马利率领的英军进入的黎波里。德意装甲集团军撤离的黎波里，退至利比亚、突尼斯边界。2月中旬，蒙哥马利在利比亚和突尼斯国境线上停止了追击。阿拉曼战役及其后续行动全部结束。

盟军在阿拉曼战役中毙伤和俘敌5.9万人，俘虏中包括隆美尔的助手冯·托马和9名意大利将领；缴获坦克350辆、大炮400门、军用物资数千吨。

1月27日　德国“义务劳动全权代表”、劳工高级专员绍克尔颁布一项法令：为进行总体战在全国开展义务劳动。

1月30日 英国"蚊"式快速轰炸机首次昼间空袭柏林，以破坏德国"执政"10周年纪念活动。

由于对英国摩尔曼斯克海上运输队的攻击失败，雷德尔海军元帅辞去德国海军总司令的职务。31日，邓尼茨海军元帅被任命为德国海军总司令。

维希政府成立以赖伐尔为首、以约瑟夫·达尔南为总书记的保安队。

1月30—31日 丘吉尔与土耳其总统伊讷尼会晤，后者声明对英国奉行"亲善的中立"政策。

1月31日 安布罗西奥将军接替卡瓦莱罗元帅的意大利总参谋长职务。

2月1—28日 德国潜艇在大西洋、地中海、北海和印度洋击沉同盟国商船68艘，计38万吨。

2月5日 墨索里尼在一次意大利内阁的"换班"中兼任外交部长。原外长齐亚诺出任梵蒂冈大使。

2月11日 德国开始征召年满15周岁的高年级中学生到空军从事辅助勤务。

2月13日 里斯托·吕蒂再次当选芬兰总统。

2月14日 "春风"行动开始：德军齐格勒中将的战斗群以第10、第21装甲军对突尼斯法伊德隘口西部的美国第2军发起进攻。德军虽取得初战胜利，但终于2月16日夜失利。其部队转隶非洲军团，并受命通过卡塞林隘口向泰贝萨突击。

2月18日 戈培尔在柏林体育馆的演说中宣布实施"总体战"。

2月20日 英第8集团军迫使德、意装甲集团军的部队退至马雷特防线。

2月21日 古德里安大将被任命为德国装甲兵总监。

2月23日 在突尼斯的德、意部队统由非洲集团军司令部（司令隆美尔元帅）指挥。

2月24日 隆美尔在通过卡塞林隘口向西北方向突击取得初步胜利后便中止进攻，将非洲军团撤回出发阵地。美国第2军被俘2450人，死亡192人，伤1024人。

3月1日 "波兰爱国者联盟"在莫斯科成立。

3月1—31日 德国潜艇在大西洋、北海、地中海和印度洋击沉同盟国商船105艘，约59万吨。

3月3—14日 盟军连续轰炸罗马。

3月5日 芬兰组成以林科米耶斯为总理的新政府，拉姆赛出任外长。

英国对埃森实施大规模空袭，炸毁房屋3018座，2166座遭严重破坏，炸死和失踪482人，炸伤1440人。

3月6日 隆美尔以第10、第15、第21装甲军，第90、第164轻型非洲师和意大利第3师一部，从马雷特阵地出发，对英国第8集团军发起进攻，失利。

3月8日 夜晚，292架英国飞机空袭纽伦堡，投弹782吨，被击落7架。

3月9日 隆美尔请病假飞回欧洲。冯·阿尼姆大将接替隆美尔任非洲军团司令。

3月10日 德第9集团军（司令莫德尔大将）放弃别洛伊。

3月12日 都灵10万意大利兵工厂工人为“和平与自由”举行罢工和游行，意大利当局未采取重大措施。

3月16—20日 在二战最大规模德国潜艇对同盟国海上运输队的作战中，德国42艘潜艇击沉同盟国21艘船只。

3月19日 夜晚，英第8集团军开始对防守马雷特防线的意大利第1集团军发起进攻。

3月20—27日 英国第8集团军突破马雷特防线，打开通往突尼斯的道路。

3月21日 当希特勒由斯摩棱斯克的中央集团军群大本营返回“狼穴”时，一名反抗运动成员在其座机中安置了一枚定时炸弹，但因机件失灵，炸弹未爆。

3月24日 吉罗和戴高乐在卡萨布兰卡会谈。

3月26日 里宾特洛甫要求芬兰外交部长发表一项有约束力的声明，即芬兰政府在未得到德国同意的前提下不得与苏联停战或举行和平谈判，遭芬兰拒绝。

德国反纳粹运动主要领导人之一的格德勒在一份给德国高级将领们的秘密备忘录中，阐述了发动一次政变的必要性。他于1945年2月被处决。

3月28日 德军撤离突尼斯的马雷特防线。

4月1日 匈牙利总理卡劳伊访问罗马，力促墨索里尼与同盟国单独媾和。

4月1—30日 德国潜艇在大西洋、地中海击沉同盟国商船48艘，约26.8万吨。

4月5日 美国空袭安特卫普，使工业区和市区遭重大破坏，炸死和失踪居民2130人，炸伤600人。

4月6日 英国第8集团军向据守瓦迪阿卡利特阵地的意大利第1集团军发起进攻。同时，美国第2军越过加夫萨—丰杜格一线向东发起进攻。

4月7日 英第8集团军在突尼斯南部与美第2军会师，将德国非洲军团包围。意大利第1集团军开始从瓦迪阿卡利特阵地向北撤退。

4月8日 希特勒和墨索里尼在萨尔茨堡附近的克勒斯海姆会晤。

英第8集团军占领突尼斯斯法克斯。

4月12—13日 罗马尼亚安东内斯库在克勒斯海姆拜见希特勒。希特勒要求米哈伊·安东内斯库引退，未果。希特勒拒绝安东内斯库提出的关于与西方国家进行接触的建议。

意大利第1集团军暂时撤至昂菲达维尔（今奈菲代）—蓬德法斯一线。这样，非洲军团在突尼斯东北部只保留一个南北长130公里、东西宽60公里的桥头阵地。

4月13日 德军宣称在苏联斯摩棱斯克州的卡廷森林里发现了4100名被俘波兰军官的遗骸，苏联方面辩称这些战俘死于德军之手，是为“卡廷森林事件”。直至1990年，苏联才正式承认内务人民委员会是枪杀这批波兰军官的主谋。

4月19日 华沙犹太人居住区发生暴动，经浴血奋战，暴动至5月16日被党卫队中将施特罗普的宪兵队镇压。犹太人至少牺牲5.6万人。至此，已有36万犹太人从华沙送往特雷布林卡灭绝营。

4月22日 英美军队在北非发起全线总攻。

4月26日 在伦敦的波兰流亡政府提出对卡廷的被害波兰军官进行国际调查的要求之后，苏联政府与其断绝外交关系。

5月1日 非洲军团的补给出现危机，迄今只有48辆III型坦克，17辆IV型坦克，4辆“虎”式坦克和7辆意大利坦克。

5月1—31日 德国潜艇在大西洋、地中海和南非海域击沉同盟国商船44艘，约22.6万吨，另击伤6艘。

5月4日 夜晚，495架英国飞机（出动596架）空袭多特蒙德，投弹1436吨，被击落31架；炸毁房屋1218座，严重破坏2141座，炸死693人，炸伤1075人。

5月5日 英第1集团军在突尼斯西线对德第5装甲集团军发动决定性进攻。德军防线被突破，集团军残部被分割为两部。5月7日被迫放弃比塞大和突尼斯；5月9日，装甲集团军司令部报告，“设施和装备全被摧毁”。

5月12日 罗斯福向捷克斯洛伐克流亡政府总统贝内什表示，他赞成在战后驱逐苏台德区的德国人。

5月12—13日 德国非洲军团（司令冯·阿尼姆大将）各师余部停止作战。13万德国官兵和近12万意大利官兵被俘。北非作战结束。

5月15日 “黑色”行动开始：德意军围剿门的内哥罗（今黑山）的铁托游击队和米哈伊洛维奇的游击队。如前几次行动一样，游击队大部逃离或打破德军合围。参加此次行动的有：德国第1山地师，第118狙击师，第369步兵师，党卫队第7山地师，克罗地亚第4狙击旅和意大利“陶里嫩塞”、“费拉拉”和“威尼斯”师及其他分队。德国与意大利部队和司令部之间出现紧张关系。

5月24日 在屡遭重大失败后，邓尼茨海军元帅停止在北大西洋对同盟国护航运输船队的作战。这是潜艇战的重要转折点。

5月27日 法国抵抗运动全国委员会在让·穆兰主持下成立。

5月31日 丘吉尔在作出支援南斯拉夫游击队的决定后，派出第一个英国军事代表团前往铁托司令部。对米哈伊洛维奇游击队的支援逐渐减少。

5月 德国共损失潜艇43艘，其中21艘是在护航时损失的。

6月1—30日 德国潜艇在大西洋、地中海和印度洋击沉同盟国商船20艘，计86807吨。

6月3日 法兰西帝国委员会和法国民族委员会在阿尔及尔实现联合。

6月10日 在卡萨布兰卡会议（1943年1月14日—25日）上决定的同盟国对德国进行“轰炸机联合作战”行动开始付诸实施。美国负责昼间实施精确轰炸，英国皇家空军负责夜间实施面积轰炸。德国的歼击机基地和工厂被同盟国列为头等空袭目标。

6月10—13日 英国占领潘特莱利亚、林诺萨和兰佩杜萨诸岛。6月11日，守卫潘特莱利亚岛的大约1.1万名意大利守军在尚有抵抗能力的情况下向英军投降。同盟国空军出动5285架次，向该岛投弹6200吨。英国第1师分队在该岛登陆。

6月17日 自5月15日在门的内哥罗（今黑山）开始的“黑色”行动结束：南斯拉夫游击队被打死5697人（估计其全部损失约1.2万人），但仍有一大批游击队冲出合围，胜利到达共产党控制的特拉夫尼克和比哈奇地域。

6月23日　阿尔及尔宣布废除达拉第关于取缔共产党的法令。

6月28日　共产党控制的“波兰爱国者联盟”在莫斯科要求将上西里西亚、但泽和西普鲁士割让给波兰。

6月30日　波兰“本土军”司令罗韦基将军被盖世太保逮捕，由博尔—科莫罗夫斯基将军接任。

7月1日　罗马尼亚安东内斯库访问罗马，建议墨索里尼与西方进行和平对话。

被关押在德国的同盟国战俘约265.2万人，其中苏军战俘约127.9万人。

7月1—31日　德国潜艇在大西洋、印度洋和地中海击沉同盟国商船46艘，约24.5万吨。

7月4日　伦敦的波兰流亡政府总理西科尔斯基将军，因飞机在直布罗陀附近失事身亡。米科拉伊奇克继任总理。

7月10日　50万英美大军（飞机4000余架、舰船3200艘）开始实施代号为“爱斯基摩人”的登陆意大利西西里岛的行动。总司令为艾森豪威尔将军，副总司令、陆军司令为亚历山大将军，而海军由坎宁安海军上将指挥。英国第8集团军（司令蒙哥马利将军）以5个师在西西里岛的叙拉古（今锡拉库萨）与该岛东南端之间的海岸登陆；美国第7集团军（司令巴顿中将）以1个装甲师和3个步兵师在杰拉和利卡塔登陆。

防御一方兵力：意大利第6集团军的第12和第16军，以及德国“赫尔曼·戈林”装甲师和第15装甲步兵师。

7月12日　西西里岛奥古斯塔和叙拉古守军投降。

7月15日　英国总参谋长摩根将军向联合司令部参谋长提交一份关于进攻法国的作战方案：进攻法国北部的“霸王”行动和进攻法国南部的“铁砧”行动。

7月16日　丘吉尔和罗斯福号召意大利人民奋起反抗法西斯制度。

7月17日　西西里岛上的全部德军统归第14装甲军军长胡贝装甲兵上将指挥。

7月19日　墨索里尼被推翻前在费尔特雷与希特勒进行最后一次会晤。

7月22日　美第7集团军攻克西西里岛首府巴勒莫。

7月24日　意大利“法西斯委员会”以19票对7票的结果要求国王维克托·埃马努埃尔三世重新执掌在战争之初（1940年6月10日）被墨索里尼篡夺

的军队指挥权。

7月25日 墨索里尼在“法西斯委员会”开会后立即晋见国王维克托·埃马努埃尔三世，请求撤消他政府首脑的职务，离开王宫时被捕。国王任命巴多格里奥元帅为政府新首脑。巴多格里奥宣布，他将站在德国一边继续作战。法西斯政权在意大利无声无息地崩溃了。两天后，墨索里尼被解往蓬察岛拘押起来，接着又被转移到海拔2000多米的阿布鲁齐山上的“格兰萨索皇庄”关押。

7月27日 希特勒召开紧急会议，制定营救墨索里尼的“橡树行动”计划。

7月30日 戴高乐将军在阿尔及尔组织内阁。

8月1日 德国国防军统帅部拟制第一份关于在意大利崩溃时采取应急措施的指令（应急措施于8月30日最后确定）。德军开进奥地利的南蒂罗尔。

胡贝装甲兵上将替代意大利第6集团军司令部接管西西里岛上全部德、意部队的指挥权。

8月1—31日 德国潜艇在大西洋、印度洋、北海和地中海击沉同盟国商船17艘，计88957吨。

8月2日 黎巴嫩摆脱法国托管地的地位。

8月5日 “赫尔曼·戈林”装甲师被迫放弃西西里岛的卡塔尼亚，英军占领该地。

8月5—6日 希特勒最后一次会晤安东内斯库。

8月6日 德意双方在相互极不信任的气氛中在塔尔维西奥举行会晤。参加者有冯·里宾特洛甫、凯特尔；意大利外长瓜里利亚、最高统帅部参谋长安布罗西奥大将。

在同盟国对汉堡进行大规模空袭后，戈培尔宣布，柏林居民将作适当疏散。

8月7日 英苏首次穿梭轰炸德国。

8月9日 反纳粹党的“克莱佐集团”就结束希特勒统治后改革德国体制问题拟订一份草案。

8月11日 由普里奇领导的新的南斯拉夫流亡政府迁往开罗，游击队领袖米哈伊洛维奇留任国防大臣。

8月12日 意大利军事代表团到达里斯本，准备与同盟国开始停战谈判。

8月15日 德意双方代表在意大利博洛尼亚会晤，讨论意大利的防务问题。德方代表为约德尔和隆美尔（派往意大利北部的B集团军群司令），意方代表为安布罗西奥和罗阿塔（陆军总参谋长）。

保加利亚国王鲍里斯三世拜访希特勒。

8月17日 美英军队占领墨西拿，结束了德国在西西里的反抗。德意部队从西西里的撤退行动（“教程”行动）结束。在这个战役中，英、美、加官兵伤亡和失踪约3万人，其中美军损失7445人；德、意军队的损失多达16.5万人，其中包括13.2万人成为俘虏。

美第8航空队对施韦因富特和雷根斯堡实施“周年纪念空袭”，参加该行动的376架轰炸机被德国防空部队击落60架（占16%）。

夜晚，597架英国飞机空袭德国陆军设在佩纳明德的滑翔炸弹和火箭武器（V型武器）的科学实验场，投掷爆破弹1593吨，燃烧弹281吨。研制和生产车间遭严重破坏，炸死735人。英国有40架轰炸机被德国夜航歼击机击落。

8月18日 对空军的苛求和空军指挥上的错误，导致德国空军总参谋长耶顺内克大将精神崩溃，自杀身亡，由科尔滕航空兵上将接任。

意大利巴多格利奥和英国的秘密停战谈判开始举行。

8月22日 冯·菲廷霍夫-谢尔装甲兵上将（德第10集团军司令）接管意大利南部德军指挥权。

8月24日 希姆莱被任命为德国内政部长。

8月25日 德国元帅冯·魏克斯就任东南线司令，司令部设在贝尔格莱德。

8月26日 原普鲁士财政部长、反希特勒密谋组织中心人物之一的波皮茨与希姆莱会晤，企图将希姆莱作为一个工具拉入反希特勒组织。

美、英、苏承认法国民族解放运动委员会。

8月28日 保加利亚国王鲍里斯三世在德国与希特勒会谈后神秘死去，由其幼子西美昂二世继位。成立由西美昂之叔基里尔亲王、首相菲洛夫和国防大臣米霍夫等人组成的摄政会议。

8月29日 在丹麦政府拒绝德国提出的关于丹麦进入紧急状态、对破坏分子组织临时即决审判和判处死刑的要求后，丹麦进入异常状态。丹麦军队被德国占领军解除武器，政府引退，海军舰艇自行凿沉，出现罢工和破坏活动。

9月1日　党卫队少将卡姆勒受希姆莱之命担负制定A4武器（V-2型火箭）设计计划的任务。

9月1—30日　德国潜艇在大西洋、印度洋和地中海击沉同盟国商船19艘，约10.7万吨。

9月2日　希特勒颁布关于集中军事经济的法令：将施佩尔领导的“武器弹药部”改为“帝国装备军工部”。

9月3日　意大利和同盟国在西西里岛的卡西比莱秘密达成停战协定。意方代表为卡斯泰拉诺将军。

英国第8集团军（司令蒙哥马利将军）的2个师在意大利卡拉布里亚区的南岸登陆，向北推进；前进中不断受到德第29装甲步兵师的迟滞。

9月8日　艾森豪威尔将军与意大利签订的停战协定公之于世。德国于数周前制定的反措施（“轴心方案”）随即付诸实施：迅速击败意大利摩托化军，将在意大利本土、法国南部的意军和东南欧的意军解除武装、俘虏或解散，此后占领罗马。

德国对罗得岛实施空中突击，该岛意大利守军投降。

同盟国空袭德国南线司令凯塞林元帅的司令部驻地弗拉斯卡蒂（意大利）。

9月9日　南斯拉夫达尔马提亚地区的意大利第2集团军投降时，铁托游击队缴获大量武器弹药。

美国第5集团军（司令克拉克中将）的5个师在意大利萨莱诺附近登陆（“雪崩”行动），在该地段防守的只有德第16装甲师。

英国第8集团军在塔兰托湾登陆。

意大利战列舰队由拉斯佩齐亚驶出。德国第100战斗机联队第3大队的11架D0-217型飞机以滑翔炸弹攻击意大利舰队，击沉其现代化战列舰“罗马”号，重创其姐妹舰“意大利”号。

匈牙利与英国秘密商定，匈将背着德国及其盟国与同盟国谨慎合作，一俟同盟国军队到达匈牙利边境，便与同盟国正式缔结停战协定。

9月10日　德军占领北意大利和罗马。

意大利海军在马耳他岛向英国海军投降。在历时3年多的地中海海战中，同盟国最终获胜。意、德海军损失舰船389艘，31万吨；损失商船132艘，216万吨。英美海军损失舰船349艘，5万多吨。

9月11日　英军占领布林迪西。

9月11日至10月5日 法军和抵抗运动军队解放科西嘉。

9月12日 德国伞兵狙击教导营第1连（指挥官冯·贝尔莱佩施中尉）搭乘运输滑翔机在大萨索—马西夫山（阿布鲁齐山）上的“皇庄”山顶旅馆附近降落，救出被拘禁的墨索里尼。

9月13日 为清除萨莱诺桥头堡，德国以2个装甲师和1个装甲步兵师发动一次反击。在击溃美国第2师后，在同盟国军舰和飞机的猛烈火力阻击下于9月14日停止进攻。9月16日再次发起的进攻归于失败。

9月14日 英军占领由意军防守的爱琴海莱罗斯岛。

9月16日 英军占领爱琴海萨莫斯岛。

9月17日 由塔兰托和卡拉布里亚向北突击的英国第8集团军与在萨莱诺登陆的美国第5集团军会师。

阿尔及尔建立临时协商大会。

9月19日 盟军攻克意大利撒丁岛。

9月20日 英第8集团军占领意大利的巴里。意大利国王维克托·埃马努埃尔三世和巴多格里奥由罗马逃出后，经佩斯卡拉到达巴里，并在此建立政府。

9月21日 德国B集团军群在意大利北部将意大利82名将军、1.3万名军官、40.26万名士官和士兵解除武装；收缴53艘军舰，38.56万吨位的商船，1138门火炮，536门反坦克炮，797门高射炮，236辆坦克和装甲侦察车，5926挺机枪，2558门迫击炮和38.69万支冲锋枪。

9月23日 墨索里尼出任“意大利社会共和国”政府首脑。这个法西斯“政府”在德国监督下负责管理意大利北部和中部地区。帝国全权代表：拉恩大使；党卫队和宪兵最高负责人：党卫队上将沃尔夫。“政府”设在加尔达湖畔的萨洛。

9月27日 吉罗放弃政治职务。

9月29日 巴多格里奥同艾森豪威尔在马耳他岛上签订含有军事、政治、经济详细内容的投降协定。

9月30日 德国国防军指挥参谋部首次建议占领匈牙利，以应付匈牙利退出战争的不测事件。

德第10集团军（司令冯·菲廷霍夫大将）撤离那波利（今那不勒斯）。

10月1日 盟军进占意大利名城那波利（今那不勒斯）和东海岸的福贾，由此便可对奥地利、德国南部、巴尔干的军事设施和交通中心进行空袭。

10月1—31日 德国潜艇在大西洋、北海、地中海和印度洋击沉同盟国商船24艘，计82199吨，另击伤3艘。

10月3日 “北极熊”行动：德军在希腊的科斯岛登陆。英军1388人和意军3145人被俘。夺占佐泽卡尼索斯群岛的战斗由此开始。

10月4日 希特勒命令，意大利的防御必须在加埃塔—奥托纳一线进行。

10月5日 德军完成从科西嘉岛的撤退。

10月12日 美第5集团军在意大利的沃尔图诺河北部发起进攻。

葡萄牙将亚速尔群岛的基地让与同盟国使用（“奥尔克里蒂”行动）。

10月13日 巴多格里奥政府宣布意大利正式退出法西斯轴心，并向德国宣战，苏、美、英立即承认意大利为共同作战的一方。

10月14日 美第8航空队昼间空袭施韦因富特滚珠轴承厂。291架四引擎轰炸机被德国击落60架，17架在海上和英国坠毁，121架受伤；德国损失50架歼击机。美国对德国的昼间空袭在这年秋季出现困难。

10月16—25日 阿尔巴尼亚国民议会在首都地拉那举行会议，决定阿尔巴尼亚独立，组成一个摄政会议并开始工作。

10月18日 同盟国空袭马其顿首府斯科普里。

10月19日 同盟国军队在沃尔图诺河北部发起的进攻受阻，停于德国阵地前。

10月22日 美在意大利组建第15航空队，用于对德国南部和东南欧目标进行战略空袭。

11月3日 希特勒下达第51号指令，命令加强西线的防御力量。

美第8航空队约400架轰炸机空袭维廉港，被击落7架B-17型轰炸机。

11月5日 美第5集团军到达意大利桑格罗河。

11月7日 德国重新修订“玛丽塔”方案——当匈牙利转向同盟国时占领匈牙利的行动。

德国在北大西洋组编的最后一个潜艇群彻底失利后宣布解散，此后只以单艘潜艇出海作战。

11月9日 吉罗将军退出1943年6月3日由戴高乐创立的民族解放委员会，就任正在组建的自由法国武装力量总司令。戴高乐当上委员会唯一的主席。

11月10日 同盟国成立“同盟国委员会”，对盟军所占领的意大利领土实行管制。

11月12—17日 “豹”行动：德国“米勒战斗群”（第22步兵师，指挥官米勒中将）在希腊莱罗斯登陆。经过激战，英军司令蒂尔尼旅长投降，英军3200人、意军5350人被俘。德军死、伤、失踪、被俘1109人，占其投入兵力的41%。

11月21日 德军西南线司令（C集团军群司令）凯塞林元帅受命接管意大利的防御。原负责意大利北部防务的隆美尔元帅（B集团军群司令）暂时到丹麦去执行一项巡视任务。

11月22日 德军俯冲式轰炸机对蒂加尼城进行轰炸后，爱琴海萨摩斯岛守军投降。意军2500人被解除武装，从而结束夺回希腊佐泽卡尼索斯群岛的行动。

11月27日 英第8集团军沿亚得里亚海岸渡过桑德罗河发起进攻。至12月8日，德军在莫罗河北岸又建起一道防线，并夺回丢失的地盘。

11月29日 哥伦比亚对德宣战。至1945年2月，除巴西外，这是唯一对德宣战的拉美国家。

“南斯拉夫民族解放反法西斯会议”第二次全会在亚伊采召开：组建最高领导机构，成立在铁托领导下的“民族解放委员会”最高行政机关；“人民解放军”总司令铁托晋升为元帅，就任国防部长。

12月1—31日 德国潜艇在大西洋、印度洋和地中海击沉同盟国商船9艘，计63028吨。

12月2日 夜晚，88架德国轰炸机空袭意大利巴里的港口设施。炸沉商船数艘，另因1艘弹药运输船爆炸，炸毁商船数艘（共被炸沉19艘，计73343吨），另7艘遭重创。

401架英国飞机空袭柏林，投弹1686吨，被击落40架。

12月2—16日，23—29日 英国皇家空军轰炸柏林。

12月2—31日 德国第15山地军和党卫队第5山地军对铁托游击队实施一系列围剿行动：“球形闪电”（12月2—18日在东波斯尼亚）、“雪暴”（12月18—31日，“球形闪电”的继续）、“齐滕”（普鲁士骑兵将军）、“豹”和“秋季雷雨II”行动。游击队损失2.3万人。

12月5日 希特勒命令加速Me-262型喷气式歼击机的生产，准备以此作为歼击轰炸机使用。

12月7日 德国在北大西洋的最后一批潜艇群被同盟国击溃。

12月8日　美国陆军第8航空队以3546架轰炸机对德国本土进行前所未有的轰炸。

12月10日　美国轰炸机空袭索非亚。

12月13日　美国第8、第9航空队出动1462架飞机对德国进行迄今最大规模的昼间空袭。基尔、不来梅、汉堡以及阿姆斯特丹附近的斯希普霍尔的军用机场均遭轰炸。

为对游击队袭击德军的行动进行报复，德军在希腊卡拉夫里塔枪决689名希腊人。

12月15日　美国西北非空军出动轰炸机空袭因斯布鲁克，炸死居民281人，伤500人。

12月16日　夜晚，450架英国飞机向柏林投掷1815吨炸弹，被击落25架，另29架在紧急着陆时损坏。

12月18日　隆美尔在完成视察丹麦防御设施任务后，开始视察在法国、比利时和荷兰的防御措施，并与西线司令冯·龙德施泰特就其任务和形势交换意见。

佛朗哥解散长枪党。

12月20—31日　同盟国轰炸德国设在法国西部的V型武器发射场。

12月24日　艾森豪威尔将军被任命为进攻法国的盟军司令，英国空军元帅泰德为副司令。梅特兰·威尔逊将军被任命为地中海地域盟军司令，亚历山大将军为驻意大利盟军司令。

12月26日　德国“沙恩霍斯特”号战列舰在一次攻击同盟国北海护航运输船队时，被占优势的英国护航舰队击沉。

12月29日　夜晚，656架英国飞机空袭柏林，投弹2315吨，被击落20架。

【1944年】

1月1日　德国B集团军群司令隆美尔受命在西线司令冯·龙德施泰特元帅指挥下，接受卢瓦尔河北岸全部德军——驻荷兰的第15、第7集团军的指挥权。

美国组建“美国驻欧战略空军”。

以贝鲁特为首、在共产党领导下的波兰全国民族委员会在华沙成立。

1月1—4日　美军2艘航空母舰突袭新爱尔兰岛的卡维恩。

1月1—31日　德国潜艇在大西洋、北海和南非海域击沉同盟国商船11艘，计74816吨。

1月2日　夜晚，311架英国飞机空袭柏林，投弹1116吨，被击落27架。

1月3日　在意大利战线，“古斯塔夫”防线前方阵地的争夺战开始。

1月5日　夜晚，348架英国飞机空袭斯德丁（今什切青）。

1月8—10日　在维罗纳，对1943年7月24日投票反对墨索里尼的原法西斯最高委员会成员提出诉讼。齐亚诺和德博诺元帅及其他成员被判处死刑。

1月11日　美第8航空队的663架轰炸机在强大

歼击机部队掩护下，轰炸哈尔伯施塔特、不伦瑞克、马格德堡和奥舍斯莱本的飞机制造厂。德国第1、第2、第8歼击机师出动239架歼击机，击落美国轰炸机59架，歼击机5架，德机损失约40架。装备导弹的德国歼击机首次取得突出战果。

1月12日　德国国防军统帅部下达指令，命令作好封锁比利牛斯山的准备（“纽伦堡”行动），以应付同盟国军队在葡萄牙或西班牙比斯开湾沿岸的登陆。

1月14日　夜晚，472架英国飞机空袭不伦瑞克，投弹2005吨，被击落38架。

1月15日　在意大利战线，法军夺占蒙特圣克罗切后，争夺“古斯塔夫”防线前方阵地的战斗结束。

1月20日　夜晚，697架英国飞机空袭柏林。

1月21日　夜晚，585架英国飞机空袭马格德堡。

德国第9航空军以447架飞机分两波空袭伦敦。

1月22日　美第5集团军在罗马南部的安齐奥和内图诺登陆（“木瓦”行动）。至1月29日，约7万人登陆。但美军未利用达成的突然性，致使德军第14集团军前调，将滩头阵地包围。

1月24日　艾森豪威尔被任命为欧洲盟军最高统帅。

1月28日　意大利“民族解放委员会”在政府临时驻地巴里举行的一次会议上，委员会内的反抗组织表示反对巴多格里奥政府和国王维克托·埃马努埃尔三世。

夜晚，596架英国飞机空袭柏林。

1月29日　美第8航空队的806架飞机空袭法兰克福和路德维希港的工业目标。

1月30日　美第8航空队对不伦瑞克和汉诺威实施大规模空袭。

1月　德军B集团军群司令隆美尔奉调防守法国海岸。隆美尔上任后的第一件事就是加强“大西洋壁垒”。

2月1—29日　德国潜艇在大西洋、地中海和南非海域击沉同盟国商船20艘，共计75027吨。

2月8日　诺曼底登陆计划（“霸王”作战行动）最终在盟军大本营完成。

2月11日　德国反抗运动放弃在该日利用炸弹谋杀希特勒和希姆莱的计

划，因为希姆莱没有出席预定的讨论会。

2月14—18日　德国在北大西洋实施最后一次潜艇和空中侦察联合集群作战。

2月15日　按新西兰弗赖伯格将军的提议，盟军用轰炸机和炮兵将位于德军防线外的意大利蒙特卡西诺修道院摧毁。

夜晚，806架英国飞机空袭柏林，投弹2643吨，被击落43架。

2月16日　德军自1月末着手准备的对安齐奥—内图诺滩头阵地的反击付诸实施，企图将美军赶入大海。在夺占小部领土后，德军被迫停止进攻。

2月20日　971架美国轰炸机在强大歼击机部队护卫下空袭不伦瑞克、莱比锡、奥舍斯莱本、图托和波森（今波兹南）地域的目标，投弹3833吨。其第1航空师的B-17型轰炸机空袭汉堡。7架轰炸机和13架歼击机被击落，85架轰炸机大部被高炮击伤。

2月20—25日　"重要的一周"行动：美国对德国，重点对飞机制造厂实施猛烈的昼间空袭。美第8航空队和第15航空队分别出动3300架和500架飞机。被德国歼击机和高炮击落轰炸机226架，歼击机28架，共损失飞行员260人。

2月26—28日　罗马尼亚国家元首安东内斯库到克勒斯海姆拜会希特勒。其间，希特勒对安东内斯库的印象是，对盟友忠贞不贰，绝对可信。

2月29日至3月1日　德军对安齐奥—内图诺登陆场发起第二次攻击，未获突出战果。

2月　德国空军损失歼击机1217架。

法国抵抗运动的各个团体联合为皮埃尔·柯尼希将军领导下的内地军，包括秘密军队、军队抵抗组织、法国游击队。

3月1—31日　德国潜艇在大西洋、地中海和印度洋击沉同盟国商船17艘，计99497吨。

3月3—14日　盟军连续轰炸罗马。

3月4日　美军首次对柏林进行昼间空袭。

3月9日　德国反抗运动的一名军官企图谋杀希特勒的计划未能实现，因为该军官未被准予参加当日的形势分析会。

3月10日　包括全部抵抗运动团体在内的希腊临时民族解放委员会成立。

3月12日　希特勒下达占领匈牙利的作战计划。

3月19日　德军在冯·魏克斯元帅指挥下占领匈牙利。德军3个作战群集中突击布达佩斯，兵不血刃占领该域。摄政霍尔蒂3月18日在克勒斯海姆与希特勒的会谈中，迫于其压力，同意德军的进驻。已与西方盟国建立联系的匈牙利总理卡劳伊躲入土耳其驻布达佩斯的公使馆。艾希曼的特别行动队开始在布达佩斯进行将匈牙利的犹太人运往奥施维茨（今奥斯维辛）灭绝营的组织工作。

冯·龙德施泰特向希特勒呈送了一份全体元帅的效忠书。

夜晚，冯·龙德施泰特和隆美尔在山间别墅向希特勒报告西线防御准备的进展情况。

3月23日 匈牙利摄政霍尔蒂经长时间努力，组成一个以驻柏林公使斯托贾伊为首的完全由德国安排的新政府。匈牙利第1集团军归属德国南方集团军群指挥。

夜晚，希特勒与安东内斯库元帅在克勒斯海姆晤谈。其间，希特勒委托罗马尼亚国家元首劝阻匈牙利不要中断与德国的联系。

3月24日 德军在罗马附近的阿迪廷公路旁的洞穴中枪杀了335人，以报复前一天意大利抵抗运动在拉百拉公路上对德国行军纵队的袭击。按照希特勒的命令，德国元帅凯塞林规定，每一个被杀的德国人要由10个意大利人抵命。

夜晚，希特勒命令将从波兰萨冈战俘营逃跑又被抓回的50名英国军官枪决，以杀一儆百。

4月1—30日 德国潜艇在大西洋、地中海和印度洋击沉同盟国商船10艘，计61807吨。

4月3日 美国空袭布达佩斯。

4月5日 同盟国空军从意大利出发，空袭罗马尼亚油田和德国在罗马尼亚的交通线。美第15航空队的230架轰炸机空袭普洛耶什蒂，其他飞机空袭维也纳、布达佩斯、布莱希哈姆的炼油厂和氢化厂，以及上西里西亚的奥登塔尔。

4月7—8日 在英国蒙哥马利元帅大本营，对“霸王”行动进行两天图上作业。

4月12日 芬兰国会批准政府拒绝苏联提出的和平条件。同盟国想让芬兰退出战争的努力从而暂告失利。

苏联驻开罗大使代表苏联政府向罗马尼亚谈判代表递交一份与罗达成停战的“最低条件”。

4月15日 为进攻法国作准备，同盟国将空袭敌国运输和交通目标放在战略空袭的首要地位。

巴里的巴多格里奥政府改组，意大利共产党领袖陶里亚蒂就任不管部长。

4月17日 美第15航空队空袭贝尔格莱德和索非亚。

4月18日 同盟国对德国城市进行迄今最猛烈的空袭，投弹4000吨，达最高纪录。美第8航空队空袭库克斯港、奥拉宁堡、拉特诺及其他城市，美机被击落40架，其中大部被德国“乌德特”第3歼击机联队击落。

4月20日 同盟国出动1000多架轰炸机夜间空袭比利时和法国北部的铁路。

4月21日 美机空袭布加勒斯特。

土耳其政府在英美压力下，停止向德国提供铬矿石，并声明土耳其不再是中立国，而是同盟国。6月15日，亲德的外交大臣努曼·梅内门焦格卢下台。

4月24日 同盟国首次对德国广大地区的铁路实施空袭。

4月26日 意大利游击队解放米兰。

4月27日 美军攻占热那亚。

4月29日 在意大利和蒂罗尔的德军投降。

5月1—31日 德国潜艇在大西洋和地中海击沉同盟国商船4艘，计24424吨，另击伤2艘。

5月8日 艾森豪威尔将军将进攻法国的时间定在6月5日。

美第8航空队的500架B-17型轰炸机空袭柏林，300架B-24型轰炸机空袭不伦瑞克。另一批空袭布加勒斯特。

5月12日 在意大利加里利亚诺河畔，美第5集团军和英第8集团军对德第10集团军发起决定性的强大进攻。

5月14日 盟军突破意大利的古斯塔夫防线。

5月15日 艾森豪威尔将军在伦敦圣保罗学校对同盟国军政要员介绍计划实施的“霸王”行动。

匈牙利开始驱逐犹太人。至6月27日，共驱逐38万犹太人，其中至少有23万被害于奥施维茨（今奥斯维辛）。7月6日，在霍尔蒂干预下，停止驱逐活动。

隆美尔与驻法德军司令冯·施蒂尔普纳格尔上将策划逮捕希特勒，并由德国法庭对其进行判决。

5月17日　希腊各流亡党派领袖在贝鲁特会晤，以消除因4月份驻埃及的希腊部队发生暴乱而变得日益明显的对立。组成由帕潘兹雷夫为首的联合政府，暂无共产党成员。

在英国压力下，以普里奇为首的南斯拉夫流亡政府引退，由舒巴希奇领导的新政府组成。契特尼克领袖米哈伊洛维奇被排除出政府后，舒巴希奇为均衡各派力量，竭力将铁托纳入政府。

5月18日　驻意德军在一系列撤退中放弃蒙特卡西诺。

5月23日　美第5集团军（司令马克·克拉克中将）由安齐奥—内图诺滩头阵地发起进攻，在德第14集团军左翼达成突破。5月25日，美第5集团军在泰拉奇纳与由南向北突击的盟军建立联系。从亚得里亚海到蒂勒尼安海，德军开始全面退却。

5月25日　“跳马”行动：德国企图以伞兵的突然袭击消灭铁托的司令部。铁托逃向利萨岛（今维斯岛）。

冰岛脱离丹麦统治，并于6月17日宣布成立共和国。

5月29日　德国第9航空军对伦敦实施最后一次空袭。

5月31日　盟军在意大利中部的瓦尔蒙托内形成突破。

5月　南斯拉夫人民解放军粉碎了德军的第七次攻势，参加这次攻势的有18个德国师、9个保加利亚师和15万伪军。

6月1日　德国国防军谍报局局长卡纳里斯被解职。

6月1—5日　英美放弃对德国领土实施大规模进攻的计划，而集中两国轰炸机部队对法国和比利时的交通和港口设施进行有计划的轰炸。

6月1—30日　德国潜艇在大西洋和印度洋击沉同盟国商船11艘，计51684吨。

6月2日　戴高乐把全国解放委员会改名为“法兰西共和国临时政府”。

6月4日　艾森豪威尔将进攻法国的时间推迟24小时。

戴高乐应丘吉尔的邀请，乘首相私人飞机飞抵伦敦，丘吉尔向他粗略介绍了“霸王”作战计划。艾森豪威尔也会见了戴高乐。临别时，艾森豪威尔拿出一份事先准备好的讲话稿，希望戴高乐能用这篇稿子向法国人民讲话。稿子过分强调要法国人服从盟军的指挥，戴高乐拒绝了。经过双方磋商，次日，戴高乐交给英方一份法国能接受的讲话文本。

同盟国军队开进被凯塞林元帅宣布为“自由城”的罗马。德第14集团军撤至台伯河北岸，未将大桥炸毁。美国装甲部队迅速通过罗马实施追击，使德军后卫遭受重大损失。

6月5日 早晨，隆美尔带着副官和他的作战指挥官，冒雨乘车回德国赫林根，为他的妻子庆贺6月6日的生日。

6月6日 5时50分，盟军海军战舰开始猛轰诺曼底沿海德军阵地，“霸王”行动开始。

6时30分，盟军开始登陆。

法国发动总抵抗运动，比利时发动破坏活动，丹麦举行总罢工，挪威破坏交通线。

盟军为了实施登陆战役，在英伦三岛集结了4个集团军（2个美国集团军和各1个英国、加拿大集团军），下辖37个师。此外，美国还有50个师已做好向欧洲运送的准备。总兵力为287.6万人。盟军共有1.1万架作战飞机和2300多架运输机。登陆的海军兵力有：战列舰6艘、巡洋舰22艘、驱逐舰93艘、扫雷舰255艘、运输船和登陆船6000余艘。

德军兵力：59个兵力十分悬殊的师，其中9个装甲师和1个摩托化师。这些兵力分散驻扎在广大地域，在诺曼底盟军登陆地域70公里正面上仅有2个师驻守。德国海军在海峡附近仅有5艘鱼雷艇、34艘快艇、163艘扫雷艇、57艘巡逻艇和42艘炮艇。

根据作战计划，登陆的地域从康坦丁半岛东南到奥恩河口，包括维尔河以北的海滩，宽约96公里。登陆海滩共有5个滩头，从西到东，各滩头的代号分别为“犹他”（美军）、“奥马哈”（美军）、“哥尔德”（英军）、“朱诺”（加军）和“斯沃德”（英军）。

第一天，在强大舰队和空军支援下，第21集团军群（司令蒙哥马利元帅）的5个师由海上登陆。3个师空降着陆。突击重点：奥恩河河口、卡尔瓦多斯海岸、科唐坦半岛东部的圣梅尔地域。盟军共投入7艘战列舰、2艘浅水重炮舰、23艘巡洋舰、8艘炮艇、105艘驱逐舰、l073 艘小型军舰和4126艘登陆舰；86个师，其中40个师为第一波；3467架重型、1645架中型和轻型鱼雷轰炸机，5409架歼击机和2316架运输机。

当日，盟军飞机共出动14674架次，损失飞机133架。德国第3航空队仅出动319架次，其中夜间出动59架次。

这天早晨，隆美尔接到参谋长斯派达尔从诺曼底打来的紧急电话，大吃一惊：这意味着第三帝国的末日到了！约15时，希特勒批准派遣利尔装甲师和党卫队第12装甲师赶去诺曼底增援。17时，隆美尔抵达诺曼底，发现盟军已经大批登陆，并向纵深推进了2—6公里。

6月7日 比利时国王利奥波德三世及其家属被俘并被掳往德国。

6月8日 贝叶解放。

6月9日 德国西方装甲集群在同盟国登陆的东段发动反击，被粉碎。

意大利国王维克托·埃马努埃尔三世任命王储翁贝托为“意大利王国总督”。巴多格里奥元帅引退后，由博诺米组成一个由全部反法西斯党派代表参加的新政府。

6月10日 同盟国空袭德国西方装甲集群司令部，将其炸毁。6月6日上午参加对盟军诺曼底桥头堡实施反击的德国快速部队最终被迫转入防御。

为报复法国游击队的“恐怖”行动，党卫队“帝国”第2装甲师第4装甲步兵团第3营将格拉讷河畔奥拉杜尔村摧毁，将全部村民杀害。

6月12日 盟军在诺曼底的各登陆地段基本稳固，连成正面宽80公里、纵深13—19公里的登陆场。“大西洋壁垒”已被突破。丘吉尔在视察战场后说：“这个历史上最困难、最复杂的战役，使盟军得以重返欧洲大陆。”

罗斯福总统同意5月18日签署的为期3个月的英苏关于划分东南欧作战区域的协议。据此，希腊和南斯拉夫为英国作战区域，罗马尼亚和保加利亚为苏联作战区域。

为加强西线兵力，德国将驻波兰的党卫队第2装甲军（军长豪塞尔党卫队上将）及党卫队第9、第10装甲师调往诺曼底战线。

夜晚，德国第155高炮团开始向伦敦地区发射V-1型武器（无人驾驶飞行器）；自6月15日夜，全部发射架投入使用。

6月14日 戴高乐回到法国。

美国轰炸机空袭布达佩斯。

6月15日 夜晚，德国向伦敦地区发射144枚V-l型武器，有21枚被英国的防空部队击落。

6月16日 在诺曼底战线，德军在奥恩河东部发动反击，数日后被粉碎，未获任何战果。

法国内地军与德军进行蒙特莫谢战役。

舒巴希奇与铁托在利萨岛会谈，就未来的合作问题达成非正式的一致意见。

6月17日　希特勒与隆美尔和冯·龙德施泰特元帅在马尔吉瓦尔就对盟军的诺曼底桥头堡发动反击进行会商。

德军开始撤离厄尔巴岛。

6月18日　迄今，盟军第21集团军群（司令蒙哥马利元帅）在诺曼底桥头堡已有61.9万人、9.5万辆车辆和21.8万吨物资。

在科唐坦半岛的西海岸，美第1集团军（司令布莱德雷中将）突贯至巴纳维尔，从而切断了瑟堡与外界的联系。

6月19日　希特勒发布关于集中装备和军工生产的法令。

美第5集团军占领意大利佩鲁贾。

6月20日　美第8航空队以其3个航空师约1500架轰炸机和1000架护航歼击机空袭奥斯特穆尔、汉堡、珀利茨、米斯堡和马格德堡的氢化工厂，投弹4252吨，工厂设施遭重大破坏。美国50架轰炸机和5架歼击机被德国歼击机和高炮击落，468架轰炸机（其中部分被严重击伤）返回，德国损失28架歼击机。

希特勒在获悉同盟国的空袭使重要运输线多瑙河上的运输变得日渐困难后，遂任命马沙尔海军大将为"维持多瑙河航行特命全权代表"。

6月21日　美第8航空队出动约2500架轰炸机和歼击机空袭柏林地区的飞机厂、铁路设施和政府办公区，投弹2000吨，被击落44架轰炸机。114架B-l7型和70架P-51型飞机脱离主力空袭下西里西亚鲁兰的氢化厂，然后飞向苏联。傍晚，73架B-17型轰炸机在波尔塔瓦着陆，另41架在米尔戈罗德着陆，歼击机在皮里亚京着陆。

6月25日　英国第2集团军在法国卡昂西部和西南地域发动强大攻势，迫使德军提前发动一次大规模反击。

瑟堡的德国岸炮部队与盟军战列舰和巡洋舰展开激战。

6月26日　瑟堡要塞向同盟国投降。

6月26日至7月3日　丹麦举行总罢工。

6月27日　美国空袭布达佩斯。

6月28日　德国守军竭尽全力阻滞了英第2集团军在法国蒂伊地域的进攻。

德国第7集团军司令多尔曼因心脏病发作而猝死于前线。

美国轰炸机空袭布加勒斯特和普洛耶什蒂。翌日夜，英国空袭久尔久。

6月29日　希特勒在山间别墅听取隆美尔关于诺曼底战线态势的报告。

6月30日　盟军在诺曼底桥头堡的兵力已达13个装甲师和30个步兵师。迄今，已有850279名官兵、148803辆车辆和570505吨物资上岸。

迄今，德国第155防空团已发射2万枚V-1型武器。约1000枚命中伦敦，661枚被英国歼击机击落。

6月　德国潜艇击沉同盟国商船11艘，计51684吨。

7月1日　盟军完全肃清了科唐坦半岛上的德国残军，接着又占领了冈城。瑟堡地域的德军残部在阿格角投降。

德军参谋部上校施陶芬贝格伯爵被任命为德国后备军司令弗罗姆大将的参谋长。

7月1—31日　德国潜艇在大西洋和印度洋击沉同盟国商船16艘，计76199吨。

7月2日　夜晚，德第14集团军撤离意大利锡耶纳。

7月3日　德军西线司令冯·龙德施泰特元帅被解职，由冯·克卢格元帅接任。

7月6日　迄今，死于德国V型武器的英国人已达2752人。

7月7日　美第8航空队空袭莱比锡。在奥舍斯莱本地域，德国歼击机击落58架B-24型轰炸机和24架护航歼击机。

在意大利阿德里亚地段的德军第10集团军撤至“格奥尔格防线”。

7月11日　施陶芬贝格上校在山间别墅第一次谋杀希特勒的行动失利。

美国承认戴高乐的法国民族解放委员会。

7月12日　维希政府的部长们召开最后一次会议。

7月14日　美第15航空队空袭布达佩斯的铁路设施和炼油厂。

7月15日　施陶芬贝格在“狼穴”元首大本营谋杀希特勒的行动再次失利。

7月17日　隆美尔因座驾遭英国皇家空军第602小队的1架“喷火”式飞机攻击，身负重伤。西线司令冯·克卢格元帅接任B集团军司令。

美国飞机在诺曼底首次使用凝固汽油弹。

7月18日　美第1集团军占领圣洛。

在诺曼底登陆战役中，德军伤亡11.6万人，盟军伤亡12万人。

英第8集团军在意大利的阿德里亚地段向北发动大规模进攻。

德第10集团军撤出安科纳，第14集团军主力渡过阿尔诺河向北撤退。

希特勒命令比利时的军事管理机构改为民事管理机构，由帝国全权代表、纳粹党部头目格罗厄领导。

7月19日 经数日激战，英第2集团军占领卡昂。

英吉利海峡出现特大风暴，使盟军驶往诺曼底桥头堡的护航船队四分五裂，在“奥马哈”地段的人工港全部损坏。

德第14集团军撤出意大利里窝那。

7月20日 “女武神”行动：由上校克劳斯·申克·冯·施陶芬贝格领导的在拉斯滕堡元首“狼穴”总部暗杀希特勒的计划未遂。

10时15分，施陶芬贝格到达“狼穴”元首大本营。

12时40分，施陶芬贝格将装有定时炸弹的公文包放在会议室地图桌下靠近希特勒的地方，离开房间。

12时42分，爆炸。希特勒仅受轻伤，多名与会者被炸死。

13时—15时，同谋者国防军通信工作主管人费尔吉贝尔将军将元首大本营对外的通信线路切断。

13时15分—15时30分，施陶芬贝格飞回柏林。

15时50分，奥尔布里希特将军在陆军总司令部（本德勒大街）向国内后备军发出动员警报。

16时10分，凯特尔元帅回答后备军总司令弗罗姆大将的查问：希特勒只受轻伤。

16时20分—16时30分，贝克大将和施陶芬贝格到达本德勒大街。贝克决定，尽管对希特勒命运的说法不一，仍按原计划暴动。弗罗姆被密谋分子逮捕。柏林“大德意志”警卫营（营长雷默尔少校）奉命将政府办公区封锁。

16时30分后，冯·维茨勒本元帅以新的国防军总司令的身份向各军区司令发电：全国进入紧急状态。施陶芬贝格向巴黎的密谋小组发出警报。

17时，希姆莱命令柏林党卫队逮捕施陶芬贝格。

18时，希特勒任命希姆莱为后备军司令。

18时35分，雷默尔少校到戈培尔处。希特勒在电话中令其镇压暴动。

18时45分，广播电台报道：“谋杀失败。”

20时30分，戈培尔对警卫营发表讲话。

22时50分，忠于希特勒的军官释放弗罗姆，将密谋分子逮捕。根据紧急状态法，在本德勒街的庭院里将施陶芬贝格及其3名同谋枪决。

22时30分—23时，在巴黎的德国陆军部队将党卫队和警察解除武装（7月

21日3时恢复自由）。

23时30分，贝克大将自杀。

7月21日 1时，希特勒、戈林和邓尼茨发表广播讲话。

海·古德里安被任命为德国陆军总参谋长，后于1945年3月28日被免职。

波兰民族解放委员会在海乌姆成立卢布林委员会（7月25日迁至卢布林）。该委员会次日建立波兰人民军。它是1944—1945年波兰共产党政府的核心。

7月21—23日 法国远征军从意大利撤退。

7月21—27日 德国进攻维科尔的法国抵抗运动军队。

7月23日 戈林在国防军中推行“德国礼节”：他在以帝国元帅身份发布的命令中指出，为表达“对元首的忠贞不渝以及国防军与党的亲密无间”，特将军礼改为纳粹党的举手礼。

波兰民族解放委员会（卢布林委员会）得到斯大林的承认。

7月24日 伦敦的波兰流亡政府声明反对“海乌姆委员会”（“波兰民族解放委员会”）。

7月25日 布莱德雷将军指挥美军在圣洛西部以4个装甲师和11个摩托化师对德军13个师的余部发动大规模进攻。结果，美军在德军的防线上打开了一个缺口，接着占领了阿佛朗什，迫使德军向东南方向退缩。自此，美军便打通了通向法国中部的道路。

根据蒙哥马利的命令实施的对法莱斯的进攻，被德军装甲师的反击所阻。

希特勒发布由戈培尔负责组织的关于实施总体战的公告。

7月28日 在美国第8航空队空袭洛伊纳工厂时，德国首次使用7架Me-163B型火箭式歼击机攻击美机。

7月29日 迄今，在诺曼底桥头堡已有150万盟军。

7月31日 美第1集团军的装甲师通过法国阿夫朗什向前推进。该集团军和自8月1日随后跟进的第3集团军转隶第12集团军群（司令布莱德雷将军）。第21集团军群（司令蒙哥马利元帅）尚有加拿大第1集团军（司令克里阿中将）和英第2集团军（司令登普西中将）。

8月1日 在法国沿大西洋地区作战的德第1集团军（司令歇瓦勒里步兵上将）司令部接管奥尔良与勒芒西部德国第7集团军南翼之间的德军指挥权。

曼纳海姆元帅接替吕蒂任芬兰总统，继续兼任芬兰军队总司令。

希特勒下达关于株连罪的指令：在惩治任何“背叛”德国的军人的同时，均应对其家属采取行动。

巴顿将军指挥的美国第3集团军从阿佛朗什出击，其坦克部队分成3路：一路向西，8月8日切断了布列塔尼半岛上的德军阵地，到9月中旬解放了布勒斯特；一路向东南挺进，8月8日攻下勒芒，然后挥师北上；第三路东进的部队于8月17日直取奥尔良，18日攻下夏特勒。

8月1—31日　德国潜艇在大西洋和印度洋击沉同盟国商船18艘，计98876吨。

8月1日至10月2日　塔德乌什·博尔–科莫罗夫斯基将军领导的波兰“秘密军队”在华沙举行起义，因得不到外援而遭到失败。

8月2日　美第1、第3集团军开始向布列塔尼、卢瓦尔河下游方向和德军诺曼底防线背后地域发动强大攻势。

8月3日　德第14集团军第1伞兵军在佛罗伦萨南部的桥头堡阵地空降。在布列塔尼的德军与其基地隔绝。

8月4日　美第1集团军占领布列塔尼的雷恩。

德第14集团军的第1伞兵军撤出佛罗伦萨南部，除蓬泰韦基亚诺附近的大桥外，将阿尔诺河上的全部桥梁炸毁。

美第8航空队的轰炸机轰炸德国佩讷明德的火箭试验场。

8月4日、25日　美军飞机两次轰炸德国V–1和V–2火箭研究中心佩讷明德。

8月5日　意大利圣马洛要塞被盟军从四面包围，但德国守军仍坚守12天之久。

8月6—7日　奉希特勒之命，第5装甲集团军以4个装甲师，在约300架歼击机支援下，在诺曼底发动反击，企图将通过阿夫朗什实施突贯的美军分割。党卫队第2装甲师占领莫尔坦。由于美陆军尤其是空军占有优势，德军不久便被迫中止反击。

8月6—27日　英国巡洋舰和驱逐舰对航行于比斯开湾和布列塔尼附近海岸的德国舰只实施突然袭击。

8月7日　夜晚，加拿大第1集团军对法莱斯北部布雷特维尔德军的纵深梯次防御配系实施突击，失利。

8月7—8日　德国对7月20日被判处死刑的人员以及冯·维茨勒本元帅、赫普纳大将和奥尔布里希特步兵上将，向柏林“人民法庭”提出诉讼。

8月9日　美第3集团军占领勒芒。

法兰西共和国临时政府恢复对已解放土地的统治。

8月10日　德第14集团军撤离佛罗伦萨北部，在亚得里亚地段的德第10集团军撤至卡萨莱。

某些德国工业卡特尔的代表和纳粹党的代表秘密聚集在法国北部的斯特拉斯堡研究一项计划，妄图使该政权的精英在德国战败时能安全地得到庇护。为此目的，一笔巨款被转移到中立国家银行或欧洲、南美相关人士手中。

巴黎铁路工人罢工。

8月11日　德军撤离昂热和南特，退至圣纳泽尔要塞和洛里昂要塞。

丘吉尔在那波利（那不勒斯）与铁托会晤。

8月12日　"山妖"行动：德国对铁托游击队发动进攻，但由于罗马尼亚于8月30日投靠同盟国，进攻被迫中止。

8月15日　"龙骑兵"行动：美第7集团军（司令帕奇中将）以美第6军（军长特拉斯科特少将）和法国第2军（军长德拉特尔·德塔西尼上将）在法国戛纳和土伦之间的地中海沿岸地区登陆。为掩护登陆和运输兵力，投入5艘战列舰、9艘护卫航空母舰、28艘巡洋舰和多艘小型战舰。至8月17日黄昏，已有86575名官兵、12250辆车辆和46140吨物资上岸。

鉴于诺曼底态势危急，希特勒决定由莫德尔元帅替代冯·克卢格元帅指挥西线作战。

8月16日　希特勒命令西线德军逐步撤离法国南部。G集团军群向东北方向的勃艮第山口撤退。

在法国东南部、隶属德第19集团军的预备队第148师和159师归属西南线司令凯塞林元帅指挥，其任务是封锁通向意大利的阿尔卑斯山山口。德军构筑一条西阿尔卑斯山防线，其中一段仍在法国境内。

8月17日　美第3集团军占领法国沙特尔和奥尔良。

加拿大第1集团军攻入法莱斯。

莫德尔元帅接替冯·克卢格元帅任西线司令后，又兼任B集团军群司令。莫德尔自6月28日同时担任的中央和北乌克兰集团军群司令的两个职务，分别由赖因哈特大将（任中央集团军群司令）和哈尔佩大将（任北乌克兰集团军群司令）担任。

拉瓦尔的法国政府在巴黎宣布下野，将法国政府权力移交给各省长，省长成为地方的最高行政长官。

根据希特勒的命令，贝当元帅及其同僚从维希被带往贝尔福。

8月18日 作为7月20日谋杀希特勒事件知情人的冯·克卢格元帅自杀。

德国G集团军群开始由西班牙边界和大西洋沿岸向马恩河上游、索恩河和瑞士边界撤退。

8月19日 由法莱斯地域发起进攻的加拿大第1集团军和由阿让唐地域发起进攻的美国第1集团军在尚布瓦会合，从而将德第7集团军和第5装甲集团军一部，约12.5万人合围（法莱斯合围战）。数日后，约4.5万人突出重围，人员物资遭重大损失。

法国人民在巴黎开始举行反抗运动。

希特勒秘密下达命令："准备于11月发动进攻……25个师必须在今后一两个月内向西线推进。"

8月19—22日 德第10集团军在切萨诺地段至意大利梅陶罗河之间地域实施防御战。

8月20日 贝当迁移到贝尔福，9月9日德国又强迫他迁到西格马林根。

8月20—25日 德国海军撤离法国大西洋沿岸的基地。多艘商船和军舰被盟军炸沉或自行凿沉。

8月21日 德第3装甲集团军的施特拉赫维茨集群在一次进攻中占领图库姆斯，从而与自7月29日被切断联系的北方集团军群重建联系。作战中，德军得到"欧根亲王"号重型巡洋舰、4艘驱逐舰和2艘鱼雷艇的支援。

盟军占领佛罗伦萨。

圣马力诺自德军撤出后，对德宣战。

8月22日 美第3集团军（司令巴顿中将）向法国特鲁瓦和兰斯方向突击。

德第10集团军撤入亚平宁山阵地。

罗马尼亚"民族政府"在德国成立，后迁至维也纳。从布痕瓦尔德集中营出来的"铁卫军"领袖霍里亚·西马任总理。

德军撤离波尔多，退入吉伦特河南、北的筑垒地域。

保加利亚首相巴格里亚诺夫要求德国撤走其军事代表团和全部军队。8月31日，德军全部撤出。

匈牙利摄政霍尔蒂将斯托姚伊政府解散，组成由洛考托什为首的军人政府。

8月23日 在马纽—布拉蒂亚努的反对派的压力下，罗马尼亚国王米夏埃尔一世将安东内斯库解职，由萨纳泰斯库将军重新组阁。罗马尼亚宣布脱离轴心国加入同盟国，要求德军在规定期限内撤出该国。

格勒诺布尔被法国游击队占领。法国第2军占领土伦。

8月24日 勒克莱尔的法军第2装甲师和美军第4步兵师先后到达巴黎。

8月25日 迫于巴尔干形势的发展，希特勒命令"放松"对东南欧的军事占领，将重点移至巴尔干中部，即准备撤出希腊和爱琴海诸岛。

美第4步兵师（师长巴顿少将）和法第2装甲师（师长勒克莱尔少将）进入巴黎。德军城防司令冯·肖尔蒂茨步兵上将为使城市免遭破坏，停止抵抗，共有2.5万人当了俘虏。同日，戴高乐将军也凯旋入城。

芬兰政府秘密询问苏联政府，愿否接待芬兰停战谈判代表团。

8月26日 保加利亚首相巴格里亚诺夫正式宣布保加利亚退出战争，信守中立。

8月26日至9月21日 德第10集团军在意大利法诺—佩萨罗—里米尼地域展开防御战，8月30日放弃佩萨罗。

8月28日 德军被迫停止在塞纳河下游的渡河行动，其大部已通过这里撤出诺曼底。

法国第2军占领马赛。

8月29日 在斯洛伐克中部的班斯卡—比斯特里察（诺伊索尔）地域，发生以军队为主的民族反抗运动。8月28日，斯洛伐克士兵在马丁杀死22名德国军官后，德军开进班斯卡—比斯特里察地域，运动被扼杀。德军突然采取行动将斯洛伐克东部的第1军及其第1师和第2师解除武装，2.2万人被俘。经与德军激战，2000名官兵投奔反抗运动。在布拉迪斯拉发普雷斯堡，8000名斯洛伐克官兵未作反抗被解除武装。

德第10集团军获准撤至"绿色防线"亚平宁山阵地。

8月30日 美军渡过塞纳河向东北方向突击，英军向北突击。

加拿大第1集团军占领鲁昂。

美第8航空队空袭不来梅和基尔。

德军撤离罗马尼亚普洛耶什蒂油田。

8月31日 在法国北部弗兰德地区的德第15集团军有被英第2集团军和加第1集团军包围的危险，其司令冯·扎尔穆特大将被解职，由冯·粲根步兵上将接任。

戴高乐解散抵抗运动全国委员会。

9月1日 艾森豪威尔将军（大本营设在格朗维尔）被任命为欧洲盟军总司令，直接指挥3个集团军群。在西欧：第6集团军群（司令德弗斯中将），下辖法第1集团军和美第7集团军；第12集团军群（司令布莱德雷将军），下辖美第3、第1、第9集团军；第21集团军群（司令蒙哥马利元帅），下辖英第2集团军和加第1集团军。

美第1集团军占领凡尔登。

克罗地亚王国领袖帕韦利奇最亲密的同僚、原外交大臣洛尔科维奇和国防大臣沃基奇因试图与西方盟国建立联系，被帕韦利奇送交军事法庭并被处决。

9月1—31日 德国潜艇在大西洋和印度洋击沉同盟国商船7艘，计43368吨。

9月2日 德军开始由爱琴海上的克里特岛、罗得岛和科斯岛撤退。9月20日，撤退中止。

芬兰总理哈克采尔宣布断绝与德国的外交关系，要求德国部队撤出芬兰。

保加利亚巴格里亚诺夫政府倒台后，由穆拉维耶夫组成基本倾向西方的新内阁。9月5日上午，新内阁与德国断绝外交关系。

爱琴海诸岛上的大部分德国守军开始撤离。

9月3日 冯·龙德施泰特元帅重任西线司令，莫德尔元帅留任B集团军群司令。

英第2集团军占领布鲁塞尔。里昂被法国反抗运动的部队和美第7集团军占领。

9月4日 芬兰军队在全线停火。

英第2集团军占领安特卫普，却在城北停止进攻，致使德军仍与瓦尔赫伦岛保持联系。由于斯海尔德河口南、北的德军阵地尚在，盟军通向安特卫普港的通路仍无法畅通。

德国G集团军群主力（20.9万人中的13万人）在法国第戎地域与B集团军群建立联系。9月9日由法国地中海沿岸撤至此地域的第19集团军——10万人中的5万人——归属G集团军群指挥。

斯洛伐克中部的起义导致图卡内阁倒台，由其侄斯泰凡·蒂索重新组阁。

9月5日　苏联向保加利亚宣战。

9月6日　德国国防军指挥参谋部参谋长约德尔大将就西线实施反击的可能性向希特勒报告：要从撤退中对敌实施侧翼突击，在11月1日前已不可能。

英第2集团军占领比利时根特；美第1集团军占领吕蒂希（今列日）。

9月7日　德国南乌克兰集团军群开始撤离塞克勒。

罗马尼亚对匈牙利宣战。

9月8日　德国首次从海牙向英国发射1枚A4（V–2）型远程火箭。至1945年3月27日停止发射，共向英国发射V–2型火箭1115枚，炸死英国居民2724人，重伤6467人。

保加利亚穆拉维耶夫内阁对德宣战。9月8日夜，共产党和左翼"环节"军官联盟发动政变，成立以格奥尔基耶夫为首的亲苏"祖国阵线民主政府"。

皮埃路特的比利时流亡政府到达布鲁塞尔。

美军解放列日；加拿大军队解放奥斯坦德。

皮埃洛特及其内阁重返布鲁塞尔。

9月9日　以戴高乐为首的法国临时政府成立，皮杜尔任外长。

9月10日　艾森豪威尔在布鲁塞尔与蒙哥马利的会晤中向其交付一项任务：为盟军打开安特卫普港，利用空降荷兰阿纳姆地域建立一座横渡莱茵河的桥头堡。

美第1集团军占领卢森堡。

法国政府取消维希政府的立法机构。

9月11日　德第1集团军第541野战司令部2.2万人在埃尔斯特少将率领下，在奥弗涅山向美第1集团军投降。

法第1集团军第2军占领第戎，并与由诺曼底桥头堡实施突击的美第3集团军左翼在城西25公里处会合。

英第2集团军越过比、荷边界。

比利时奥伊彭和马尔梅迪落入美军之手。在亚琛和梅斯之间，大西洋壁垒仍基本由德军占领。

美第1集团军的部队到达德国特里尔以北的德国边界。

9月12日　罗马尼亚与苏、英、美在莫斯科签订停战协定，该国将派12个师参加对德作战。

盟军自进攻法国以来，在法国俘虏德军约35万人，其中12万人被戴高乐部队和法国游击队俘虏。

自9月10日受到盟军陆上攻击的勒阿弗尔要塞被迫停止抵抗，德军被俘3000人。

卢森堡解放。

铁托向克罗地亚军队发出最后通牒，限其于9月15日前投诚。

9月12—15日　德军撤离希腊爱奥尼亚海上诸岛。

9月13日　盟军进入德国。

希特勒命令组建党卫队第6集团军，作为西线实施反击的战役预备队。

9月13日至10月26日　德第14集团军在佛罗伦萨北部实施防御战。美第5集团军企图以强大兵力沿皮斯托亚和法恩扎隘路，突破亚平宁山阵地，到达波洛尼亚，失利。

9月14日　流亡伦敦的南斯拉夫国王彼得二世号召全体南斯拉夫人民参加铁托领导的人民解放军。

9月15日　美第3集团军占领南希。

苏军占领索非亚。

铁托的军队与苏军在南斯拉夫的奈戈廷会师。

9月16—21日　丹麦全国举行总罢工。此后，丹麦警案被德国占领军解除武装。

9月16—23日　德军撤离爱沙尼亚。

9月17日　代号为“市场花园”的大规模空降作战行动开始。英、加部队在荷兰阿纳姆、尼姆韦根（今奈梅亨）和艾恩德霍芬空降。然而，空降的总战役企图未能实现。

9月19日　美第8军占领布雷斯特。

9月20日　比利时国会选举国王利奥波德三世之弟卡尔·冯·弗兰德恩为摄政。利奥波德三世已被拘留在德国。

9月21日至10月9日　为能对波罗的海沿岸诸国的防御战实施统一指挥，坚守立陶宛和拉脱维亚南部防线，迄今隶属德国中央集团军群的第3装甲集团军转隶北方集团军群。

铁托未通知盟军联络官，秘密离开利萨岛上的大本营，前往莫斯科与斯大林会晤。

德军完全撤离伯罗奔尼撒半岛。

英第8集团军占领里米尼。

9月23日　受匈牙利摄政霍尔蒂之托，纳道伊将军前往卡塞塔地中海盟军司令大本营，企图与西方盟国进行停战谈判，失败。

9月24日　英国强大海军兵力以航空母舰、巡洋舰、驱逐舰和登陆舰开始夺占爱琴海诸岛作战。此时，德军仍占据着罗得岛、莱罗斯岛、科斯岛、皮斯科皮岛、锡米岛，以及“核心要塞”克里特岛和米洛斯岛。德军共2.3万人，意军8800人。

法国发布命令，把抵抗运动的军队并入法国陆军。

9月25日　希特勒提出，全部16岁至60岁的有作战能力的德国男性公民均须参加“德国人民突击队”。

希特勒决定，在阿纳姆防御战战果基础上，在西线发动一次反击。

9月27日　德第22山地军由希腊西部向品都斯山的撤退结束。

10月1日　加来要塞的德军向加拿大第1集团军投降。这样，在大西洋沿岸只有下述一些法国“要塞”还掌握在德军手里：吉伦特河南岸、吉伦特河北岸（鲁瓦扬）、拉罗谢尔（及其雷岛和奥莱龙岛）、圣纳泽尔、洛里昂、海峡群岛和敦刻尔克。

德军开始撤离雅典。

10月1—31日　德国潜艇只击沉同盟国1艘商船（6131吨），击伤2艘护卫舰，并将其中1艘拖回。

10月2日　华沙的波兰“本土军”（司令博尔—科莫罗夫斯基将军）向巴赫—策莱夫斯基指挥的德国军级集群投降。博尔—科莫罗夫斯基被德国逮捕入狱。

10月3日　希特勒命令德军全部由希腊、阿尔巴尼亚南部和马其顿南部撤退。

10月4日　英军在希腊本土登陆，占领帕特雷。

10月7日　同盟国3000多架飞机同时飞抵德国上空。美第8航空队重点空袭德国合成燃料设施，投弹1270吨。

29架美军B-17型轰炸机首次向德累斯顿投下大约70吨炸弹。

10月8日　美第9集团军为合围亚琛，发动钳形攻势，10月14日达成。

英军占领希腊科林斯。

10月11日　约德尔大将向希特勒递交第一份在西线实施反击作战的作战

方案（代号“莱茵河卫兵”，最早发动日期：1944年11月25日）。

10月12日　德军后卫离开希腊比雷埃夫斯。

10月13日　英第3军进入雅典。

10月14日　隆美尔在迈泽尔将军和布格多夫将军胁迫下自杀，从而作为7月20日暗杀希特勒事件的知情人，免受“人民法庭”的起诉。

英军解放雅典，由帕潘德里欧组成政府。

保加利亚第2集团军占领尼什。

10月15日　匈牙利摄政霍尔蒂谋求停战，被德国夺去政权。

10月17—29日　第二次德布勒森坦克会战。此后，德军放弃该城，在匈牙利东部构筑一条相对稳定的防线。

10月18日　艾森豪威尔将军在布鲁塞尔与其各集团军司令谈话时认为，目前最紧迫的任务是打开通向安特卫普港的道路。

希特勒关于组建人民突击队的号召公之于世。

10月19日　按照希特勒的命令，德军开始有计划地摧毁华沙。

10月21日　经数周激战，亚琛落入美第9集团军之手。

铁托部队占领杜布罗夫尼克。

10月22日　美国、苏联和英国事实上承认法兰西共和国临时政府。

10月22日至11月23日　德军撤离达哥岛（今希乌马岛）和厄塞尔岛（今萨烈马岛）大部后，为坚守斯沃尔别（今索尔韦）半岛进行艰苦防御战。

10月23日　德国西南线司令凯塞林元帅遭车祸，其职务由大将冯·菲廷霍夫—谢尔男爵代理。

10月28日　德第20山地集团军撤离挪威的瑞齐和瓦德瑟。

法国不属于陆军或警察的一切武装集团均被解散。

10月29日　戴高乐将军命令解散由共产党领导的法国游击队，要求反抗运动者参加法国正规军。

10月31日　德国E集团军群（司令勒尔大将）后卫撤离希腊萨洛尼卡。

11月1日　约德尔大将拟制的在西线实施反击的作战方案被转到西线司令部，但在此数日前，有关此项任务的指令就已下达。

铁托与南斯拉夫流亡政府首相舒巴希奇就组成一个联合政府及国王的权限问题达成协议。舒巴希奇11月25日访问莫斯科时，得到苏联政府的赞同。

11月1—30日　德国潜艇在大西洋和印度洋击沉同盟国商船4艘，计

18026吨。

11月2日　夜晚，德军将领在克雷费尔德东部的德军西线大本营就西线的反击计划进行会商。在“大解决”和“小解决”方案上发生分歧：希特勒提出的“大解决”方案是夺回安特卫普，龙德施泰特和莫德尔力主的“小解决”方案是向马斯河发动一次确有把握的突击，然后视情况决定继续向北或向西推进。

德军全部撤离希腊。

11月3日　斯洛伐克起义军领导人鲁多尔夫·维斯特中将和扬·戈利安准将被德军逮捕。

11月5日　为在西线实施反击，德国防军统帅部命令变更部署。

德第39装甲军第5装甲师和第50步兵师夺回东普鲁士城市戈乌达普。

11月9日　坚守马斯河下游穆尔代克桥头堡的德军余部重新夺占马斯河北岸。

11月10日　德国国防军统帅部下达“阿登攻势”作战命令，发起日期：1944年12月1日。

德国西线北段（荷兰和亚琛东北部的马斯河防线）由新近前调的H集团军群（司令施图登特大将）接防，其下辖的兵力薄弱的第25集团军配置在荷兰；第1伞兵集团军配置在马斯河防线。这样，西线司令共统辖3个集团军群（H、B、G集团军群）。

由原公立学校教师霍查上校在阿尔巴尼亚建立的苏维埃共产党政权得到英、美、苏的承认。

11月11日　帕西基维就任芬兰总理。

11月13日　德国E集团军群撤离马其顿的斯科普里。

11月14日　美第7集团军和法第1集团军分别由法国萨韦尔讷洼地和勃艮第山口向阿尔萨斯和上莱茵发起进攻。

11月16日　“鲁尔河会战”开始：美第9集团军对德第5装甲集团军防线发起进攻。为阻止美军进攻，德国被迫将准备用于阿登攻势的兵力投入鲁尔河会战。

英国皇家空军轰炸机司令部空袭德军西线中段的后方交通线，以及迪伦、于利希和海因斯贝格。美第8航空队空袭迪伦—埃施韦勒地域，投弹3678吨。

11月17日 波兰流亡政府总理米科拉伊奇克请求美国保障波兰边界，被罗斯福总统回绝，但罗斯福同意“少数民族”向新的波兰领土或由此向国外“迁徙”。

11月20日 希特勒及其随从离开自1941年6月24日一直使用的“狼穴”元首大本营，在柏林停留数天后于12月10日到达位于巴特瑙海姆附近的齐根贝格的“鹰巢”元首大本营，准备在此指挥阿登攻势。

英第8集团军在法恩扎地域发起大规模进攻。

德第21山地军撤离阿尔巴尼亚首都地拉那；11月29日撤离斯库塔里（今斯库台）。

11月21日 法国第1集团军攻入贝尔福。次日，被围在城堡内的德军得到解围，逃脱。

11月22日 美第3集团军占领法国梅斯。

11月23日 美第7集团军占领斯特拉斯堡。美军推进至莱茵河，转而向北方和南方突击。

11月24日 法国第1集团军占领阿尔萨斯的米尔豪森。但在阿尔萨斯，德第19集团军仍坚守着一个以科尔马为中心直至孚日山的桥头堡。

波兰流亡政府总理米科拉伊奇克引退，由社会主义者阿齐谢夫斯基组成新内阁。

布达佩斯被包围。

11月25日 希特勒最终决定在实施阿登攻势时采取“大解决”方案。

11月28日 同盟国第一支护航船队驶抵安特卫普。

11月30日 德第1集团军撤至萨尔河东岸的梅尔齐希即大西洋壁垒。

12月1日 希腊共产党的民族解放阵线退出1944年10月组成的帕潘兹雷夫联合政府。

12月1—31日 德国潜艇在大西洋、北海和印度洋击沉同盟国商船12艘，计72051吨。

12月2日 希特勒与西线各集团军群和集团军司令在柏林会商。阿登攻势发起日期定于12月10日。希特勒再次拒绝“小解决”方案。

海因里希·希姆莱被任命为“上莱茵总司令”，负责从瑞士边界线至卡尔斯鲁厄南部地段的防务。

12月3日 美第3集团军在萨尔劳特恩（今萨尔路易）突破大西洋壁垒。

德军放弃马斯河彼岸芬洛西部的桥头堡。

希腊民族解放阵线的人民解放军举义反抗希腊政府。12月5日夜，占领雅典政府大楼的行动因遭英国第3军镇压而失利。

12月4日　希特勒在柏林总理府接见匈牙利国家元首和“箭十字”党领袖萨洛希·费伦茨。

12月5日　德第10集团军撤离意大利拉韦纳。

12月8日　德国B集团军群撤离坚守至今的于利希鲁尔河桥头堡，从而使鲁尔河西岸的全部地区落入美军之手。

12月10日　美第7集团军占领德国哈格瑙和萨尔格明德（今萨尔格米讷）。

12月11日　意大利博诺米政府改组，共产党领袖陶里亚蒂升任副总理。

12月12日　希特勒与部队司令员、指挥员进行阿登攻势前的会商。进攻日期最终定于12月16日。

12月13日　德军被迫将北阿尔萨斯的防线部分地撤过法尔茨州州界。美军炮兵炮击拉施塔特。

12月16日　拂晓，代号为“狮鹫行动”的阿登战役打响。德国在芬纳高地（今上法涅高地）和卢森堡北部之间地带发起攻势。800多人的德军特遣队化装成“美军”，开始了颇具创意的“格里芬”行动。他们讲着一口流利的英语，潜入美军驻地制造混乱、进行破坏。接着，德军密集的炮火向美军阵地猛烈轰击。

西线司令（冯·龙德施泰特元帅）下辖兵力：B集团军群（司令莫德尔元帅）辖党卫队第6装甲集团军（司令迪特里希党卫队大将）、第5装甲集团军（司令冯·曼陀菲尔装甲兵上将）和第7集团军（司令布兰登贝格尔炮兵上将）。在进攻地域共有8个军司令部，下辖12个步兵师、2个伞兵师、7个装甲师。（统帅部预备队：2个装甲师、1个装甲步兵师、4个步兵师）。由西线空军（司令施米德中将）大部担负空中掩护，共计40架侦察机、171架轰炸机、91架战斗机和1492架歼击机。德军当面为兵力薄弱的美第1集团军（司令霍奇斯中将），下辖第8、第5军。

阿登攻势开始后，德国也开始对安特卫普（间或对吕蒂希）发射V-1型和V-2型火箭，有217枚V-2型火箭击中安特卫普。

12月17日　美军几乎未进行有组织的抵抗便仓皇退却，防线上的缺口很快扩展到100公里，纵深30—50公里。

12月18日 阿登攻势在多数地段尤其是党卫队第6装甲师地段陷于停顿。

12月19日 艾森豪威尔将军将位于楔入阿登的德军先头部队北部的美第1、第9集团军划归蒙哥马利指挥。

盟军高级将领来到凡尔登商讨对策。艾森豪威尔对部下说："我们应该把当前的形势看作是一个极好的机会，而不是一场灾难。因此，今天应该高高兴兴地开会。"站在一旁的巴顿将军喊道："嗨，我们要有胆量让这些狗崽子往远处突进，一直冲到巴黎才好哩！那时我们就真正能把他们一段一段地切开，一口一口地吃掉！"

被合围于施内—艾非尔山的美第106步兵师的兵力集群被迫向德第5装甲师的第66军投降。

12月20日 德国党卫队第1装甲军在击溃美军猛烈反抗后占领比利时斯塔沃洛。

美第8集团军在法恩扎西北发起强大进攻，9日后被阻于塞尼奥河东岸的德军桥头堡阵地前。

12月21日 法国外长皮杜尔确认，法国同意将东普鲁士、波莫瑞（今波美拉尼亚）和西里西亚割让给波兰。

被德第66军围困数日的圣维特城终被德军占领。

夜晚，自12月16日以来一直阴沉的天气转晴，盟军空军自此掌握了阿登地域的制空权。

12月21日至1945年1月6日 英第8集团军向意大利科马基奥湖实施突贯。

12月22日 德国的阿登攻势已推进至法国拉罗什，距12月16日的出发阵地已60公里。

美第3集团军（司令巴顿中将）开始从南面向德军先头部队发动反击。

12月23日 德第5装甲集团军第47装甲军到达迪南东部5公里处，这是阿登攻势到达的最西部地域。

12月24日 参加阿登攻势的德第5装甲集团军停滞不前，从而使全线陷于停顿。

盟军航空队在阿登地区出动飞机6000架次。自12月16日以来，盟军摧毁德军飞机1088架。

12月26日 美第3集团军的分队打开一条狭窄通路，与被围于比利时巴斯托尼的美国守军取得联系。

德军开始从阿登撤退。

12月28日 艾森豪威尔和蒙哥马利经商议决定，1945年1月3日盟军向乌法利兹方向对楔入阿登的德军先头部队发起反击，计划在此与由南向北实施反击的美第3集团军会合。

12月31日 与匈牙利现政府对立的、设在德布勒森的米克洛什—达尔诺基将军的政府对德宣战。

“北风”行动：德第39装甲军和党卫队第13军在阿尔萨斯北部发动目标有限的进攻。

流亡伦敦的希腊国王乔治二世任命雅典大主教达马斯基诺斯为摄政。

【1945年】

1月1日 “底座”行动：德国出动1035架歼击机、歼击轰炸机和快速轰炸机攻击盟军在荷兰南部、比利时和法国北部的机场，摧毁或击落盟军飞机479架。德国损失飞机277架，其中2/3是被己方不明此次行动的高炮部队击落的。

“卢布林委员会”改组为“波兰共和国临时政府”，苏联于1月5日予以承认。

1月1—2日 美第8航空队的569架四引擎轰炸机空袭科布伦茨、诺伊维德和雷马根附近的莱茵河大桥。

1月1—6日 德国党卫队第4装甲军首次由多瑙河南岸的科马罗姆东南地域向东发起突击，企图为布达佩斯解围。

1月1—9日 德军开始在阿尔萨斯和洛林反攻，1月5日威胁到斯特拉斯堡，但戴高乐拒绝放弃该地。

1月1—31日 德国潜艇在大西洋击沉同盟国商船15艘，计80844吨。

1月3日 盟军开始对德军南北夹击。美第8航空队空袭德国西部富尔达和阿沙芬堡的铁路设施。

1月6日 丘吉尔致电斯大林请求援助。

1月7—13日　德第3装甲军由巴拉顿湖北部向东北方向发起进攻，企图再次为布达佩斯解围。

1月12日　希腊的英国部队、希腊政府军和希腊共产党的人民解放军签署一项协议，规定全部共产党部队撤出雅典、萨洛尼卡和帕特雷并交换战俘。

1月13日　德国E集团军群由希腊、阿尔巴尼亚和南斯拉夫南部暂时撤至德里纳河一线。

1月16日　自1月3日由北向南对阿登地域的德军实施反击的美第1集团军，以及由南向北实施反击的美第3集团军在乌法利兹附近会合。

1月17日　党卫队上将普菲费尔·冯·维尔登布鲁赫命其部队撤离布达佩斯东部，将兵力集中在多瑙河西岸的布达要塞。

波兰临时政府由卢布林迁往华沙。

1月18—27日　德国党卫队第4装甲军由巴拉顿湖北部向布达佩斯发动第三次解围突击，一直推进到多瑙河畔的多瑙彭泰莱，并向东南和北方发展。

1月20日　法国第1集团军在孚日发起进攻。

1月21日　希特勒准予第4集团军撤至勒岑（今吉日茨科）附近的东普鲁士塞恩一线。

1月22日　希特勒急忙把党卫队第6坦克集团军从西线调往东线，大大减轻了西方盟军的压力。

1月28日　盟军把德军赶回德国边境，恢复了原来的阵线。

阿登战役是第二次世界大战期间西线最大的一场阵地战，双方参战的兵力将近60个师。这一战役把西线盟军的进军时间推迟了6个星期。德军在战役中伤亡和被俘约10万人，损失坦克800辆、飞机1000多架。德国因此耗尽了所有的战略储备，再也无力发动进攻。

1月29日　党卫队大将豪塞尔被任命为G集团军群司令（撤销希姆莱领导的“上莱茵”司令部及其第19集团军之后），布拉斯科维茨大将被任命为H集团军群司令。

1月30日　希特勒发表最后一次广播讲话。

2月1—28日　德国潜艇在大西洋击沉同盟国商船17艘，计72592吨。

2月2日　厄瓜多尔对德宣战。2月8日巴拉圭、2月12日秘鲁、2月15日乌拉圭、2月16日委内瑞拉相继对德宣战。

根据保加利亚人民法院的诉讼，原保加利亚摄政会议成员菲洛夫、基里尔亲王和米霍夫将军被枪决。至1945年3月，共处决2138人。

2月3日　美第8航空队的937架轰炸机在613架歼击机掩护下空袭柏林。约400架B-24型轰炸机空袭马格德堡地域的铁路设施。

2月5日　波兰“全国民族委员会”主席贝鲁特宣布，将西里西亚和东普鲁士纳入波兰管辖之内。

2月7日　坚守托伦的德军突破盟军包围，逃向北方。

2月8日　加拿大第1集团军由莱茵河与马斯河东部的尼姆韦根（今奈梅亨）之间地域对德第l伞兵集团军发起进攻。双方为争夺赖希斯瓦尔德展开激战，直至2月13日结束。德军逐步撤至韦瑟尔桥头堡。3月3日，加拿大部队到达德国克桑滕。

2月9日　法国第1集团军及美国第21军肃清科尔马袋形地区。

2月10日　埃尔宾的德国守军突破包围，投向西部的德军。

2月11日　社会主义者范·阿克尔就任比利时政府首相，接替自1939年任首相的基督教社会党人皮埃路特。

2月13日　美国第1集团军渡过莱茵河。布达佩斯被盟军占领。

2月13—16日　英美轰炸机“将德累斯顿带入了世界末日”，有人认为这是“战争罪行”。

2月21日　在雅典，对德国占领期间的希腊历届首相（措拉科格卢、洛戈赛托普洛斯和拉利斯）提出控告。

2月23日　美第9集团军由鲁尔桥头堡向东和东北发动大规模进攻。3月3日，在盖尔登与加拿大第1集团军会合。

土耳其声明，自3月1日起与德国处于战争状态。

2月24日　希特勒在为党的诞生纪念日所发表的一份文告中称，战争“就要在今年出现历史性的转折”。

埃及首相艾哈迈德·马海尔帕沙在国会宣布对德宣战声明时，被一亲德民族主义分子谋杀。

2月26日　希姆莱发布关于设立“特别临时军事法庭以惩治军队溃散现象”的法令。

美第8航空队以1112架轰炸机在强大歼击机部队掩护下空袭柏林，投弹2886吨，被德国击落13架轰炸机和2架歼击机。

2月27日　叙利亚向轴心国宣战。

2月27日至3月6日 罗马尼亚建立共产党的格罗查政府。

3月1—6日 美军占领慕尼黑—格拉德巴赫、克雷费尔德、特里夫斯和科隆。

3月1—31日 德国潜艇在大西洋击沉同盟国商船16艘，计67386吨。

3月3日 美第3集团军占领特里尔。

3月4日 德国E集团军群撤出南斯拉夫德里纳河畔的维舍格勒。

芬兰对德宣战。

3月5日 除韦瑟尔桥头堡外，莱茵河西岸的诺伊斯北部地域均被盟军占领。

在德国，1929年出生的人应征入伍。

3月7日 美第1集团军第7军粉碎科隆德军的最后抵抗，其南翼的美第3军第9装甲师通过雷马根附近完好无损的鲁登道夫大桥冲向莱茵河东岸，并在此建立一座桥头堡。

南斯拉夫联邦人民共和国成立，铁托为总统。

3月9日 美国第1集团军和第3集团军会师，包围了大约10个德国师。

3月10日 意大利西南线司令凯塞林元帅接替冯·龙德施泰特元帅的西线司令之职；冯·菲廷霍夫–谢尔大将任西南线司令。

3月10—13日 美国第3集团军和第7集团军机动部队包围莱茵河西岸地区，从而使德国几个集团军陷入重围。

3月11日 安德斯将军被任命为西方波兰军队总司令。

3月12日 希姆莱与其医生克尔斯滕商定，不执行关于炸毁赫兰纳恩附近关押盟军俘虏的集中营并将俘虏杀死的“元首命令”。

魏斯大将被任命为但泽湾地域的德军北方集团军群司令，伦杜利希大将任库尔兰集团军群司令。

3月14日 华沙政府在被占领的德国东部行使由苏联单方面授予的领土主权，建立4个行政区（马祖里、上西里西亚、下西里西亚和波莫瑞）。

3月14—15日 挪威抵抗运动对铁路进行约1000次破坏活动。

3月17日 美第3集团军（司令巴顿中将）第8军（军长米德尔顿少将）占领科布伦茨。

3月17—21日 美军攻占科布伦茨、沃尔姆斯、萨尔布吕肯和洛德维希港。

3月18日 美第8航空队对柏林实施迄今最猛烈的空袭，投掷4000多吨爆破弹。

3月19日 希特勒下达“焦土”命令（“尼禄命令”）：德军在撤退前，摧毁德国领土上一切能为敌人利用的工业和补给设施。

3月20日 希特勒命令E集团军群撤离萨拉热窝战线突出部。

铁托部队在达尔马提亚地区发动全面进攻。

3月22日 巴顿统率的美第3集团军在奥彭海姆渡过莱茵河，建立了一个宽约7公里、纵深约6公里的桥头堡，并继续向东实施大纵深突击。

坚守奥得河防线的德国维斯瓦河集团军群司令希姆莱被解职，由海因里希大将接任。

3月23日 丘吉尔到达蒙哥马利在芬洛的大本营，以观察蒙哥马利集团军群所属的英第2集团军、加第1集团军和美第9集团军于该日实施的横渡莱茵河行动。盟军在莱茵河东岸建立数座桥头堡，并在接连两夜实施猛烈空袭后占领韦瑟尔。

德国F集团军群司令部（司令冯·魏克斯大将）被撤消后，勒尔大将（E集团军群司令）被任命为东南线司令。

德军齐格菲防线全线崩溃。

3月25日 美第6军到达德国盖默恩海姆；第20军到达路德维希港；第12军到达沃尔姆斯。这样，美第3、第7集团军和法第1集团军便将整个法尔兹州占领，莱茵河左岸的全部地区已掌握在盟军手中。

3月26日 美第1集团军将韦斯特瓦尔德地域的德第15集团军第67军和第74军击溃，并迅速向东、东南和东北方向推进。第3集团军占领达姆施塔特，到达美因河畔的哈瑙和阿沙芬堡。第7集团军第15军在沃尔姆斯渡过莱茵河，于3月29日占领曼海姆。

3月27日 阿根廷对德宣战。

德国最后一次向伦敦地域发射V-2型武器。

波兰地下运动的16名代表（其中有流亡政府副总理扬科夫斯基和“本土军”的最后一任司令奥库利基）在与朱可夫元帅会见时被捕，并于6月21日因“在红军背后进行瓦解活动”而被判以监禁。

3月28日 西线德军崩溃。希特勒解除了古德里安的总参谋长职务，接替他的是克雷布斯。

3月29日 在伊德施泰因地域的德第89军被击溃后，美第3集团军第8军占领法兰克福。

3月30日 加拿大第1集团军（司令克里阿中将）占领德、荷边境城市埃默里希；英国第51师占领博霍尔特。

3月31日 艾森豪威尔命令蒙哥马利放弃他制定的进攻柏林的计划。

4月1日 由南向北突击的美第1集团军和由北向南突击的美第9集团军在利普施塔特地域会合，从而将德国B集团军群（司令莫德尔元帅）及其第5装甲集团军和第15集团军合围在莱茵河、鲁尔河和锡格河之间地域，此即“鲁尔合围圈”。

法国第1集团军在菲利普斯堡渡过莱茵河。

4月1—15日 德军通过海路由海尔半岛撤走9.6万名伤员、8.1万名难民和6.6万名官兵。

4月1—30日 德国潜艇在大西洋击沉同盟国商船19艘，约10.3万吨。

4月2日 盟军最高统帅艾森豪威尔宣布，除一部分兵力消灭被围困在鲁尔工业区的德军18个师外，所有部队立即在全线发起最后的进攻。哈罗德·亚历山大将军也在意大利发动最后攻势。

4月3日 德国威斯特法伦州明斯特被美第17空降师和英第6近卫装甲旅夺占。

4月4日 法国第1集团军占领卡尔斯鲁厄。

4月5日 防守奥克斯赫富特的德军撤向海尔半岛。

德国使用V–2型武器作战结束。3月27日后，只向布鲁塞尔、安特卫普和吕蒂希发射了V–2型武器。

4月6日 美第9集团军占领哈姆。

铁托的部队占领萨拉热窝。

英军和加拿大军开始在荷兰发起总攻。

4月7日 “狼人”行动：德国出动183架撞击歼击机对美第8航空队庞大机群作战。德第7歼击机联队和第54战斗机联队第1大队的喷气式歼击机担任对撞击歼击机的掩护。双方在汉诺威西部的施泰因胡德湖上空展开空中会战。德国损失飞机133架，英国被撞击歼击机击落23架四引擎轰炸机，另被德国喷气式歼击机击落28架。

4月9日 英第8集团军在意大利战线的东段发起大规模进攻。

德国卡纳里斯海军上将和奥斯特少将在弗洛森比格集中营被杀害。

4月10日 美第9集团军占领埃森和汉诺威。

德国1架“阿拉多” 234型侦察机由挪威起飞，经苏格兰，在英国上空作最后一次侦察飞行。

4月11日 盟军3个战术航空队在西线出动飞机4021架次，投弹2102吨。

南斯拉夫游击队对锡尔米恩地区的德军战线突出部发动大规模进攻。德军已开始按计划撤离东克罗地亚。

在一份由凯特尔、希姆莱和鲍曼签署的命令中，要求德军各司令部“作出最大努力”进行防御。

美军攻克埃森；布痕瓦尔德集中营的发现使盟国态度更为强硬。

4月14日 美第9集团军从北、美第1集团军从南进攻，将“鲁尔合围圈”分割。4月16日，东部较小合围圈内的战斗结束；4月17日，西部较大合围圈的战斗结束。德第15集团军和第5装甲集团军，共6个军以及19个师和2个高炮师的残部，共计32.5万人被美军俘虏。

英第49师占领阿纳姆。

夜晚，英国皇家空军轰炸机司令部空袭波茨坦，投弹1751吨，城市遭重大破坏，炸死居民约5000人。

4月15日 希特勒下达命令，规定德国南北陆上联系中断后下达命令的程序。为对埃姆斯河和易北河之间地域的德军实施指挥，特组建一个由布施元帅领导的“西北线司令部”。

夜晚，在易北河东岸组建的德第12集团军将美第9集团军在马格德堡南部的一座桥头堡摧毁，并迫使美军在巴尔比的另一座桥头堡向内收缩。

4月17日 美国里奇韦将军在一封私人书信中要求莫德尔投降，但遭莫德尔拒绝。

4月18日 美第9集团军占领马格德堡；美第1集团军在粉碎“鲁尔合围圈”内德军的最后抵抗后，进入杜塞尔多夫。由于盟军领导担心德军破坏须德海（今艾瑟尔湖）堤坝，命加拿大第1集团军中止其由东向荷兰的推进，停在须德海南端。

同盟国与德国在敦刻尔克地区互换战俘300名。

美第3集团军（司令巴顿中将）越过捷克斯洛伐克边界，向波希米亚西部地区推进。

按照美国的要求，西班牙禁止一切德国飞机在其领土着陆。

夜晚，英国最后一次空袭柏林。

4月19日 英第2集团军到达易北河畔的劳恩堡。

夜晚，美第1集团军占领莱比锡。

4月20日 美第15军经4天战斗占领纽伦堡。

4月21日 希姆莱与犹太人世界大会代表马苏尔在黑茨费尔德庄园会晤，答应从拉文斯布吕克集中营释放1000名犹太妇女。

法国第1集团军进入伯希特斯加登。

44岁的瓦尔特·莫德尔带着3名军官和几个士兵，躲过美军纵队，逃到杜伊斯堡附近的密林中自杀。

4月22日 希特勒决定继续留在柏林。

法国第1集团军占领斯图加特。

4月23日 希特勒从戈林的一份电报中获悉，戈林正竭力争取与同盟国洽降的全权。据此，希特勒下令解除戈林的一切职务，由新晋升元帅的里特尔·冯·格赖姆担任空军总司令。

英第2集团军到达汉堡—哈尔堡。

法第1集团军占领巴登州的米尔海姆。

4月24日 德第9集团军主力被合围于奥得河畔法兰克福西部地域。4月29日，约4万人在贝利茨南部突破合围，投向德第12集团军，一起开始向易北河东岸撤退。

美第7集团军和法第1集团军一部占领乌尔姆。

德国国防军统帅部（凯特尔和约德尔）由柏林迁往莱茵斯贝格，指挥柏林的解围作战。

英第8集团军粉碎德第26装甲师的顽强抵抗，占领意大利费拉拉；美第5集团军占领拉斯佩齐亚；美第10山地师到达波河西北的博洛尼亚。

4月25日 美苏军队在易北河的托尔高会师。

英第8集团军和美第5集团军在宽大正面上渡过波河，占领曼图亚、雷焦和帕尔马。

希姆莱于4月23日夜在吕贝克通过贝尔纳多特伯爵传递的准备向西方投降的信息已到达伦敦，他建议德国只向西方盟国投降。

拉斐尔·卡多纳将军发出意大利抵抗运动总起义的信号。

墨索里尼化装成德军司务长，带着他的情妇克拉拉·贝塔西和65公斤黄金，躲在汽车后座上，企图逃往瑞士。4月27日，这支车队被“加里波迪游击队”截获，一名游击队员当即认出了墨索里尼。4月28日，人民游击队根据意大利民族解放委员会的命令，将墨索里尼及其同伙就地枪决，然后把他们的尸体运到米兰的洛雷托广场，倒挂在路灯杆上暴尸数日。

4月26日　英第2集团军第30军占领不来梅。美第5集团军占领维罗纳。

4月27日　奥地利临时政府在维也纳成立，由社会主义者、基督教社会者（人民党）和共产党代表组成，社会主义者卡尔·伦纳任总理。

法国军队占领意大利西海岸的文蒂米利亚和博尔迪盖雷；美第5集团军进入热那亚。

4月28日　美第7集团军占领奥格斯堡。

4月29日　驻意大利的德国C集团军群（司令冯·菲廷霍夫大将）及其第10军（军长赫尔装甲兵上将）、第14军（军长莱梅尔森装甲兵上将）在卡塞塔与亚历山大将军指挥的盟军签订投降书，5月2日公布，14时生效。

英第2集团军在劳恩堡渡过易北河，并在此建立桥头堡。

根据德国驻荷兰全权代表赛斯-英夸特、“荷兰要塞”司令布拉斯科维茨大将和盟军司令部的协议，英国皇家空军轰炸机司令部开始向鹿特丹、海牙和其他尚被德军占领的荷兰城市居民运送给养和服装等补给品。至5月8日，共空运6600吨物资。

英第56师进入韦内迪希。

法第1集团军占领博登湖畔的腓特烈港。

美第7集团军占领慕尼黑；美第5集团军占领都灵。

4月30日至5月2日　铁托军队占领的里雅斯特。

5月1日　英第8集团军的新西兰第2师在蒙法尔科内（的里雅斯特东北部）与铁托的部队会师。

夜晚，铁托游击队在与从西南发动进攻的英第8集团军会合前，已占领的里雅斯特大部、格尔茨（今戈里齐亚）、伊斯特拉半岛及其波拉（今普拉）。的里雅斯特冲突开始。

5月2日　英第6空降师在维斯马与苏第70集团军会师。

新西兰第2师进入的里雅斯特城，并接受德国守军的投降。

夜晚，英国皇家空军轰炸机司令部对德国进行最后一次空袭：向基尔港投掷174吨炸弹。

5月3日 英军开进被宣布为“不设防城市”的汉堡。

美第6军占领因斯布鲁克。美第103步兵师进至布伦内罗；5月4日，在此与由意大利北部向北突击的美第5集团军第88师会合。

5月4日 冯·弗里德堡海军大将在吕讷堡灌木林的蒙哥马利元帅大本营，代表驻荷兰全部德军（司令布拉斯科维茨大将）以及德国西北部及其岛屿的德军（司令布施元帅）和驻丹麦德军（司令林德曼大将）签署投降书（5月5日8时生效）。维斯瓦河集团军群（司令施图登特大将）即第21集团军和第3装甲集团军，获准通过英军战线撤向西方，成为英军战俘。

德国G集团军群（司令弗里德里希·舒尔茨步兵上将）第1、第19集团军残部在慕尼黑附近的哈尔签署投降书，5月6日14时生效。

邓尼茨命令德国U型潜艇撤回德国。

丹麦成立临时政府。

5月5日 在施威林·冯·克罗西克伯爵领导下的“德国看守政府”成立。

美第12军的坦克开进多瑙河畔的林茨。

德国E集团军群开始由“兹沃尼米尔”阵地向奥地利边界撤退。在各地德军纷纷投降之际，在南斯拉夫尚有15万德军。

捷克民族主义者在布拉格反抗德国占领军。

在荷兰和德国西北部的德军全部向英军投降。

5月5—9日 德国尚能动用的驱逐舰、鱼雷艇和快艇最后一次驶往海尔半岛，准备撤出该岛上的4.3万德军。

5月6日 艾森豪威尔将军命令美第3集团军（司令巴顿中将）停止在波希米亚的进军。

美第5军（军长许布纳少将）占领比尔森。美第5集团军由南进入奥地利。

5月7日 阿尔弗雷德·约德尔将军在兰斯签订无条件投降书。

德第12集团军的10万人在唐格明德渡过易北河，成为美军俘虏。

波兰装甲师占领维廉港；英国近卫装甲师占领库克斯港；加拿大第3师占领埃姆登。美第9集团军撤离易北河北部的桥头堡。

尚有22万人的克罗地亚军队沿阿格拉姆—齐利（今采列）—德劳堡—布莱堡—克拉根福公路撤向奥地利。在通过齐利时（5月9日—11日），与拦阻其前进的铁托游击队第51师发生战斗（5月12日、13日）。在突破游击队拦阻后，克军向英国第8集团军投降。

5月8日 威廉·凯特尔元帅在柏林签订无条件投降书。

邓尼茨命令德军U型潜艇的船员们说："你们已经尽力了，现在我要向你们下达一道最难的命令——浮到水面上，升起那面黑色的大旗，向敌人投降。"最后的统计结果是：在约700艘潜艇中，只有156艘浮上水面，其余均自行凿沉。

在为期6年的大西洋海战中，英美参战的兵力有战斗舰艇约3000艘，飞机800余架。盟国及中立国共损失商船2100万吨，平均每月损失37.5万吨，其中被潜艇击沉的约为1600万吨，占总损失吨位的76%。3万名商船船员和7万名海军官兵作出了牺牲。

德国共投入潜艇1160艘，被击沉780艘，占投入潜艇总数的67.2%。在参战的4万名德国潜艇人员中，有近3万人葬身海底，5000人被俘，战损率超过75%。

5月9日 在英吉利海峡群岛上的德第319步兵师投降；洛里昂、拉罗谢尔和圣纳泽尔落入盟军之手。

5月10日 德国库尔兰集团军群及其第16集团军和第18集团军约20800人投降。

美国防部长宣布，美国将从欧洲撤出310万军队。

5月11日 德军放弃在爱琴海和敦刻尔克的基地。

返国的捷克斯洛伐克流亡内阁在布拉格举行第一次会议（5月16日贝内什返回布拉格）。7月30日，扬·马萨里科回国，就任外交部长。

5月12日 曾站在德国一边与铁托作战的3名塞尔维亚政府留守人员，在下德劳堡（今德拉沃格勒）向英国第8集团军投降。

5月14日 奥地利宣布独立。

5月15日 投降英第8集团军的克罗地亚军队的大部被转交铁托游击队。在由布莱堡向德劳河畔的马尔堡的押解途中，3万名克罗地亚军队官兵被杀；在马尔堡附近又有5万人被杀。此外，还有约3万居民（多为妇女、儿童）被杀害。

已达80万人的南斯拉夫人民解放军解放了全部国土。

5月23日 希姆莱在吕讷堡自杀。

1940年5月10日组成的丘吉尔联合政府卸职。在工党拒绝继续参加联合执政直至对日战争结束之后，英国组成了一个由保守党组成的清一色政府。

丘吉尔继任首相，艾登留任外交大臣。

荷兰内阁重在海牙聚会（6月28日，维廉米娜女王返回荷兰）。

5月25日 5月中旬占领并坚守奥地利克恩滕地区南部及其克拉根福的南斯拉夫部队，按照驻奥地利的西方盟军军事机构的要求，撤回南斯拉夫边界。

5月27日 铁托根据《大西洋宪章》，要求将斯洛文尼亚的克恩滕地区划归南斯拉夫。

5月29日 法国部队与叙利亚宪兵队在大马士革发生武装冲突。

5月31日 美国军事政府发表关于解散德国民族社会主义工人党（即纳粹党）的法令。

英国部队介入大马士革的冲突，英、法关系出现严重紧张。

挪威流亡政府返回奥斯陆。

6月1—2日 英军占领叙利亚和黎巴嫩。

6月5日 驻德盟军总部宣告，“鉴于德国已战败”，该总部将执行全部政府权力。

6月8日 在西方的波兰军队总司令安德斯将军被解职，由从德国战俘营中获释的博尔-科莫罗夫斯基将军接任。

6月13日 午夜，同盟国撤销盟军在欧洲的最高司令部。此前，艾森豪威尔将军担任美国在德国的最高军事长官和欧洲盟军总司令。

6月16日 贝内什在比尔森的一次讲话中宣布，“苏台德—德国问题已经解决。”

6月20日 南斯拉夫与英国最终划定两国部队在南斯拉夫、意大利边境地区的分界线，即“摩根线”。

意大利的博诺米内阁倒台后，由游击队领袖帕里组成新政府，德加斯佩里出任外长。

6月23日 波兰要德国人从奥得河—尼斯河一线东部迁出。

6月28日 “波兰民族统一政府”在华沙成立。该政府以现共产党政府成员为核心，根据雅尔塔会议决议吸收流亡代表米科拉伊奇克和斯坦奇基参加。根据国际法，伦敦的波兰流亡政府便失去其合法性。6月29日苏联和法国，7月5日英国和美国先后承认华沙政府为唯一合法的波兰政府。

7月4日 西方盟国和苏联承认奥地利。

7月5日 英国下院举行选举。

7月10日 波兰总理奥苏卡-莫拉夫斯基宣布，驱逐波兰境内及其所管辖区域内的所有德国人。

7月19日 比利时法令规定，国王利奥波德三世只有在支持国会的条件下，才能重获全权。卡尔·冯·弗兰德恩亲王继续任摄政。

7月26日 英国下院选举揭晓，工党取胜，丘吉尔政府引退。新任首相为艾德礼，外交大臣为贝文。

8月30日 盟国对德管制委员会在柏林成立，事实上该委员会在1948年3月20日就已解散。

苏德战场

【引 子】

1924年

1月21日 列宁逝世，苏联共产党总书记斯大林成为继承人。

希特勒在《我的奋斗》中声言：“我们要停止德国向南欧、西欧的无休止的移动，把我们的视线转向东方的土地。……当我们今天谈到欧洲的新领土的时候，我们主要必须想到俄国和它周围的附庸国家，看来命运本身希望在这里向我们指出道路。……东方的这个巨大帝国解体的时候到了，犹太人在俄国的统治也将是俄国作为一个国家的终结。……不管怎样，要继续向东突进，必须把俄国从欧洲国家的名单中划掉！”

1934年

12月1日 基洛夫遇刺事件发生后，斯大林对苏联的阶级斗争状况作出了错误的判断，认为斗争日趋激烈，隐蔽的敌人正纠集在一起，试图用极端手段进行垂死挣扎，因而在全国范围内掀起了一场大规模的“揭发和铲除人民的敌人”的运动，大批苏军将领被判处死刑。

1939年

3月 斯大林在联共党代会上指出，“战争是铁的事实，任何东西都掩盖不了”，苏联“准备用双倍的打击去回答企图破坏苏联边界的不可侵犯性的战争贩子的打击”。

5月20日 苏德在莫斯科开始谈判。

8月23日 苏德签订互不侵犯条约。条约墨迹未干，希特勒就在一次秘密会议上宣布：“条约只是在对我们有用时，才有遵守的必要，一旦我们在西方腾出手来，我们就可以对俄国作战。”

【1940年】

5月14—28日　苏军开进立陶宛、拉脱维亚、爱沙尼亚、比萨拉比亚和北布科维纳。

6月　希特勒在与德国将领的晤谈中重申，“自己毕生的根本任务”就是要“报复布尔什维主义”。

7月21日　希特勒与陆军总司令冯·布劳希奇元帅商谈苏联问题，命其准备制定一份东方战局的作战计划。第18集团军16个师奉命进驻德苏两国势力范围的分界线地带。

7月31日　希特勒在与冯·布劳希奇和陆军总参谋长哈尔德的会商中，表述了他准备在1941年春对苏联进行一场约5个月的战争的决心，同时还就此次作战的类型和特点作了说明。

8月5日　由德国第18集团军参谋长马尔克斯少将负责拟制的第一份对苏作战计划（草案）完成。

8月9日　德国国防军统帅部下达关于“东方建设”的指令，命令扩建在波兰占领区的军事设施，以便在对苏战局中作为作战基地使用。

9月6日　按照德国陆军总司令部的命令，至9月底，B集团军群（辖第4、第12集团军和第5军司令部，共11个步兵师、摩托化师和4个装甲师）应由西方移至东方。其余9个步兵师到10月5日由西方返回本国驻地。

9月20日 B集团军群司令冯·博克元帅接替第18集团军司令部对驻东部边境地区德军的指挥权。在东普鲁士和德苏势力范围交界地区的德军共有30个师，其中有3个装甲师、1个摩托化师和1个骑兵师；在奥地利尚有4个师。

10月26日 德国陆军开始调整部署。至年底，有34个师移驻东普鲁士和波兰占领区。A集团军群司令冯·龙德施泰特元帅被任命为西线总司令，该集团军群下辖第9、第16集团军。D集团军群（司令冯·维茨勒本元帅）下辖第1、第6、第7集团军。在本土的C集团军群（司令里特尔·冯·勒布元帅）下辖第2集团军和刚刚组建的第11集团军（司令里特尔·冯·朔贝特大将）。

11月29日 德国陆军总部通过沙盘作业研究对苏作战计划。12月3日和7日再度进行沙盘作业。

12月5日 布劳希奇和哈尔德提出进攻苏联的“巴巴罗萨”计划。

12月18日 希特勒向将军们宣布21号训令，即“巴巴罗萨”计划：“德国国防军必须准备在对英国的战争结束之前，就以一次快速作战将苏联击败。”

按照计划，德军要在1941年5月15日以前完成准备工作，并在两个月内结束战争。这场战争将分为两个阶段：第一阶段是消灭苏联西部军区的部队，即在空军的掩护下，以装甲集群为先导，采用长驱直入、侧面包抄的战术，闪电般向苏联腹地挺进；第二阶段，德军的后备军占领阿尔汉格尔斯克、伏尔加和阿斯特拉罕，进而占领整个苏联。

12月27日 汉森骑兵上将向罗马尼亚安东内斯库将军传达德国计划对希腊采取的行动，并用含糊的言词向其透露了进攻苏联的企图。

【1941年】

1月31日 德国陆军总司令部完成“巴巴罗萨”进军指令。

2月3日 德国陆军参谋长哈尔德大将向希特勒报告根据1941年1月31日的进军指令实施“巴巴罗萨”行动的有关问题。

2月 苏联政府开始实施武装力量动员计划。

3月13日 为作好对将来所占领的苏联地区的管理工作，德国国防军统帅部下达“第21号指令（‘巴巴罗萨’行动）有关特殊区域的方针”。

3月17日 希特勒在柏林总理府与冯·布劳希奇元帅和哈尔德大将会商。希特勒希望更改“巴巴罗萨”进军指令：南方集团军群的重点应完全放在喀尔巴阡山北部的加利西亚的第6集团军一线，而放弃从罗马尼亚发起进攻的计划；只有当苏联红军撤退时才实施追击。“玛丽塔”行动继续进行，直至把英国人全部逐出希腊。

3月30日 希特勒在柏林总理府向参加“巴巴罗萨”行动的三军高级将帅及其参谋长下达指示。在一次约有200人参加的高级指挥官会议上，希特勒宣布了在东方的灭绝战争中将要执行的“政治委员命令”——所有军官在对苏战争中“必须抛弃过时的思想”，“以空前的、残酷无情的严厉方式”“消灭（苏军的）政治委员”。

5月6日 斯大林就任苏联人民委员会主席，莫洛托夫为副主席并继任外交人民委员。

匈牙利总参谋长韦尔特将军向总理巴尔多希提出在德苏战争中与德国缔结军事同盟的建议，遭摄政霍尔蒂的拒绝。

5月13日 希特勒颁布关于在“巴巴罗萨”占领区行使司法权的法令。据此，可使德国军队对苏联人民进行的违反国际法的行为取得合法地位。该法令的要点是：“敌方平民所犯的可惩罚的罪行不再受到军事法庭的审讯”，可直接由某一军官“决定是否枪决”；“武装部队人员对敌方平民所犯罪行，不一定予以起诉”。

5月20日 德国向东线转移第三批部队的工作结束。至此，德国已在德苏边界集结120个师。

5月23日 德国第11集团军司令里特尔·冯·朔贝特大将抵达罗马尼亚，接受驻罗苏边界摩尔多瓦地区德罗部队指挥权。

5月25日 德国国防军指挥参谋部参谋长约德尔炮兵上将在萨尔茨堡向芬兰总参谋长海因里克斯将军通告了德国进攻苏联的计划。5月26日，陆军总参谋长哈尔德大将接见海因里克斯。

5月30日 苏联间谍佐尔格向莫斯科报告：“德国将于6月下旬进攻苏联。”

5月 苏联陆海空三军总数发展到537万人。

6月2日 希特勒与墨索里尼在布伦内罗会晤。希特勒对即将发动的对苏联的进攻未作任何暗示。

6月3—5日 德国驻挪威集团军参谋长布申哈根参谋部上校与芬兰统帅部会谈：芬兰北部作为德军进攻苏联摩尔曼斯克的展开地域；位于芬兰中部的芬兰第3军隶属于德国的挪威集团军。

6月3—23日 德国第12装甲师和第12摩托化师调往东方，准备参加“巴巴罗萨”行动。

6月5日 希特勒批准“巴巴罗萨时间表”，表内确定了最后要做的准备工作。

6月6日 德国国防军统帅部下达“对待政治委员的方针”（“政治委员命令”）。被俘的红军政治委员要“经过筛选后予以解决”。

6月10日 德国空军部队开始向东方转移。

6月11日 德国国防军指挥参谋部拟制出“元首第32号指令”初稿（“巴巴罗萨”行动结束后的战略）。指令中计划了对近东和西北非的进攻行动。但是，希特勒未签署这一指令。

6月12日 希特勒和安东内斯库在慕尼黑会晤。希特勒向罗马尼亚国家元首透露了“巴巴罗萨”行动。

6月13日 塔斯社否认关于德国部队向德苏边界集结的报道。

6月14日 希特勒对各集团军群和集团军司令就即将发动的对苏联的进攻发表讲话。他希望，苏联的覆灭能促使英国屈服。

6月17日 希特勒下达关于“巴巴罗萨”行动于6月22日3时开始的最后命令。

6月19—22日 德国海军在东波罗的海布设“瓦尔特堡I–III”、“阿波尔达”、“科尔伯塔”、“科堡”、“戈塔”、“魏玛”、“埃尔福特”和“爱森纳赫”水雷障碍区。

6月21日 凌晨2时，斯大林打电话给莫斯科军区司令丘列涅夫大将，要求提高对空防御的战斗准备。

白天，苏联驻柏林全权代表德卡诺佐夫试图会见德国外长里宾特洛甫，但出来接见他的却是一个低级官员。德卡诺佐夫向德方递交了一份关于德国士兵破坏苏联边界的抗议照会。

德军最高统帅部向准备侵苏的部队发出“多特蒙德信号”，东线德军迅速进入阵地。希特勒乘坐专车离开柏林，来到东普鲁士拉斯登堡指挥部。

傍晚，苏联外交人民委员莫洛托夫约见德国驻苏大使舒伦堡，想要澄清苏德关系的一些问题。接着，舒伦堡收到里宾特洛甫发来的电报：“接此电报后，一切密码资料……应予销毁，电台应予破坏。”

17时，斯大林召见国防人民委员铁木辛哥和总参谋长朱可夫，并作出决定：向各边防军区和海军司令部预报可能发生的危险，并要求武装力量进入全面战备。

22时，朱可夫接到基辅特别军区参谋长普尔卡耶夫的报告：一名德军司务长向苏联边防军投诚，供称德军正进入阵地，将在第二天向苏联发起进攻。

希特勒通过广播向全体参战士兵发表文告说：“德意志士兵们！你们即将……参加一场艰苦卓绝、生死存亡的战斗。”

23时45分，苏军下达命令，要部队进入完全战斗准备状态。

夜晚，希特勒派急使携函通告墨索里尼：德国即将进攻苏联。

6月22日 2时，德军阵地上的6000门大炮卸下伪装，几百万德军等待着进攻的命令。

3时15分，“巴巴罗萨”行动开始。德军在从波罗的海至喀尔巴阡山的正面上，对苏联发起进攻。德军各种口径的大炮向苏联边防哨所、部队指挥部、防御设施、通信枢纽、红军各部队和兵团的配置地域猛烈轰击，1000多架飞机侵入苏联领空，对乌克兰、白俄罗斯、波罗的海沿岸等地域的城市——基辅、明斯克、里加、考纳斯、塞瓦斯托波尔、日托米尔等狂轰滥炸，仅第一天就炸毁和击落苏联飞机1200多架。

4时30分，苏共中央全体政治局委员以及朱可夫、铁木辛哥来到斯大林的办公室，斯大林提出先给德国驻苏使馆打个电话，摸清情况。德国大使舒伦堡接到电话后，要求苏联外交人民委员莫洛托夫接见他。

5时30分，舒伦堡来到克里姆林宫莫洛托夫的办公室，递交一份德国政府对苏宣战的声明。几乎就在同时，德国外交部长里宾特洛甫召见苏联驻德大使德卡诺佐夫说：“俄国士兵侵入了德国边界，德国是被迫采取军事措施的。”

德国集团军群和集团军：

北方集团军群（司令里特尔·冯·勒布元帅）：下辖第18集团军（司令屈希勒尔大将）、第16集团军（司令布施大将）、第4装甲集群（司令赫普纳大将），由东普鲁士向波罗的海沿岸各国和列宁格勒方向突击。

中央集团军群（司令博克元帅）：下辖第4集团军（司令冯·克卢格元帅）、第9集团军（司令施特劳斯大将）、第2装甲集群（司令古德里安大将）、第3装甲集群（司令霍特大将），由东普鲁士南部和总督辖区北部，向明斯克—斯摩棱斯克—莫斯科方向突击。

南方集团军群（司令冯·龙德施泰特元帅）：下辖第11集团军（司令里特尔·冯·朔贝特大将）、第17集团军（司令冯·施蒂尔普纳格尔步兵上将）、第6集团军（司令冯·赖歇瑙元帅）、第1装甲集群（司令冯·克莱斯特大将），由总督辖区南部向基辅—第聂伯河河曲方向突击。德国第11集团军在罗马尼亚安东内斯库集团军群（下辖罗马尼亚第3、第4集团军）编成内，由摩尔多瓦向东北方向的第聂伯河突击。

3个集团军群现有兵力：17个装甲师、12个摩托化师、1个摩托化旅、1个摩托化团、1个骑兵师、77个步兵师、4个轻装师、1个山地师、8个警卫师。

德国空军：第1航空队（司令克勒尔大将）与北方集团军群协同；第2航空队（司令凯塞林元帅）与中央集团军群协同；第4航空队（司令勒尔大将）与南方集团军群协同。共有飞机1945架，其中1280架可随时投入战斗（包括510架轰炸机、290架俯冲式轰炸机、440架歼击机、40架驱逐机和120架远程侦察机）。

苏联西部边境地区的部队：

北方方面军（司令波波夫中将）：第14集团军（司令弗洛罗夫中将）、第7集团军（司令戈列连科中将）、第23集团军（司令普申尼科夫中将）；

西北方面军（司令ф.И.库兹涅佐夫上将）：第8集团军（司令索别尼科夫少将）、第11集团军（司令莫罗佐夫中将）、第27集团军（司令别尔扎林少将）；

西方方面军（司令帕甫洛夫大将）：第3集团军（司令B .H.库兹涅佐夫中将）、第10集团军（司令戈卢别夫少将）、第4集团军（司令科罗勃科夫少将）；

西南方面军（司令基尔波诺斯上将）：第5集团军（司令波塔波夫少将）、第6集团军（司令穆兹琴科中将）、第26集团军（司令科斯坚科中将）、第12集团军（司令波涅杰林少将）；

南方方面军（6月24日组建，司令秋列涅夫大将）：第18集团军（司令斯米尔诺夫中将）、第9集团军（司令切列维琴科上将）。

随德军进入苏联的党卫队保安局行动小组，在苏联西部有计划地进行灭绝犹太居民的行动。

在布列斯特—立陶夫斯克（今布列斯特），德第2装甲集群击溃苏第4集团军。为夺占布列斯特—立陶夫斯克要塞，德第45步兵师与该城守军展开激战。苏第14机械化军（军长奥包林少将）反突击失利。

在布列斯特—立陶夫斯克南部，德第24装甲军（军长施韦彭堡装甲兵上将）突入苏领土纵深达60公里，并占领科布林。第101轻装师占领桑河畔的普热梅希尔。

苏第4集团军的残部撤退，致使位于比亚韦斯托克突出部的苏第10集团军在战争的第一天就处于困难境地。在别尔斯克地域的苏第13机械化军（军长阿什尤斯廷少将）被迫在努热茨河进行艰苦防御。

苏联国防部决定将波罗的海沿岸、西部地区和基辅3个特别军区改组为3个方面军。西北方面军的司令员为库兹涅佐夫上将，西方方面军的司令员为帕甫洛夫大将，西南方面军的司令员为基尔波诺斯上将。

意大利和罗马尼亚对苏宣战。

英国首相丘吉尔在广播讲话中表示欢迎苏联成为“盟友”，并许诺对苏提供援助。

立陶宛爆发约有3万人参加的反苏起义，并在第二天发表了《独立宣言》。起义很快蔓延到爱沙尼亚和乌克兰。

夜晚，德第4装甲集群的先头部队到达杜比萨河。第8军（军长海茨炮兵上将）迫使苏第56步兵师放弃格罗德诺。

6月23日 苏军成立最高统帅部，领导红军全部工作。

对态势缺乏了解的苏联西方方面军司令部，将2个机械化军和1个骑兵军编成1个坦克集群（司令博尔金中将），准备在格罗德诺南部实施一次反突击。其中只有第11机械化军（军长莫斯托文科少将）在凌晨发起进攻；第6机械化军（军长恰兹凯莱维奇少将）未能及时到达待机地域；第6骑兵军的第36师在由沃尔科维斯克地域的开进途中遭德空军突击，伤亡惨重。

苏第12、第13机械化军在绍伦（今希奥利艾）南部地域、第3机械化军在罗斯西耶内实施的反突击，被德第4装甲集群击退。

在南方，德第11装甲师占领斯托亚诺夫，并在拉杰霍夫将苏第15机械化军击溃。苏军部队夺回普热梅希尔。

匈牙利断绝与苏联的外交关系。

斯洛伐克对苏宣战，并将2个师转隶德第17集团军。

6月24日 德第2军（军长冯·布罗克多尔夫—阿勒费尔德步兵上将）占领科夫诺。第7装甲师占领维尔纳。苏第2机械化军在格罗德诺南部取得一些战果。

苏西南方面军将第8、第9、第15、第19和第22军配置在卢茨克、罗夫诺、杜布诺和布罗迪地域，准备对德南方集团军群实施反突击。第22机械化军（军长孔德鲁瑟夫少将）首先于24日在卢茨克东部投入战斗。自6月26日，第8机械化军（军长里亚贝舍夫少将）及其他各军，先后投入战斗。至月底，上述各军的反突击均被德第1装甲集群击退。

苏联国防部将列宁格勒军区改组为北方方面军（司令员波波夫中将）。

联共（布）中央和苏联人民委员会决定建立疏散委员会。

6月25日 德第3装甲军（军长冯·马肯森骑兵上将）占领卢茨克。第48装甲军（军长肯普夫装甲兵上将）占领杜布诺。苏第9机械化军（军长罗科索夫斯基少将）由克列万森林地发起反突击。第19机械化军由罗夫诺向杜布诺艰难推进。由博尔金中将指挥的苏坦克群的反突击，最终在格罗德诺被粉碎。

在立陶宛，德第41装甲军（军长赖因哈特装甲兵上将）在罗斯西耶内附近的坦克会战中获胜。

苏联在文尼察组建南方方面军（司令员丘列涅夫大将）。

6月26日 芬兰以苏联空袭芬兰城市、使芬兰实际已进入战争状态为由对苏宣战（“延续战”，第二次“防御战”，德国“战友”，但并非盟友）。在芬兰北部和中部的芬、苏边界，德、芬部队在德国挪威集团军司令部指挥下投入战斗（北部突击方向为摩尔曼斯克，中部为萨拉—坎达拉克沙）；在芬兰南部，由曼纳海姆元帅指挥（在其司令部内，设有由德军埃尔富特步兵上将领导的北方联络参谋部）。在此方向上，除德国第163步兵师外，均是芬兰16个师，其突击方向在拉多加湖两侧，即奥涅加湖和斯维里河，以及1939年芬苏边界上的卡累利阿地峡。由芬兰弱小的空军和德国第5航空队（司令施通普夫大将）担任空中支援。在希尔克内斯，做好战斗准备的飞机只有俯冲战斗机33架、轰炸机12架、远程侦察机9架、驱逐机4架、歼击机12架。

德第8装甲师占领迪纳堡（今陶格夫匹尔斯）。在明斯克地域，德军对新投入的苏第13集团军（司令菲拉托夫中将）发起进攻。苏另一个刚刚前调的第22集团军（司令叶尔沙科夫中将）在维捷布斯克投入战斗。苏第16集团军（司令卢金中将）由乌克兰向第聂伯河中游转移，并出现在斯摩棱斯克地域。

德罗部队占领比萨拉比亚的斯库利亚内。

6月27日 德军拉施上校的战斗群（第1军）攻入里加，至7月1日，该城被德第1、第26军占领。

德第2装甲集群第17装甲师（属第47装甲军）到达明斯克南郊，与前日从北部攻入该城的第3装甲集群第57装甲军（军长孔岑装甲兵上将）取得联系，从而在明斯克北部地域达成对苏西方方面军一部兵力的合围。

德第24装甲军（军长盖尔·冯·施韦彭堡骑兵上将）占领博布鲁伊斯克。普热梅希尔再次被德第17集团军夺占。

匈牙利以苏联空袭卡绍（今科希策）和蒙卡奇（今穆卡切沃）为由对苏宣战（空袭飞机来自哪国，至今仍有争论）。“喀尔巴阡集群”（司令索姆包泰利将军）以4个旅，缓慢向加里西亚推进，然后在第聂伯河上游停滞不前。7月12日，匈牙利将1个“快速军”（2个摩托化旅和1个骑兵旅）转隶德国第17集团军。

丹麦断绝与苏联的外交关系。

6月28日　德第291步兵师占领利包（今利耶帕亚）。第12军（军长施罗特步兵上将）占领布列斯特—立陶夫斯克。第17军（军长基尼茨步兵上将）占领铁路枢纽科韦利。

苏联第一支游击队首次投入战斗。

6月29日　苏共中央宣布将抗击德国入侵的作战称为“卫国战争”。

挪威山地军（军长迪特尔山地步兵上将）开始向摩尔曼斯克方向进攻。

德第4集团军一部由南转而向北突击，在比亚韦斯托克东部与由北向南突击的第9集团军会合，从而在比亚韦斯托克以北地域达成对苏西方方面军一部兵力的合围。

在杰尔斯津（卢茨克附近），苏第4步兵军军长叶戈罗夫少将被俘。

德军占领里加。

6月30日　苏联国防委员会组成，委员有布尔加宁、伏罗希洛夫、沃兹涅先斯基、卡冈诺维奇、马林科夫、米高扬、莫洛托夫和斯大林。

苏西北方面军司令ф. И.库兹涅佐夫上将被解职，由第8集团军司令索别尼科夫少将接任。

在莫托夫斯基湾，苏海军陆战队在2艘驱逐舰炮火支援下，在菲舍尔半岛（今雷巴契半岛）东部登陆中，迫使在此作战的德军2个营转入防御。

德第1山地师占领伦贝格（今利沃夫）。以民族主义者领袖斯泰特斯科（隶属“乌克兰民族主义者组织”的班杰拉集团）为首的乌克兰政府成立。但斯泰特斯科于7月12日便被逮捕，与班杰拉一起被投进德国监狱。

维希政府断绝与苏联的外交关系，并组建1个法国志愿团（在德军编成内）赴东线作战。

斯洛伐克、阿尔巴尼亚参与对苏战争。

6月　由于情况不明、指挥失误，苏军西方方面军军区司令帕甫洛夫的两个集团军的全部、1个集团军的大部，共22个步兵师和相当于7个坦克师、

6个机械化旅的兵力，在纵深400公里处的明斯克—比亚威斯托克地区陷入德军合围。事后，除政治委员福明纳赫外，方面军司令员帕甫洛夫、参谋长克利莫夫斯基、通讯主任格里戈里耶夫、第4集团军司令科罗勃科夫等高级将领，均被送交军事法庭并被判处死刑。

7月1日 斯大林就任国防委员会主席。

德芬部队向萨拉（今库奥拉耶尔维）方向发起进攻。

德第2山地师一部从南部切断通向菲舍尔半岛的通路。

7月2日 为与南方集团军群主力实施协同，德第11集团军开始由摩尔多瓦地域向东北方向突击。

铁木辛哥元帅被任命为苏西方方面军司令，马兰金中将为参谋长。

7月3日 斯大林在德国进攻后的首次广播讲话中宣布，苏联将进行“伟大卫国战争”，并号召开展游击战，“为保卫社会主义祖国流尽最后一滴血”。

7月5日 德南方集团军群的北翼开始突破“斯大林防线”，抵达第聂伯河，向别尔季切夫和日托米尔方向突击。

在东线，德空军自6月22日至7月5日，损失歼击机124架，轰炸机196架，侦察机、通信机和运输机171架。另有110架歼击机、119架轰炸机和87架其他类型飞机被击伤。

7月8日 希特勒决心将莫斯科和列宁格勒夷为平地，“使那里无人存在，以免到冬天由我们去养活他们”。他并命令北方集团军群从东面和东南面切断列宁格勒的交通线。

7月9日 比亚韦斯托克—明斯克会战结束。苏西方方面军（司令苏联元帅铁木辛哥）主力被歼，其中第3、第10集团军（司令B.И.库兹涅佐夫中将，戈卢别夫少将）全部被歼；6月底刚刚投入战斗的第13集团军（司令菲拉托夫中将）损失2/3，其司令员和第13机械化军军长阿什柳斯廷少将阵亡；只有第13集团军的第45步兵军（军长杰列明少将）突出合围。

据德方统计，苏军损失火炮1809门，坦克3332辆，被俘323898人，其中有许多军长和师长。战斗中，苏第12、第89和第103步兵师的大部投降。在战争伊始便被击溃的苏第4集团军司令科罗勃科夫少将和第41步兵军军长科索布茨基少将由于逃离合围，于7月26日被送交军事法庭并被枪决。

德第14装甲师占领日托米尔。第3装甲集群（司令霍特大将）占领维捷布斯克。

随着德第41装甲军（军长赖因哈特装甲兵上将）占领普列斯考（今普斯科夫），北方集团军群开始自原波罗的海东岸三国，向列宁格勒方向突击。

德国陆军总参谋长哈尔德大将认为，东方战局的胜利已成定局。

7月10日 包围圈内的苏军部队消耗殆尽。德军结束在别洛斯托克、明斯克的作战，俘虏苏军近32.4万人，其中包括多名军长和师长。缴获和击毁苏军坦克2500辆、火炮1500门。

芬兰“卡累利阿集团军”（司令海因里克斯中将）以其第6军（军长塔尔韦拉少将）和第7军（军长海格伦德少将）在拉多加湖北面发动进攻。

德第18集团军到达多尔帕特（今塔尔土）—派尔努（今皮亚尔努）一线。

苏军最高统帅部决定建立西北方向部队指挥部，任命伏罗希洛夫元帅为司令，日丹诺夫为政委，统一指挥西北方面军、北方方面军、波罗的海舰队和北海舰队。

苏联在莫斯科组建“游击运动总司令部”。

7月11日 德第2装甲集群（司令古德里安大将）面对苏第19集团军（司令科涅夫中将）的顽强抗击，在莫吉廖夫强渡第聂伯河。

7月13日 苏第21集团军（司令叶夫列莫夫中将）向博布鲁伊斯克方向实施反突击，并占领罗加切夫和日洛宾。

德第4装甲师占领普罗波伊斯克（今斯拉夫哥罗德）；第10装甲师占领位于奥尔沙东南50公里处的交通枢纽戈尔基。

门的内哥罗民族主义者举义反抗占领者。

7月14日 希特勒在一份有关军工生产的指令中命令，鉴于东方战局已“稳操胜券”，应将军工生产的重点转向潜艇和飞机，东方战局将主要由陆军解决。

苏第11集团军（司令莫罗佐夫中将）在索利齐西部向德第56装甲军（军长冯·曼施坦因步兵上将）发动反突击。

7月16日 希特勒向戈林、鲍曼、罗森贝格和凯特尔强调，他在东方的目的是：肢解和榨取苏联占领区。

德第26摩托化师以优势兵力攻入斯摩棱斯克，直接威胁莫斯科。

在维捷布斯克东南部的廖斯诺（在维诺格罗多夫少将指挥下的苏第7机械化军在此作战），德第39装甲军（军长施密特装甲兵上将）的士兵俘虏了斯大林之子雅科夫·斯大林。

德罗部队占领基什尼奥夫。

7月17日 德国设立"帝国东方占领区事务部"，由阿尔弗雷德·罗森贝格领导，下设帝国专员乌克兰办事处和帝国专员奥斯特兰办事处。

在伦敦的南斯拉夫流亡政府恢复与苏联的外交关系。

在基辅附近，苏第11机械化军被德第13、第14装甲师击溃，军长马卡罗夫少将被俘。

7月18日 苏军决定从预备队中调集3个集团军共20个师，组成以叶列缅科为总司令的布良斯克方面军，并迅速投入争夺斯摩棱斯克的战斗。

斯大林在一份电报中要求丘吉尔在欧洲开辟"第二战场"，以减轻苏军负担。

德第46装甲军（军长冯·菲廷霍夫-谢尔装甲兵上将）占领交通枢纽叶利尼亚，从而在战线中部形成一个伸入东南方向深远纵深的突出部。苏军对此突出部实施反突击。德、罗部队渡过德涅斯特河。

德第3装甲集群占领大卢基。

7月19日 希特勒在第33号指令中命令：中央集团军群继续以步兵师向莫斯科方向突击，快速部队分别转而支援北方与南方集团军群。

在东线，德国空军自6月22日至7月19日，共损失歼击机216架，轰炸机278架，其他飞机（侦察机和运输机等）280架；被击伤歼击机187架，轰炸机164架，其他飞机159架。

7月21日 苏第22集团军（司令叶尔沙科夫中将）夺回大卢基。

夜晚，德军第2航空队的250架轰炸机首次空袭莫斯科，命中了一些目标。白俄罗斯火车站的货车、电话局和军用仓库着火了。6枚燃烧弹和1枚重达250公斤的高性能炸弹落在克里姆林宫地区，其中一枚掉在兵器馆，炸死了屋顶上高射炮班的全部人员，另一枚卡在格奥尔基耶夫大厅的天花板上，没有爆炸。当工兵们拆开这颗炸弹时，发现里面没有安装雷管，弹孔里的一张纸条上写着："我们是反对法西斯分子的德国人。"

7月22—23日 夜晚，德军又分别以125架和141架轰炸机空袭莫斯科。整个战争期间，莫斯科遭受了134次空袭，规模最大的空袭发生在10月29日，当天有300多架轰炸机参加轰炸，炸坏了莫斯科大剧院、莫斯科国立大学大楼以及苏共中央委员会的一栋大楼。

7月23—25日 苏军从别累伊—亚尔策沃—罗斯拉夫里向斯摩棱斯克实施反突击，阻止了德军的推进。

7月24日 在苏西方方面军和西南方面军之间又组建一个中央方面军（司令ф.И.库兹涅佐夫上将），由第13集团军（司令格拉西缅科中将）和第21集团军（司令叶夫列莫夫中将）编成。

德陆军总参谋部作战部拟制出第一个进攻高加索的方案。

7月26日 德第2集团军和第2装甲集群一部，在莫吉廖夫地域消灭苏第13集团军（第20机械化军和第45、第61步兵军）。

罗马尼亚部队到达德涅斯特河，即苏联旧边界。

7月27日 苏军西方方面军夺回斯摩棱斯克东北部的亚尔策沃。

7月30日 斯大林接见罗斯福的特使霍普金斯，后者表示，美国政府准备向苏联提供作战物资。

苏军最高统帅部在西方和中央方面军后方，组建预备队方面军（司令朱可夫大将，参谋长阿尼索夫少将），由第24、第28、第29、第30、第31和第32集团军编成。

苏联与伦敦的波兰流亡政府恢复外交关系。

希特勒在第34号指令中命令：中央集团军群转入防御。

德军用5个师进攻基辅，被苏军击退。

7月31日 芬兰第2军（军长拉蒂凯宁少将）在拉多加湖西北部，向南部的苏第23集团军（司令普申尼科夫中将）的北翼发起进攻。

德第16集团军到达伊尔门湖。

苏联ф.И.戈利科夫将军与罗斯福会晤。

8月1日 苏联轰炸机空袭罗马尼亚康斯坦察。

8月1—3日 德第2装甲集群（司令古德里安大将）在罗斯拉夫尔地域消灭苏第28集团军（司令卡恰洛夫中将）一部，俘虏3.8万人。

8月2日 美国开始向苏联输送补给物资。

8月3日 德国陆军军需部长开始组织为东线陆军准备冬服的工作。

8月5日 由德国中央集团军群实施的斯摩棱斯克合围战结束。自7月10日，俘虏苏军31万人，缴获或摧毁坦克3205辆，火炮3120门。苏第16集团军（司令卢金中将）、第23机械化军以及第19、第20集团军（司令科涅夫中将，库罗奇金中将）一部被歼灭。苏方公布的数字为：失踪3.2万人，损失坦克685辆，火炮1178门。

8月6日 希特勒视察德国南方集团军群，其后决定抽调中央集团军群的部队分别支援南方集团军群和北方集团军群。

德第18集团军在爱沙尼亚的突击已推进至芬兰湾（塔帕北部）。

安德斯将军被任命为由在苏联的波兰战俘编成的波兰部队司令。

8月7日 斯大林成为苏军最高统帅，即红军总司令。

夜晚，苏联少量飞机空袭柏林，翌日夜晚再次空袭。

8月8日 乌曼合围战结束。德军消灭苏第6、第12集团军主力和第18集团军（司令斯米尔诺夫中将）一部，俘虏10.3万人，其中有第6集团军司令穆兹琴科中将和第12集团军司令波涅杰林少将，以及第13步兵军军长基里洛夫。击毁或缴获坦克317辆，火炮858门，反坦克炮和高炮242门。

8月9—24日 戈梅利地域会战。德国第2集团军和第2装甲集群消灭由第63、第66和第67步兵军编成的苏第21集团军（司令叶夫列莫夫中将）以及第5集团军（司令波塔波夫少将）一部，俘虏7.8万人，击毁或缴获坦克144辆，火炮700门。

8月10日 列宁格勒北面的芬兰军队向拉多加湖逼近，使列宁格勒三面受敌。20日，德军突破卢加防线。8月底和9月初，德军切断列宁格勒与外界的所有铁路和公路交通。

8月12日 在伊尔门湖南部（旧鲁萨地域），苏第34集团军（司令卡恰诺夫少将）和第11集团军一部向德第10军（军长克里斯特·汉森炮兵上将）发起进攻。德第56装甲军（军长冯·曼施坦因步兵上将）于8月19日开始反击，迫使苏军于8月25日撤至洛瓦季河东岸。

8月12—16日 苏黑海舰队一部和第聂伯河区舰队，掩护南方方面军在第聂伯河下游撤退渡河。

8月13日 罗马尼亚第4集团军（司令丘佩尔卡将军）包围由黑海集团军（司令萨夫罗诺夫中将）防守的敖德萨。

8月14日 苏军撤出斯摩棱斯克。

苏波签订军事协定：释放1939年的波兰战俘，在苏联组建安德斯集团军。

8月16日 苏联最高统帅部组建布良斯克方面军（司令叶廖缅科中将，参谋长扎哈罗夫少将），由第50集团军（司令彼得罗夫少将）和新组建的第13集团军（司令戈卢别夫少将）编成。第50集团军由第55骑兵师，第217、第

258、第260、第269、第278、第279、第280和第290步兵师编成；第13集团军由第50坦克师，第21、第52骑兵师和第6、第121、第132、第137、第148、第155、第285和第317步兵师编成。

苏中央方面军司令由叶夫列莫夫中将接任，由经过补充的第3集团军（司令克列伊泽尔少将）和第21集团军（司令В.И.库兹涅佐夫中将）编成。原中央方面军（8月26日解散，其部队并入布良斯克方面军）司令ф.И.库兹涅佐夫上将调任在克里木新组建的第51集团军司令。

苏共中央发布1941年至1942年度战时经济政策的指示。

德第11集团军占领尼古拉耶夫，在马尔季造船厂和船库缴获1艘建造中的战列舰、1艘巡洋舰、4艘驱逐舰和4艘其他型号军舰，但其船体均被部分炸毁。

8月17日　德第18集团军第291步兵师占领纳尔瓦。

8月18日　德国陆军总司令部拟制关于东线下一步作战行动的备忘录：向莫斯科突击。第1装甲集群（司令冯·克莱斯特大将）在扎波罗热渡过第聂伯河，并夺占一个桥头堡。

8月18—27日　第36军的德、芬部队在凯腊拉（今考拉维尔亚）会战中，消灭苏第36步兵军。

8月20日　德第11集团军占领赫尔松。

8月21日　希特勒驳回陆军总司令冯·布劳希奇元帅和陆军总参谋长哈尔德大将有关继续向莫斯科进攻的建议，命令继续南、北两翼的进攻，放慢中线的进攻速度。在南部，要夺取克里木，占领顿涅茨煤矿，切断高加索的石油供给线，特别是合围基辅东部布琼尼的西南方面军部队；在北部，要包围列宁格勒，与芬兰实施协同。

芬兰第4军（军长厄施中将）向苏第23集团军（司令格拉西莫夫中将）发动进攻，企图夺回维堡。

8月21—31日　英国一支运输船队首次试探性地由冰岛驶抵阿尔汉格尔斯克，未与德军接触。船队由6艘驱逐舰、“德文郡”号和“萨福克”号重型巡洋舰，以及“胜利”号航空母舰护航。老航空母舰“百眼巨人”号运载支援苏联空军的48架歼击机，驶抵摩尔曼斯克，舰上飞机在科拉河河口北部起飞。

8月22日　苏第18集团军放弃尼科波尔。

8月23日　苏联最高统帅部将北方方面军划分为卡累利阿方面军（司令弗罗洛夫中将，参谋长斯基维尔斯基上校）和列宁格勒方面军（司令波波夫中将，参谋长戈罗杰茨基上校）。

8月23—27日　苏联波罗的海舰队的"基洛夫"号重型巡洋舰和"列宁格勒"号驱击领舰等舰只，支援雷瓦尔（今塔林）守军（第10步兵军）作战。

8月25日　德第2集团军和第2装甲集群开始由戈梅利、克林齐和斯塔罗杜布地域向南突击，投入基辅东部的会战。

德第1装甲集群占领由苏预备队方面军（司令奇比索夫中将）防守的第聂伯罗彼得罗夫斯克后，在此建立桥头堡。

英苏军队开进伊朗。

8月25—31日　苏滨海集团军在"莫洛托夫"号和"伏罗希洛夫"号重型巡洋舰、2艘驱击领舰和6艘驱逐舰支援下，实施敖德萨防御战。

8月26日　大卢基东部会战结束。苏第22集团军（司令叶尔沙科夫身亡）的主力，即第51、第62步兵军（军长马尔科夫少将和卡尔马诺夫少将）被德第40装甲军（军长施图莫装甲兵上将）歼灭。

在一份由国防军统帅部起草、经希特勒同意的备忘录中认为，对苏战局无法在1941年结束，其后行动——在近东和西北非与英国抗争，必须延迟到1942年。

8月27—29日　苏联波罗的海舰队撤离雷瓦尔。据德方观察，苏联参加撤离的有"基洛夫"号巡洋舰，18艘驱逐舰，6艘鱼雷艇，28艘扫雷舰，6艘潜艇，83艘小型船只，1艘油轮和25艘货轮。德国的水雷和空中突击虽然给苏舰队造成重大损失（5艘驱逐舰被炸沉），但未能阻止其将苏第10步兵军大部运走。

8月28日　由穆罕默德·阿里·福鲁吉领导的伊朗新政府成立，部队停止抵抗，倒向国盟国一边。

8月29日　芬兰第4军（军长厄施中将）的部队开进维堡。

9月1日　曼纳海姆元帅决定，越过芬苏旧边界，尽量向卡累利阿地峡前方突击，以占领一条既在战术上有利又能节省兵力的战线，从北部包围列宁格勒，但未全部占领列宁格勒北部的拉多加湖沿岸。

9月2日　罗斯福的代表霍普金斯、丘吉尔的代表比弗布鲁克勋爵在莫斯科与苏联商讨同盟国向苏提供援助事宜。

9月4日 芬兰卡累利阿集团军（司令海因里克斯中将）开始在拉多加湖以东，以第6、第7军向斯维里河方向发起进攻。9月7日，第1步兵旅到达斯维里河畔的洛杰伊诺耶波列，并建立一桥头堡。在该地域作战的苏第7集团军（司令戈列连科中将）伤亡惨重。

9月5日 德军占领爱沙尼亚全部。

9月6日 在第35号指令中，希特勒命令中央集团军群“尽快（9月底）”作好进攻莫斯科的准备。德军有计划地撤出叶利尼亚突出部后，该地被苏第24集团军（司令拉库京少将）收复。

9月7日 在科诺托普西部，德第2装甲集群的第24装甲军对集中在基辅以东的苏军背后实施关键性突破。德第2、第4航空队对合围圈内的目标实施空中突击。

9月8日 德第20摩托化步兵师占领由苏第42集团军（司令伊万诺夫中将，8月14日身亡）的部队防守的施吕瑟尔堡，从而切断了列宁格勒与外界的陆上联系。

德国第2集团军占领切尔尼戈夫。

9月9日 为了保证美、英能从波斯湾向苏联提供战争物资，伊朗根据英、苏的要求，与两国签订一项协定，规定伊朗北部由苏联占领，南部由英国占领，中部为“中立”区。

为准备进攻列宁格勒（9月11日开始），德国第1航空队对列宁格勒、喀琅施塔得和奥拉宁鲍姆开始轮番轰炸。

9月10日 朱可夫接替伏罗希洛夫负责指挥列宁格勒方面军。苏联在斯摩棱斯克一线的3个方面军同时转入防御，斯摩棱斯克战役暂时告一段落。

9月11日 9月初运至摩尔曼斯克地域的英国“旋风”式歼击机（第151空军联队）首次参加作战。11月末，乘员返英，飞机移交苏联空军。

9月12日 由德第17集团军步兵加强的第1装甲集群，开始由克列缅丘格桥头堡（9月8日占领）向北突击。

德第11集团军司令里特尔·冯·朔贝特乘“鹳”号快艇强行登陆时，闯入苏军布设的雷场而丧生。

德第1装甲集群（司令冯·克莱斯特大将）占领卢布内。第3装甲师占领洛赫维察。第9装甲师占领罗莫丹。

9月13日至10月5日 德第61步兵师在德芬战舰（其中2艘巡洋舰和2艘海

岸装甲舰）支援下，占领厄塞尔岛（今萨烈马岛）。芬兰“伊尔玛丽嫩”号装甲舰触雷沉没。10月5日，苏联守军在斯沃尔别半岛（今索尔韦半岛）的最后抵抗被粉碎。

9月14日 德第1装甲集群和第2装甲集群的先头部队在洛赫维察会合，从而封闭了对基辅东部的苏西南方面军主力的合围圈。

德第9装甲师占领米尔戈罗德。

苏联间谍佐尔格向莫斯科报告：“日本政府今年不对苏联采取行动。”10月4日，佐尔格再次报告：日本不可能发动对苏战争，但准备向美国开战。

9月15—17日 德国陆军重炮连在喀琅施塔得海湾炮击苏联“马拉特”号战列舰、“基洛夫”号和“马克西姆·高尔基”号以及建造一半的“彼得罗巴甫洛夫斯克”号重型巡洋舰，但未给苏舰造成严重损失。

9月18日 德第52军（军长冯·布里森步兵上将）占领由苏第38集团军（司令日加诺夫少将）防守的波尔塔瓦。

9月19日 德第6集团军（司令冯·赖歇瑙元帅）占领基辅。

9月20日 苏西南方面军司令基尔波诺斯、军事委员会委员布尔米斯坚科和参谋长图皮科夫在战斗中阵亡。

9月21日 德第52军占领克拉斯诺格勒。

9月23—24日 德国第1航空队攻击苏联波罗的海舰队的重型舰只：“马拉特”号战列舰遭重创后，在喀琅施塔得搁浅，但部分火炮尚能使用。在港外的“十月革命”号战列舰被击中，在列宁格勒的“马克西姆·高尔基”号重型巡洋舰被炸伤。

9月23—29日 德国“波罗的海舰队”（司令齐里亚克斯海军中将）驶入芬兰阿兰群岛（今阿维南马群岛）周围的阿兰海，企图拦击一支可能驶入北海的苏联舰队。其北部舰群部署在阿兰海，有“蒂尔皮茨”号战列舰，“舍尔海军上将”号重型巡洋舰，“纽伦堡”号和“科隆”号轻型巡洋舰，Z25号、Z26号、Z27号驱逐舰，T2号、T5号、T7号、T8号、T11号鱼雷艇以及数艘快艇，南部舰群有“莱比锡”号、“埃姆登”号轻型巡洋舰和数艘快艇，部署在利包（今利耶帕亚）附近。9月23日，德舰队由斯维内明德驶出。9月24日，由于苏舰队大部船只被德空军炸伤，“蒂尔皮茨”号和“舍尔海军上将”号以及2艘鱼雷艇返回基地，另3艘鱼雷艇归属南部舰群。9月

29日，北部舰群的其他舰只返回戈滕哈芬（今格丁尼亚）。

9月24日 德第11集团军（司令冯·曼施坦因步兵上将）开始向克里木的北部通路彼列科普地峡突击。

苏第9、第18集团军（司令哈里东诺夫少将，斯米尔诺夫中将）向在梅利托波尔地域突击的罗第3集团军和德第30军实施反突击。

9月25日 德国北方集团军群报告，自第4装甲集群主力撤走后，无法以其剩余部队继续实施自9月11日开始的对列宁格勒的突击。

德军发动克里木攻势。

9月26日 基辅东部的会战结束。德国南方和中央集团军群的部分兵力将苏西南方面军主力（司令基尔波诺斯上将、参谋长图皮科夫少将身亡）歼灭，即第5集团军（司令波塔波夫少将于9月9日被俘）、第21集团军（司令B.И.库兹涅佐夫中将）、第26集团军（司令科斯坚科中将）、第37集团军（司令弗拉索夫中将），以及第38集团军（司令日加诺夫少将）一部。

据西方史学家记载，德国南方集团军俘虏苏军66.5万人（苏方公布的数字为22.5万人），击毁或缴获坦克884辆，火炮3718门；只有一支约4000人的骑兵部队在博里索夫少将的率领下突出合围，其中有布琼尼元帅、铁木辛哥元帅以及政治委员赫鲁晓夫。基辅战役被军事史家称为历史上规模最大的围歼战。

9月27日 自东方战局开始，德国空军在东线共损失170架近程侦察机（另124架被击伤）、110架远程侦察机（另72架被击伤）、536架轰炸机（另337架被击伤）、146架俯冲式轰炸机（另49架被击伤）、466架歼击机（另333架被击伤）、62架驱逐机（另29架被击伤）和113架其他类型飞机（另84架被击伤）。共计被击落击毁飞机1603架，被击伤1028架。（德国国防军在9月19日的一份报告中称，截至8月31日德军只损失飞机725架）。

9月29日 德第11集团军（司令冯·曼施坦因步兵上将）占领彼列科普地峡的“鞑靼壕沟”，并中止对在亚速海实施突破的罗第3集团军的支援性进攻。

9月30日 希特勒签发夺取莫斯科的“台风”作战计划。

德第2装甲集群（司令古德里安大将）开始由普季夫利—格卢霍夫地域向奥廖尔方向突击。

10月1日 列宁格勒开始实行配给制。

10月1—16日 苏黑海舰队以17艘大型军舰（其中2艘巡洋舰和4艘驱逐舰）、21艘运输舰和多艘小型舰船参加敖德萨军民的撤离工作，共撤走5个师，8万人，居民1.5万人。

10月2日 “台风”计划第一阶段正式开始。德国中央集团军群（司令博克元帅）以第2、第3、第4装甲集群和第2、第4、第9集团军，由斯摩棱斯克—奥廖尔东北地域，向莫斯科方向发起进攻。参加该行动的有14个装甲师、8个摩托化师和56个步兵师。第2航空队（司令凯塞林元帅）以第2、第8航空军实施空中支援。南方集团军群（司令冯·龙德施泰特元帅）的北翼和中央开始向顿涅茨河以及哈尔科夫和库尔斯克方向实施突击。

希特勒发布命令：“10天之内，一定要攻占莫斯科。”纳粹党宣传部长戈培尔还下达指令，要各家报纸10月12日留下头版位置，刊登德军攻占莫斯科的“特别新闻”。

10月2—20日 维亚济马—布良斯克会战。德中央集团军群消灭苏第30（司令霍缅科少将）、第19（司令卢金中将）、第20（司令叶尔沙科夫中将）、第24（司令拉库京少将）、第43（司令阿基莫夫中将）和第32集团军（司令维什涅夫斯基少将）各一部，第19、第20、第32集团军司令被俘。在布良斯克地域，歼灭苏第50（司令彼得罗夫少将身亡）、第13集团军（司令戈罗德年斯基少将）主力和第3集团军（司令克列伊泽尔少将）一部；俘虏苏军67.3万人，缴获或摧毁坦克1242辆，各类火炮5412门。

10月3日 德第3装甲师占领奥廖尔。

希特勒在柏林举行的寒冬赈济活动开幕式上称，“敌人（苏联）已被打垮，再也不能站起来了。”

自1941年6月22日，东线的德国陆军共损失564727人（相当于东线陆军总人数340万的16.61%），其中死亡119464人（军官5004人），受伤420470人（军官13236人），失踪24793人（军官425人）。

10月5—10日 切尔尼戈夫卡地域的“亚速海会战”。苏第18集团军主力被歼，司令员斯米尔诺夫中将于10月6日战死。德军俘虏苏军10万多人，缴获或击毁坦克212辆、火炮672门。

10月6日 德第17装甲师占领布良斯克。

10月7日 希特勒不准许东线陆军接受莫斯科的投降。

德国陆军总司令部命令中央集团军群继续实施对莫斯科方向的突击，但由于泥泞季节来临，未能取得重大突破。第10装甲师占领维亚济马。

党卫队第1装甲师占领别尔江斯克，第14装甲师占领马里乌波尔（今日丹诺夫）。

天空突降初雪。

10月9日 帝国新闻处处长迪特里希博士宣布，“东线的军事胜利已成定局”，苏联“已经完蛋”。

10月10日 斯大林把西方方面军和预备役方面军合并为一个方面军，并召回仍困于列宁格勒的朱可夫大将，任命他为新的方面军司令员。朱可夫来到莫斯科陆军总司令部，得出了一个简单而又可怕的结论：西线的防御实际上已被摧毁，由于没有后备力量，无法弥补由此造成的巨大缺口，所有通向莫斯科的道路都已畅通无阻！他随即组建了4个集团军，加强防守莫日艾斯克等几个主要地段。

10月11日 德第3装甲集群（司令赖因哈特大将）到达伏尔加河畔、莫斯科西部约170公里处的波戈烈洛耶戈罗季谢。

10月12日 苏联国防委员会再次讨论莫斯科的防御问题，会议的议题只有一个：誓死保卫莫斯科。苏联国防委员会从西北方面军和西南方面军抽调了一部分兵力，共11个步兵师、16个坦克旅、40多个炮兵团、10多个火焰喷射连，以及弹药、武器和物资，火速支援离莫斯科80公里的莫日艾斯克防线。

德第13军（军长费尔伯尔步兵上将）占领卡卢加。

10月12—21日 “西格弗里德”行动：德第61步兵师在海军舰只（其中有“科隆”号巡洋舰和4艘鱼雷艇）支援下，占领达哥岛（今希乌马岛）。

10月13日 德第3装甲集群夺占由苏第31集团军（司令尤什克维奇中将）防守的加里宁。

10月14日 根据希特勒的命令，挪威山地军（军长迪特尔山地步兵上将）向摩尔曼斯克方向的进攻准备就绪。

德第9集团军（司令施特劳斯大将）占领勒热夫。

10月16日 苏联政府的部分机构和外国使节迁往距莫斯科800公里的古比雪夫。莫斯科一度陷入严重混乱状态。美国《新闻周刊》后来刊登安德鲁·纳戈尔的文章说：“1941年10月16日，几乎每个人都认为德国人要在当天抵达莫斯科。趁乱抢掠者洗劫食品店，工人罢工，愤怒的人群堵住那些试图坐着小汽车逃走的人，把他们从汽车里拖出来殴打并劫走财物。位于卢比扬卡广场的内务人民委员会总部升起了一股股浓烟，秘密警察正在匆忙销毁文件。大部分的苏联政府部门，以及外交人员和记者都经由铁路转移到了古比雪夫，这座位于伏尔加河岸边的城市，距离莫斯科约600英里，被认为是莫斯科沦陷后苏联政府的新办公地，而斯大林也将在一两天后来到这里。此时，一辆专列早已静候在车站。斯大林的DC-3私人飞机及其他3架飞机也已做好紧急起飞的准备。……一位空军军官看到斯大林坐在椅子上不停地问：怎么办，怎么办？两天后，斯大林前往停有专列的火车站。曾参与筹备专列事宜的帕维尔·萨普雷金在多年后回忆说，他当时看到斯大林走近列车，随后在站台上踱步。但他没有上车，此时的斯大林可能已做出了重大决定，而这预示着一切并未尽丧。……斯大林发誓要与莫斯科共存亡，他于10月19日颁布戒严令，内务人民委员会奉命枪杀任何可疑的趁火打劫者。……许多莫斯科人成了无辜的受害者，但抢掠和混乱局面却因此停止了。”当时，莫斯科流行这样一句话：“俄罗斯虽然很大，但已无处可以退却，因为后面就是莫斯科。”

罗马尼亚第4集团军（司令扎科比奇中将）在德军特种部队支援下，占领苏军已撤离的敖德萨。

10月17日　斯大林命令组建加里宁方面军，从莫斯科西北面阻击敌人。

10月19日　苏联国防委员会宣布，莫斯科实施戒严。

德第14装甲师占领塔甘罗格（亚速海沿岸）。

10月20日　苏联《真理报》发表《阻止敌人向莫斯科前进》的社论。莫斯科人民3天内就组织起250个工人营、拥有12万人的民兵师、169个巷战小组和几百个摧毁坦克班。

10月21日　德第49山地军（军长屈布勒山地步兵上将）占领由重新组建的苏第12集团军（司令科罗捷耶夫少将）防守的斯大林诺。

10月24日　德第6集团军（司令冯·赖歇瑙元帅）占领哈尔科夫和别尔哥罗德。

德陆军总参谋部作战部拟制出第一个在保障斯大林格勒—阿斯特拉罕北翼安全的情况下，向高加索方向进攻的作战方案。

10月26日　德第53军（军长魏森贝格尔步兵上将）到达奥卡河。

驻汉科的苏军开始撤离。

10月27日 德第11集团军突破彼列科普地峡，第17集团军（司令霍特大将）占领克拉马托尔斯克。

10月31日 苏联小杰维恰地区的“地下秘密组织”在切尔尼戈夫召开第一次会议。

11月1日 德第30军（军长扎尔穆特步兵上将）占领克里木半岛的辛菲罗波尔。

11月3日 德第48装甲军（军长肯普夫装甲兵上将）占领库尔斯克。

苏联轰炸机空袭赫尔辛基。

11月4日 德第11集团军的第42军占领克里木半岛的费奥多西亚。

11月6日 苏联原外交人民委员李维诺夫被任命为驻华盛顿大使。

斯大林在一次讲话中估计，红军至今的损失为：死亡35万人，受伤37.8万人，“约100多万人”失踪。

曼纳海姆元帅命令芬兰卡累利阿集团军占领防御阵地。

莫斯科人民在地下铁道的马雅可夫斯基车站，隆重举行庆祝十月革命24周年纪念大会。

11月7日 苏联在莫斯科红场上举行宏大的阅兵式，受检阅的部队、坦克和大炮经过检阅台后直接开往前线。傍晚，当红场阅兵的消息传到希特勒的耳朵里时，他恼怒万分，大发雷霆：“简直令人难以置信，斯大林竟然能在德国空军的机翼下检阅部队！这是对帝国空军的公然蔑视、蔑视……”他发作一阵之后，又大声喊道：“哈尔德，你马上与包克联系，问问他，为什么在今天放过了俄国人？难道他对俄国连最起码的常识都没有吗？不知道11月7日这一天对他们有多么重要，对我们来说也十分重要吗？……对这种挑衅，只能用炸弹加倍惩罚！告诉戈林，今天晚上必须对莫斯科实施最猛烈的空袭！”

11月8日 通过沃尔霍夫向东北方向突击的德第16集团军，以其第39装甲军（军长施密特装甲兵上将）占领由苏第4集团军（司令梅列茨科夫大将）部队防守的提赫文；德第16集团军为此受到极大削弱，失去突击力。

希特勒在慕尼黑发表讲话说：“列宁格勒已经无可指望，沦陷只是时间问题。苏联已经无力解围，整座城市将注定死于饥饿。”

11月12日 苏第52集团军（司令克利科夫中将）在提赫文实施反突击。

11月15—17日 随着道路泥泞状况的好转和首次冰冻的出现，德军开始莫斯科会战的第二阶段：德中央集团军群命令第4装甲集群以南、北两翼，分别于11月15日和17日开始对莫斯科发起进攻。

11月16日　德第42军占领刻赤，从而使除塞瓦斯托波尔要塞以外的整个克里木半岛落入德第11集团军之手。

11月17日　德国飞机总设计师乌德特大将出于对德国空军发展前途的绝望而自杀。

11月17日至12月2日　苏第37、第9集团军（司令洛帕京少将、哈里东诺夫少将）对向罗斯托夫突击的德第1装甲集团军的翼侧实施反突击。虽然德先头部队粉碎了苏第56集团军（司令列米佐夫中将）的顽强抵抗，于11月21日占领罗斯托夫，但由于其背后的威胁不断增大，遂于11月28日放弃该城，到12月2日撤至米乌斯河地段。

11月19日　希特勒将高加索和苏联的南部边界作为1942年的进攻目标。

11月21日　希特勒命令东线部队作好1942年3月进攻坎达拉克沙（位于摩尔曼斯克铁路线上）的准备。

11月23日　德第3装甲集群占领由苏第30集团军（司令列柳申科少将）防守的莫斯科西北部的克林。

11月26日　德第53军（军长魏森贝格尔步兵上将）占领莫斯科南部的斯大林诺哥尔斯克。

11月27日　突如其来的寒潮使莫斯科的气温骤降到-40℃。

11月28日　德南方集团军群司令冯·龙德施泰特元帅被解职，由第6集团军司令赖歇瑙元帅接任（12月3日到任）。

德第4装甲集群到达伏尔加—莫斯科运河，并建立一狭窄桥头堡，但不久被迫放弃。

英国在给芬兰政府的一份照会中，要求芬兰停止对苏作战。

11月29日　苏军在南部防线发动反攻，试图收复罗斯托夫。

11月30日　斯大林批准由总参谋长沙波什尼科夫元帅拟制的莫斯科反攻作战方案。

12月1日　德军最后一次从正面向莫斯科发动进攻。

自1941年6月22日，德国国防军在对苏作战中共死亡162314人（陆军158773人，空军3231人，海军310人）；受伤571767人（陆军563082人，空军8453人，海军232人）；失踪33334人（陆军31191人，空军2028人，海军

115人）。

德中央集团军群司令冯·博克元帅报告，在今后作战中只能取得微小的局部胜利，“部队精疲力竭的时刻已经临近。”

流亡苏联的波兰共产党员在苏联政府支持下，在萨拉托夫成立一个由万达·瓦西莱夫斯卡领导的团体，即后来的“波兰爱国者同盟”的前身。

12月3日　德军第4坦克集团军攻占距莫斯科仅27公里的红波利亚纳。博克元帅透过望远镜看见克里姆林宫尖顶的红星后说：“看到了，红星……我总算看到了。”次日，苏军第16集团军即在此发起反击。

12月4日　德第2集团军（司令施密特装甲兵上将）占领奥廖尔东南的叶列茨。

苏军东海舰队撤离汉科后，该城市及其港口被芬兰军队占领。

波兰总理西科尔斯基将军（在伦敦的流亡政府）在访问莫斯科期间，双方共同发表“友好”和相互援助的声明。

12月5日　苏联加里宁方面军（司令科涅夫上将）第22集团军（司令沃斯特鲁霍夫少将）、第39集团军（司令马斯连尼科夫中将）、第31集团军（司令尤什克维奇中将）和第29集团军（司令什韦佐夫少将）从环绕莫斯科320多公里的半圆形阵地上发起进攻。

德中央集团军群司令命令第3、第4装甲集群中止其进攻，退至伊斯特拉至克林以东一线，并批准古德里安大将（第2装甲集群司令）所作的关于中止对图拉的进攻和从这一突出部后撤的决定。德军把这一天称为“最黑暗悲惨的一天”。

德陆军总司令冯·布劳希奇元帅提出辞呈。

12月6日　苏西方方面军（司令朱可夫大将）开始反攻。该方面军编有第30集团军（司令列柳申科少将）、第1突击集团军（司令В.И.库兹涅佐夫中将）、第20集团军（司令弗拉索夫中将）、第16集团军（司令罗科索夫斯基中将）、第5集团军（司令戈沃罗夫少将）、第33集团军（司令叶夫列莫夫中将）、第43集团军（司令戈卢别夫少将）、第49集团军（司令扎哈尔金中将）、第50集团军（司令博尔金中将）、第10集团军（司令戈利科夫中将）和第1近卫骑兵军（军长别洛夫少将），共47个步兵师，36个步兵旅，10个内卫旅，3个骑兵师和15个坦克旅。

自6月22日以来，德国空军在东线共损失轰炸机758架，歼击机568架，其他飞机767架（其中170多架俯冲式轰炸机，约130架远程侦察机和200架近程侦察机），被击伤轰炸机473架，歼击机413架，其他飞机475架。

12月8日 英国外交大臣艾登访问莫斯科时，斯大林要求将寇松线作为处理苏波边界问题的基础，并要求将东普鲁士划归波兰。

所谓“寇松线”，是指1920年7月苏联红军击退波兰干涉军并转入反攻时，英国外交大臣寇松向苏波提出建议的停火线。该线北自维尔纽斯—格罗德诺铁路，经布列斯特，沿布格河向南，直至普热梅希尔。

德军被迫转入防御。

12月9日 只有1.1万人和72门火炮的苏第13集团军（司令戈罗德年斯基少将）夺回叶列茨。德第16集团军撤离提赫文，退至沃尔霍夫以西。提赫文被苏第4集团军占领。德军的退却至12月23日中止。

12月10日 苏西南方面军（司令铁木辛哥元帅）的部队突破德第2集团军在利夫内的防御。苏第20集团军占领索尔涅奇诺戈尔斯克。

12月13日 苏第10、第50集团军突入图拉地域的德军第2装甲集团军第24装甲军的纵深。德军撤离图拉地域的突出部。

12月14日 德第9集团军（司令施特劳斯大将）放弃加里宁。

12月16日 德军沿莫斯科战线撤退，希特勒要求东线士兵进行“拼命抵抗”。

12月17日 苏联组建沃尔霍夫方面军（司令梅列茨科夫大将），下辖第4集团军（司令伊万诺夫少将）、第59集团军（司令加拉宁中将）、第26集团军（司令索科洛夫中将）和第52集团军（司令克利科夫中将）。

12月17—31日 德第11集团军（司令冯·曼施坦因步兵上将）对塞瓦斯托波尔实施首次有计划的突击。在强大海军舰只掩护下，苏第44集团军（司令佩尔乌辛少将）的2.3万人于12月28日夜在费奥多西亚登陆；苏第51集团军（司令利沃夫中将）第224步兵师于12月25日夜在刻赤登陆，使德军此次突击失利。德第42军（军长冯·施蓬内克中将）于12月29日受命放弃刻赤。

12月19日 希特勒撤去患有严重心脏病的布劳希奇的陆军总司令职务，亲自担任陆军总司令，并说：“指挥作战是区区小事，谁都能干。陆军总司令的任务就是用民族社会主义教育军队。我还没有看见一个能按照我的意思去完成这一任务的陆军将领。”德中央集团军群司令冯·博克元帅以“休养”为名，开始长时间休假。中央集团军群司令之职由第4集团军司令冯·克卢格元帅接任。

苏第2近卫骑兵军（军长多瓦托尔少将）在莫斯科西部约70公里处的鲁扎河附近被德第4装甲集团军（司令赫普纳大将）所歼，军长被击毙。

12月20日　由于苏联西南和西方方面军的进攻，德第2装甲集群（司令古德里安大将）和第2集团军（司令施密特步兵上将）被迫撤至季姆以西—姆岑斯克—别列夫以南一线（“冬季阵地”）。

12月20—22日　苏联利用军舰和运输船只将第345步兵师和第79独立步兵旅分别由图阿普谢和新罗西斯克运至塞瓦斯托波尔。

12月25日　德第2装甲集团军司令古德里安大将由于和冯·克卢格元帅发生分歧而被希特勒解职，由施密特装甲兵上将接任。

12月27日　苏第31集团军（司令尤什克维奇中将）以第5、第119、第250、第256、第262步兵师对加里宁西南部的德第9集团军第6军（军长弗尔斯特工兵上将）发起强大进攻。

12月28日　希特勒在一份给东线陆军的命令中，阐述在进行决战之前实施防御的必要性，并为其规定了“作战方针”。

12月29日　位于中央集团军群中段的德第4集团军（司令屈布勒山地步兵上将）在失去与右邻第2装甲集团军的联系后，其北翼第57军防线被苏军第43集团军（司令戈卢别夫少将）突破。

12月31日　自1941年6月22日以来，德国东线陆军损失830903人（相当于东线总兵力320万的25%），其中死亡7120名军官、166602名士兵；失踪619名军官、35254名士兵；受伤1901名军官、602292名士兵。

【1942年】

1月1日 苏第39集团军（司令马斯连尼科夫中将）突破勒热夫西北部德军防线，向南部的维亚济马发展进攻。

1月3日 苏第10集团军（司令戈利科夫中将）将卡卢加西南部的苏希尼契包围。城内守军约4000人，系“吉尔萨”集群。

1月5日 苏军在克里木的埃乌帕托里亚（今耶夫帕托里亚）登陆。防守该城的德军至1月8日全部被歼。

斯大林发出指示：“不给德寇任何喘息机会，不停顿地把他们向西驱赶。”至2月中旬，苏军向西推进了100—350公里，收复了莫斯科州、加里宁州、图拉州等莫斯科以西大部分地区。

德军在莫斯科战役中损失50万人（其中冻死冻伤10万人）、坦克1300辆、火炮2500门、汽车1.5万辆。

1月8日 德第4装甲集团军司令赫普纳大将由于自主向其所属部队下达撤至“冬季阵地”的命令，被希特勒开除军籍。

苏第34集团军（司令别尔扎林中将）和第11集团军（司令莫洛佐夫中将）在伊尔门湖南部发起进

攻，向旧鲁萨实施突击。

1月9日 苏西北方面军（司令库罗奇金中将）以第3突击集团军（司令普尔卡耶夫中将）和第4突击集团军（司令叶廖缅科上将）从奥斯塔什科夫地域出发，越过瓦尔代丘陵的湖沼地带向德军发动进攻。1月15日，苏第22集团军（司令沃斯特鲁霍夫少将）也向此地发起进攻。苏军切断了德国北方和中央两个集团军群的联系，进至托罗佩茨地域，渡过洛瓦季河后将霍尔姆包围（1月22日）。

1月10日 苏第16集团军（司令罗科索夫斯基中将）向沃洛科拉姆斯克的德第3装甲集群（司令赖因哈特大将）发起猛烈突击。

1月11日 苏第1骑兵军（军长别洛夫少将）突破尤赫诺夫南部的德第4集团军防线，暂时到达斯摩棱斯克通往维亚济马的公路。

1月15日 德中央集团军群司令冯·克卢格元帅经长时间努力后，终于使希特勒同意将中线的重点由莫斯科南部地域撤至“冬季阵地”。据此，冯·克卢格命令首先将在卡卢加、鲁扎、沃罗科拉姆斯克等地突出冒进的部队撤回，其后从1月18日至24日将全部兵力撤至“冬季阵地”。

德国北方集团军群司令里特尔·冯·勒布元帅去职后，由第18集团军司令冯·屈希勒尔大将接任。

1月18日 苏第57集团军（司令里亚贝舍夫中将）突破伊久姆德军第17集团军（司令霍特大将）第44军阵地。1月23日，苏军占领巴尔文科沃及该城的德第17集团军的中心器材仓库。在北部作战的苏第6集团军（司令戈罗德年斯基少将）于1月25日占领洛佐瓦亚。防守斯拉维扬斯克的德第257步兵师一直将该城守至1942年5月17日德军发动反攻时为止。

实施钳形突击的苏军在伊尔门湖东南部的罗穆舍瓦会合，将德第2军（军长冯·布罗克多尔夫—阿勒费尔德步兵上将）和第10军（军长汉森炮兵上将）大部包围在杰米扬斯克地域。合围圈内的9.5万名德军靠空投补给，直到1942年4月28日才打开一条狭窄通路。

苏军开始在德国中央集团军群背后使用伞兵和空降兵，并与游击队配合行动，一时给德军造成巨大威胁。

德第11集团军的第105步兵团再次夺占费奥多西亚。德第3师将刻赤半岛的最狭窄地带封锁。

1月24日 1月16日派出的德军解围部队与苏希尼契城内的“吉尔萨”集

群取得联系。

1月25日 苏第61集团军实施突贯之后，占领奥廖尔北部的别尔绍夫（今别列夫）地域。

2月1日 苏第33集团军（司令叶夫列莫夫中将）开始对维亚济马实施突击。

2月2日 苏第1近卫骑兵军（军长别洛夫少将）的分队到达维亚济马南郊，但被德军所阻，未能继续向前。

2月3日 德军在维亚济马东南地域的尤赫诺夫北部发起反攻，将苏第33集团军、第1近卫骑兵军和第4空降军包围。被围苏军只得靠空投补给，到1942年4月被德第4集团军和第4装甲集团军消灭。苏集团军司令叶夫列莫夫中将于4月19日自杀。

2月8日 苏军完成对杰米扬斯克的包围。

2月12日 德国陆军司令部向东线德军下达冬季过后的预先作战命令。

2月23日 斯大林在他的第55号命令中指出："尽管希特勒分子来去匆匆，但德国人民，德意志国家却长久永存。"

苏军空降部队到达斯摩棱斯克东部的多罗戈布日。

2月28日 自1941年6月22日以来，德国东线陆军损失约100.6万人，其中死亡约21.06万人（军官8321名），失踪47303人（军官792名）。

3月2日 苏第50集团军（司令博尔金中将）为与被合围的第33集团军、第1近卫骑兵军和第4空降军建立联系，对德军发起进攻，德第4集团军被迫放弃尤赫诺夫。

3月5日 德国国防军统帅部下达关于占领刻赤半岛和克里木半岛的塞瓦斯托波尔要塞的命令。

3月13日 在刻赤半岛，苏联克里木方面军（司令科兹洛夫中将）以第51集团军（司令利沃夫少将）和第44集团军（司令切尔尼亚克中将）主力，对德第11集团军发起强大攻势，但被德军于3月20日发动的反突击挫败。

3月15日 希特勒在一次阵亡将士纪念日的讲话中预言，红军将在1942年夏季被消灭。

自1941年10月1日以来，东线德国陆军损失2340辆装甲车辆和74184辆汽车，只补充了1847辆装甲车辆和7441辆汽车。

4月4—30日 德第1航空军（军长弗尔斯特航空兵上将）以162架俯冲轰

炸机、434架轰炸机和歼击机，对列宁格勒的舰船、高炮阵地和港口设施进行6天空袭。“十月革命”号战列舰和3艘巡洋舰被击中。

4月5日 希特勒就东线南段德军即将发动的1942年夏季攻势发布元首第41号指令：攻势分4个作战阶段实施，最终目标是向高加索突击，夺取巴库油田，到达伊朗边界。

希特勒命令，夏季攻势中，在计划占领的顿河防线上，匈牙利应在其北段，意大利在中段，罗马尼亚在南段投入兵力作战。

4月8日 自1941年12月7日至1942年4月8日，德国空军在东线共损失轰炸机268架，歼击机194架，其他飞机397架。另被击伤轰炸机253架，歼击机184架，其他飞机199架。这样，自1941年6月22日以来，德国空军在东线共损失轰炸机1026架，歼击机762架，以及1163架俯冲轰炸机、侦察机、驱逐机、运输机和其他飞机，总计2951架，此外被击伤飞机1977架。

4月11日 罗斯福电告斯大林，为减轻苏联的负担，他正准备实施“一项极为重要的军事计划”。

4月12日 希特勒命令，夏季攻势第一作战阶段的目标是占领沃罗涅日。

4月15日 希特勒决定，在夏季作战中，匈牙利、意大利、罗马尼亚的部队并入德军。

2月初被合围在维亚济马东南地域的苏军作战集群（第33集团军主力）的残部被歼，德军俘虏6000人，缴获火炮170门。

4月18日 在整个东线，冬季作战已告尾声，春季泥泞期开始。

4月20日 德军突破杰米扬斯克包围圈。

4月28日 德军与1月18日在杰米扬斯克被合围的德第2军建立联系。

4月 纳粹别动队此前在苏联占领区大肆杀人：北部的第一别动队杀害25万人，中部的第二别动队杀害7万人，南部的第三别动队杀害15万人，最南线的第四别动队杀害9万人。

5月8日 苏德战场夏季战役开始。15日，德军占领刻赤半岛。20日，苏军撤销克里米亚方面军建制。

5月8—18日 “猎鸨行动”：德第11集团军（司令冯·曼施坦因大将）以1个装甲师、5个步兵师和3个罗马尼亚师，由刻赤战线向苏联克里木方面军（司令科兹洛夫中将）发动进攻。第8航空军（军长冯·里希特霍芬大将）担任空中支援。至5月18日，苏联克里木方面军主力被歼，尤以第44、第47集团军（司令切尔尼亚克中将和科尔加诺夫少将）损失惨重，共计被俘169198人，被缴被毁坦克284辆、火炮1397门。

5月9日　苏西南方面军（司令铁木辛哥元帅）由伊久姆的顿涅茨河桥头堡发动强大攻势，企图夺回哈尔科夫。

5月12日　苏联西南方面军集中40多个师，从南、北两面向哈尔科夫地区的德军发起强大攻势，结果失利。

5月17日　德第17集团军（司令霍特大将）和第1装甲集团军（司令冯·克莱斯特大将）开始向哈尔科夫方向的苏军发动反击。5月22日，与哈尔科夫东南约70公里处的巴拉克列亚地域的第6集团军（司令保卢斯装甲兵上将）建立联系，从而将进攻的苏军割裂。

5月28日　哈尔科夫南部的合围战结束。苏第6集团军（司令戈罗德年斯基中将，身亡）、第57集团军（司令波多拉斯中将，身亡）和第9集团军（司令哈里东诺夫少将）主力被歼。俘虏苏军239306人，摧毁或缴获坦克1249辆，火炮2026门。

5月29日至6月1日　苏外交人民委员莫洛托夫在访问华盛顿期间，得到美国将向苏提供经济援助的许诺。

5月30日　苏联游击队中央司令部成立，伏罗希洛夫元帅曾一度担任总司令。

6月1日　希特勒在视察南方集团军群（司令冯·博克元帅）司令部时第一次提出，在占领斯大林格勒后，应组建一个由安东内斯库元帅指挥的集团军群，配置在该城两翼。

6月2日　德军对克里米亚半岛的塞瓦斯托波尔开始了持续5天的炮火和空中打击。

6月7日　“捕鲟”行动。德国第11集团军（司令冯·曼施坦因大将）以7.5个师和1.5个罗马尼亚师，对塞瓦斯托波尔要塞发动进攻。24个迫击炮连、81个重型、超重型和66个轻型炮兵连，共600门火炮在35公里宽的正面上担任支援；第8航空军（军长冯·里希特霍芬大将）以7个战斗机大队、3个俯冲轰炸机大队和4个歼击机大队提供空中支援。

6月11日　美国把租借法扩大应用于苏联。

6月19日　德国第23装甲师作战指挥处处长赖歇尔总参谋部少校在苏联

防线后方迫降。他随身携带的有关德国即将实施的夏季攻势第一作战阶段的命令和地图落入苏军之手。

6月28日　德军展开“蓝色行动”，即把南方军群一分为二：A集团军群进攻北高加索地区，夺取苏联油田；B集团军群向东突破，直指伏尔加河以及斯大林格勒方向。负责主攻斯大林格勒的是B集团军群的主力第6集团军和第4装甲集团军。

6月30日　德第6集团军（司令保卢斯装甲兵上将）以16个步兵师、2个装甲师和1个摩托化师在第4航空军（军长普夫吕格拜尔航空兵上将）支援下，由别尔哥罗德地域向苏联西南方面军的南翼发起进攻，将苏第21集团军（司令戈尔多夫少将）和第28集团军（司令里亚贝舍夫中将）击退。

7月1日　德第11集团军占领塞瓦斯托波尔，集团军司令冯·曼施坦因晋升为元帅。

7月2日　德第4装甲集群（司令霍特大将）到达卡斯托尔诺耶—旧奥斯科尔公路，将苏第40集团军（司令帕尔瑟戈夫中将）左翼包围。

7月2—12日　德第9集团军（司令莫德尔大将）进攻位于瑟恰夫卡西部地区的苏军防线突出部，将苏第39集团军（司令马斯连尼科夫中将）一部和第11骑兵军（属加里宁方面军）击溃，俘虏3万人，缴获或摧毁坦克218辆、火炮591门。

7月4日　随着克里木半岛西南角的赫尔松涅斯半岛的陷落，整个克里木半岛落入德第11集团军之手。该部6月7日报告，俘虏苏岸防部队9.7万人，缴获或摧毁坦克26辆，火炮631门。德军损失24111人，其中死亡4337人，失踪1591人。罗马尼亚损失1874人。

7月5日　冯·魏克斯集团军级集群到达顿河畔的沃罗涅日。

7月6日　德第24装甲师所属分队攻入沃罗涅日。

夜晚，德国将南方集团军群划分为A集团军群（司令利斯特元帅）和B集团军群（司令冯·博克元帅）。A集团军群下辖罗马尼亚第3集团军（司令杜米特雷斯库大将）、德第17集团军(司令鲁奥夫大将)和第1装甲集团军（司令冯·克莱斯特大将）；B集团军群下辖德第2集团军（司令冯·魏克斯大将）、匈牙利第2集团军（司令亚尼大将）、德第6集团军（司令保卢斯装甲兵上将）和第4装甲集群（司令霍特大将）。

苏联最高统帅部将布良斯克方面军左翼兵力改编为沃罗涅日方面军，7

月14日由瓦杜丁中将任司令员。

7月8日　德国夏季攻势第一阶段结束，它动摇了苏军顿河和顿涅茨河之间的防线，但未能歼灭苏军大量有生力量。据冯·魏克斯集团军级集群报告：俘虏2.8万人，摧毁或缴获坦克1000辆、火炮500门；第6集团军俘虏4.5万人，摧毁或缴获坦克200辆、火炮700门。

7月9日　德第1装甲集团军从哈尔科夫东南地域沿顿涅茨河两岸向利西昌斯克突击。

塞瓦斯托波尔的部分守军撤至山区开展游击战，历时8个月的塞瓦斯托波尔保卫战结束。

7月10日　苏军最高统帅部调遣第62集团军和第64集团军保卫斯大林格勒。

7月12日　苏联最高统帅部组建斯大林格勒方面军（司令铁木辛哥元帅，自7月23日由戈尔多夫中将接任），下辖最近前调的第63集团军（司令B.И.库兹涅佐夫中将）、第62集团军（司令科尔帕克奇少将）、第64集团军（司令崔可夫中将）以及撤至顿河以东至今尚属西南方面军的第21集团军（司令丹尼洛夫少将）。北高加索方面军的第51集团军（司令科洛姆耶茨少将）和第57集团军（司令托尔布欣少将）也分别于7月31日和8月初划归斯大林格勒方面军指挥。

在列宁格勒地域，德军对沃尔霍夫合围圈内的围歼行动结束。自1942年5月末，苏第52、第59和第2突击集团军的部分兵力被德第18集团军（司令林德曼骑兵上将）合围于此。俘虏苏军32759人，其中有第2突击集团军司令弗拉索夫中将，摧毁或缴获火炮649门、坦克171辆。

7月13日　希特勒命令第1、第4装甲集群和第17集团军向罗斯托夫方向突击，指望在该地域达成一次合围。

德国第6集团军司令保卢斯上将受命率13个师共25万人、7500门火炮、740辆坦克、1200架飞机攻向斯大林格勒，扼守顿河中部。

苏最高统帅部采取与1941年截然不同的做法，主动放弃一些地区，决定向斯大林格勒、伏尔加河和高加索撤退。

7月14日　冯·魏克斯集团军级集群自“蓝色”行动（德军在东线发动的夏季攻势的代号，自6月30日改称“不伦瑞克”行动）开始至今，共俘虏32536人，摧毁或缴获坦克1239辆、火炮599门。

7月15日 希特勒对迄今的战事进程极为不满，为此解除了冯·博克元帅的B集团军群司令之职，命冯·魏克斯大将接任；第2集团军司令由扎尔穆特步兵上将担任。

7月16日 元首大本营由东普鲁士拉斯滕堡的“狼穴”转移至乌克兰文尼察附近的“狼人”。

7月17日 斯大林格勒外围防御战正式打响。

7月20日 苏军在顿河沃罗涅日附近击退德军。

7月21日 德第4装甲集群在罗斯托夫东部渡过顿河。

7月23日 希特勒发布第45号元首指令，德第125步兵师和第13、第22装甲师重新占领罗斯托夫。另两路德军包围了南路苏军，前出至顿河。60公里外就是斯大林格勒。

7月25日 德第6集团军第14装甲军（军长胡贝中将）到达卡拉奇西北部的顿河地段。

7月26日 德A集团军群（不含第4装甲集群）由顿河桥头堡向高加索发起进攻。第4航空队（司令冯·里希特霍芬元帅）以第4航空军（军长普夫卢格拜尔航空兵上将）和第1高炮军（军长德斯洛赫航空兵上将）以及第8航空军小部兵力（军长菲比希中将）提供支援。

鉴于高加索北部作战地域形势危急，苏联以南方方面军和北高加索方面军各一部兵力，编成新的北高加索方面军（司令布琼尼元帅）。

7月27日 德军攻占罗斯托夫。

7月28日 斯大林发出227号命令：“……现在是结束退却的时候了，寸步不退！这就是我们当前的主要号召。”

7月30日 希特勒命令隶属A集团军群、正向高加索推进的第4装甲集团军转隶B集团军群，然后穿过顿河南部的卡尔梅克草原向斯大林格勒和伏尔加河方向前进。

苏西方方面军开始对勒热夫的德第9集团军（司令莫德尔大将）的地段发动进攻。

8月4日 面对苏第64和第57集团军（司令崔可夫中将，托尔布欣少将）的猛烈抵抗，德第4装甲集群（司令霍特大将）经顿河河畔的阿克赛向东北方向突击，企图突破斯大林格勒的防御。

苏西方方面军的第31、第20集团军向位于祖布佐夫的德第9集团军左翼突击，并推进至勒热夫—维亚济马公路。

8月5日 苏军最高统帅部把斯大林格勒方面军一分为二：斯大林格勒方面军（司令戈尔道夫中将）和东南方面军（司令叶廖缅科上将）。

8月6日 德第1装甲集群（司令冯·克莱斯特大将）向高加索的迈科普方向突击，并渡过库班河到达阿尔马维尔附近。苏独立第1步兵军被迫弃城西撤。

8月7—11日 德第6集团军（司令保卢斯装甲兵上将）由南、北两个方向，向位于卡拉奇西部地域的苏军发起进攻，至8月11日将苏第62集团军（司令科尔帕克奇少将）一部和新组建的第1坦克集团军击溃，俘虏3.5万人，摧毁或缴获坦克270辆、火炮560门。

8月9日 德国A集团军群继续向苏联濒海集群（司令切列维琴科上将）的第47集团军（司令科托夫少将）、第56集团军（司令雷绍夫少将）、第18集团军（司令卡姆科夫中将）和外高加索方面军的第17骑兵军突击。鲁奥夫集团军级集群占领克拉斯诺达尔和亚速海东岸的叶伊斯克港；第1装甲集群占领迈科普。

8月9日 苏军最高统帅部发出指令说："叶廖缅科同志和戈尔道夫同志注意：保卫斯大林格勒和击溃从西部和南部进攻斯大林格勒的敌人，对于我们整个苏联战场具有决定性的意义。"

8月11日 "旋风"行动开始：德第2装甲集团军（司令施密特大将）以不甚充足的兵力，由别列夫地域向位于苏希尼契附近的苏军发起进攻，企图削平该地苏军防线的突出部，但在取得初步战果后被迫于8月22日停止。

8月12日 德第4装甲集群所属分队占领卡尔梅克草原上的埃利斯塔。

8月12—15日 斯大林、丘吉尔和美驻苏大使哈里曼在莫斯科会谈。会谈中，丘吉尔向苏联通报了即将实施的"火炬"行动——在法属西北非登陆。

8月13日 意大利第8集团军（司令加里博尔迪上将）的3个军进入位于匈牙利第2集团军和德国第6集团军之间的顿河中游防御地段。

叶廖缅科上将兼任斯大林格勒方面军司令。

8月14日 德军鲁奥夫集团军级集群在克拉斯诺达尔两侧强渡库班河。

苏第33集团军（司令叶夫列莫夫中将）向格沙茨克方向的德第3集团军（司令赖因哈特大将）南翼发动进攻。

8月15日 德第6集团军到达锡罗京斯卡亚南部的顿河地段，将苏第21集团军一部和第4坦克集团军击溃，迫使苏第4坦克集团军于8月17日撤至顿河彼岸。俘虏苏军12800人，摧毁或缴获坦克47辆、火炮252门。

8月16日 希特勒第一次表示，他担心斯大林会重复1920年红军的进攻行动，即由顿河河畔的绥拉菲摩维奇（斯大林格勒西北约160公里处）地域出发，渡过顿河向罗斯托夫突击。

8月16—30日 “仙境”行动：德国“舍尔海军上将”号重型巡洋舰在北冰洋喀拉海作战。8月28日，在叶尼塞河河口遭到苏联迪克孙港的炮击。

8月19日 保卢斯装甲兵上将向第6集团军下达向斯大林格勒发起进攻的命令。

8月20日 德第4装甲集群在斯大林格勒南部停止进攻。

意大利第8集团军在霍皮奥尔河与顿河交汇地域受到苏军攻击。只有动用第17军才能阻止苏军的突破，缓解当前态势（8月25日），但横渡顿河的桥头堡始终掌握在苏军手里。

8月21日 德军占领了顿河东岸一片区域，建立了滩头阵地。德军坦克继续向斯大林格勒推进。

8月22日 面对苏第46集团军（司令谢尔加茨科夫少将）的顽强抵抗，德第49山地军（军长康拉德山地步兵上将）的第1、第4山地师向高加索苏霍米方向实施的突击，起初进展顺利。8月21日，第1、第4山地师的士兵将战旗插在高加索最高的厄尔布鲁士山上，但22日进攻被迫停于苏霍米前方28公里处。

8月23日 在第8航空军（军长菲比希中将）支援下，德第14装甲军（军长维特斯海姆步兵上将）推进到伏尔加河畔、斯大林格勒北部的雷诺克。

德军第4航空队的飞机对斯大林格勒进行了疯狂的轮番轰炸。

希特勒将进攻列宁格勒（“北极光”行动）的日期定于9月14日，主要兵力是由克里木北调的第11集团军（司令冯·曼施坦因元帅）。

8月25日 斯大林格勒宣布处于戒严状态。

8月26日 斯大林任命朱可夫为最高统帅部副统帅。8月29日，朱可夫飞抵斯大林格勒方面军司令部。

8月27日 苏联列宁格勒方面军（司令戈沃罗夫中将）和沃尔霍夫方面军（司令梅列茨科夫大将）向列宁格勒附近的施吕瑟尔堡的德军战线突出部发起进攻，突破德第18集团军（司令林德曼大将）防线多处。直至9月10

日，德第11集团军（原计划用于实施“北极光”行动）发起反突击，苏军才停止进攻。

8月29日　德第4装甲集群突破位于阿布加涅罗沃西北部的苏第64集团军（司令舒米洛夫中将）防线，并威胁苏第62集团军背后。第62集团军现已失掉与斯大林格勒方面军残部的联系，暂归东南方面军指挥。

8月31日　罗马尼亚第3集团军占领黑海港口阿纳帕，并将塔曼半岛的苏第47集团军（司令科托夫少将）一部分割。

9月1日　德第42军（军长马滕克洛特步兵上将）的部队和罗马尼亚师渡过刻赤海峡，企图与从东北部实施突击的第17集团军（司令鲁奥夫大将）一起占领塔曼半岛。德第1装甲集团军（司令冯·克莱斯特大将）的第52军（军长奥特步兵上将）在莫茨多克附近渡过捷列克河，面对苏第9集团军（司令科罗特耶夫少将）的猛烈抵抗建起一座桥头堡。德军抵达伏尔加河。

9月3日　德第51军（军长冯·赛德利茨—库尔茨巴赫炮兵上将）一部进至距斯大林格勒市中心8公里处。

9月6日　德第5军（军长韦策尔步兵上将）攻入由苏第47集团军（司令科托夫少将）防守的港埠新罗西斯克。斯大林格勒战役开始。

9月9日　希特勒解除利斯特元帅A集团军群司令职务，自己执掌该集团军群指挥权。集团军群参谋长冯·格赖芬贝格中将及其司令部成了设在斯大林诺德军大本营中的一个仅负责上情下达的机构。

在希特勒与国防军指挥参谋部参谋长约德尔将军之间发生严重的信任危机，为此希特勒准备让保卢斯装甲兵上将接替约德尔的职务，凯塞林元帅接替国防军统帅部参谋长凯特尔的职务。

9月10日　德第48装甲军经艰苦奋战到达位于斯大林格勒南部叶尔珊卡和库佩罗斯诺耶之间的伏尔加河河段。希特勒在柏林大本营召见保卢斯，训斥他说：“如果9月25日还拿不下斯大林格勒，我就要你的脑袋！”

9月12日　朱可夫奉命飞回莫斯科。苏联最高统帅部把守卫斯大林格勒的任务交给崔可夫中将指挥的第62集团军和由舒米洛夫中将指挥的第64集团军的一部。

9月13日　苏德双方在斯大林格勒市区展开了激烈、残酷的争夺战。

德军把在斯大林格勒的巷战称为“鼠战”，意思是说士兵们无法依赖技术装备。这时，德军的坦克显得大而无用，它们难以穿越瓦砾和废墟。在狭窄的街道上，当它们身后或侧面受到攻击时，很难迅速调头。加上大炮没有仰升装置，无法向建筑物上方开火，而在那里，苏军的反坦克炮却正向它们瞄准。房屋成为战斗堡垒，街道变为火海。崔可夫曾被大火包围3天，使得镇守在伏尔加河左岸的叶廖缅科无从了解他的情况和总部的位置。德国将军汉斯·德尔在回忆当时的战斗情况时写道："进展不是以公里来衡量，而是以米来计算……因为每争夺一座楼房、车间、水塔、铁路护堤、一堵墙、一间地下室，甚至一个瓦砾堆，都要进行激战，其激烈程度连第一次世界大战时大规模的激战都无法相比。"于是，有人把斯大林格勒形容为一台"绞肉机"。

晚10时，朱可夫和华西列夫斯基向斯大林汇报，呈交了他们拟定的《斯大林格勒地区反攻计划的初步草案》。

9月15日　苏联沃罗涅日方面军（司令梅列茨科夫大将）向沃罗涅日方向发动进攻。

9月16日　苏军夺回斯大林格勒制高点马马耶夫岗。

9月17日　新罗西斯克东南部的战事趋于和缓。德第5军的多余部队被调往在图阿普谢北部地域作战的第17集团军的中段。此外，还将第49山地军的大部也从苏霍米西部地域调往图阿普谢北部。这些行动都是按照希特勒的意旨，不顾在高加索地区可能发生的其他情况而无条件采取的。

9月24—27日　德军开始有计划地沿隘路向图阿普谢方向发动进攻，取得初战胜利，但未能突破苏第56集团军（司令雷绍夫少将）防线。

9月28日　苏联最高统帅部将斯大林格勒方面军改称顿河方面军（司令罗科索夫斯基中将），西南方面军改称斯大林格勒方面军（司令叶廖缅科上将）。

9月30日　希特勒在发起冬季辅助性进攻时，宣布德军决不放弃所占苏联土地。

10月3日　德军占领斯大林格勒市郊奥尔洛夫卡。在顿河一线作战的德第24装甲军军长冯·朗厄曼·翁德·埃伦坎普装甲兵上将战死。

10月4日　朱可夫大将和华西列夫斯基上将（最高统帅部代表）在斯大林格勒地域与3个方面军司令就对德第6集团军实施合围作战的准备工作进行磋商。

德军占领"红十月"和"街垒"工厂住宅区。

10月6日　在捷列克突出部，德第3装甲军第13装甲师（属第1装甲集群）占领马尔戈别克（格罗兹尼西北部）。

10月9日 苏联决定在陆军中建立完全的单一首长制，废除红军军事委员制。

10月10日 由西高加索调来的罗马尼亚第3集团军（司令杜米特雷斯库大将）在意大利第8集团军（司令加里博尔迪大将）和德第6集团军（司令保卢斯装甲兵上将）之间的顿河地段，沿河占领防御阵地。

10月14日 希特勒认为，东线德军已为1942年冬的作战作了“及时和充分的准备”，红军“已被最近的战斗削弱”，再也不会像1941年那样强大了。他命令所有集团军群和集团军“必须将已到达的地域作为德军1943年攻势的出发地，不得丢失”。

德军袭击斯大林格勒捷尔任斯基拖拉机厂。

10月18日 德第17集团军（司令鲁奥夫大将）向图阿普谢方向的进攻，由于苏第56集团军（司令雷绍夫少将）的抵抗和持续暴雨，被迫停于绍米亚尼（距图阿普谢约30公里）地域。

10月24日 德军发动大规模的攻击，狂怒的炮火向依旧站立着的为数不多的建筑物攻击了5个小时。在“红十月”工厂厂区内，新从河上渡过来的西伯利亚师，把炮弹无法打烂的钢铁残骸作为火力点，为德军掘下无数坟墓。破裂的车厢、倒塌的钢梁、巨大的烟囱、车间里的车床、堆积如山的废料堆，都成了苏军的阵地。两军整整厮杀了48个小时。西伯利亚师埋葬了千余名战友，德军留下了更多的尸体。崔可夫将军后来在回忆录中写道：“10月24日将作为整个斯大林格勒战役中最为血腥、最为残酷的一天而载入史册。”

10月25日 德第1装甲集群（司令冯·克莱斯特大将）开始在高加索北部边缘地区发动进攻。10月26日，苏第37集团军（司令科兹洛夫少将）被迫放弃纳尔奇克，其所属3个师被击溃，7000人被俘。11月1日，德军占领阿拉吉尔，11月2日到达奥尔忠尼启则城北郊。

11月8日 希特勒在慕尼黑对“老党员”讲话时称：不论在宣传上还是在精神上，都应确认占领并守住斯大林格勒已毋庸置疑。

11月11日 保卢斯发起最后一次进攻。只要再前进400米，德军就能到达伏尔加河突围。可就在这400米宽的战线上，双方士兵都杀红了眼。

11月13日 斯大林签发了大规模反攻的命令。

11月19日 5时，苏军西南方面军、顿河方面军2000门大炮开始轰鸣，拉开了反攻的序幕。苏军由顿河的克列茨卡亚和绥拉菲摩维奇桥头堡发起强大攻势。西南方面军（司令瓦杜丁中将）下辖第5坦克集团军（司令罗曼年科中将）、第21集团军（司令奇斯佳科夫中将）、第1近卫集团军（司令列柳申科中将）和第8骑兵军。由第2和第17空军集团军（司令斯米尔诺夫少将和克拉索夫斯基少将）负责空中掩护。顿河方面军（司令罗科索夫斯基中将）下辖第65集团军（司令巴托夫中将）、第24集团军（司令加拉宁中将）。由第16空军集团军（司令鲁坚科少将）负责空中掩护。根据德方估计，苏军共有3个坦克军、2个骑兵军和大约40个步兵师。罗马尼亚第3集团军（司令杜米特雷斯库大将）的战线迅速被突破。

11月20日　苏军在斯大林格勒南部发起强大攻势，突破了罗马尼亚第4集团军的防线后继续北上。主要兵力：斯大林格勒方面军（司令叶廖缅科上将）的第51和第57集团军（司令特鲁法诺夫少将和托尔布欣少将），由第8空军集团军（司令切尔尤金少将）负责空中掩护。

11月22日　苏军实施钳形攻势的两路部队在卡拉奇会合，将德军第6集团军、第4军、第4装甲集团军、罗马尼亚第20步兵师和第1骑兵师（共计5个军，其中14个步兵师、3个摩托化师、3个装甲师和2个罗马尼亚师，约25万人，100辆坦克，1800门火炮和1万多辆汽车）包围在顿河与伏尔加河之间的斯大林格勒地域。

希特勒从山间别墅返回“狼穴”元首大本营。他将A集团军群的指挥权交出，任命第1装甲集团军司令冯·克莱斯特大将为A集团军群司令，由第3装甲军军长冯·马肯森装甲兵上将接任第l装甲集团军司令。当晚，希特勒命令：“第6集团军组织环形防御，等待解围!”

11月23日　2时30分，德第6集团军司令保卢斯大将请求希特勒给予他行动自主权。

11月24日　在戈林答应每天向合围圈内空运300吨物资之后，希特勒向第6集团军许下“一定解围”的诺言。

11月25日　德国第8航空军（军长菲比希中将）开始向斯大林格勒合围圈内空投补给品，但每日平均只有95吨，未达到计划的每日300吨的指标。

11月27日　被希特勒于11月22日从第11集团军司令部召回的冯·曼施坦因元帅，任新组建的顿河集团军群司令（下辖第6集团军、第4装甲集团军和罗马尼亚第3、第4集团军）。

12月1日　苏军在顿河与伏尔加河之间发动攻势。

墨索里尼建议希特勒“以某种方式结束不会再捞到好处的对俄战争”。

12月12日　德军“末路战神”曼施坦因率领第4装甲集团军发动了代号为“东风计划”的进攻，想为保卢斯解围，但被苏军“闪击将军”瓦杜丁死死挡住。

12月13日　在东线作战的德国第1航空队第54歼击机联队（队长特劳特洛夫少校）报告，该联队已击落第3000架敌机。

12月16日　苏联沃罗涅日方面军（司令戈利科夫中将）以其新组建的第1近卫集团军（司令库兹涅佐夫中将）、由原第1近卫集团军改称的第3近卫集团军（司令列柳申科中将）和第6集团军（司令哈里东诺夫少将），向奇尔—罗斯托夫方向的意大利第8集团军（司令加里博尔迪大将）发动进攻，并迅速将其击溃。至12月24日，苏军到达米列罗沃—塔琴斯卡亚—莫罗佐夫斯克一线。向斯大林格勒进行补给的重要补给基地塔琴斯卡亚被苏军坦克部队占领，124架运输机在炮火中紧急起飞，降落到安全地域。

夜晚，德第17集团军撤离普希什河上的桥头堡，从而最终放弃了对图阿普谢的攻击。

12月21日　在苏第51集团军（司令特鲁法诺夫少将）后撤之后，德第4装甲集团军的突击群推进至距斯大林格勒48公里处。但在得到加强的苏第51集团军和刚刚前调的第2近卫集团军（司令马利诺夫斯基中将）的顽强抗击下，进攻被迫停滞在梅什科瓦。

12月22日　夜晚，由于希特勒拒绝下达命令，“霹雳”行动（第6集团军全面突围的最后机会）未付诸实施。

12月23日　苏军不断向奇尔战线推进，迫使德军终止了为解救第6集团军而向斯大林格勒方向实施的夹击。

12月24日　斯大林格勒方面军（司令叶廖缅科上将）以其第2近卫集团军、第51集团军和第5突击集团军（司令波波夫中将）向科捷利尼科沃方向发起进攻。第51集团军的第13坦克军和第3机械化军突破罗马尼亚第4集团军的防线。

12月27日　由原苏军中将弗拉索夫领导的“斯摩棱斯克委员会”成立。弗拉索夫先后任苏军第20集团军、第2突击集团军司令，1942年7月，在列宁格勒被围困期间，在沃尔霍夫被德军俘虏，此后一直在德军供职。1946年8

月在莫斯科被处决。

12月28日 德国陆军总司令部命令A集团军群由高加索撤退。罗马尼亚第3、第4集团军残部撤离战线。

12月29日 在陆军总参谋长蔡茨勒步兵上将的催促下，希特勒允许A集团军群和顿河集团军群撤退。

【1943年】

1月1日 苏军在黑海沿岸发动攻势。

德第1装甲集团军（司令冯·马肯森骑兵上将）开始从捷列克战线和北高加索撤退。德第4装甲集团军（司令霍特大将）放弃卡尔梅克草原的埃利斯塔。

1月7日 苏军顿河方面军按“指环”战役的部署，不分昼夜地战斗，向西推进了200多公里。

1月8日 早晨，3名苏联青年军官带着一面白旗，进入德军防线，把斯大林签发的最后通牒交给保卢斯，敦促德军投降，但被保卢斯拒绝。

1月10日 苏联顿河方面军（司令罗科索夫斯基上将）的各集团军（第65、第21、第24、第64、第66、第62集团军）发起进攻，围歼斯大林格勒合围圈内的德国第6集团军。

1月10—12日 希特勒在“狼穴”元首大本营接见安东内斯库时确定，鉴于目前罗马尼亚只有少数几个师在克里木的库班河桥头堡作战，需进一步组建新师，并于1944年开赴东线作战。

1月12日 苏联沃罗涅日方面军第40集团军（司令莫斯卡连科少将）以及西南方面军第3坦克集团军（司令雷巴尔科少将）、独立第18步兵军

（军长西科夫少将）和第6集团军（司令哈里东诺夫少将）对顿河畔斯沃博达两侧的匈牙利第2集团军（司令亚尼大将）及其南部友邻意大利第8集团军（司令加里博尔迪大将）的防线发起进攻。匈、意两集团军数日内便被击溃，仅匈第2集团军就死亡3万余人，被俘5万人。苏军通过这一缺口，在宽大正面上突入西部纵深。

德第17集团军（司令鲁奥夫大将）开始由高加索向库班河桥头堡撤退。

苏联沃尔霍夫方面军第2突击集团军（司令罗曼诺夫斯基中将）和列宁格勒方面军第67集团军（司令杜沙诺夫少将）分别在第14空军集团军（司令舒拉夫廖夫少将）和第13空军集团军（司令雷巴利琴科少将）支援下，在施吕瑟尔堡地域发动进攻，目的是突破德第18集团军（司令林德曼大将）的封锁线，恢复与列宁格勒的陆上联系。至1月18日，苏军占领施吕瑟尔堡，打开一条8—11公里宽的通往列宁格勒的通路。但锡尼亚维诺高地仍在德军手中。

1月13日　希特勒颁布法令，规定德国男女公民均须为帝国防御工作承担一定任务，此即第一次“总体动员”。

德第1装甲集团军撤至纳古茨科耶—亚历山德罗夫斯科耶一线。

豪费中将被解除“驻罗马尼亚国防军统帅部的德国将军”之职，由早在1940—1941年就任驻布加勒斯特的德国军事代表团团长汉森骑兵上将接任，从而清除了自苏军突破罗第3、第4集团军防线后，在德、罗官方人员间出现的紧张状况。

1月13—18日　苏军与列宁格勒守军取得陆上联系。

1月15日　希特勒将对被合围于斯大林格勒的第6集团军实施空中补给的任务交给米尔希元帅。

被希特勒称为“坚固地盘”的大卢基城的守军（原有7000多人）被苏军加里宁方面军的优势兵力击败，只有102人被第1伞兵团第3伞兵营搭救出城。

1月17日　苏沃罗涅日方面军在顿河以西将德第24装甲军（军长汪戴尔炮兵上将于1943年1月14日身亡，1月21日艾布尔中将身亡）和意大利阿尔卑斯山军合围。1月18日，德意两军受命向西突围，1月31日到达瓦瓦卢伊基，但已溃不成军。

1月18日　苏军开辟了一条宽约10公里的通路，最终突破了德军对列宁格勒的封锁。

1月20日　苏军在突破匈牙利第2集团军后沿顿河向北突击，进至沃罗涅日地域德第2集团军的南翼。

1月21日　德第1装甲集团军撤至埃尔南斯科耶—博戈斯洛夫斯科耶—伏罗希洛夫斯克—桑达塔一线，并于1月23日在迈恩奇南部与德第4装甲集团军建立联系。

1月22日　苏军对被围困在斯大林格勒的德军发起全线进攻。

1月23日　希特勒再次拒绝被围于斯大林格勒的第6集团军投降。

1月24日　苏军最高统帅部再次命令保卢斯投降。保卢斯考虑再三，又给希特勒发电请示："士兵们都要我准许他们投降，这样，起码活着的人可以保命。"希特勒的回复无比强硬："不许投降。第6集团军必须死守阵地，直至最后一兵一卒一枪一弹。"

苏联外高加索方面军的黑海集群因其第46集团军（司令列谢利泽中将）、第18集团军（司令雷绍夫少将）、第47集团军（司令卡姆科夫中将）和第56集团军（司令格列奇科少将）自1月11日开始的进攻进展缓慢，被迫停于新罗西斯克—霍尔姆斯卡亚—克拉斯诺达尔一线南部。

1月25日　崔可夫率部发起猛攻，第62集团军与66集团军胜利会师，对斯大林格勒的包围圈被切成南北两块。

德第1装甲集团军放弃阿尔马维尔。

由于苏第40集团军（司令莫斯卡连科少将）和第60集团军（司令切尔尼亚霍夫斯基中将）的进攻，德第2集团军（司令冯·扎尔穆特大将）被迫放弃沃罗涅日。

1月26日　苏第13集团军（司令普霍夫少将）和第38集团军（司令奇比索夫中将）对德第2集团军北翼发动进攻，并于1月28日在卡斯托尔诺耶与由南向北突击的苏第40集团军的部队会合，将德第7军（军长黑尔炮兵上将）和第13军（军长施特劳贝步兵上将）的主力，共计7个师合围。经艰苦奋战，德军残部于2月中突破苏第40集团军的阵地撤向西方。

以保卢斯为首的9个师被困在斯大林格勒城市中心。

1月27日　希特勒将从高加索撤退的第1装甲集团军转隶顿河集团军群（司令冯·曼施坦因元帅），但只允许该集团军的4个师撤至罗斯托夫以西，其余大部兵力由坚守库班桥头堡的第17集团军统一指挥。

1月30日　希特勒下令授予保卢斯元帅军衔。

1月31日　陆军元帅弗里德里希·冯·保卢斯率斯大林格勒南部合围圈

内的部队投降。

德第17集团军的第49山地军（军长康拉德山地步兵上将）开始撤入“戈滕桥头堡”即“库班桥头堡”阵地。

2月1日 苏军在亚速海和乌克兰发动攻势。

希特勒准许撤离杰米扬斯克；德第2军从战线突出部撤至洛瓦季河西岸。

一直由意大利第8集团军负责的地段，由兰茨集团军级支队（德军的一级编制，高于军低于集团军）接管。意大利集团军余部也如同1月末罗马尼亚第3、第4集团军和匈牙利第2集团军那样撤离战线。

2月2日 下午2时46分，一架德国侦察机在城市上空飞过并发回电报：“斯大林格勒已无战斗迹象。”希特勒在东普鲁士接到电报后，暴跳如雷。但是，为了欺骗德国人民，他在保卢斯投降后的第三天，在全国志哀4天，并以德军最高统帅部名义宣布，斯大林格勒战役已经结束，第6集团军在保卢斯元帅指挥下战斗到最后一刻……

自1942年11月22日第6集团军被合围后，其25万人中有3.4万人被飞机运走，其中多为伤员，9.1万人被苏军俘虏，其中包括24名将军以及大批官兵。被歼灭的部队有第14装甲军，第4、第8、第11和第51军及其下属的第14、第16、第24装甲师，第3、第29、第60摩托化师，第44、第71、第76、第79、第94、第100（狙击师）、第113、第295、第297、第305、第371、第376、第384、第389步兵师，罗马尼亚第1骑兵师和第20步兵师。德国空军在执行补给任务中损失飞机488架、飞行员1000余名。苏军缴获了6000门火炮、1500多辆坦克、8万辆运输汽车和其他武器装备。

斯大林格勒战役的胜利，是第二次世界大战的转折点。在这场血战中，苏方投入兵力120万人，阵亡47.8万人；德方共损失150万人（占苏德战场总兵力的1/4）、3500辆坦克、3000架飞机和1.2万门火炮。从此，纳粹德国江河日下，走向覆灭。

2月3日 曼纳海姆元帅与芬兰总统吕蒂和政府成员就形势问题进行会商。一致认为，一遇机会芬兰便退出战争。

2月4日 苏第165步兵旅，第83、第255海军陆战旅和其他部队在黑海舰队舰只掩护下，在新罗西斯克南部登陆。参加掩护的有2艘巡洋舰、3艘驱逐舰，以及2艘实施炮火支援的驱逐舰、3艘炮艇和多艘小型舰只，另有1艘驱逐舰攻击阿纳帕，牵制敌人。

2月8日 苏第60集团军（司令切尔尼亚霍夫斯基中将）的部队占领库尔斯克。

2月9日 苏第40集团军（司令莫斯卡连科中将）占领别尔哥罗德。

2月12日 苏第37集团军（司令科兹洛夫少将）、第18集团军（司令雷绍夫少将）和第46集团军（司令列谢利泽中将）一部，迫使德第44军（军长安格利斯炮兵上将）放弃克拉斯诺达尔。

2月14日 德国南方集团军群撤离罗斯托夫和伏罗希洛夫格勒。

亚速海至库尔斯克西部地域的全部德军统归南方集团军群指挥（原顿河集团军群，司令冯·曼施坦因元帅）。B集团军群司令部（司令冯·魏克斯元帅）撤离战线。

2月16日 党卫队第2装甲军（军长豪塞尔上将）违背希特勒的命令，放弃哈尔科夫。

2月17日 夜晚，德军开始撤离杰米扬斯克的战线突出部。

2月17—19日 希特勒视察扎波罗热的南方集团军群司令部。

2月18日 戈培尔在柏林体育馆的演说中宣布实施"总体战"。

2月21日 古德里安大将被任命为德国装甲兵总监。德军在哈尔科夫发起进攻。

2月22日 德军在南方集团军群司令冯·曼施坦因元帅指挥下，开始在第聂伯河和顿涅茨河之间对苏联沃罗涅日方面军和西南方面军发起反击。德军投入兵力：第1装甲集团军（司令冯·马肯森骑兵上将）、第4装甲集团军（司令霍特大将）和肯普夫集团军级支队，第4航空队（司令冯·里希特霍芬元帅）担任支援。

3月1日 德军开始撤离勒热夫地域的战线突出部（"水牛行走"行动）。该行动使战线缩短230公里，节省21个师的兵力。

3月2日 在东线德军发起的一系列反击中，第1装甲集团军（司令冯·马肯森骑兵上将）占领斯拉维扬斯克和博戈罗季奇诺，第4装甲集团军（司令霍特大将）在顿涅茨河彼岸的巴拉克列亚建立一座桥头堡。

3月5日 德国陆军总司令部发布关于以后数月东线作战的第5号作战命令。

3月6日 德第4装甲集团军（司令霍特大将）和肯普夫集团军级支队开始对哈尔科夫西部地域的苏联沃罗涅日方面军的第3坦克集团军和第69集团

军发起进攻。在击溃苏第3坦克集团军（司令雷巴尔科少将）一部兵力后，党卫队第2装甲军（军长豪塞尔上将）于3月16日占领哈尔科夫。至3月18日，苏第3坦克集团军的其他部队在哈尔科夫东南地域被德第48装甲军（军长冯·克诺贝尔斯多夫装甲兵上将）歼灭。同日，德第4装甲集团军以党卫队装甲军为主力，在第4航空队（司令冯·里希特霍芬元帅）支援下，开始向别尔哥罗德方向突击，迫使苏第69集团军（司令卡扎科夫中将）放弃该城。

在米乌斯河地段作战的德国霍利特集团军级支队改称第6集团军。

3月7日 斯大林被最高苏维埃任命为"苏联元帅"。

3月8日 迄今，德军从"戈滕桥头堡"（库班桥头堡）运走官兵101384人，俘虏10084人，居民10290人，其中空运62647人。

3月10日 德第9集团军（司令莫德尔大将）放弃别洛伊。

3月12日 德第4集团军（司令海因里希大将）撤离维亚济马。

3月13日 希特勒下达第一个进攻库尔斯克地域苏军的"堡垒"行动计划。

3月15日 苏军撤出哈尔科夫。

3月16日 "水牛行走"行动结束：德军撤离勒热夫、格沙茨克和维亚济马地域。

3月21日 德国南方集团军群（司令冯·曼施坦因元帅）在占领别尔哥罗德后，停止反击行动。此时，在库尔斯克地域的德军战线形成一个深深向西部凹进的巨大弧形。

4月5日 德军占领库班河北岸"戈滕桥头堡"的最后一段阵地。这样，德第17集团军（司令鲁奥夫大将）及其韦策尔集群、第44军（军长安格利斯炮兵上将）和第49山地军（军长康拉德山地步兵上将）占领了全部预设的防御阵地。

在一份新下达的有关"堡垒"行动的作战命令中，希特勒将最早的进攻日期定为5月3日。

4月6—21日 "尼普顿"（罗马神话中的海神，即希腊神话中的波塞冬）行动：德国韦策尔集群以第125、第73步兵师和第4山地师各一部对新罗西斯克南部的梅莎科山附近的苏军登陆场发动反击。4月21日被迫中止，未达预期目的。

4月12日 斯大林获悉德国统帅部关于库尔斯克战役的"堡垒"计划。

4月13日 在卡廷（斯摩棱斯克附近）发现埋葬4100多名波兰军官尸体的墓地。这些波兰人是1940年春被苏联内务部杀害的。

4月15日 希特勒命令着手“堡垒”行动（在库尔斯克、奥廖尔和别尔哥罗德地域的进攻作战）的准备工作。

4月18日 德国中央集团军群受命允许意大利第2军及其所属部队撤回意大利。自此，意大利军队结束在东线的作战。

4月20日 苏联对蒂尔西特（今苏维埃斯克）进行不甚猛烈的空袭，炸死居民24人，伤30人。

4月26日 在伦敦的波兰流亡政府提出对卡廷的被害波兰军官进行国际调查的要求之后，苏联政府与其断绝外交关系。

5月1—31日 在东线，苏军企图进一步压缩库班桥头堡的德军阵地。除此之外，只在局部地区有战事。在中段，德国中央集团军群第2装甲集团军第47装甲军，第55军，第3装甲集团军和第4集团军，对强大的苏联游击队分别发动代号为“吉卜赛男爵”、“魔弹射手”、“五月雷暴”和“友邻支援”的行动。

5月4日 斯大林声明，苏联希望战后有一个与其密切结盟的波兰。

5月8日 波兰官方宣布，由共产党领导的“波兰爱国者联盟”在苏联成立。该联盟是后来的卢布林委员会的前身（联盟实际上已于1943年3月1日前成立）。

5月26日 在库班桥头堡德国第17集团军第44军防区内的基辅斯科耶—摩尔达万斯科耶地域，苏军发动新攻势，5月28日中止，未取得任何战果。局部战斗持续到6月26日。

5月27日 安德斯将军任近东波兰部队司令。这支部队是根据波、苏签署的一项协议组建的。协议规定，将苏联拘留营中的波兰人送往西方盟国势力范围，武装起来后，在地中海地域执行对德作战任务。

6月1—30日 在东线，除A集团军群作战区域外，（月初）只在局部地区有战事。中央集团军群对布良斯克西南部的苏联游击队实施的大规模清剿行动结束。

在东线，苏联游击队袭击铁路设施1092次，摧毁或破坏机车409辆。

6月3日 夜晚，德国第4航空队以及第1航空兵师的168架轰炸机空袭苏联高尔基汽车制造厂的莫洛托夫坦克制造车间。149架轰炸机飞抵目标上空，投弹224吨，被击落5架。

6月4日 夜晚，德国128架轰炸机再次空袭高尔基市，投弹179吨，被击落2架。

6月5日 夜晚，德国出动154架轰炸机第三次空袭高尔基市，投弹242吨，被击落1架。

6月7日 夜晚，20架德国飞机第四次空袭高尔基市，投弹39吨。

6月9日 夜晚，132架德国轰炸机空袭雅罗斯拉夫尔的橡胶联合企业；109架飞机飞抵目标上空，投弹190吨。

6月16日 希特勒最终决定实施“堡垒”行动。

6月25日 “堡垒”行动的开始日期定于7月5日。

7月2日 苏军最高统帅部向库尔斯克前线各个方面军发出预报，德军可能在7月3—6日发动攻势。

7月5日 苏军先发制人，开始炮轰德军阵地。接着，德军开始“堡垒”行动，即由奥廖尔和别尔哥罗德地域出发，对库尔斯克突出部的苏军发起进攻。南部集群（南方集团军群，由冯·曼施坦因元帅指挥）自肯普夫集团军级支队和第4装甲集团军（司令霍特大将）编成，共7个步兵师、11个装甲师和3个强击火炮旅；北部集群（中央集团军群，由冯·克卢格元帅指挥）辖第9集团军（司令莫德尔大将），共7个步兵师、6个装甲师和2个装甲步兵旅。共投入坦克约2000辆。空军投入兵力：第4航空队（司令德斯洛赫大将）的第1、第4、第8航空军，第6航空队（司令里特尔·冯·格赖姆大将）的第1、第4航空师，飞机共约1800架。

德第9集团军向苏中央方面军（司令罗科索夫斯基大将）第13集团军（司令普霍夫中将）和第70集团军发起进攻；第4装甲集团军和肯普夫集团军级支队向苏联沃罗涅日方面军（司令瓦杜丁大将）第6、第7近卫集团军（司令奇斯佳科夫中将和舒米洛夫中将）发起进攻。

7月6日 在“堡垒”行动中，德军南部集群前进18公里，北部集群前进10公里。由于苏军已获悉进攻的发起时间，因此未达成战役突然性。

7月12日 苏联西方方面军（司令索科洛夫斯基上将）和布良斯克方面军（司令波波夫上将）的诸集团军在奥廖尔突出部对德第2装甲集团军（司令施密特装甲兵上将）发动反击。与此同时，在库尔斯克突出部南部，沃罗涅日方面军以第5近卫集团军、第6近卫坦克集团军和第1近卫坦克集团军一部，以及第6、第7近卫集团军也发起反击。

二战中最大规模的坦克交锋在普罗霍罗夫卡地域展开，双方各投入近600辆坦克和自行火炮，在15公里见方的战场上拼命厮杀。这一地带地形倾斜，密布灌木和果木林，还有许多雨水冲刷的小沟。德军以“虎式”坦克打前阵，而以Y-3和T-4车辆殿后。“虎式”坦克在实战中也暴露了它的严重缺陷——车速较慢。混战中，苏军T-34坦克发挥快速优势，贴到近前，或从侧面攻击，使德军新式武器的优势受到遏制。苏军坦克护卫兵还往往冲到“虎式”坦克车旁，用燃烧瓶将它点着。战场上堆满了燃烧的坦克残骸和战死者的尸体。

苏军将领罗特米斯特罗夫后来回忆说：“当时我指挥的近卫军第5坦克集团军与配属的两个坦克兵团一同击溃了入侵库尔斯克的法西斯大规模坦克集群。希特勒分子损失了350辆坦克和自行火炮。……说实话，我们的伤亡并不比敌人小。……斯大林知道我们的伤亡后，大发雷霆。”据说，斯大林责问罗特米斯特罗夫：“这到底是怎么回事，啊？一天就全军覆没，你干什么吃的？”党卫队“骷髅”师团长别克也回忆当时的情景说：“我看见苏军坦克出现，就知道苏军动用了预备队。同时我也意识到，我们已在库尔斯克战役中失利了。”

随后，苏军西方方面军和布良斯克方面军根据“库图佐夫”计划，开始在奥廖尔发动进攻。两个方面军只用两天时间就攻破了德军的战术防御地带，转入全线进攻。

在苏联出现的“自由德国”运动的领导机构“自由德国全国委员会”在莫斯科附近的克拉斯诺戈尔斯克成立。该组织主要成员是德国第6集团军的战俘，以及皮克、乌布利希、贝歇尔等流亡者，其目标是推翻希特勒统治，结束战争。

7月12日　“自由荷兰”全国委员会在苏联成立。

7月13日　鉴于奥廖尔战线情况危急，希特勒命令停止“堡垒”行动。地中海地域（西西里）形势恶化迫使德国向意大利调兵遣将，是促使希特勒停止“堡垒”行动的另一原因。在“堡垒”行动中，德军损失20720人，其中死亡3300人；苏军死亡1.7万人，被俘3.4万人。

7月15日　苏中央方面军发起进攻。

7月17日　苏联西南方面军（司令马利诺夫斯基大将）和南方方面军

（司令托尔布欣上将）在顿涅茨地区的伊久姆和米乌斯河附近发起进攻，但被德第1装甲集团军（司令冯·马肯森大将）和第6集团军（司令霍利特步兵上将）击退。至8月2日，仅在米乌斯河地段就俘虏苏军1.8万人，摧毁坦克700辆，缴获火炮200门。

8月1日　在中央集团军群（司令冯·克卢格元帅）和第9集团军（司令莫德尔大将）的催促下，希特勒准许由奥廖尔突出部撤至布良斯克东部一条南北平直的弦形阵地（“哈根运动”）。

8月3日　苏联沃罗涅日方面军和草原方面军由别尔哥罗德北部和南部地域，向德国南方集团军群北翼发起进攻。与此同时，苏联游击队突然展开一场来势凶猛的破坏铁路行动，48小时内，南方集团军群后方地域的铁路全部瘫痪。苏军在德第8集团军（属肯普夫集团军级支队）和第4装甲集团军（司令霍特大将）之间向波尔塔瓦方向发起突击。

8月5日　草原方面军第53集团军（司令马纳加罗夫中将）占领别尔哥罗德。

苏军对德国中央集团军群（司令冯·克卢格元帅）发动进攻。苏第3集团军（司令科尔帕克奇中将〉的先遣支队占领奥廖尔。

8月11日　苏第57集团军（司令哈根中将）在顿涅茨河上游渡河，从东部和东南部接近哈尔科夫。

8月11—18日　德第4装甲集团军暂时阻止住苏军的进攻，将苏第1坦克集团军（司令卡图科夫中将）击退20公里。

8月12日　希特勒命令在第聂伯河畔和杰斯纳河畔“立即建立一道东方壁垒”——“豹”阵地。在该阵地尚未开始构筑前，南方集团军群就于9月撤至该线。9月21日，苏军渡过第聂伯河突破该线。北方集团军群于1944年2月18日才撤至该阵地北段，坚守至1944年7月12日。

8月13日　苏联西南方面军（司令马利诺夫斯基大将）在伊久姆两侧对德第1装甲集团军（司令冯·马肯森大将）发动进攻，德军顽强抵抗，阻止了苏军的突破。

8月16日　苏联南方方面军（司令托尔布欣上将）以5个集团军在米乌斯河防线向德第6集团军（司令霍利特步兵上将）发动进攻，企图向斯大林诺方向推进。

8月18日　对空军的苛求和空军指挥上的错误，导致德国空军总参谋长耶顺内克大将精神崩溃，自杀身亡。由科尔滕航空兵上将接任。

8月22日　苏第5近卫坦克集团军（司令罗特米斯特罗夫中将）从西面，第57集团军（司令哈根中将）从东面和东南面将乌克兰第二大城市哈尔科夫包围。

8月23日　哈尔科夫被苏第69集团军（司令克留乔金少将）和第7近卫集团军（司令舒米洛夫中将）占领。

库尔斯克会战结束。夜晚，莫斯科鸣放礼炮。

“堡垒”计划是德军在东线的最后一次大规模进攻。德军在库尔斯克会战中遭到了沉重打击：包括7个坦克师在内的50个师被摧毁，死亡人数超过50万，损失1500辆坦克、3000门大炮和3500多架飞机。苏军也付出了惨重的代价，共阵亡86万多人，损失6000多辆坦克和自动火炮、5000多门大炮和火箭炮、1600多架飞机。苏军通过库尔斯克大会战，改变了前线的军力对比，将战略主动权牢牢地掌握在自己手里，为发动全线战略进攻创造了良好条件。

8月27日　希特勒在文尼察“狼人”元首大本营与冯·曼施坦因元帅进行的一次谈话中坚持认为，全线都必须坚守到“敌人确信其进攻已无所收效时为止”。

8月30日　德第6集团军被迫放弃塔甘罗格。被包围在此的德国第29军大部突出合围，撤向西方。

8月31日　苏联西方方面军部队占领叶利尼亚和多罗戈布日。

9月2日　夜晚，罗马尼亚国家元首安东内斯库到“狼穴”拜访希特勒。希特勒同意安东内斯库撤离库班桥头堡。

9月3日　希特勒与冯·曼施坦因元帅和冯·克卢格元帅在“狼穴”的一次谈话中，准许南方集团军群撤至杰斯纳河西岸，其南翼应坚守卡利米乌斯河西岸的“龟”阵地（德军在斯大林诺南部、卡利米乌斯河西岸的非筑垒防御阵地的代号）。A集团军群（司令冯·克莱斯特元帅）受命准备并着手从库班桥头堡的撤退。

9月4日　斯大林接见苏联东正教代表，同意选一位莫斯科主教。9月9日选出谢尔久斯任主教。

9月6日　苏联西南方面军突破德第6集团军（司令霍利特大将）防守的“龟”阵地，进至巴甫洛格勒以南地区，同时切断中央和南方集团军群在谢伊姆河的联系，从而为苏中央方面军打开了通向第聂伯河中游的通路。

9月7日至10月9日　德第17集团军（司令耶内克大将）有计划地撤离库班桥头堡。在34天中，利用海军舰船和工兵车辆由库班桥头堡向克里木运送官兵239669人、伤员16311人、居民27456人，以及74657匹牲畜、21230辆载重汽车、27741辆牵引车辆、1815门火炮、74辆坦克和强击火炮、115477吨作战物资。

9月8日 希特勒最后一次视察东线一个集团军群的司令部扎波罗热，准许南方集团军群南翼撤至“豹”阵地。但中央集团军群北翼应继续在第聂伯河东岸坚守。

苏联西南方面军第51集团军（司令克列伊泽尔中将）占领斯大林诺。

9月10日 苏第18集团军（司令列谢利列泽中将）的部队在新罗西斯克登陆。德军于9月15日中止与苏军争夺该城的战斗，因为此间撤离库班桥头堡的行动业已开始。

9月11日 “德国军官联盟”在卢尼奥沃的苏联战俘营成立。

9月14日 实施战役突破的德第4装甲集团军（司令霍特大将）受命分若干集群先后撤至第聂伯河西岸。

9月15日 希特勒在“狼穴”与冯·曼施坦因元帅和冯·克卢格元帅的一次谈话中，允许中央和南方集团军群撤入“豹”阵地（梅利托波尔—扎波罗热—第聂伯河—杰斯纳河—奥尔沙—维捷布斯克一线）。

9月17日 苏联布良斯克方面军第11集团军（司令费久宁斯基中将）占领布良斯克。

9月20日 德国南方集团军群南翼到达梅利托波尔—扎波罗热桥头堡一线的“豹”阵地。

9月21日 苏联中央方面军（司令罗科索夫斯基大将）在普里皮亚季河与第聂伯河交汇处的80公里正面上强渡第聂伯河。

9月22日 苏联沃罗涅日方面军（司令瓦杜丁大将）第3近卫坦克集团军（司令雷巴尔科中将）在佩列亚斯拉夫—赫梅利尼茨基附近渡过第聂伯河。

9月23日 苏第5近卫集团军（司令沙多夫中将）和第53集团军（司令马纳加罗夫中将）占领波尔塔瓦。

9月24日 德国中央集团军群在苏联西方方面军左翼第31集团军（司令格卢茨多夫斯基少将）、第5集团军（司令波列诺夫中将）和第68集团军（司令舒拉夫廖夫中将）的强大压力下撤出斯摩棱斯克。罗斯拉夫尔也被迫放弃，9月25日被苏第10集团军（司令波波夫中将）占领。

9月25日 苏第7近卫集团军（司令舒米洛夫中将）的第15步兵军在第聂

伯河西岸的第聂伯罗彼得罗夫斯克南部建立桥头堡。

苏军解放斯摩棱斯克。

9月27日 德第8集团军全部撤至第聂伯河西岸克列缅丘格至基辅以南一线，第4装甲集团军撤至基辅两侧。南方与中央集团军群失掉在普里皮亚季河与第聂伯河交汇处的联系。多次被突破防线的第2集团军退至索日河。

9月28日 希特勒下达第50号指令：第20山地集团军撤回挪威北部，准备应付芬兰退出战争的不测事件。

10月1日 德国中央集团军群撤至“豹”阵地。

10月6日 苏联加里宁方面军（司令叶廖缅科大将）对德国中央和北方集团军群接合部发起进攻，其第3突击集团军占领涅韦尔，德军竭尽全力才将突破地域封锁。

10月7日 苏联在统帅部战报中宣布，苏军将从维捷布斯克至塔曼半岛再次发起全面进攻。

10月8—10日 “维金”（意为诺曼人）行动：德军用撤离库班桥头堡的240艘舰船编为4个护航队撤离刻赤海峡，返回塞瓦斯托波尔。

10月9日 德军撤离库班桥头堡。

10月11日 德第3装甲集团军（司令赖因哈特大将）结束自9月15日从防线前沿的撤退，到达维捷布斯克东部的“豹”阵地。

10月14日 德第1装甲集团军（司令冯·马肯森大将）开始撤离扎波罗热桥头堡。

10月15日 苏联乌克兰第2方面军（司令科涅夫大将）以第5近卫集团军、第37集团军、第7近卫集团军、第67集团军以及刚刚前调的第5近卫坦克集团军，从克列缅丘格桥头堡向克里沃伊罗格方向发起进攻，但在克里沃伊罗格北部地区被德第1装甲集团军击退。

10月20日 苏联对“方面军”（相当于德国的集团军）重新命名：乌克兰第1—4方面军，白俄罗斯第1—3方面军，波罗的海第1、第2方面军，沃尔霍夫方面军。

10月23日 乌克兰第4方面军（司令托尔布欣大将）向梅利托波尔与第聂伯河畔的扎波罗热之间的德第6集团军阵地发起进攻，并迅速突入西南纵深。10月24日，苏第51集团军（司令克列伊泽尔中将）占领梅利托波尔。

10月24日 乌克兰第3方面军（司令马利诺夫斯基大将）右翼和乌克

兰第2方面军（司令科涅夫大将）左翼在第聂伯罗彼得罗夫斯克两侧达成突破，并于10月25日占领该城。至11月10日，在克列缅丘格和第聂伯罗彼得罗夫斯克之间的第聂伯河德军防线上出现一个150公里宽的缺口，苏军一个宽大的楔子由德第1装甲集团军和第8集团军接合部楔入纵深，其先头部队已渡过因古列茨河，到达克里沃伊罗格北部。

10月28日　希特勒命令第17集团军（司令耶内克工兵上将）司令部收回关于从克里木撤退的命令（“米夏埃尔行动”）。

德国中央集团军群司令冯·克卢格元帅乘车遇难，次日由第16集团军司令布施元帅接任。

11月1日　自苏军突贯至第聂伯河入海口后，只有1个德国师和7个罗马尼亚师的德第17集团军全部陆上联系被切断。

夜晚，苏联北高加索方面军（司令彼得罗夫上将）的部队在刻赤北部和南部登陆，第56集团军（司令梅利尼克中将）一部在叶尼卡列登陆，第18集团军（司令列谢利泽中将）一部在埃利季根登陆。与此同时，苏军渡过锡瓦什湖建立桥头堡，使德第17集团军在克里木东、北两面受敌。

11月3日　乌克兰第1方面军（司令瓦杜丁大将）在第2空军集团军（司令克拉索夫斯基中将）支援下，由基辅北部桥头堡发起进攻，突破德第4装甲集团军（司令霍特大将）的防线。

11月6日　苏军收复基辅，并进至西南方向上的法斯托夫。

11月7日　苏军第3近卫坦克集团军（司令雷巴尔科中将）占领法斯托夫。其他部队向西进至日托米尔和科罗斯坚地域。11月12日占领日托米尔。

希特勒在“狼穴”同冯·曼施坦因元帅的谈话中，坚持将从尼科波尔桥头堡向克里木通路方向的突击计划付诸实施。

11月10日　白俄罗斯第1方面军（司令罗科索夫斯基大将）第48、第65、第61集团军从洛耶夫桥头堡出发，突破戈梅利西南的德第2集团军（司令魏斯步兵上将）的防线，于11月18日占领列奇察。11月25日，苏第48集团军（司令罗曼年科中将）在帕里奇东南渡过别列津纳河，并在此建立桥头堡。苏军在11月末占领戈梅利后，于11月26日停滞于莫齐尔—莫吉廖夫一线。

11月15日　德第48装甲军（军长巴尔克装甲兵上将）由日托米尔地域出发，对苏第1近卫集团军（司令格列奇科上将）发动进攻。德军夺回日托米尔，在该市东北的拉多梅什利停止进攻。第4装甲集团军上报的苏军损失为：击毙2万人，俘虏4800人，缴获或摧毁坦克603辆、火炮300门、反坦克炮1200多门。

德第39装甲军（军长马蒂内克炮兵上将）夺回科罗斯坚。

11月20日　乌克兰第3方面军（司令马利诺夫斯基大将）在第聂伯河下游尼科波尔和克里沃伊罗格之间地域，向德第1装甲集团军（司令胡贝装甲兵上将）发起进攻，无果。乌克兰第2方面军（司令科涅夫上将）第5近卫集团军、第37集团军、第7近卫集团军和第57集团军由克列缅丘格南部桥头堡出发，突破德第8集团军（司令韦勒步兵上将）防线，继续向北突击，进至基洛沃格勒东部。至12月20日，德军经反击，将两个缺口封闭。

波兰"本土军"司令（博尔—科莫罗夫斯基将军）遵照流亡政府10月27日的指示，命令作好"风暴"行动（加强对从东线撤至波兰的德军进行破坏工作和开展游击队活动）的准备工作。

12月12日　苏联和捷克流亡政府签订协议。

12月13日　德第3装甲集团军（司令赖因哈特大将）在维捷布斯克和涅韦尔之间地域对苏联波罗的海第1方面军（司令叶廖缅科上将）和西方方面军（司令索科洛夫斯基上将）展开首次防御会战。

12月20日　德第6集团军撤离赫尔松桥头堡。

12月24日　乌克兰第1方面军（司令瓦杜丁大将）对基辅—日托米尔公路一线的德第4装甲集团军（司令劳斯装甲兵上将）发起进攻，并推进至白采尔科维—别尔季切夫一线。

12月29日　冯·曼施坦因决定将第1装甲集团军司令部（司令胡贝装甲兵上将）及其第3装甲师、第1步兵师由第聂伯河突出部撤出，转至基辅西南地域受威胁的防线。

【1944年】

1月4日 乌克兰第1方面军在向西推进过程中，第一次在萨尔内附近的沃伦越过1939年9月1日的波苏边界。1月5日，伦敦的波兰流亡政府在给各同盟国的一份照会中，要求苏联尊重波兰尤其是其领土的权利和利益。

1月14日 苏军对德国北方集团军群（司令冯·屈希勒尔元帅）发起强大攻势：列宁格勒方面军的第2突击集团军（司令费久宁斯基中将）和第42集团军（司令马斯连尼科夫上将）分别从奥拉宁鲍姆盆地和普希金市南部地域发起进攻；与此同时，波罗的海第2方面军（司令波波夫大将）由新索科利尼基地域发起进攻。1月18日，沃尔霍夫方面军第59集团军（司令科罗夫尼科夫中将）由诺夫哥罗德地域发起进攻，并于1月20日占领该城。卢加地段的德军被迅速突破后，撤退。

1月18日 德第3装甲集团军（司令赖因哈特大将）于1943年12月13日在维捷布斯克地域开始的防御会战结束。集团军报告，击毙苏军约4万人，击毁或缴获坦克1203辆、火炮349门。

1月20日 苏军占领诺夫哥诺德。

1月22日 希特勒免除屈希勒尔的北方集团军

群司令职务，由莫德尔大将接任。

1月26—27日 列宁格勒被解除围困。

列宁格勒战役是第二次世界大战中历时最久的城市防御战。在列宁格勒被围期间，正式报告的死亡人数达64.2万人，实际数字可能超过85万。在死亡人口中，仅有3%死于空袭或爆炸，其余97%死于饥饿。苏军最终突破封锁时，整个城市只有56万人，约相当于战前人口的1/6。

1月27日 乌克兰第1方面军（司令瓦杜丁大将）第13、第60集团军由萨尔内南部向德国南方集团军群的薄弱北翼发起进攻，向卢茨克和罗夫诺方向突击。2月2日，苏第13集团军（司令普霍夫中将）占领这两座城市。

希特勒在“狼穴”元首大本营向东线各集团军群和集团军司令作报告，内容是“对军队进行民族社会主义教育的必要性”。

1月28日 乌克兰第1、第2方面军对切尔卡瑟突出部的德军实施钳形突击，并在兹韦尼戈罗德卡会合。德第8集团军的第11军（军长施特默尔曼炮兵上将）和第42军（军长利布中将）共计7个师，约5.4万人被合围。

1月至2月 苏军在大反攻中，在苏德战场北翼实施“第一次打击”。1月14日，苏军对德国北方集团军群发起强大攻势，18日占领沃尔霍夫，卢加地段的德军随即撤退。苏军通过这次打击，歼灭敌军9万人，俘虏7200人，彻底解放了列宁格勒市和列宁格勒州，并为今后解放波罗的海沿岸3个加盟共和国创造了条件。

1月至3月 苏军实施“第二次打击”，在南部战场击溃德军66个师，解放了第聂伯河西岸的乌克兰全部地区，进抵苏联国境线，占据了通往罗马尼亚和巴尔干的有利阵地。

2月6日 夜晚，苏联轰炸机空袭赫尔辛基。

2月8日 乌克兰第3、第4方面军于1月31日将德第30军击溃，位于尼科波尔桥头堡的2个军也出现被分割围歼的危险。德第6集团军（司令霍利特步兵上将）被迫放弃该桥头堡（锰矿场）。

2月12日 列宁格勒方面军的第67集团军（司令斯维里多夫中将）和沃尔霍夫方面军的第59集团军（司令科罗夫尼科夫中将）占领卢加。

2月17日 被合围在切尔卡瑟东南的德第11军（军长施特默尔曼炮兵上将，身亡）和第42军（军长利布中将），在解围部队第1装甲集团军和第8集团军分别由西、南实施的突击援救下，突出合围，但伤亡惨重。5.4万人中有

3万多人到达德军防线。运输机从合围圈内运出伤员2400名。德第8航空军也参加了解围行动。

2月18日 苏联波罗的海第2方面军（司令波波夫大将）的部队占领旧鲁萨。

德国北方集团军群撤至“豹”阵地，即纳尔瓦—佩普西湖（今楚德湖）—普列斯考（今普斯科夫）—奥波奇卡—涅韦尔西部。

波兰流亡政府总理米科拉伊奇克不顾波兰“本土军”总司令的警告，命令本土军在与向前推进的苏军取得联系后，按照预先准备的“风暴”行动计划，开始对德军展开强大的破坏和游击活动。

2月20日 西班牙“蓝色师”回国后，德国国防军统帅部准许将尚在东线的西班牙志愿军团撤回。自此，西班牙全部兵力退出苏德战场。

2月22日 德第1装甲集团军（司令胡贝装甲兵上将）被迫放弃克里沃伊罗格（铁矿场）。

2月23日 一个由科尔涅耶夫将军率领的苏联军事代表团到达铁托设在波斯尼亚的司令部。铁托游击队和红军开始直接合作。

2月29日 芬兰总理林科米耶斯就芬兰谈判代表帕西基维与苏联女大使科伦泰在斯德哥尔摩举行秘密谈判的结果向国会作报告。

3月4日 苏军发动春季攻势。乌克兰第1方面军（3月2日起朱可夫任司令）对德国南方集团军群（司令冯·曼施坦因元帅）的北翼，即舍佩托夫卡地域的第1、第4装甲集团军发起进攻。苏军突破德军防线后，越过普罗斯库罗夫—捷尔诺波尔一线，向西、南推进，占领大片领土。

3月5日 乌克兰第2方面军（司令科涅夫大将）发起进攻，3月10日占领乌曼。

3月6日 乌克兰第3方而军（司令马利诺夫斯基大将）对德国A集团军群发起进攻。

3月13日 苏联春季攻势的规模不断扩大，迄今在宽约1100公里正面上，乌克兰第1—4方面军投入第1、第2、第3、第5、第6坦克集团军，第5突击集团军和17个步兵集团军，由第2、第5、第8、第17空军集团军担任掩护。德国A集团军群（司令冯·克莱斯特元帅）丢失了第聂伯河河口处的赫尔松。

3月15日 德第8集团军（司令韦勒步兵上将）的左翼被苏军彻底击溃，出现一个宽大缺口，苏军通过这一缺口渡过布格河向西突击。

3月17日 苏军攻占杜布诺，3月20日攻占文尼察，3月26日攻占卡缅涅茨—波多利斯克。3月28日，苏军开进尼古拉耶夫。同日，乌克兰第3方面军在雅西北部渡过普罗特河，逼近罗马尼亚旧边界。4月10日，苏军渡过谢列特河，在喀尔巴阡山前停止进攻。

3月19日 德军占领匈牙利。

3月25日 德国中央与南方集团军群自1943年11月12日失去的联系又在科韦利西部重新建立，从而为自3月17日被围于科韦利这一支撑点的德军（司令：党卫队“维金”第5装甲师师长，吉勒党卫队中将）解围创造了前提。至4月5日，第56装甲军（军长霍斯巴赫步兵上将）和第42军（军长马滕克洛特步兵上将）建立联系。

3月26日 在科韦利地域的战斗中，沃伦地区的波兰地下军队在战术上归属苏军谢尔盖耶夫将军指挥。

3月29日 苏军越过普鲁特河。

3月30日 希特勒解除冯·曼施坦因元帅南方集团军群（现改称北乌克兰集团军群）司令之职，由莫德尔元帅接任。将A集团军群（现改称南乌克兰集团军群）司令冯·克莱斯特元帅解职，由舍纳尔大将接任。林德曼大将接替莫德尔北方集团军群司令之职。

苏联乌克兰第1方面军占领切尔诺维茨（今切尔诺夫策），从而切断罗、德通过加里西亚的交通线。

3月至4月 苏军实施“第三次打击”，歼敌3.7万人，解放了南方重要港口城市敖德萨及其附近地区。

4月至5月 苏军歼敌11万人，完全解放了克里米亚半岛，并使黑海舰队获得了行动自由。

4月2日 苏联政府发表声明称，它无意“侵占罗马尼亚一寸领土或改变罗马尼亚现存的社会制度”。

4月7日 乌克兰第4方面军（司令托尔布欣大将）向防守克里木的德国第17集团军（司令耶内克大将）的通路发起进攻，迅速突破第49山地军（军长康拉德山地步兵上将）的罗马尼亚第10步兵师的防线，并以强大兵力向辛菲罗波尔方向突击。为阻滞苏军的进攻，位于刻赤附近的德国第5军（军长阿尔门丁格尔步兵上将）撤至费奥多西亚的隘路。

4月8日 被合围在卡缅涅茨—波多尔斯克北部地域达10天的德第1装甲

集团军（司令胡贝大将）突出合围，撤向西方，加强了撤向东加里西亚的北乌克兰集团军群的防线。

4月10日　德第6集团军（司令安格列斯炮兵上将）撤离敖德萨（部分通过海路），退至德涅斯特河。这样，罗马尼亚康斯坦察便成了被断绝全部陆上联系的德、罗第17集团军在克里木岛上的主要补给港口。

4月11—18日　除塞瓦斯托波尔外，全部克里木解放。

4月12日　苏联独立滨海集团军（司令叶廖缅科大将）突破德第5军防线。此后，德第17集团军便迅速撤至塞瓦斯托波尔（“雕”行动）。4月16日，“雕”行动完成。第17集团军只将其1/3火炮和1/4反坦克炮撤至塞瓦斯托波尔。希特勒下达命令，“塞瓦斯托波尔必须长时间坚守”，并禁止第17集团军由克里木业已开始的撤退。

4月15日　乌克兰第1方面军的第60集团军（司令切尔尼亚霍夫斯基大将）占领被合围的捷尔诺波尔（守军司令冯·奈因多夫少将，身亡）。德国守军一部突出合围，逃向西方。

4月23日　在德国北方集团军群地域的“豹”阵地内，战事完全停止，直至1944年7月12日。

4月23—25日　苏军通过萨蓬山向塞瓦斯托波尔突击的企图失利。

5月1日　据德国军队高级指挥部的资料，在500万—600万苏联战俘中，47.3万人被处决，近300万苏联士兵死在战俘营里。

5月2日　德第17集团军司令耶内克大将因4月29日向希特勒提出急速撤出塞瓦斯托波尔，以及将其集团军撤至罗马尼亚的建议，被解职，由阿尔门丁格尔步兵上将接任。

5月5日　苏第2近卫集团军（司令扎哈罗夫中将）对塞瓦斯托波尔要塞的德军北部防线发起进攻。在塞瓦斯托波尔周围，苏军有3个集团军、27个师，约200辆坦克；而德国第17集团军仅有6.4万人，其中步兵仅2900人。5月7日，苏军的强大攻势扩展到要塞东部，迅速达成突破，并越过萨蓬山突入市中心。

英国政府向苏联政府建议划分东南欧的作战区域。

5月8日　深夜，希特勒下达由克里木撤退的命令。

5月9日　苏军占领塞瓦斯托波尔。

5月10日　苏军向卡累利阿发起进攻。

5月12日 苏军将位于塞瓦斯托波尔西南、防守赫尔松涅斯半岛的最后一批德军击溃。自4月12日至5月13日，德军第17集团军的约23万人，由德、罗海军运走约13万，由空军运走21457人。自4月8日至5月13日，共死亡、失踪57500人（德军31700人，罗军25800人）。此外，至少有2万人失踪。

德军加强了德涅斯特河—基什尼奥夫突出部—雅西以北—喀尔巴阡山一线的阵地。

5月13日 在整个东线，战事逐渐减少。自芬兰湾到黑海的广大区域内，战斗间隙一直延续到6月22日。

5月10—20日 苏联游击队在德国中央集团军群防线后方进行大规模破坏活动。

5月20日 希特勒驳回中央集团军群司令部的请求，命令集团军群司令布施元帅“无论如何都要坚守”伸向东方的大突出部。

5月30日至6月6日 德第8集团军（司令韦勒步兵上将）在雅西北部发动目标有限的进攻。这是1944年德军在东线发动的唯一一次较大规模的进攻行动。俘虏1400人，摧毁坦克209辆。

6月9日 苏军开始实施“第四次打击”，列宁格勒方面军对卡累利阿地峡的芬兰第4军（军长拉蒂凯宁中将）发起进攻，芬军被迫后撤。6月20日，苏第21集团军占领维堡。6月29日，在苏联第7集团军占领彼得罗扎沃茨克，以及芬兰军队由阿乌努斯地域和奥涅加湖撤至1940年苏芬划分的国界线以后，苏芬战线趋于稳定。

6月19日 夜晚，作为苏军夏季攻势的序幕，苏联游击队进行了一次大规模的破坏行动：摧毁德国中央集团军群的铁路补给线路约9600处。这是战争中苏联游击队进行的规模最大的行动之一。

6月21日 苏联卡累利阿方面军（司令梅列茨科夫大将）的第7集团军（司令克鲁季科夫中将）和第32集团军（司令戈列连科中将）在拉多加湖与奥涅加湖（斯维里河畔）之间，以及在奥涅加湖北部的马谢利斯卡亚附近发起进攻。6月28日，占领彼得罗扎沃茨克。

6月22日 苏军对德国中央集团军群（司令布施元帅）发动夏季攻势——“第五次打击”，即“巴格拉基昂行动”——白俄罗斯战役。参加作战的有波罗的海第1方面军（司令巴格拉米扬大将），白俄罗斯第3方面军（司令切尔尼亚霍夫斯基上将），白俄罗斯第2方面军（司令扎哈罗夫上将），白俄罗斯第1方面军（司令罗科索夫斯基大将）；投入第2坦克集团军，第5近卫坦克集团军，第4突击集团军，第3、第5、第6（近卫）、第8（近卫）、第11（近卫）、第28、第31、第33、第39、第47、第48、第49、第50、第61、第69和第70步兵集团军（据德方统计，共计45个坦克旅，16个摩托化旅，6个骑兵师和126个步兵师）。由第1、第6、第16和第3（自7月4日）空军集团军的4000架飞机担任空中掩护和空中支援。德国兵力：第2集团军（司令魏斯大将），第9集团军（司令约尔丹步兵上将），第4集团军（司令冯·蒂佩尔斯基尔希步兵上将）和第3装甲集团军（司令赖因哈特大将），共计12个军，相当于40个师。向维捷布斯克、奥尔沙、莫吉廖夫和博布鲁伊斯克方向突击的苏军迅速突入德军防御地域纵深，西进500—600公里，歼敌54万人，解放了白俄罗斯全部领土和立陶宛的部分领土，并在波兰军队的配合下解放了波兰东部，逼近了东普鲁士和华沙，从而开辟了通往柏林的战略通道。

6月24—26日　里宾特洛甫在赫尔辛基访问期间，芬兰总理吕蒂以个人名义向他担保，芬兰绝不与苏联媾和。据此，里宾特洛甫答应继续向维堡西部受威胁的芬兰战线提供支援（派遣第122步兵师、第303强击火炮旅和其他部队）。

6月26日　苏军在维捷布斯克和博布鲁伊斯克地域达成突贯之后，已初步形成对德中央集团军群的两翼包围。尽管如此，希特勒仍于6月27日拒绝了中央集团军群司令部提出的放弃博布鲁伊斯克、莫吉廖夫和奥尔沙这些“必守之地”的请求。

6月27日　自6月23日被合围的德第3装甲集团军（约3.5万人）的第53军（军长戈尔维策步兵上将）残部，突出维捷布斯克，被苏第43集团军（司令别洛博罗多夫中将）和第39集团军（司令柳德尼科夫中将）的部队歼灭。战斗中，德第4、第6空军野战师师长皮斯托里乌斯中将和佩施尔中将身亡。

乌克兰第3方面军占领第聂伯河畔的奥尔沙。

6月28日　希特勒解除布施元帅的中央集团军群司令职务，由莫德尔元帅接任，莫德尔继续兼任北乌克兰集团军群司令至8月15日。

6月29日　拥挤在博布鲁伊斯克周围的德第9集团军的第35军（军长维泽步兵上将）和第41装甲军（军长霍夫迈斯特中将）残部约7万人，向苏联第3集团军（司令戈尔巴托夫中将）、第28集团军（司令卢钦斯基中将）、第48

集团军（司令罗曼年科中将）和第65集团军（司令巴托夫中将）以及普利耶夫少将的骑兵群投降。

在苏联第7集团军（司令克鲁季科夫中将）占领彼得罗扎沃茨克，以及芬兰部队由阿乌努斯地域和奥涅加湖撤至1940年的边界之后，苏、芬战线趋于稳定状态，战事减少。

7月1日 希特勒命令北方集团军群向西南方向进攻，以减轻处境十分困难的中央集团军群的负担。但此命令已无法执行。

7月3日 希特勒将北方集团军群司令林德曼大将解职，由弗里斯纳大将接任。

苏第3集团军（司令戈尔巴托夫中将）和第1、第2近卫坦克军占领明斯克。

7月4日 苏联波罗的海第1方面军和白俄罗斯第3、第1方面军分别越过莫洛杰奇诺和巴拉诺维奇向维尔纳（今维尔纽斯）和布列斯特—立陶夫斯克方向继续突击。波罗的海第1方面军占领波洛茨克。

7月5日 明斯克解放。

7月8日 白俄罗斯第1方面军占领铁路枢纽巴拉诺维齐。

德国第12军副军长樊尚·米勒中将命令明斯克东南部合围圈内的德第4集团军残部停止抵抗。这样，自1944年6月22日，德国中央集团军群共28个师，约35万人被歼。

7月9—13日 德军防守维尔纳（守军司令施塔尔少将）。在波兰“本土军”部队协助苏军占领该城后，即被苏联有关机构解除武装和拘禁。7月31日在伦贝格（今利沃夫）发生类似事情。

7月13日 乌克兰第1方面军（司令科涅夫元帅）以其第1、第3、第4近卫坦克集团军，第1（近卫）、第3（近卫）、第5（近卫）、第13、第18、第38、第60步兵集团军，以及第2摩托化骑兵群，对东加里西亚的德国北乌克兰集团军群（司令莫德尔元帅）防线发起进攻，由第2、第8空军集团军担任空中支援。

7月16日 白俄罗斯第2方面军的第50集团军（司令博尔金中将）占领格罗德诺。

7月18日 德第1装甲集团军在布罗迪地域被苏联乌克兰第1方面军合围。至7月22日，约2.5万至3万人被俘。

7月21日 海乌姆刚刚被苏军占领，“波兰民族解放委员会”便在该城宣告成立。其成员基本是在莫斯科成立的“国家民族委员会”和“波兰爱国者联盟”的成员。7月22日，“人民军”宣告建立。7月25日，委员会迁往卢布林（“卢布林委员会”）。

7月23日 希特勒任命舍纳尔大将为北方集团军群（波罗的海东岸各国）司令，弗里斯纳大将为南乌克兰集团军群（罗马尼亚东部）司令。

7月24日 苏联第2坦克集团军（司令波格丹诺夫中将）和第8近卫集团军（司令崔可夫上将）占领卢布林。

7月25日 苏联政府发表由被击溃的德国中央集团军群的16名将军起草的号召书，敦促东线德军官兵放弃战斗。8月8日，希特勒命令帝国军事法庭对中央集团军群的约20名将军的“军事叛变罪”提出控告。但到1945年5月德国崩溃前都无法接受诉讼。

匈牙利第1集团军在喀尔巴阡山前方地带被7月23日发动进攻的乌克兰第1方面军的左翼截为两段后，撤入喀尔巴阡山。该集团军司令拜赖格菲将军被解职，由米克洛什-达尔诺基接任（自8月6日）。

7月26日 列宁格勒方面军第2突击集团军（司令费久宁斯基中将）占领纳尔瓦。

7月27日 苏联波罗的海第1方面军的第4突击集团军（司令马雷舍夫中将）占领迪纳堡（今陶格夫匹尔斯）；白俄罗斯第2方面军的第3集团军（司令戈尔巴托夫中将）占领比亚韦斯托克；乌克兰第1方面军第38、第60集团军和第3近卫坦克集团军占领伦贝格（今利沃夫）。第1近卫集团军（司令格列奇科上将）占领斯坦尼斯拉夫。

7月28日 白俄罗斯第1方面军的第28、第61、第70集团军占领布列斯特—立陶夫斯克。

7月29日 由米陶（今叶尔加瓦）和包斯卡地域发起进攻的苏联波罗的海第1方面军的部队占领图库姆斯，到达里加湾，从而切断了位于爱沙尼亚和拉脱维亚的德国北方集团军群（司令舍纳尔大将）与东线其他德国部队的联系。

苏第13集团军的第350步兵师渡过维斯瓦河，在巴拉努夫南部建立桥头堡。

设在莫斯科的“波兰爱国者联盟”广播电台号召华沙人民反抗德国占领军。

7月30日 苏军进抵离华沙市中心仅6公里的维斯瓦河东岸。

德第9集团军和党卫队第4装甲军（军长吉勒党卫队上将）由华沙东部的桥头堡，对向华沙突击的白俄罗斯第1方面军（司令罗科索夫斯基元帅）发起反击。

7月31日 苏联波罗的海第1方面军的部队占领米陶。

苏军收复利沃夫和布列斯特—立托夫斯克。

7月至8月 苏军实施“第六次打击”，歼敌17万人，粉碎了德国北乌克兰集团军群，占领了以利沃夫为中心的西乌克兰，继而渡过维斯瓦河，占领了波兰的桑多梅日以西的地段，并攻入捷克斯洛伐克境内。

8月1日 白俄罗斯第3方面军的第5集团军（司令克雷洛夫中将）占领科夫诺（今考纳斯）。

波兰“本土军”（司令博尔·科莫罗夫斯基将军）向敌人发动袭击，起义队伍很快发展到5万人。由于德军的反击，苏军被迫中止对维斯瓦河东岸波军的援助。希特勒命令党卫队上将冯·德姆·巴赫-策莱夫斯基镇压起义，将华沙夷为平地。然而，这后一项命令在华沙争夺战期间无法贯彻。

8月3日 德国第9集团军在华沙东南部将突出冒进的苏第3坦克军合围歼灭。战斗中，德国空军战斗机自7月28日起共出动560架次。

德军在布列塔尼与其基地隔绝。

8月4日 7月末在桑多梅日南部渡过维斯瓦河的乌克兰第1方面军的第13集团军（司令普霍夫中将）建起一座宽50公里、纵深达30公里的桥头堡——巴拉努夫桥头堡。

8月6日 苏联于8月4日新组建的乌克兰第4方面军（司令彼得罗夫上将）以其第1近卫集团军和第18集团军占领加里西亚的德罗戈贝奇石油中心。

8月17日 莫德尔元帅接替冯·克卢格元帅任西线司令，兼B集团军群司令。莫德尔自6月28日同时担任的中央和北乌克兰集团军群司令这两个职务，分别由赖因哈特大将（任中央集团军群司令）和哈尔佩大将（任北乌克兰集团军群司令）担任。

德国国防军统帅部参谋长凯特尔受希特勒之托，劝说曼纳海姆确信芬兰继续对苏作战的必要性，未果。

8月18日 乌克兰第1方面军占领桑多梅日。

8月20日 乌克兰第2、第3方面军（司令马利诺夫斯基大将、托尔布欣大将）以11个坦克和步兵集团军，在第5、第17空军集团军掩护下，在雅西西北地域以及由蒂拉斯波尔西南的桥头堡，向罗马尼亚第4、第3集团军发起强大攻势，企图将据守在基什尼奥夫突出部的第6集团军（司令弗雷特尔-皮科炮兵上将）合围。

苏军开始进攻德国南乌克兰集团军群。

8月21—31日 苏军攻克罗马尼亚康斯坦察、普洛耶什蒂和布加勒斯特。

8月22日 苏第52集团军和第18坦克军占领雅西。

8月23—26日 罗马尼亚共产党领导的爱国卫队、该国爱国军队和成千上万自动拿起武器的居民，纷纷占领了所有重要的国家机关和战略要点，通过布加勒斯特电台宣布推翻了安东内斯库政府，进而打退了法西斯匪徒的疯狂反扑，解放了这座城市。截至8月31日，全国参加起义的部队共有37个师、46万余人，击毙德军5000多人，俘虏53159人。

8月24日 德第6集团军及其第4、第7、第30、第44和第52军在基什尼奥夫西南地域被苏联的两个乌克兰方面军从两翼合围。至月底，苏军在罗马尼亚歼灭德国第9、第15、第62、第79、第106、第61、第257、第258、第282、第294、第302、第306、第320、第335、第370、第376 和第384步兵师以及第153野战教导师。第10装甲步兵师、第13装甲师和第76步兵师各一部突出合围，得以幸免。

8月26日 当苏军进抵罗、保边境时，保加利亚共产党发出了举行武装起义的通知。9月6—7日，游击队在首都索非亚和其他一些大城市集中后，迅速占领了保加利亚西部和中部的一些城市，推翻了保皇的法西斯政府。9月9日清晨，保加利亚人民政权宣告成立。

8月29日 在诺伊索尔地域爆发的斯洛伐克起义，由于苏军未及时攻入斯洛伐克援救起义者，惨遭镇压。

8月30日 苏军占领罗马尼亚石油区。

苏军在罗马尼亚黑海沿岸港口康斯坦察登陆。德军从黑海撤入保加利亚各港口的舰只（约200艘）被乘员凿沉。

8月31日 苏第53集团军（司令马纳加罗夫中将）进入布加勒斯特。

8月至9月 苏军实施“第七次打击”，乌克兰第2、第3方面军在黑海舰队的配合下，进行了雅西—基什尼奥夫战役，歼灭了拥有80万兵力的德军南乌克兰集团军群，向前推进800—1000公里，解放了摩尔达维亚加盟共和国。

8月27日，乌克兰第2方面军占领罗马尼亚的福克沙尼，并由此向罗马尼亚中部推进。

9月4日 芬兰军队全线停火。

9月5日 德匈部队从克劳森堡—诺伊马克特地域对向塞克勒开进的罗苏部队发动进攻。由于力量悬殊，数日后德匈的进攻便被粉碎。

下午，苏联对保加利亚宣战。乌克兰第3方面军（司令托尔布欣大将）以其第46集团军（司令什列明中将）、第57集团军（司令哈根中将）和第37集团军（司令沙罗欣中将）从多布罗加渡过多瑙河，进入保加利亚。

9月6日 乌克兰第2方面军占领罗马尼亚的塞维林堡，到达铁门和罗、南边界。

9月8日 为夺取喀尔巴阡山山口，苏第38集团军（司令莫斯卡连科上将）和第1近卫集团军（司令格列奇科上将）以其第25装甲军、第1近卫骑兵军和11个步兵师从波兰克罗斯诺发起进攻，被德第1装甲集团军（司令海因里希大将）所阻。虽然10月6日苏军进入捷克斯洛伐克境内的杜克拉山口，但不久便被迫停止前进，无法援助斯洛伐克的起义。

9月9日 苏联政府宣布对保加利亚的作战结束。

9月11日 苏联和保加利亚签字停战。

9月12日 苏罗在莫斯科签订停战协定。

9月13日 在德军撤离维斯瓦河桥头堡后，白俄罗斯第1方面军的第47集团军（司令古谢夫中将）占领华沙郊区普拉加，推进至维斯瓦河畔，但未能向受到德军残酷镇压的华沙起义者提供援助。

9月14日 苏联波罗的海第1、第2、第3方面军（司令马斯连尼科夫大将、叶廖缅科大将、巴格拉米扬大将）以及列宁格勒方面军（司令戈沃罗夫元帅）以第5近卫坦克集团军，第1、第2、第3、第4突击集团军和第2（近卫）、第6（近卫）、第8、第10（近卫）、第22、第42、第43、第51、第54、第61、第67步兵集团军，在第3、第13、第14、第15空军集团军支援下，对爱沙尼亚和拉脱维亚的德国北方集团军群（第16、第18集团军）发动进攻。德军逐步撤离爱沙尼亚，9月末到达里加周围的防御阵地。

9月15—19日 苏第8集团军（司令斯塔里科夫中将）突破佩普西湖（今楚德湖）北部的纳尔瓦隘路。

9月22日 苏联列宁格勒方面军的部队占领雷瓦尔；9月23日占领派

尔努。

9月24日 德国北乌克兰集团军群和南乌克兰集团军群分别改称A集团军群（司令哈尔佩大将）和南方集团军群（司令弗里斯纳大将）。

9月28日 乌克兰第3方面军率其第46、第57步兵集团军以及保、罗、南部队，由罗马尼亚西部和保加利亚西部向贝尔格莱德发起进攻。

9月29日 在苏联压力下，波兰流亡政府将波军部队总司令索斯恩科夫斯基将军解职，由领导华沙起义的将军博尔-科莫罗夫斯基伯爵接任。

9月至10月 苏军实施“第八次打击”，在波罗的海沿岸地区发动攻势，解放了爱沙尼亚全部领土和拉脱维亚大部分领土，将30多个德国师围困在拉脱维亚西部沿海的库尔兰。

10月2日 华沙起义军经过63天的街垒战，弹尽粮绝，被迫投降。

10月5日 苏联波罗的海第1方面军（司令巴格拉米扬大将）以第4突击集团军、第6近卫集团军、第51集团军、第5近卫坦克集团军、第43集团军和第2近卫集团军对拉塞尼艾地域的德第3装甲集团军阵地发起进攻，突入到里加以南的波罗的海，包围了德国北方集团军群。

10月6日 乌克兰第2方面军从阿拉德至格罗斯瓦代因（今奥拉迪亚）地域向匈牙利低地的匈牙利第3集团军（司令海斯伦伊大将）发起进攻。12天后，苏军推进至蒂萨河中、下游。

苏军和在苏境内组建的捷克斯洛伐克1个军开进捷克斯洛伐克。

10月7日 苏联卡累利阿方面军（司令梅列茨科夫大将）的第14集团军（司令切尔巴科夫中将），在第7空军集团军（司令索科洛夫上将）支援下，对利察河畔的德第20山地集团军（司令雷杜利克大将）发动进攻。德第19山地军开始撤退。

10月9日 夜晚，在苏联波罗的海第1方面军到达梅梅尔北部的波罗的海沿岸，并由此突贯到库里施湾后，德第28军（军长戈尔尼克步兵上将）接管已宣布为“要塞”的梅梅尔（今克莱佩达）的防御，一直坚守至1945年1月22日。

10月10日 苏联波罗的海第1方面军（司令巴格拉米扬大将）的第5近卫坦克集团军攻入波罗的海沿岸的帕兰加，从而将立陶宛的德国北方集团军群与其他德军部队的联系彻底切断。退至梅梅尔北部一座桥头堡的德第3装甲集团军重归中央集团军群（司令赖因哈特大将）建制，该集团军群尚辖第4、第2、第9集团军。

在塞尔维亚实施防御的德国费尔贝尔集团军级集群被乌克兰第2、第3方面军截为两段。

10月11日 苏联乌克兰第2方面军（司令马利诺夫斯基大将）的部队占领北锡本比尔根首府克劳森堡，首次攻入东普鲁士。

10月13日 德国北方集团军群撤离里加，退至库尔兰。至10月20日，德军占领从图库姆斯到利包（今利耶帕亚）东南地域内呈一巨大弓形的防御阵地。

10月15日 匈牙利国家元首霍尔蒂通过广播电台宣布与苏联及西方同盟国停战。此后，由萨洛希·费伦茨为首的、在德国支持下的匈牙利的法西斯组织"箭十字"发动政变，德国特种分队也作好攻入布达佩斯要塞的准备。迫于此种形势，霍尔蒂收回停火命令，屈从于德国提出的要求。霍尔蒂及其家眷被送往德国拘留。萨洛希政权（自10月16日始）继续站在德国一边作战。匈牙利军队大部也暂时站在德军一边，只有第1集团军司令米克洛什—达尔诺基大将向苏军投诚。

苏第14集团军占领佩萨莫。

10月16日 白俄罗斯第3方面军（司令切尔尼亚霍夫斯基大将）对梅梅尔和苏瓦乌基之间的德第4集团军（司令霍斯巴赫步兵上将）的阵地发动进攻，以维尔科维什肯附近为主突方向。苏军进入东普鲁士，占领艾特库嫩（今车尔尼雪夫斯科耶）、施塔卢珀嫩（今耶本罗杰）和戈乌达普（10月22日），并到达讷默斯多尔夫附近的安格拉普（今奥焦尔斯克）。10月末，苏军停止进攻。

10月18日 苏军进攻东普鲁士。

10月19日 夜晚，德军放弃位于梅梅河北岸蒂尔西特（今苏维埃斯克）北部和鲁斯河畔的桥头堡。

10月20日 苏第4摩托化近卫军和南斯拉夫第1、第12军占领由德军施内肯布格尔军级集群（司令施内肯布格尔步兵上将，身亡）防守的南斯拉夫首都贝尔格莱德。

10月25日 苏军占领全部罗马尼亚，包括锡本比尔根。

德第20山地集团军撤离希尔克内斯。苏联卡累利阿方面军追击撤退的德军直至塔纳峡湾；苏军在此停留期间，德军继续撤至灵恩峡湾。

10月26日 乌克兰第4方面军的部队占领蒙卡奇（今穆卡切沃）；10月27日占领温格瓦尔。

10月27日 苏联卡累利阿方面军到达希尔克内斯—尼登—瑙齐一线。

10月28日 在德军全部撤离喀尔巴阡—乌克兰后，匈牙利第1集团军（司令拉斯洛大将）到达武普库夫山口—乔普至托考伊的蒂萨河段，并与德国南方集团军群的防线相连接。

苏军停止对东普鲁士的大规模进攻。

10月30日 乌克兰第2方面军（司令马利诺夫斯基大将）由匈牙利凯奇凯梅特南部地域向布达佩斯方向发起进攻。11月1日占领凯奇凯梅特；11月2日，苏军被德第3装甲军（军长布赖特装甲兵上将）阻于布达佩斯城东南郊。

10月 苏军实施“第九次打击”，以匈牙利为主战场。

苏军实施“第十次打击”，把德军从芬兰北部逐往挪威北部。

11月3日 德第20山地集团军撤出佩萨莫西南的伊瓦洛，沿芬兰北部主要交通线北冰洋公路撤至塔纳峡湾，苏军也在此停止追击。此后，德军在无苏军追击情况下继续撤退。

11月7日 苏联间谍理查德·佐尔格在日本东京巢鸭监狱被处以绞刑。

11月27日 乌克兰第3方面军由匈牙利莫哈奇地域的多瑙河桥头堡发动进攻。第一天，苏第64步兵军便占领莫哈奇。德、匈军防线被迅速突破。11月29日，芬夫基兴（今佩奇）被苏军占领。直至“玛加丽特防线”（德拉瓦河与巴拉顿湖南端和北角之间—施图尔魏森堡，即今塞克什白堡—韦伦采湖—布达佩斯南部的多瑙河）苏军受阻才停止进攻。

12月8日 苏军发起强大攻势合围布达佩斯。实施两翼合围的北翼（第6近卫坦克集团军和第7近卫步兵集团军）于12月9日到达魏岑（今瓦茨）附近的多瑙河，至12月18日进至格兰（今埃斯泰尔戈姆）；西南翼（第4近卫步兵师和第53集团军一部）开始进展缓慢，至12月24日才从西部达成合围。在“要塞”（司令普菲费尔·冯·维尔登布鲁赫党卫队上将）内有党卫队第9山地军（军长普菲费尔·冯·维尔登布鲁赫，3.3万人）和匈牙利第1军（军长欣迪中将，3.7万人）。

12月26日 苏第18坦克军开始包围布达佩斯。围歼布达佩斯德军的战役持续到1945年2月13日。

【1945年】

1月6日 丘吉尔向斯大林询问苏联发动冬季攻势的日期。斯大林于1月7日答复，“最晚不迟于1月下半月”。这个定于1月20日的攻势，提前于1月12日发动。

1月12日 乌克兰第1方面军（司令科涅夫元帅）率其第3、第4近卫坦克集团军，以及第3（近卫）、第5（近卫）、第13、第52、第60步兵集团军由巴拉努夫桥头堡发起强大攻势，德国第4装甲集团军（司令格雷泽尔装甲兵上将）的防线迅即被突破。1月15日，苏第13集团军（司令普霍夫上将）、第4近卫坦克集团军（司令列柳申科上将）与第3近卫集团军（司令戈尔多夫上将）协同攻占凯尔采；1月18日占领佩特里考（今彼得库夫—特雷布纳尔斯基）；第5近卫集团军（司令沙多夫上将）于1月17日占领琴斯托霍瓦。

1月13日 苏军150个师在从波罗的海到喀尔巴阡的全长1200公里的广阔战线上发动猛烈攻势。白俄罗斯第3方面军（司令切尔尼亚霍夫斯基大将）率其第39、第5、第28、第11（近卫）、第2（近卫）、第31步兵集团军，以及第1、第2近卫坦克军，在第1空军集团军（司令赫留金上将）支援下，由东普鲁士的皮尔卡伦（今施洛斯贝格）地域向西发起强大攻势，企图歼灭德第3装甲集团军（司令劳斯大将），到达波罗的海库里施湾。

为配合白俄罗斯第3方面军的进攻，波罗的海第1方面军第43集团军（司令别洛博罗多夫上将）由蒂尔西特（今苏维埃斯克）北部地域发起进攻。5天后，白俄罗斯第3方面军向西达成战役突贯。

为支援乌克兰第1方面军的进攻，苏第2空军集团军（司令克拉索夫斯基上将）在恶劣天气里对德第4装甲集团军出击692架次。

1月14日　白俄罗斯第1方面军（司令朱可夫元帅）率其第2近卫坦克集团军，第1（波兰）、第61集团军以及第61、第5突击集团军，由马格努谢夫和普瓦维的维斯瓦河桥头堡，向西和西北发动强大攻势，突破德第9集团军防线。1月15日，白俄罗斯第1方面军的第47集团军在华沙北部渡过维斯瓦河。数日后，德国A集团军群（司令哈尔佩大将）在克拉科夫南部的维斯瓦河河段与喀尔巴阡山之间被歼。白俄罗斯第1方面军和乌克兰第1方面军拥有220万人、6460辆坦克和自行火炮、32143门火炮和迫击炮，以及4772架飞机。

白俄罗斯第2方面军（司令罗科索夫斯基元帅）率其第5近卫坦克集团军，第2突击集团军，第48、第49、第65、第70步兵集团军以及第3近卫骑兵军、第7摩托化军，第1、第8近卫坦克军，由波兰鲁然两侧的纳雷夫河桥头堡向西北的埃尔宾—维斯瓦湾的德国第2集团军（司令魏斯大将）的防线发起进攻，从而使防守东普鲁士东南边界突出部的第4集团军的两翼受到威胁，整个中央集团军群（司令赖因哈特大将）也有被合围于东普鲁士的危险。双方在东线波罗的海和喀尔巴阡山之间的兵力对比：步兵：7.7:1，炮兵：6.9:1，迫击炮：10.2:1，坦克：4.7:1，苏联第1、第2、第4、第6、第16空军集团军占有绝对空中优势。

1月14—18日　苏军攻占拉多姆、华沙、罗兹和克拉科夫。

1月15日　乌克兰第4方面军（司令彼得罗夫大将）的第38集团军（司令莫斯卡连科上将）由亚斯沃地域向克拉科夫方向的德第17集团军南翼发动进攻。

1月16日　为支援白俄罗斯第2方面军，苏第4空军集团军（司令韦尔希宁上将）的战斗机和轰炸机对德第2集团军出击2500架次，投掷约1800吨炸弹。

1月16—17日　为支援白俄罗斯第3方面军在东普鲁士的进攻，苏第1空军集团军（司令赫留金上将）共出动飞机3468架次。

1月17日　德第9集团军放弃华沙。

1月18日　白俄罗斯第2方面军将德第2集团军（司令魏斯大将）逐至奥斯特罗文卡—姆瓦瓦一线，并开始实施战役突贯。

德军放弃克拉科夫；该城于1月19日被苏第59集团军（司令科罗夫尼科夫中将）和第60集团军（司令库罗奇金上将）的部队占领。

1月19日　乌克兰第1方面军（司令科涅夫元帅）占领罗兹；1月23日占领布鲁姆贝格（今比得哥什）；1月27日将波森（今波兹南）合围。

1月20日　在苏联势力范围内的德布勒森建立的与匈牙利现政府对立的政府，在莫斯科与苏联达成停战协议。

德国内林集群（第24装甲军和第42军残部）强渡皮利察河，并于1月22日在波兰谢拉茨东南与由东普鲁士向该地推进的"大德意志"装甲军（军长冯·绍肯装甲兵上将）建立联系。

1月21日　乌克兰第1方面军的第3近卫坦克集团军（司令雷巴尔科上将）和第52集团军（司令科罗捷耶夫上将）及随后跟进的其他集团军从行进中越过西里西亚边界，于1月22日到达布雷斯劳南、北两侧的奥得河河段。

1月22日　希特勒准予被束缚在梅梅尔桥头堡的第28军（军长戈尔尼克步兵上将）在萨姆兰德（今泽姆兰茨基，原为德国东普鲁士半岛，位于维斯瓦湾与库里施湾之间）投入对向前推进的白俄罗斯第3方面军的战斗。该军越过库里施沙洲（今库尔斯卡亚沙洲）撤向德国克兰茨地域。苏第5集团军（司令克雷洛夫上将）和第11近卫集团军（司令加利茨基上将）一部占领因斯特堡（今切尔尼亚霍夫斯克），第3近卫骑兵军占领阿伦施泰因（今奥尔什丁）。

德国霍斯巴赫步兵上将自主行事，以其第4集团军由东普鲁士向西实施突贯。1月30日，希特勒将其革职，由米勒步兵上将接任。米勒受领的任务是，面对白俄罗斯第2、第3方面军的第3、第5、第28、第31、第39、第43、第48、第49、第50、第65和第70集团军，第5近卫坦克集团军，第2突击集团军，第2、第11近卫集团军，以及波罗的海第1方面军和白俄罗斯第1方面军部队的攻击，坚守东普鲁士。

1月23日　德国开始由东普鲁士和但泽湾撤退。至1945年5月8日，共撤走难民、官兵和伤员200多万人。由海路撤退时损失1.4万人。

1月24日　希姆莱被任命为新组建的维斯瓦河集团军群司令，受命在西里西亚和东普鲁士之间的宽大缺口建立一道临时防线。

1月24日 希特勒准予德军向贝斯基德山实施大范围撤退，从而放弃斯洛伐克大部领土。乌克兰第1方面军（司令科涅夫元帅）的第3近卫集团军（司令戈尔多夫上将）占领奥珀伦（今奥波莱），第21集团军（司令古谢夫上将）占领格莱维茨（今格利维采）。

1月24—28日 在“第四次库尔兰会战”中，苏联波罗的海第1方面军（司令巴格拉米扬大将）试图突破利包东南部的德第18集团军（司令伯格步兵上将）防线，但未能成功。

1月26日 白俄罗斯第2方面军的第5近卫坦克集团军（司令沃利斯基上将）进至维斯瓦湾的托尔克米特（今托尔克米茨科），从而将德军在东普鲁士的陆上联系切断。1月21日，白俄罗斯第2方面军的前卫曾攻入埃尔宾，但未能守住该城。

苏第59、第60集团军占领卡托维茨。

苏联炮兵首次炮击柯尼斯堡。德第4集团军在布劳恩斯贝格（今布拉涅沃）地域向西实施突贯。

希特勒将中央集团军群司令赖因哈特大将解职，由刚刚到库尔兰接替舍纳尔职务的伦杜利希大将接任。中央集团军群改称北方集团军群，北方集团军群改称库尔兰集团军群。

1月27日 苏军解放奥斯威辛集中营。

在上西里西亚工业区的德第17集团军（司令舒尔茨步兵上将）的防线被乌克兰第1方面军割裂。自1月18日接替哈尔佩大将任A集团军群（自1月25日改称中央集团军群）司令的舍尔大将批准第17集团军司令多次提出的撤离上西里西亚工业区的请求。自1月28日，A集团军群在该地域南部重建防线。

1月28日 苏军渡过波美拉尼亚河和勃兰登堡河。

拉施步兵上将被任命为柯尼斯堡要塞司令。1月29日，该城西南部至维斯瓦湾的陆上联系被苏军切断。1月30日，由于苏军从萨姆兰德的突击，该城西部至维斯瓦湾的陆上联系也被苏军切断。至此，柯尼斯堡失去全部陆上联系。1月30日，“大德意志”装甲步兵师（师长洛伦茨少将）沿海湾打开一条狭窄通路，与西南部的第4集团军恢复联系。

1月30日 白俄罗斯第1方面军的第2近卫坦克集团军（司令波格丹诺夫上将）和第5突击集团军（司令别尔扎林中将）到达奥得河畔法兰克福和库斯特林之间的奥得河河段，并在奥得河西岸、库斯特林的北部和南部建起桥头堡。

满载难民的原德国“威廉·古斯特洛夫”号指挥舰在波莫瑞湾（今波美拉尼亚湾）沿岸，被苏联S-13号潜艇用鱼雷击沉，5200人遇难。

1月31日　白俄罗斯第1方面军的坦克抵达库斯特林和法兰克福附近的奥得河，距柏林仅100公里。

2月1日　苏军占领布加勒斯特。

2月6日　苏军渡过布雷斯劳（今弗罗茨瓦夫）东南的奥得河。

2月8日　乌克兰第1方面军由施泰瑙和洛伊布斯（今卢比翁伊）的奥德河桥头堡发起进攻。2月10日，苏第3近卫坦克集团军（司令雷巴尔科上将）占领利格尼茨（今莱格尼察）。苏第6集团军（司令格卢兹多夫斯基中将）和第5近卫集团军（司令沙多夫上将）开始由北、南两翼合围布雷斯劳。

2月10日　白俄罗斯第2方面军企图以第19、第70、第49、第65步兵集团军和第2突击集团军在9天内突贯后波莫瑞的德第2集团军防线，失利。

2月11日　苏军攻克布达佩斯，德军只有785人逃出。斯大林在2月13日下达的一项命令中宣布，此役俘虏德军11万人，击毙4.9万人。据认为这个数字显然过高，因为布达佩斯在被合围之初仅有3.3万德军和3.7万匈军。居民死亡19718人。

2月15日　布雷斯劳（今弗罗茨瓦夫）被乌克兰第1方面军四面包围，“要塞”（司令冯·阿尔芬少将）内德军仅有200门火炮、7辆坦克和8门强击火炮。

2月16日　德国党卫队第11装甲集团军（司令施泰纳党卫队上将），以其党卫队第4装甲师和第2装甲师由波莫瑞的施塔加德（今布格施塔加德）西南地域出发，对苏第47集团军（司令佩尔霍罗维奇中将）发动反击。两天后，在夺占小部领土后因兵力不足被迫中止。

2月18日　华西列夫斯基元帅接替去世的切尔尼亚霍夫斯基大将的职务，就任东普鲁士白俄罗斯第3方面军司令。

2月19日　德国扎姆兰德集团军支队（司令戈尔尼克步兵上将）以其第58、第93步兵师和第548人民步兵师，与柯尼斯堡守军（第5装甲师和第1步兵师）一起，在军舰重炮火力支援下，对苏第39集团军发动一次反击，建立柯尼斯堡与皮劳（今波罗的斯克）之间的联系，一直维持到4月6日。

2月20日　在德布勒森成立的匈牙利反对派政府在莫斯科签订停战

协定。

2月20—28日 苏联波罗的海第1方面军在“第五次库尔兰会战”中企图突破利包南部的德军防线，失利。

2月23日 波森（今波兹南）“要塞”德军（司令戈内尔少将，身亡）经4周防御战，终被白俄罗斯第1方面军击溃，波森（今波兹南）失陷。

2月24日 经由白俄罗斯第1方面军部队加强的白俄罗斯第2方面军再次由后波莫瑞发起进攻。在其西部，白俄罗斯第1方面军于3月1日继续向北方进攻。苏军在德第2集团军和第3装甲集团军接合部的宽大正面上达成突贯。3月4日，苏第19集团军（司令科兹洛夫中将）占领克斯林（今科沙林）。翌日，苏军转而向北和东北，企图到达但泽湾地域。

2月27日 被派往布加勒斯特的苏联副外交人民委员维申斯基迫使罗马尼亚国王米夏埃尔一世将拉代斯库的政府解散，任命一个由格罗扎为首、共产党占统治地位的政府。

3月1—5日 德国内林装甲集群以第39装甲军（军长德克尔装甲兵上将）和第57装甲军（军长基希纳装甲兵上将）在下西里西亚发动一次有限的反击，占领劳班（今卢班），将苏第99步兵军击溃。在德第17集团军（司令舒尔茨步兵上将）发动的一次进攻中，第208步兵师和党卫队第31师夺回施特里高。在这里，苏军实施的反击由于受到己方不明地面情况的战斗机的攻击而失利。

3月5日 自2月18日被盟军合围的格劳登茨（今格鲁琼兹）的德军（司令弗里克少将）被迫向乌克兰第2方面军投降。

3月6日 在匈牙利，德国党卫队第6装甲集团军（司令迪特里希党卫队大将）和第6集团军（司令巴尔克装甲兵上将）在巴拉顿湖北部发动最后一次进攻，其目的是与由德拉瓦河桥头堡发起进攻的E集团军群和由匈牙利大包约姆—考波什堡发起进攻的第2装甲集团军（司令安格利斯炮兵上将）协同，将多瑙河西岸的乌克兰第3方面军战线割裂，以便更可靠地保护匈牙利瑙吉考尼饶附近的油田。3月15日，由于苏第26、第27集团军，第6近卫坦克集团军和第9、第4近卫集团军的强大反击，德军被迫停止进攻。

德国E集团军群在德拉瓦河畔的锡克洛什两侧建起两座桥头堡。

3月13日 乌克兰第3方面军对东普鲁士海利根拜尔（今马莫诺沃）地域的德第4集团军（司令米勒步兵上将）发起强大进攻。进攻第一天，苏军便将柯尼斯堡与西南部的联系切断。

3月15日 乌克兰第1方面军以两个集群在上西里西亚发动进攻。第21集团军和第4近卫坦克集团军由波兰格罗特考（今格罗德库夫）地域向南进攻；第59、第60集团军以第31坦克军和第7近卫摩托化军从波兰拉蒂博尔（今拉齐布日）北部地域向西进攻。3月18日，两个集群在诺伊施塔特会合。德第56装甲军（军长科赫·埃帕赫骑兵上将）一部被合围、歼灭。3月24日，苏第4近卫坦克集团军占领尼斯。

3月16日 乌克兰第2、第3方面军在匈牙利发动反击。经激战，至3月25日德军战线被突破。

3月18日 科尔贝格（今科沃布热格，守军司令富尔里德上校）被合围14天后，被波兰第1集团军（司令波普拉夫斯基中将）和苏联第1近卫坦克集团军（司令卡图科夫上将）占领。此前，德国已通过海路撤走居民6.8万人、伤员1223人、官兵5213人。

德国军备和战时生产部长施佩尔在致希特勒的备忘录中写道："4至8星期内，德国经济将最后崩溃。"

3月18—23日 "第六次库尔兰会战"。会战中，苏第10近卫集团军（司令卡扎科夫上将）突破弗劳恩堡（今弗龙堡）南部德国第18集团军（司令伯格步兵上将）防线的企图仍未实现。

3月22日 在南斯拉夫第3集团军和苏联第133步兵军压力下，德国E集团军群自3月15日由锡克洛什两侧的德拉瓦河桥头堡的撤退至今已全部结束。

德第9集团军（司令布塞步兵上将）企图攻占苏军在库斯特林的奥得河桥头堡，失利。

3月23日 乌克兰第2方面军将德第2集团军（司令冯·绍肯装甲兵上将）的防御地域分割成3部分：海尔半岛、奥克斯赫富特—戈滕哈芬（今格丁尼亚）和但泽—维斯瓦河低地。

3月28日 盟军总司令艾森豪威尔将军电话通知斯大林，他的目标是"向易北河上游推进，到达爱尔福特—莱比锡一线，并在此等候苏军"。他准备以其军队主力占领德国的"阿尔卑斯山要塞"。

苏第70集团军（司令波波夫上将）占领戈滕哈芬（今格丁尼亚）。

3月29日 在东普鲁士的德第4集团军被迫放弃巴尔加半岛（今韦谢洛耶）。该集团军余部到达维斯瓦沙洲和萨姆兰德（今泽姆兰茨基）防御地域。自3月18日，撤至维斯瓦沙洲的有60285名伤员、10170名官兵、4838名居民、1辆坦克、86门火炮、303辆汽车和11079吨物资。

苏军进入奥地利。

3月30日　苏第2突击集团军（司令费久宁斯基上将）占领但泽。该城守军撤至维斯瓦河下游地区的波兰尼克尔斯瓦尔德（今米科斯泽沃）—谢文霍斯特（今希维布诺）地域，一直坚守到德国投降。

4月2日　匈牙利瑙吉考尼饶石油中心被乌克兰第3方面军的第57集团军（司令沙罗欣上将）占领。

德国北方集团军群司令部被撤销。第4集团军（司令米勒步兵上将）接管萨姆兰德地域的防御。

4月3日　朱可夫和科涅夫各自向斯大林陈述了自己攻占柏林的计划。斯大林最后决定，把由朱可夫指挥的白俄罗斯第1方面军和由科涅夫指挥的乌克兰第1方面军的分界线划到柏林以南40公里的古本。他说，科涅夫如能在朱可夫之前到达古本，就可以直接进攻柏林。

4月4日　苏第7近卫集团军（司令舒米洛夫上将）占领普雷斯堡（今布拉迪斯拉发）。

德国最后一批部队撤离匈牙利，这一天被称为“解放日”。

4月5日　乌克兰第3方面军（司令托尔布欣元帅）对维也纳发起进攻。

4月6日　白俄罗斯第3方面军再次从柯尼斯堡西部向维斯瓦港发起进攻，于4月7日和8日进入燃烧的柯尼斯堡。城防司令拉施步兵上将于4月9日投降。根据希特勒的指令，4月10日拉施被缺席判处死刑，并以“株连罪”将其家眷逮捕。

4月7日　伦杜利希大将被任命为德国南方集团军群司令。希尔佩特大将就任库尔兰集团军群司令。

4月9日　苏军攻克柯尼斯堡。

4月10日　冯·绍肯装甲兵上将被任命为但泽湾地域德军司令，辖第2、第4集团军，并称东普鲁士集团军群司令部。

4月13日　苏第4近卫集团军（司令扎赫瓦塔耶夫中将）占领维也纳。

4月15日　乌克兰第4方面军（司令叶廖缅科大将）发动进攻，企图向奥斯特劳工业区突击。4月25日，苏第38集团军（司令莫斯卡连科上将）占领奥斯特劳。

苏第9近卫集团军（司令格拉戈列夫上将）在夺占奥地利圣珀尔滕后，乌克兰第3方面军便终止向西推进。

希特勒签署的对东线官兵的号召书通过电台、传单，在前线德军部队中广泛传播。

4月16日 星期一，是列宁诞辰75周年纪念日。乌克兰第1方面军（司令朱可夫元帅）和白俄罗斯第1方面军（司令科涅夫元帅）以18个集团军分别由尼斯河畔和奥得河桥头堡发起强大攻势，计划合围并夺占柏林。

凌晨3时，苏军向柏林发起总攻。奥德河—尼斯河西岸上空突然升起5000枚红色和白色信号弹，大地被照得一片通明。6500门大炮和1100架“喀秋莎”火箭炮投入主攻，仅白俄罗斯第1方面军配备的弹药就超过了43000吨，平均每公里战线上投放了358吨。装备有6门280毫米口径火炮的第34重炮营也参加了战斗。

4月20日 白俄罗斯第2方面军（司令罗科索夫斯基元帅）以4个集团军及其坦克部队由奥得河下游桥头堡发起进攻，企图夺占前波莫瑞和梅克伦堡。下午，苏联炮兵开始炮击柏林市中心。

希特勒在柏林地下室里庆祝他的最后一个生日。宴会结束后，他在例行的军事会议上下达了建立南方和北方两个司令部的命令，并委派邓尼茨海军元帅指挥北方司令部，凯塞林元帅指挥南方司令部。当天夜里，希姆莱、戈林等人各自携带金银财宝，仓皇逃离柏林。

4月21日 苏军3个集团军和近卫坦克第2集团军逼近柏林城郊，部分士兵已冲进城内。但是，科涅夫攻入柏林街道的计划未能实现——沿途的森林、湖泊、障碍物、地雷区以及碉堡阻碍了坦克部队的推进。

在劳西茨的尼斯河畔达成突贯的乌克兰第1方面军以其第7近卫摩托化军占领包岑。

4月22日 苏军第3近卫集团军（司令戈尔多夫上将）占领科特布斯。

中午，希特勒向将军们宣布，战争已经失败，他将放弃最高指挥权，由凯特尔和约德尔两人指挥抵抗，他自己则在柏林坚守到死。

4月24日 白俄罗斯第1方面军和乌克兰第1方面军两大主力的一部，在柏林东南会合，切断了德军古本集团与柏林集团的联系。与此同时，乌克兰第1方面军的第4近卫坦克集团军同白俄罗斯第1方面军的第47集团军、近卫第2集团军也在波茨坦以西会合，从而完成了对德军柏林集团的合围。

4月25日 白俄罗斯第3方面军的第39集团军（司令柳德尼科夫中将）占领皮劳（今波罗的斯克），防守该城的德军残部撤向维斯瓦沙洲。4月27日，苏军实施追击，突破德军道道拦阻阵地，向前推进。5月3日，德军放弃卡尔山（今维西察山）。5月8日，德军放弃福格尔桑。

苏第5近卫集团军（司令沙多夫上将）第58近卫步兵师在易北河的托尔高与美第1集团军第69师（师长莱因哈特少将）一部会师，从而将德军迄今据守的地域一分为二。

苏第16空军集团军以1486架飞机两次空袭柏林。

从北部包围柏林的苏第47集团军（司令佩尔霍罗维奇中将）和第2近卫坦克集团军（司令波格丹诺夫上将）与从南部包围柏林的苏第4近卫坦克集团军（司令列柳申科上将）的第6近卫机械化军，在柏林西部的凯钦会合，将柏林合围。

从西面进攻柏林的白俄罗斯第1方面军与乌克兰第1方面军的近卫机械化第6军胜利会师，40余万人的柏林德军集团被切割成两个孤立的集群。

4月26日 苏军坦克碾过柏林的大街小巷，炮筒向每一个射出子弹的窗口猛烈轰击。柏林城中的250万幢建筑物大多化为瓦砾。

乌克兰第2方面军的第53集团军（司令马纳加罗夫上将）占领布吕恩（今布尔诺）。

苏第20突击集团军（司令费久宁斯基上将）占领斯德丁（今什切青）。

4月28日 白俄罗斯第1方面军逼近柏林的蒂尔花园区。这里有政府办公厅、国会大厦、最高统帅部等象征第三帝国权力的最高机关。

苏军在普伦茨劳突破德第3装甲集群（司令冯·曼陀菲尔装甲兵上将）之后，德国维斯瓦河集团军群司令海因里希大将被解职，由施图登特大将接任。

为柏林解围的德第12集团军（司令文克装甲兵上将）由贝尔齐希推进至费尔希，终因兵力不足被迫停止前进。

4月29日 苏军先头部队离希特勒的巢穴只有300米。

晚上，希特勒与多年的情妇爱娃·勃劳恩举行了婚礼。然后，希特勒向女秘书口述了遗嘱，指定卡尔·邓尼茨海军元帅为自己的接班人，担任帝国总统和总司令。

4月30日 苏军从三个方向猛力攻打由6000名精锐党卫队防守的国会

大厦。14时25分，步兵756团第1营的西亚诺夫连率先从正门冲进了大厦。事后，西亚诺夫讲述道："我的战士们迎着火力封锁，高喊着'乌——拉——'往前冲。我们在弹坑中迅速飞跑，有时在石板和翻倒的树后躲一躲，越过许多沟坎和鹿砦，匍匐通过开阔地域，冒着密集的火力向前冲去，每前进一步都要遇到地雷和炮弹爆炸。很多战士倒下了，我的右腿和右肩先后被弹片擦伤，哪还顾得上包扎。……我们冲上了国会大厦的台阶，这时一颗炮弹在高高的圆柱之间爆炸了。弹片穿透了亚基莫维奇的胸膛，他一头栽倒牺牲了，高举的手中还握着一枚手榴弹。他的鲜血凝结在大理石台阶上。还有几名战士也牺牲了。……当我们出现在宽阔的台阶上时，子弹冰雹般地铺天盖地而来。希特勒匪徒从所有窗户里向我们扫射，然而，我们已经摸到了国会大厦厚厚的墙壁。眼前耸立着一座宏伟壮丽的大门，上面被炮弹炸坏了好几处，我们朝门上的洞里扔进许多手榴弹，我们的战士从这里钻进了国会大厦……"苏军战士叶戈罗夫、坎塔里亚和伊万诺夫在隆隆炮火声中，把一面红旗插在国会大厦的圆顶上。随后，战士们涌向国会大厦前面的广场，跳起了欢乐的舞蹈。

上午，希特勒与他身边的人一一握手告别。15时30分，他在毒死爱犬后，与爱娃一起在卧室自杀。

"乌布利希小组"被莫斯科送往柏林，并着手在苏联占领区和柏林建立共产党政权。

5月1日 15时18分，邓尼茨在普伦收到鲍曼的电报，获悉希特勒自杀。邓尼茨通过汉堡广播电台发表讲话。22时30分，电台广播希特勒死亡的消息。

5月2日 早晨，柏林城防司令魏德林通过无线电向苏军恳求停火。下午，柏林的战斗结束。

以邓尼茨海军元帅为首的德国新政府成立，他将大本营移至弗伦斯堡。冯·里宾特洛甫被解职后，由施威林·冯·克罗西克伯爵继任。

苏第3近卫坦克军占领罗斯托克。

英军和南斯拉夫军在的里雅斯特附近会师。

5月5日 布拉格人民举行武装起义，占领了电台和一些重要目标。5月9日，苏军坦克部队驶抵布拉格，不久全国解放。

5月6日 乌克兰第1、第4、第2方面军以3个坦克集团军（第3、第4坦克集团军和第6近卫坦克集团军）和17个步兵集团军（第1、第3、第5、第7、第

9近卫集团军，第13、第18、第21、第28、第31、第38、第40、第46、第52、第53、第59、第60步兵集团军，波兰第2集团军，罗马尼亚第2军和捷克第1军）在第2、第5、第8空军集团军支援下，集中对德国中央集团军群（司令舍纳尔元帅）及其第1、第4装甲集团军和第17集团军防守的波希米亚地区发动进攻。5月8日，苏第38、第60集团军占领奥尔米茨（今奥洛穆茨）。

“布雷斯劳要塞”（司令尼霍夫步兵上将）向苏第6集团军（司令格卢兹多夫斯基中将）投降。

邓尼茨解除希姆莱的一切职务。

5月7日　苏第5近卫集团军（司令沙多夫上将）占领德累斯顿。

白俄罗斯第2方面军（司令罗科索夫斯基元帅）的部队到达维斯马—什未林—维滕贝尔格一线。白俄罗斯第1方面军（司令朱可夫元帅）和乌克兰第1方面军（司令科涅夫元帅）到达易北河。

5月8—9日　德军凯特尔元帅、弗雷德堡上将和什图姆普弗上将在英军的“护卫”下，到达柏林的滕佩尔霍夫机场。他们是由邓尼茨授权，前来签署《德国军事投降书》的。投降签字仪式在柏林东部卡尔斯霍斯特一所军事工程学校的两层楼房里举行，这里原为食堂，后改为苏军司令部所在地。

23时45分，英国的泰德上将、美国战略空军司令斯巴兹将军、法军总司令塔西厄将军，以及苏联代表朱可夫、维辛斯基、捷列金、索科洛夫斯基等人均在桌旁就座。

受降仪式开始时，朱可夫元帅庄严宣布：“我们，苏军和盟军最高统帅部的代表，受反希特勒同盟国政府委托，来接受德国的无条件投降。现在请德军最高统帅部代表进入大厅！”德国代表凯特尔等坐在桌前，在5份德国正式投降书上一一签上了名字。大厅里立即响起一片欢呼声。

自1939年9月1日以来，战争共进行了5年8个月又8天。

5月10日　苏第3近卫坦克集团军（司令雷巴尔科上将）占领布拉格。

5月11日　苏军在丹麦博恩霍尔姆岛登陆。

5月13日　德国国防军统帅部参谋长凯特尔元帅被捕，约德尔大将接任其职。

5月14日　12时，德国驻东普鲁士的15万军队（司令冯·绍肯装甲兵上将）向白俄罗斯第2方面军投降。这是最后一批成建制的德国部队投降。

5月17日　苏联参加“同盟国派驻德国国防军统帅部管制委员会”的代

表到达弗伦斯堡。

苏联新闻和电台开始批评邓尼茨政府。

5月23日 邓尼茨政府和国防军统帅部全体成员在弗伦斯堡—米尔维克被捕。德国海军总司令冯·弗里德堡海军大将自杀，希姆莱也在吕讷堡自杀。

6月5日 同盟国发表《柏林宣言》说：艾森豪威尔、蒙哥马利、朱可夫和德拉特尔·德塔西尼签署4个文件，宣告德国政府权力机构结束，由管制委员会中的4个同盟国最高军事长官集体行使德国最高行政职权；以1937年的边界为基础，确定将德国划分为4个占领区和柏林特别区域。

6月10日 苏联允许在其德国占领区内建立政党。6月11日，德国共产党发表建党号召书；德国社会民主党、基督教民主联盟和自由民主党也相继发表建党号召书。

6月28日 斯大林成为“大元帅”，此前为“元帅”。

7月1—4日 苏军开进此前由西方盟军占领的萨克森、勃兰登堡、梅克伦堡以及图林根地区。

中国战场

【引子】

1874年

5月　日本以台湾高山族杀害54名琉球渔民为由，悍然出兵3600余人侵占台湾，残酷杀戮高山族同胞。

10月　日本迫使清政府签订《中日台事专条》及“会议凭单”，默认琉球人是日本人，并赔偿日本50万两白银。

1879年

4月　日本派出一支由450名军人和160名警察组成的队伍，镇压了已有200年不设军队的琉球“藩王”，将王室强行迁至东京，并废除藩政，改为由日本政府直辖的冲绳县。

1885年

冲绳县令西村舍三根据日本内务卿山县有朋的指示，调查清朝福州到冲绳县那霸之间的无人岛，明确归属，设立领土标识。西村调查后发现，这些无人岛“与《中山传信录》记载的钓鱼台、黄尾屿和赤尾屿应属同一岛屿”，已为清朝册封使船所详悉，并赋以名称，作为赴琉球的航海标识。当时的日本政府虽然觊觎钓鱼岛，但慑于实力不足，不敢轻举妄动。

1894年

6月 日本以清军进入朝鲜为借口，调遣大批日军赴朝，迅速抢占从仁川至汉城一带各战略要地。

7月25日 日军不宣而战，向牙山中国驻军突击，同时，日本军舰袭击在丰岛海面执行护航任务的中国军舰，重创“济远”号和“广乙”号；击沉“高升”号运输舰，造成700多名中国官兵死亡，挑起了侵略中国的甲午战争。在清朝败局已定的背景下，日本政府认为“今昔形势已殊”，要求将在钓鱼岛建立国标、纳入版图事宜提交内阁会议决定。

10月 日军分两路侵犯中国辽宁省。

11月 日军占领大连、旅顺。日军进入旅顺后，见人就杀，在4天3夜的大屠杀中，全市近2万中国人全遭杀戮，只有埋尸的36人幸免于难。

1895年

1月 日军从水陆两路夹攻驻威海卫的中国海军。同时，日本内阁秘密通过决议，将钓鱼岛“编入”冲绳县管辖。

2月 北洋舰队全军覆没。

3月 日军占领整个辽东半岛。日军所至，烧杀淫掠，无所不为，仅在田庄台一地，就杀死中国军民2000多人。

4月17日 日本迫使战败的中国清政府在日本马关签订了割地赔款的《中日马关条约》。条约要求中国割让台湾、澎湖列岛和辽东半岛给日本。钓鱼岛等作为台湾“附属岛屿”一并割让给日本。

5月5日 日本因俄、德、法等国的干涉，被迫“放弃”辽东半岛。

5月27日 日军进犯台湾。

11月 日本占领台湾全岛，强迫清政府签订《中日辽南条约》，中国向日本加付3000万两白银，才“赎回”辽东半岛。

1898年

4月 日本强行将福建划为势力范围。

1900年

5月 日、俄、英、美、德、法、意、奥八国联军进犯北京。8月14日，八国联军攻陷北京，在京烧杀淫掠。

8月24日 日舰“和泉”号上的陆战队在厦门登陆。28日，又从台湾派两个步兵连入侵厦门。

同月，日本将钓鱼岛改名为“尖阁列岛”。

1901年

9月7日 清政府与日本等11国在北京签订《辛丑和约》，同意外国军队驻扎在北京到天津、山海关沿线的12个地区，赔款白银4.5亿两，日本从中分得3479.31万两。

1904年

2月8日 日本不宣而战，偷袭俄国在中国旅顺口的舰队。10日，两国相互宣战，日俄战争爆发。12日，清政府宣布中国“局外中立”。

1905年

1月 日军攻陷旅顺。

3月 日军占领奉天（沈阳），与俄为争夺中国领土和权益在中国东北进行大规模厮杀。

12月22日 清政府和日本政府在北京签订《中日会议东三省事宜条约》。条约规定，清政府同意根据日俄《朴次茅斯和约》将俄国在辽东半岛的租借地转让给日本，并在中国东三省增加开放城市和港口，安东和奉天之间军用铁路由日本经营，禁止修建与“满铁”平行的线路。

1906年

6月 日本成立对中国东北进行政治、经济、军事、文化侵略的大本营“南满铁道株式会社”和关东都督府。

1907年

7月 日本与法俄签订秘密协定，把南满和福建定为日本势力范围。

1914年

8月 第一次世界大战爆发后，日本把山东黄河以南地区划为日本对德“交战区”。

10月 日军占领济南和胶济铁路全线。

11月 日英联军攻占青岛。英军约1000人很快撤走，日军却拒不撤军，妄图长期侵占山东。

1915年

1月18日 日军驻华公使日置益会见袁世凯，针对中国政府要求日军撤出山东的照会，提出了秘密条款，即“二十一条”。

5月 日本以最后通牒方式，迫使袁世凯接受灭亡中国的“二十一条”。

1919年

5月4日 “五四运动”爆发。北京学生3000余人在天安门前集会，高呼“外争国权，内惩国贼”、“取消二十一条”等口号，会后举行游行示威。北洋政府派军警镇压，逮捕学生30多人，北京学生立即实行总罢课，并通电全国表示抗议。天津、上海、长沙、广州等地学生也纷纷游行示威，声援北京学生。

1920年

9月24日 日本间谍学校在哈尔滨成立，名为“日露协会学校”。“九一八”事变后，日军占领了哈尔滨，把这个学校改名为“哈尔滨学院”。从1938年起，院长改由日本高级军官担任。到1945年8月日本投降为止，学院共培训了1412名毕业生，其中还不包括特修生和专修生。毕业的学生大多被分到特务机关任职，或派到日本驻苏使馆工作。

1925年

5月15日 日本人开枪打死上海日商内外棉纱厂工人代表顾正红，打伤工人十余名，后又伙同英国制造了震惊中外的“五卅惨案”，当场打死工人和学生十余人，打伤数十人。

1926年

3月 日舰炮击大沽炮台，中国驻军死伤10余人，后日本调军舰于大沽对中国进行威胁。3月18日，北京群众举行集会，向段祺瑞政府请愿，遭到镇压，47人被打死，200余人被打伤，酿成“三·一八惨案”。

1927年

6月27日 主张强硬外交路线的日本大军阀田中义一首相主持召开有陆军、海军、外务3省以及驻华外交官参加的“东方会议”，制定了《对华政策纲领》，声言中国东北“在（日本）国防和国民的生存上有着重大的利害关系”。会议就侵略中国事宜进行了精心策划，并向天皇呈送了一份题为《日本帝国对满蒙之积极根本政策》的奏折，阐述了日本进行扩张的“必要性”。他说，历史表明，强国在自己周围建立一个帝国，把邻近地区置于自己的控制之下，这对大家都有好处。他特别指出：“惟欲征服支那，必先征服满蒙；如欲征服世界，必先征服支那。倘支那完全可被我国征服，其他如小亚细亚及印度、南洋等异服之类，必畏我敬我而降于我。”就这样，日本走上了侵略中国的道路，妄图首先强占东北，进而兼并华北、侵吞中国，再建立臭名昭著的“大东亚共荣圈”。

1928年

5月3日 日军制造“济南惨案”，打死中国军民1000多人，5月11日攻占济南，并大肆烧杀，中国军民共死亡6123人、伤1700余人。

6月3日晚8时 奉系军阀张作霖乘火车仓促离开北平返回沈阳。就在这天晚上，日本关东军高级参谋河本大作为了暗杀这个不太听话的大元帅，趁乱夺取东北，特别准备了30包烈性炸药，并指定3名得力干将到皇姑屯设伏，其中包括沈阳独立守备队第4中队的中队长东宫铁男。4日凌晨5时23分，当张作霖的专列行至皇姑屯路段时，东宫铁男迅速按下起爆钮，只听一声巨响，列车即被炸毁。张作霖浑身鲜血地倒在铁路边，咽喉被撕开了一个口子。此时恰从沈阳赶来迎接大元帅的仪仗队，手忙脚乱地把张作霖塞进一辆汽车。张作霖问：“谁干的？”部下回答：“除了日本人，还能有谁！”张作霖只说了一个“打”字，就昏了过去，再也没有醒来。

1931年

7月 日本参谋本部制定的名为《解决满洲问题方策大纲》的侵略计划，被传达给了关东军司令官本庄繁。

9月2日 沈阳郊区的日本兵开始进行攻占沈阳和包围东北兵工厂的军事演习。

9月18日晚10时25分 日本一小股工兵按照事先的布置，用42包黄色炸药，在沈阳北大营附近的柳条湖，炸坏了日属南满铁路不足1米长的一段铁轨，然后向文官屯川岛中队、虎石台大队和沈阳特务机关同时发报："东北军炸毁柳条湖南满铁路，我中队为保路护桥，决定向敌人进攻！"接着，日本兵用事先从旅顺运来的大口径榴弹炮，猛轰中国东北军的营地北大营。其时，驻守在北大营的东北军独立7旅共约7000人。日军在一阵炮击之后，南满铁路独立守备队第2大队第3中队的180名士兵，率先向北大营发起了攻击，制造了震惊中外的"九·一八"事变。

9月20日 日军发兵长春。蒋介石在日记中写道："闻沈阳、长春、营口被倭寇强占以后，心神哀痛，如丧考妣，苟为我祖我宗之子孙，则不收回东省，永无人格矣！小子勉之！内乱平定不遑，故对外交太不注意。卧薪尝胆，教养生聚，忍辱负重，是我今日之事也。"

同日，蒋介石召开干部会议，寄希望于国际仲裁，即把问题提交国际联盟和1928年《非战公约》签字国解决，"以求公理之战胜"。22日，国联作出决定：中日两国停止战事，军队退回原防，听候联盟派员调查裁判。但是，日本根本不把国联放在眼里。24日，日本政府复函国联，拒绝调查，声言"满洲事件"不容国联及第三国置喙，而应由日中两国直接交涉。国联的态度随之软化，转而赞成日本的主张。此后，蒋介石虽曾萌生"与倭寇决一死战"的想法，但他在骨子里仍然软弱无力。

9月22日 吉林沦陷。"九·一八"事变后不到一个星期，除辽西外，辽宁、吉林全部落入日寇手中。

10月19日 黑河警备司令马占山根据张学良的命令，以黑龙江省主席兼总指挥的名义从沈阳赶到哈尔滨，继而乘火车到达齐齐哈尔，并于21日通电全国，宣誓就职，号召全省民众团结起来武装抗日。

11月 日军侵占黑龙江省。

12月22日 蒋介石在全国民众要求抗日的压力下，下野返里。

1932年

1月2日 日军占领锦州，几十万中国军队被迫全部撤至关内。

1月18日 日军在上海制造了所谓“日本和尚”被中国义勇军打伤的事件，并以此燃起战火。

1月28日 日军在铁甲车的掩护下，从上海日租界出发，向闸北、江湾、吴淞等处发起进攻，“一·二八”事变就此爆发。驻守上海的蒋光鼐、蔡廷锴将军自动奋起抵抗，给予日寇以迎头痛击，粉碎了他们在4小时内占领上海的妄言。在33天激战中，中国军民死伤达1.6万余人，财产损失达20亿元以上。

2月13日 日军5000多人疯狂进攻上海北郊的中国军队蕴藻浜阵地，19路军100名战士组成敢死队，在胸前胸后捆上炸弹，并以火油浇身，分成几路潜入敌阵。当他们周身的炸弹一齐爆响时，敌人被炸得粉身碎骨。与此同时，上海几十万工人举行声势浩大的反日总同盟罢工，各界人民群众也纷纷组成义勇军、救护队、运输队，支援19路军的抗日将士。

3月9日 日本在长春炮制伪满洲国，爱新觉罗·溥仪就任“执政”，年号“大同”。长春改称“新京”。伪满洲国的“领土”包括现今中华人民共和国辽宁、吉林和黑龙江三省全境以及内蒙古东部与河北省承德市（原热河省），共113万平方公里，总人口达4320万人。

3月 驻沪日军制造了多起强奸当地妇女的事件，引起了中国和世界各国的强烈谴责。为搪塞外界对日军兽性的指责，日本上海派遣军副参谋长冈村宁次决定从长崎召来“慰安妇女团”。7月，第一批慰安所在吴淞、宝山、庙行和真如等地建立起来。1938年1月13日，日本华中方面军东兵站司令部也挂出了“杨家宅娱乐所”的木牌。“慰安妇”中除少量日本妇女外，主要是朝鲜妇女，此外还有菲律宾、中国、印尼妇女。战争期间，慰安所被广泛设置于中国各地。

4月 日本关东军在“新京”召开移民会议，制定《满洲农业移民百万户移住计划案》。截至1944年9月，居于伪满各地的日本移民（包括开拓团民）共166万人。1945年后，大部分日本移民被遣返回国。

5月5日 中日双方签订《上海停战协定》，日军得以进驻该市。

8月8日 日本政府任命关东军司令官武藤信义为“驻满洲国特命全权大使”。

9月15日 日本胁迫伪满签订《日满议定书》，用法律形式固定了日本在其领域内所享有的一切特权。同日，200多名日本兵制造了杀害3000多村民的平顶山惨案。

是年，部分没有撤退的东北军在爱国将领的率领下，纷纷组成东北义勇军展开抗日斗争，仅由马占山率领的东北义勇军就袭击了辽宁、吉林等省的城市30多次，并击毁了沈阳和哈尔滨的飞机场，破坏了抚顺的发电站。

是年，根据天皇饬令，日本军部组建了最初的细菌武器研究机构——“细菌研究班”，对外称“防疫研究室”。1936年，日本在哈尔滨、长春建立了731部队、100部队，此后又建立了北京“甲字1855部队”、南京“荣字1644部队”和广州“波字8604部队”。1942年，在新加坡“冈字9420部队”建立后，日军的细菌部队就形成了具有一定作战能力的完整的细菌战体系和指挥系统。“满洲731部队”原名“关东军防疫给水总部”，对外又称“石井部队”、“东乡部队”或“加茂部队”，它是抗日战争期间日本在本土以外创建的一支从事细菌战研究和人体试验的秘密军事医疗机构，也是日本侵略者屠杀中国人民的主要罪证之一。

1933年

1月3日 日军攻占了中国长城的重要关口山海关，并开始向热河（今河北省东北部、辽宁省西南部、内蒙古自治区东南部）、察哈尔和华北其他地区扩张侵略势力。

1月17日 由中国共产党驻共产国际代表团起草，以中华苏维埃临时中央政府和工农红军革命军事委员会名义发表了《为反对日本帝国主义侵入华北，愿在三条件下与全国军队共同抗日宣言》。

1月26日 中共驻共产国际代表团，以中共中央名义写了一封《给满洲各级党部及全体党员的信——论满洲的现状和我们党的任务》，其中决定了中共在满洲群众运动现阶段的总策略方针：尽可能地造成全民族的反帝统一战线，来聚集和联合一切可能的，虽然是不可靠的动摇的力量，共同的与共同的敌人——日本帝国主义及其走狗斗争。

2月21日 数千日军和9万伪军分兵3路进攻热河。当时，蒋介石鼓吹“攘外必先安内”，“救国必先剿共”。在这种形势下，热河守军虽有20万人，但他们大量放弃国土，日本仅用10天时间便占领了热河全省。

3月11日 蒋介石任命何应钦代替张学良担任国民军事委员会北平分会委员长。何应钦制定了长城抗战部署：商震指挥第32军，守卫东边的界岭口、冷口一线；宋哲元指挥第29军，担任中部喜峰口、马兰峪、罗文峪一线的防守任务；杨杰指挥第8军团拱卫北平，并以主力前出至南天门、古北口方向；傅作义指挥第7军团，担任察东、察南的阻击任务。

日军逼近长城后，略作准备，就从冷口、喜峰口、古北口3个方向，对中国军队发起猛烈攻击。进攻喜峰口的日军混成第14旅团的对手是号称“西北虎”的第29军。在此后10多天里，日军又转攻罗文峪、冷口、古北口，均被中国军队击败。日军进攻长城各口受挫，便向滦东进攻，强占了大片土地。

3月下旬 守卫长城一线的中国军队又遭到日寇的夹击，被迫撤出长城各口。日军乘机大举进关，强渡滦河，进攻滦西、遵化、唐山等26个县。

5月2日 苏联提议把中东铁路卖给“满洲国”（实际上是日本），“以为中东铁路纷争解决的实际方法”。此后，苏日双方进行了近两年的谈判，于1935年3月24日苏联以1.4亿日元把中东铁路及其一段支线卖给了日本。根据先前的协定，中东铁路为中苏两国合办和所有，因此，中国政府向苏日双方提出抗议，指出苏联无权单方面处理中国财产。日本买下中东铁路后，立即把宽轨改为窄轨，以适应其对华侵略战争的需要。

5月31日 国民政府同日本签订《塘沽协定》，规定“中国军队一律迅速撤退至延庆、昌平、高丽营、顺义、通州、香河、宝坻、林亭口、宁河、芦台线以西、以南地区，尔后不得越过该线，更不得有挑衅捣乱之行为”。这就在事实上承认了日本对东三省和热河的侵占，向日本敞开了华北的大门，使平津受到直接威胁。

1934年

3月 根据中共珠河中心县委的指示，赵尚志召集“爱民”、“青林”、“北来”、“七省”、“友好”等十多个反日义勇军首领开会，提出了义勇军与各抗日队伍共同抗日的主张。会议决定成立东北反日联合军总司令部，一致推举赵尚志为总司令。

同月，日本把伪满洲国改名为“满洲帝国”，溥仪即“皇帝”位，但他依然是一个唯命是从的傀儡。

4月17日 日本外务省情报局长天羽英二发表声明，声称日本“对于维持东亚的和平与秩序有特殊使命；对美英法的行动不能置之不理”。

11月23日 著名抗日将领吉鸿昌被国民政府军事委员会北平分会组织的军事法庭以莫须有的罪名判处死刑。次日清晨，当行刑人员将他押赴刑场时，他以树枝作笔，以大地为纸，写下了一首就义诗：“恨不抗日死，留作今日羞；国破尚如此，我何惜此头！”

是年，东北抗日队伍在中国共产党的领导下，组成统一的东北抗日联军，由杨靖宇、周保中、李兆麟等爱国将领指挥，有力地打击了日军。长白山下、松花江畔，到处燃起了抗日的烽火。抗日联军的爱国将领创造了无数可歌可泣的英雄事迹。

1935年

2月 田汉在狱中为电影《风云儿女》写出了主题歌《义勇军进行曲》的歌词。4月，作曲家聂耳在完成《义勇军进行曲》的初稿后，因有被捕危险，便东渡日本，在那里最后定稿，再寄回国内。《风云儿女》上映后，《义勇军进行曲》迅速流传开来。

6月15日 中国共产党、中国工农红军在长征途中发表《为反对日本并吞华北和蒋介石卖国宣言》，呼吁各党派抛去成见，以“兄弟阋于墙，外御其侮”的精神，为抗日救国事业共同奋斗。此时，北平学生大声疾呼：“华北之大，已安不下一张平静的书桌了！”

6月27日 察哈尔省民政厅长秦德纯同日本关东军代表土肥原贤二达成《秦土协定》，规定日本人可以在察哈尔自由往来，并取消国民党在该省的机关。

7月6日 国民政府军事委员会北平分会主任何应钦致函日本天津驻军司令梅津美治郎，正式承认日本关于中国方面从河北省撤退驻军和国民党机关，取缔抗日运动等无理要求，出卖了中国对河北省的主权。这就是臭名昭著的《何梅协定》。

7月 共产国际第七次代表大会确立了以争取和平和捍卫苏联为中心思想的统一战线政策。中共驻共产国际代表团依据该指示精神，提出抗日民族统一战线新政策。

8月1日 中国共产党以中共驻共产国际代表团的名义，在莫斯科发表《八一宣言》，即《为抗日救国告全体同胞书》。宣言指出：在日本帝国主义疯狂侵略和国民党政府加紧卖国的情况下，亡国灭种的惨祸，迫在眉睫。中国共产党再一次向全国人民呼吁：无论各党派间过去和现在有任何政见和利益不同，无论各界同胞间有任何意见和利益差异，无论各军队间过去和现在有任何敌对行动，都应该团结起来，停止内战，一致抗日。由此，共产党灵活地逐渐把“反蒋抗日”、“逼蒋抗日”发展为“联蒋抗日”。

11月7日　日方策动平津卫戍司令兼冀察绥靖公署主任宋哲元等进行“华北五省自治运动”。11月25日，汉奸殷汝耕在通州成立“冀东防共自治政府”，使20多个县脱离了中国政府的统治。

12月7日　国民政府决定设立“冀东政务委员会”，试图把河北、察哈尔两省置于中国行政区域之外，成为变相的“满洲国”。

12月9日　在中共华北地下党组织的发动和领导下，北平1万多名大、中学生举行声势浩大的示威游行。数九寒天中，热血青年们迎着警棍、皮鞭和水龙，高呼“停止内战一致对外”、“打倒日本帝国主义”、“反对华北自治”等口号，向国民党政府提出了抗日救亡的基本条件。这就是著名的“一二·九”运动。

12月26日　新编第1军中将参谋长续范亭因痛恨国民党政府投降卖国政策，在南京中山陵剖腹明志，震动全国。

12月　中共中央在陕北瓦窑堡举行会议，参加会议的有毛泽东、张闻天、周恩来、刘少奇等十余人。25日通过了《关于目前政治形势与党的任务的决议》。会议指出：日本帝国主义并吞中国的行动，使中国面临亡国灭种的危险，国内阶级关系发生急剧变化，民族矛盾已经上升为主要矛盾。会议规定党的策略路线是：发动、团结与组织全中国全民族一切革命力量去反对当前主要的敌人——日本帝国主义与卖国贼。

1936年

1月25日　由毛泽东、周恩来、彭德怀等20人联署的《红军为愿意同东北军联合抗日致东北军全体将士书》说：“中国苏维埃政府与工农红军是愿意与任何抗日的武装队伍联合起来，组织国防政府与抗日联军，去同日本帝国主义直接作战的。我们愿意首先同东北军来共同实现这一主张，为全中国人民抗日的先锋。”

1月　鉴于中国空军只有约200架能够使用的战机，毛邦初上校遂邀请美国空军上尉克莱尔·李·陈纳德到杭州笕桥的中央航空学校担任飞行教官。6月3日，宋美龄任命陈纳德为中国空军顾问，帮助中国空军在昆明市郊建立航校，以美国标准训练中国空军。卢沟桥事变后，陈纳德表示："如有需要，愿意尽力为中国服务。"他后赴南昌，被指派指导该地区战斗机队的最后作战训练。

6月1日 中国人民抗日红军大学（简称"抗大"）在瓦窑堡正式成立，校长林彪，教育长罗瑞卿，党总支书记莫文骅。

8月2日 抗联女英雄赵一曼在战斗中负伤被捕后，英勇就义。她在留给7岁儿子的遗书中说："母亲因为坚决地做了反满抗日的斗争，今天已经到了牺牲的前夕了。"

9月1日 中共中央向党内发出《关于逼蒋抗日问题的指示》。

11月 西安全城响起《松花江上》的歌声。这首歌是陕西省立西安二中（今陕师大附中）的国文教师张寒晖刚刚创作的。1935年，10万东北军被调至陕甘两地，当时30来岁的张寒晖与东北军官兵及其家属朝夕相处，深刻体会到埋藏在他们心底的亡国之恨和丧家之痛，终于以不可抑制的激情谱写了这首歌曲。

12月初 蒋介石率10余名国民党军政要员飞抵西安，亲自调集30个师云集陕甘，扬言要实施"第六次大围剿"，誓将陕北红军斩尽杀绝。他早已风闻张学良和杨虎城暗中与中共来往，因此一到西安，即恩威相施，欲逼二人参加剿共。

12月11日 张学良在其府邸的密室中，向第105师第2旅旅长唐君尧说："我已同杨主任商定，欲向委员长兵谏。你立刻带上我的卫队2营7连去华清池，将委员长请到西安来主持抗日大计！记住：第一，必须将他请来，否则你不必再来见我。第二，不准对他有丝毫伤害！"唐君尧表示："我一准将委员长安全请到！"接着，二人就行动方案作了详细商议。

11日深夜即12日凌晨，离西安不远的临潼华清池突然响起枪声，蒋介石从睡梦中惊醒，见几个贴身侍从已闯入卧室，报告说东北军有变。蒋介石大惊失色，急忙跟着侍卫躲入一处长满野草的山洞中。天明时，东北军开始搜山，蒋介石只得钻出山洞，束手就擒。

与此同时，杨虎城的西北军也在西安城中将随蒋介石到西安的政府大员一并从床上请起，软禁起来。随后，张、杨举行记者招待会，申明此次行动的宗旨是劝谏委员长改弦更张，主持抗日。他们通电全国，提出了八项救国主张。

张、杨通电发出，南京城中顿时乱作一团。国民党军政部长何应钦在军政会议上主张兵发西安，迎救蒋介石，宋美龄闻讯，怒冲冲直闯何府，大闹军政会议，随即又派美国人端纳只身飞往西安探寻消息。

延安中共在事变当日便接到张、杨来电。毛泽东、朱德、周恩来等均感此事非同小可，通宵合议后决定：必须留下蒋介石以稳住国民党内部，否则局面不易收拾。16日，周恩来、叶剑英、秦邦宪等组成中共代表团飞抵西安，参加处理事变谈判。蒋介石迫于举国要求抗日的压力，也为求得一条生路，最终接受了中共提出的关于和平解决西安事变的六项主张。

12月25日　蒋介石获释，飞返南京。至此，西安事变得到圆满解决，中国的内政由此发生了深刻变化。

是年，日本不断大批增兵华北，在古北口修筑炮台，在北宁路屯驻重兵，并占领了丰台，作为切断华北与南方联系的重要军事据点。

是年，中国政府花费巨资，修建了一条从兰州到苏联边境，长达2700公里的西北公路，准备接受苏联的援助。

【1937年】

年初 东北抗日联军经过整编，组成以杨靖宇为总指挥的第一路军，“七七事变”后又组成由周保中指挥的第二路军和由李兆麟指挥的第三路军。这3路游击部队同年在广大地区发动较大规模战斗33次，毙伤日军1300余人，俘敌120余人，有力地配合了全国抗战。

5月19日 徐焕升机组驾驶飞机，第一次在日本九州、长崎、福冈等城市上空投掷“纸弹”——《中华民国全国民众告日本国民书》等传单。

6月25日 沈钧儒等“七君子”发表《救国入狱运动宣言》。

6月29日 日军在北平郊区卢沟桥附近进行夜战“演习”时，竟向卢沟桥街市进行实弹射击。日本全面侵华战争有如弦上之箭，一触即发。为了防止不测，中国29军37师师长兼河北省主席冯治安，在省政府所在地保定下达命令，对北平实施夜间特别戒严，各城门增加了卫兵，并加设了流动哨；在长辛店北面高地构筑了新的散兵壕，并禁止日军在龙王庙堤防和该处南面的铁路附近自由行动。

7月2日 日本关东军参谋长东条英机向近卫内阁提出建议：“根据当前中国形势，必须立即打击中国国民政府。”

7月7日　傍晚，日军驻扎丰台的牟田口联队第8中队为了滋事寻衅，在中队长清水节郎大尉的指挥下，未向中国军队作任何说明，便来到卢沟桥以北1公里的龙王庙附近，再次进行夜战“演习”。当夜10时，日军队列中突然传出枪声。清水立即清点人数，发现一个名叫志村菊次郎的士兵失踪。清水查问，众说不一，其中有人说中国军队从卢沟桥北面向日军开枪。清水马上派传令兵前往丰台，向大队长一木清直少佐报告。一木接报后，打电话给在北平的牟田口，说是演习部队遭遇中国方面的“非法射击”，请示该怎么办。牟田口回答：“立即占领宛平城外平汉铁路支线旁边的‘一文字山’，做好战斗准备。”小兵志村因拉肚子“失踪”20分钟后就归队了，但清水仍然带队前往宛平东的五里店野营。

7月8日　零时20分，牟田口打电话给北平特务机关长松井太久郎，要他同中国方面交涉，允许日军进入宛平搜查“失踪士兵”，惩办“肇事者”。守城部队宋哲元部第37师第219团拒绝了日军的无理要求。凌晨4时许，日军在一木清直的指挥下，强占了宛平东北角的沙冈，野蛮地向卢沟桥开炮。日本蓄谋已久的对中国发动的全面大规模进攻开始了，守卫卢沟桥的第37师吉星文团的两连士兵，在营长金振中率领下奋起迎战，响亮地提出了战斗口号：“我们要把敌人埋葬在卢沟桥！”下午，战斗更为炽烈。中国驻北平西苑的29军的另一部分战士在五星店、大井村方面切断了敌人的通路，并击退了回龙庙及刘庄一带的敌兵。深夜12时，吉星文团的四五百人组成了一支决死奇兵队，猛然插入卢沟桥西北的敌营，用大刀消灭了数百名日寇。

同日，蒋介石复电北平市长秦德纯称：“应先具必战与牺牲之决心，及继续准备，积极不懈，而后可以不丧主权之原则与之交涉。”

中国共产党通电全国，大声疾呼：“平津危急！华北危急！中华民族危急！只有全民族实行抗战，才是我们的出路！我们要求立刻给进攻的日军以坚决的反攻，并立刻准备应付新的大事变。全国上下应该立刻放弃任何与日寇和平苟安的希望与估计。”同时，红军将领毛泽东、朱德、彭德怀、贺龙、林彪、刘伯承和徐向前致电蒋介石，郑重表示：“红军将士，咸愿在委员长领导下，为国效命，与敌周旋，以达保土卫国之目的，迫切陈词，不胜屏营待命。”

长辛店工人带着大批枕木、铁轨、麻袋、工具，冒着枪林弹雨，同29

军官兵一起筑工事、送弹药、救伤员。北平城内，各行各业组成劳军团、战地服务团、看护队、慰问队，支援前线抗日将士。上海《文汇年刊》就此指出：从卢沟桥事变这一夜，中国开始了它的新生，在全民族的统一与团结中，展开了神圣的全面抗战之序幕。

就在这天，驻华日军总司令板垣征四郎即派特使萱野秘密到了上海，会见驻沪日军司令白川大将，授意他制造事端，为进攻上海寻找借口。

7月9日　彭德怀等9名红军将领率全体指战员发布《通电》，重申："以抗日救国为职志，枕戈待旦，请缨杀敌，已非一日，当华北危急存亡之紧要关头，敬敢吁请我国民政府迅调大军增援河北，勿使忠勇之29军陷于孤军抗战，红军愿即改名为国民革命军，并请授命为抗日前驱，与日寇决一死战。"

当时，驻守在北平、天津、张家口和保定地区的国军第29军共有10万余人。军长、平津卫戍司令、冀察政务委员会委员长宋哲元；副军长、北平市长秦德纯，副军长佟麟阁，参谋长张樾亭，副参谋长张克侠。军部设在南苑（后撤至北平城里）。下辖第37师（师长冯治安）、第38师（师长兼天津市长张自忠）、第132师（师长赵登禹）、第143师（师长刘汝明）、骑兵第9师（师长郑大章）。

7月11日　中日双方在平、津两地同时开始谈判。在天津，负责与日方谈判的是张自忠。谈判一开始，日方便蛮横地提出，要中国单方面从卢沟桥撤兵，并惩办"肇事者"。张自忠怒不可遏，义正词严地指出："要惩办的不是中国人，而是日本人。至于从卢沟桥撤兵，我们可以把正规军撤走，换上保安队维持治安，不知日军又将采取什么措施？" 在北平的谈判中，日军同样提出无理要求，被秦德纯断然拒绝："决不同意从卢沟桥撤退中国军队！"

同日，日本发表《关于向华北派兵的政府声明》。日本陆军参谋总长发布命令，从驻中国东北的关东军和驻朝鲜的部队中抽调两个师团到华北加强前线兵力，还派海军舰队开往华北沿海。

7月14日　日军在平津一带集结了2万军队和100多架飞机，继续对国民政府施加压力。其后，当日本京都第16师团的战船出现在天津大沽口海面上时，该师团第20联队士兵东史郎在日记里写道："昭和十二年九月十二日，船到达大沽海面……这下终于到达了中国。大陆！大陆！憧憬已久的大陆！……真是一片广袤无垠的大地啊！"

7月15日　国民政府任命冯玉祥将军为第3战区司令。冯玉祥受命后，立即召集战区高级将领部署防务：第9集团军驻防上海，第8集团军驻防杭州湾，第10集团军驻防浙江沿海。

7月17日　中国共产党和国民党在庐山举行会谈，周恩来向蒋介石提交了《中共中央为公布国共合作宣言》。《宣言》称：（一）本党愿为彻底实现孙中山先生的三民主义而奋斗；（二）取消一切推翻国民党政权的暴动政策及赤化运动，停止以暴力没收地主土地的政策；（三）取消现在的苏维埃政府，实行民权政治，以期全国政权之统一；（四）取消红军名义及番号，改编为国民革命军，受国民政府军事委员会之统辖，并待命出动，担任抗日先锋之职责。

蒋介石在庐山第二次谈话会上作了《对日一贯的方针和立场》的讲演，其中说："政府对于卢沟桥事件已确定始终一贯的方针和立场，且必以全力固守这个立场。到最后关头我们只有抗战到底。我们希望和平，而不求苟安；准备应战，而决不求战。我们知道全国应战以后之局势，就只有牺牲到底，无丝毫侥幸求免之理。如果战端一开，那就是地无分南北，年无分老幼，无论何人，皆有守土抗战之责任，皆应抱定牺牲一切之决心。"

7月26日　驻天津的日军司令部向中国第29军发出最后通牒，要求第37师于48小时内撤出北平。未等中方答复，日军便调动200余名士兵进攻北平彰仪门，并在四郊挑衅。中国军队分别将进犯的敌人击退。日本受挫后，又耍和平诡计，而第29军军长兼冀察政务委员会委员长宋哲元竟答应日方可以派飞机"视察"第29军阵地，以示中国方面的和平诚意。

7月28日　20架日机飞临南苑上空，进行所谓"视察"。日机在空中盘旋几圈后，突然实施猛烈轰炸。中国军队猝不及防，惨遭伤亡。随即，日军地面部队也配合进攻。一时间，北平城里城外火光四起，日军坦克、步兵协同，向中国守军发动一次又一次攻击。第29军将士浴血奋战，顽强抵抗。双方鏖战竟日，副军长佟麟阁、师长赵登禹壮烈殉国。中国守军阵地被毁，被迫撤退。

7月29日　北平沦陷。日军出动大批飞机轰炸天津。

7月30日　天津沦陷。随后，30万日军分兵4路，大规模向中国内地侵犯。日军一路由平绥路、同蒲路进攻山西省，一路由平汉路进攻河南省，一路由津浦路、胶济路进攻山东省，一路由张家口沿平绥路进攻绥远省。

8月4—5日　在红军主力改编为八路军前夕，洛甫、毛泽东就先后提出：部队应先出三分之一兵力，以冀察（哈尔）晋绥（远）四省交界地区（是指四角地区不是三角地区）为中心，向着沿平绥铁路西进及沿平汉铁路南进之敌，执行侧面的游击战争，另以一部兵力向冀热（河）边区活动，威胁敌之后方。洛甫、毛泽东的这一设想，后经中共中央政治局讨论同意。

8月9日　下午5时，日本上海驻军特别陆战队西部派遣队第1中队中队长大山勇夫和水兵斋藤要藏驾驶一辆军用摩托车，驶出陆战队驻闸北兵营，直向中国军事重地虹桥机场冲去。守卫机场的一名中国保安战士立即做出手势，要求他们停止前进。大山二话没说，拔枪向中国警卫射击。机场内的保安战士闻声赶来，纷纷开枪还击。在中国保安战士的追击下，日军摩托车在距机场大门100米处中弹起火，大山饮弹毙命，试图逃跑的斋藤也中弹身亡。日本驻上海领事立即就此事向上海市长俞鸿钧提出交涉，要求惩办“凶手”并赔偿损失。当晚9时，中日双方代表到达现场勘察，但毫无结果。是夜，驻沪日军司令白川命令海军陆战队1.5万人做好战斗准备。第3战区司令冯玉祥将军获悉情况后，急调驻苏州、无锡、常熟一带的第87师、第88师进入上海防卫，统由京沪警备总司令兼第9集团军司令张治中将军指挥。就这样，“虹桥事件”成了淞沪会战的导火线。

8月12日　中共代表周恩来、朱德、叶剑英、邓小平等应蒋介石之邀，飞抵南京参加国防会议，并同国民党谈判。

8月13日　上午9时，驻沪日军司令白川以中国士兵在虹桥机场枪杀日本官兵为借口，指挥日本海军陆战队炮轰上海闸北、虹桥和江湾。淞沪会战就此开始。日本声称要在3个月内吞并中国。张治中将军率领警备区部队奋起抗敌，凭据工事、路障和坚固的建筑物，以严密的火力阻遏日军的进攻。下午3时，日军地面部队在海上和空中火力的掩护下，从租界出发，又一次向闸北地区的宝山路、八字桥和天通庵路发动进攻。《纽约时报》首席记者哈雷特·阿班这样描述被炸后的南京路：“路面尽毁，数百死伤者已被抬离，人行道上留下凝结的残血，一片黏滑。虽然铺撒了沙子，又大量喷洒消毒剂，街上仍弥漫着藏尸间的恶臭。跑马场周围，墙上，广告牌上，栅栏上粘挂着人头碎块，依旧未获清理。”深夜，蒋介石下达了全线攻击的命令。

8月14日　凌晨2时，中国驻扬州的第5航空大队接到封锁长江的命令，即令第24中队执行任务。顿时，18架轰炸机向上海飞去。3时30分，机群飞临吴淞口外白龙港上空，对集结在港湾里的50艘日军舰艇发起攻击。500磅的炸弹自空而下，江面登时化为一片火海，一艘日舰被击沉，其余日舰慌忙向港外逃窜。

中国航空第4大队大队长高志航在杭州笕桥上空第一次击落日本军机。

国民党政府通过外交部发表《自卫抗战声明书》称：“中国之领土主权，横遭日本之侵略——中国决不放弃领土之任何部分，遇有侵略，唯有实行天赋之自卫权以应之。”

8月15日　凌晨，张治中将军指挥的第87师、第88师向日军发动大规模反攻，日军不支，向后逃窜。日军出动飞机60架轰炸上海和南京，被中国军机击落17架。中国航空第4大队大队长高志航右臂中弹，仍坚持战斗。

陕甘宁边区保安司令部成立，司令员高岗，副司令员周兴，参谋长谭希林，政治部主任吕振球，下辖4个军分区。

8月16日　日本飞机对苏州城外居民区实施轰炸。

8月18日　国共两党达成协议，将陕甘宁边区红军主力改编为国民革命军第8路军。

8月20日　国民政府国防会议推举蒋介石为陆海空军大元帅。

抗战最高统帅部军事委员会根据国共双方代表的意见，制定了以“持久战”为总方针的战争指导方案，并将华北、华中、华南沿海之地划分为5个战区。

蒋介石正式颁发《国军作战指导计划》，重申：“以达成‘持久战’为作战指导之基本主旨”，其具体部署是：“国军以一部集中华北，重叠配备，多线设防，特别注意固守平绥路东段要地，最后确保山西、山东。力求争取时间，牵制消耗敌人。以主力集中华东，迅速扫荡浙沪敌海军根据地，阻止后续敌军之登陆，乘机歼灭之，并以最小兵力守备华南沿海各要地。”

国民政府军事委员会颁发全军战斗序列：

委员长蒋介石，参谋长程潜，副参谋长白崇禧，辖5个战区、4个预备军和海军、空军部队等。随后，逐步编成集团军和任命主官。其中担任华北地区作战任务的是第1、第2战区和辖区大部分在华北的第5战区。

第1战区，蒋介石兼任司令长官（10月25日，程潜接任），副司令长官鹿钟麟（10月25日任），辖3个集团军：

第1集团军，总司令宋哲元（10月2日任），副总司令冯治安（10月2日任），辖第3军团（即第40军），第53、第59、第67、第77军，骑兵第3军；

第2集团军，总司令刘峙（10月4日任），副总司令孙连仲（10月4日任），辖第1、第13军团，第3、第32、第52军；

第14集团军，总司令卫立煌（10月4日任），辖9、第14军。该集团军于10月由第1战区改隶第2战区。

第1战区部队部署在河北省和山东省北部平汉、津浦两条铁路沿线地区。

第2战区，司令长官阎锡山，副司令长官黄绍闳（10月13日任）、卫立煌（12月9日任），辖2个集团军：

第6集团军，总司令杨爱源（10月4日任），副总司令孙楚（10月4日任），辖第33、第34军；

第7集团军，总司令傅作义（10月4日任），副总司令刘汝明，辖第13、第17、第35、第61、第68军。

第2战区部队部署在山西、察哈尔和绥远3省。

第3战区，司令长官冯玉祥，副司令长官顾祝同，前敌总指挥陈诚，辖第9、第15、第19集团军。

该战区部队部署在淞沪、江苏南部和浙江地区。

第4战区，司令长官何应钦，副司令长官余汉谋，辖2个集团军。

该战区部队部署在福建、广东。

第5战区，蒋介石兼任司令长官（9月19日，李宗仁接任），副司令长官韩复榘（10月4日任），辖2个集团军和1个军：

第3集团军，总司令韩复榘（10月4日兼任），副总司令沈鸿烈（10月4日任）、于学忠（10月4日任），辖第12、第51、第55、第56军。

第5集团军，总司令顾祝同（10月4日任），副总司令上官云相（10月4日任），辖第11军团，第1、第8军。

战区直辖第57军。

该战区部队部署在山东省和江苏省北部地区。其中，苏北大部分属于华中地区。

华北正面战场的国军共有6个集团军、25个军（军团）、61个步兵师、8个骑兵旅，约70万人。

第3战区第9集团军第88师在师长余济时的率领下，突破日军阵地，从虹口公园打到汇山码头的黄浦江边。日军被压缩在通天庵司令部内。司令官白川惊惶失措，电告日本当局：进攻上海失利。日本大本营接到急电，立即派松井大将率领10个师团，乘军舰从日本本土向上海进发。

8月21日 中苏签订互不侵犯条约，苏方允诺中国可不用现款购买苏联军火。28日，苏联驻华大使鲍格莫洛夫奉召回国，行前同中国外交部长王宠惠商讨了苏联参战的必要条件。11月10日，伏罗希洛夫在宴别中国代表张冲时，要张回国转告，在中国抗战到达生死关头时，苏当出兵，决不坐视。然而，12月5日，斯大林、伏罗希洛夫又称，必须在《九国公约》或其中大多数国家同意“共同应付日本侵略时”，苏联才可出兵。对此，蒋介石深感失望，但仍表示“尚望贵国苏维埃能予中国以实力援助”。

同年10月至1941年6月，中国有40多个师使用苏联炮兵武器，近50个师使用苏联枪支。10月，第一批苏联志愿航空队抵达中国，共有空地勤人员254名。抗战前4年，苏联向中国提供了1250架飞机。

对于日本发动全面侵华战争，美国政府不仅不予谴责，反而说要保持“友好公正的立场”。美国国务院宣称，“中日之间的武装冲突给和平和世界进步事业带来严重打击”，双方应负“共同责任”。英国政府在“七七事变”爆发后，便邀请美国共同“斡旋”，替日本转达所谓的“和平条件”，即要蒋介石政府投降。

8月22日 国民政府军事委员会正式发布红军改编命令和任命事项。

松井率领的日本舰队驶进上海海面。

8月23日 凌晨，松井命令3个师团登陆，向吴淞、川沙港等地进攻。守卫吴淞口的第9集团军的一个团，在日军进攻兵力数倍于己和炮舰、空军的强大火力攻击下，伤亡很大，防线很快被日军突破。占领吴淞口的日军迅速向纵深推进。日军另一支登陆部队在火力掩护下，以坦克为前导，向宝山、浏河镇等地猛攻，以威胁上海左翼。为了遏止日军，第9集团军的5个师沿长江南岸一线，与敌军登陆部队展开激烈战斗。

8月22—25日 中国共产党在陕北洛川召开政治局扩大会议，组成新的中共中央军委，制定了《抗日救国十大纲领》和《关于目前形势与党的任务的决定》等文献。关于军事问题，毛泽东在会上作报告说：“我们的方针最基本的是持久战，不是速决战，持久战的结果是中国胜利。”关于军事战略方针问题，毛泽东说：我军的战略方针是“独立自主的山地游击战争（包括红军依靠山地创建根据地进行战争，但着重于山地）”。

8月24日 拂晓，中国空军第2大队第11中队分队长沈崇海，奉命袭击海上日舰。沈崇海率6架轰炸机飞临长江上空，立即向日舰投弹，可惜炸弹未能命中。沈崇海决定撞毁敌舰，轰炸员任云阁也愿与他同死。于是，沈崇海果断地一拉操纵杆，猛地向敌舰冲去。日舰被炸后迅速下沉，而两位英勇的战士也光荣殉国。

8月25日 中共中央革命军事委员会发出改编命令，宣布中国工农红军第一、第二、第四方面军和陕北红军等部，改编为国民革命军第八路军。红军前敌总指挥部改为八路军总指挥部。全军共4.6万人。八路军后方留守处在延安成立，主任萧劲光，参谋长曹里怀，政治部主任莫文骅。

8月27日 日军侵占察哈尔省省会张家口。

8月28日 根据中国最高军事法庭的判决，黄浚日谍集团的18人以卖国罪被判处死刑，立即执行，其他罪犯分别被判处无期和有期徒刑。

8月29日 中共中央决定：在红军主力改编为国民革命军第八路军，开赴抗日前线的情况下，设立中央军委前方分会（1941年4月16日改称华北军分会），由朱德、彭德怀、任弼时、林彪、聂荣臻、贺龙、关向应、刘伯承和张浩组成，书记朱德，副书记彭德怀。

《华盛顿邮报》写道："日本用美国的废钢铁在降血雨。枪炮、炸弹、军舰都是用旧金属制造的。"当月，美国总统罗斯福对国民政府特使孔祥熙说：满洲国成立已有6年，现在不论法理如何，其存在已为事实。目下各国虽未承认，但将来不免有一二国家与日本在互换条件下开始承认。

8月31日 日军以原中国驻屯军为基础，正式编成华北方面军，司令官寺内寿一，参谋长冈部直三郎，副参谋长河边正三，司令部设在天津（次年1月18日移驻北平）。下设2个军和2个师团。第1军，司令官香月清司，参谋长桥本群，辖3个师团：第6师团，师团长谷寿夫；第14师团，师团长土肥原贤二；第20师团，师团长川岸文三郎。第2军，司令官西尾寿造，参谋长铃木率道，辖3个师团：第10师团，师团长矶谷廉介；第16师团，师团长中岛今朝吾；第108师团，师团长下元熊弥；军直辖野战重炮兵第6旅团、军通信队等。

9月6日 日本大本营把台湾的重藤支队调往上海。7日，日本又从华北抽调1个师团赶赴上海。

陕甘宁边区苏维埃政府改称陕甘宁边区政府，辖神木、府谷、靖边等26县，面积约12万平方公里，人口约200万。

9月11日 国民政府军事委员会按全国陆海空军战斗序列（把各“路军”改编为“集团军”）下达命令：将八路军改称“国民革命军第十八集团军”，八路军总部改称“第十八集团军总司令部”。朱德改任总司令，彭德怀改任副总司令。

9月12日 中国就日本全面侵华向国际联盟提出申诉，要求世界各国制裁日本。但是，当时把持国联的英国对此百般拖延和阻挠，敷衍了事，企图把中国的申诉推到国联之外。

9月14日 朱德、彭德怀发布八路军改为第十八集团军通令。但是，八路军改称第十八集团军后，仍然简称为“八路军”。

八路军初期战斗序列为：总司令朱德、副总司令彭德怀、参谋长叶剑英、副参谋长左权、参谋处处长彭雪枫、政治部主任任弼时、政治部副主任邓小平。

八路军除总部和直属队3000人外，下辖3个师：第115师1.55万人，第120师1.4万人，第129师1.3万人。每师下辖两个旅，每旅下辖两个团。第115师师长林彪，副师长聂荣臻，参谋长周昆，政训处主任罗荣桓，副主任肖华。第120师师长贺龙，副师长萧克，参谋长周士第，参谋处长彭绍辉，政训处主任关向应，副主任甘泗淇。第129师师长刘伯承，副师长徐向前，参谋长倪志亮，参谋处长李达，政训处主任张浩，副主任宋任穷。陕甘宁留守兵团司令员兼政委肖劲光，参谋长曹里怀，政治部主任莫文骅。

9月20日 日军参谋本部制定的《作战计划大纲》指出：“大致以10月上旬为期，在华北与上海两方面发动进攻，务必给予重大打击，造成使敌人屈服的形势。”

蒋介石调整部署，亲任第3战区司令，将几十万上海守军分为左中右3个战役方向，并下令第8、第10、第17集团军向扇形防线中部靠拢。

9月23日 蒋介石发表承认中国共产党合法地位的谈话，从而开始了国共两党的第二次合作。从此，中国国民党和中国共产党领导的抗日部队，分别承担了正面战场和敌后战场的作战任务。

9月24日 日本第1军第3步师团（师团长谷寿夫）攻占保定。

9月25日 八路军第115师（师长林彪）在平型关一战中歼灭日军3000余人，击毁汽车100余辆，缴获步枪千余枝、机枪20多挺和一批物资，取得了全面抗战以来第一个歼灭战的胜利。毛泽东把平型关战役看作是在民族危难之际能够沮丧敌人、振起士气的大胜利，蒋介石则在贺电中表示："25日一战，歼寇如麻。足徵官兵用命，深堪嘉慰。尚希益励所部，继续努力，是所至盼。"

10月1日　忻口会战开始。忻口在太原北100多公里处，地势险要，是扼守晋中的咽喉。日军在突破长城防线后，即向太原进逼。中国第2战区司令长官阎锡山和战区前敌总司令卫立煌在忻口地区组织防御。10月10日，日军师团长板垣征四郎指挥第5师团及关东军第1、第12师团和特种部队近6万人，由代县出发，直逼忻口。同日，沿平汉铁路南进的日军华北方面军主力分兵一部，沿正太铁路西进，企图配合在忻口正面进攻的部队，由晋北和晋东两个方向会攻太原。10月13日，日军第5师团（师团长板垣征四郎）等对忻口发起总攻，阎锡山急调作为总预备队的傅作义第35军、第61军和两个独立旅赶去增援，受卫立煌指挥。在西北第9军防守的南怀化阵地，军长郝梦龄、师长刘家骐率军英雄抵抗，壮烈殉国。

朱德命令八路军主力深入日军侧后，广泛开展游击战。据此，第115师的一部分兵力深入冀西积极活动，收复一些失地，并进逼保定；另一部分兵力进入山东，开辟鲁中根据地。

10月8日　日本第1军第14师团（师团长土肥原贤二）占领石家庄。

10月10日　中共中央军委决定设立总政治部，以统一并加强前后方部队政治工作的领导，贯通前后方的联系，主任任弼时（其职暂由毛泽东代理）。

10月10—29日　八路军第115师在察、冀、晋主动袭击日军后方兵站和据点，收复涞源等10座县城，切断了张家口至代县的日军后方交通线。

10月12日　江西、福建、广东、湖南、湖北、河南、浙江、安徽8省14个地区的红军游击队陆续改编成"中国国民革命军陆军新编第四军"（简称"新四军"），由叶挺任军长，项英任副军长，张云逸、周子昆为正副参谋长，袁国平、邓子恢为政治部正、副主任。新四军下辖4个游击支队、10个团、1个特务营，共10329人。

在抗日战争中，新四军抗击和牵制了16万日军、23万伪军，作战2.2万余次，其中对日伪军作战1.9万余次，歼日伪军31万余人；反顽自卫作战3000余次，歼灭国民党顽固派军队14万余人；自身伤亡8.9万余人。

10月16日　已深入大同附近开展雁北游击战的八路军第120师（师长贺

龙），在雁门关伏击战中大获全胜。

10月19日 刘伯承、邓小平、徐向前领导的第129师先头部队第769团，派第3营火烧阳明堡日军机场，炸毁日机24架，炸死日军100多人，敌酋华北方面军第1军司令官香月清司惊恐万状。

10月20日 毛泽东考虑到娘子关、太原失守后八路军3个师有被隔断的危险，因而提出：除第120师和第129师分别转至晋西北和正太路以南的晋东南地区不变外，第115师改为转至晋西南吕梁山区。总部转至晋西南的孝义、离石地区。10月21日，毛泽东提出，以八路军总部特务团一部第115师特务团等部署在晋察冀边区。至此，调整八路军部署的决策基本确立和形成。

10月22日 八路军总部和第115师主力由五台向晋东南地区转移。随后，副师长聂荣臻率独立团、骑兵营、教导队两个队、总部特务团等约3000人，以五台山地区为中心，四面向察南、冀西、定襄和平山、盂县发展，发动群众，组织救国会、农青妇等抗日组织，建立政权，扩大部队，发展自卫队、义勇军等。

10月26日 日军进攻上海的兵力达到11个师团，约30万人，飞机100余架，战舰30多艘。鉴于敌众我寡，冯玉祥将军下令部队全部撤到苏州河南岸继续防御。为了顺利完成大部队撤退任务，张治中将军召见第88师第525团团长谢晋元，命他率领所部，坚守苏州河北岸四行仓库阵地掩护撤退。10月28日，日军组织小分队进行突击，企图用炸药包炸毁四行仓库的墙体。经过4昼夜的激战，谢晋元率领的战士毙敌200多人，守住了四行仓库阵地。10月30日晚9时，谢晋元奉命率部突围，胜利地回到了苏州河一侧的中国军队阵地。事后，毛泽东高度赞誉“八百壮士”的英勇无畏精神，称他们为“民族革命英雄”的典范。

10月 从苏联阿拉木图经兰州到汉口的航线开通，第一批苏联志愿航空队抵达中国，共有空、地勤人员254名，分别组成以基达林斯基领导的轰炸机大队和以库尔丘莫夫领导的战斗机大队。途经凉州时，库尔丘莫夫不幸因飞机失事殉职，普罗科菲耶夫接替他指挥战斗机大队。同时抵达的还有500名苏军专家，他们开始向中国飞行员教授驾机技术。

八路军设立驻武汉办事处、驻新疆办事处。

11月2日 日本外相广田弘毅把日本议和条件告诉德国驻日大使狄克逊，再经由德国驻华大使陶德曼，转告了中国政府。这些条件包括：内蒙古自治；

华北不驻兵区域扩大到平津铁路以南地区；上海停战区域进一步扩大，并由国际警察管制；停止排日；减低日货进口关税；尊重外国人在华权利。

11月4日 林彪奉八路军总部之命，率第115师第343旅由五台山南下，在广阳设伏，歼灭日军1000余人。

11月7日 八路军晋察冀军区在山西五台山成立，司令员兼政治委员聂荣臻，参谋长唐延杰，政治部主任舒同，供给部部长查国桢、卫生部部长叶青山。

11月8日 太原失守。日军继续发展在华北的战略进攻。到11月中旬，沿平绥、同蒲、平汉和津浦铁路进攻的华北方面军，分别夺占了归绥、平遥、彰德（今安阳）和齐河各地，基本上控制了冀、察（哈尔）两省和晋、绥大部、鲁北的大中城市及铁路、公路主要交通干线。国民党军队向西南撤退。

毛泽东致电周恩来、朱德等指出：华北正规战阶段基本结束，游击战阶段开始。八路军在华北战场上开始单独作战。

同日，在日军攻占娘子关、阳泉、平定后，忻口会战结束。此役，抗日军队先后加入战斗的兵力约为16个师10万余人，死伤5万余人；日军投入兵力约5万余人，死伤2万多人。中国守军虽然失利，但由于英勇抵抗，消耗了大量敌军，争取了时间，破坏了日军的河北平原会战计划，使平汉线中国军队得以南撤。

11月10—13日 八路军第129师先后在晋东南昔阳县武家庄、和顺县石拐镇两次召开干部会议，传达了毛泽东和八路军总部关于依托太行、太岳山区创建晋冀豫边抗日根据地的指示和决定；刘伯承作了游击战的动员报告，并布置了具体行动和任务。

11月12日 经过3个月的淞沪防御战，第9集团军在击毙敌军9115人、击伤31257人后，筋疲力尽，弹尽粮绝。冯玉祥将军在无奈之下，下令撤离上海，向苏州、福山一线转移。该集团军撤至苏州、福山一线后，立脚未稳，敌兵已至，于是又继续向无锡、江阴一带撤退。此后，因仍未能阻止日军的追击，第9集团军又被迫向皖南、南京一带溃退。

11月13日 晋察冀军区以活动在晋察冀边区的工作团和部队为基础，统一组成4个军分区：

独立第1师兼第1军分区，师长兼司令员杨成武，政治委员邓华，参谋长熊伯涛，邓华兼政治部主任（后为罗元发），辖区为灵丘、广灵、阳原、蔚县、涞源、易县、涞水、定兴、徐水、满城；

第2军分区，司令员兼政治委员赵尔陆，参谋长刘兴隆，政治部主任朱潘显，辖区为五台、定襄、忻县、崞县、代县、繁峙、应县、浑源、山阴；

第3军分区，司令员兼政治委员王平，副司令员黄永胜，参谋长刘少白，王平兼政治部主任，辖区为阜平、曲阳、唐县、完县、望都、新乐、定县；

第4军分区，司令员周建屏，政治委员刘道生，参谋长叶长庚，刘道生兼政治部主任，辖区为平山、行唐、正定、获鹿、井陉、平定、盂县、寿阳、阳曲。

遵照中共中央军委和八路军总部指示，晋察冀军区于12月中旬对所属部队进行了整编：各军区和独立第1师部队，均不以正规军的名目出现，一律成立支队，由军分区兼，各辖相当于团的3个大队，每个大队人数不一，约1500—2000人。至此，全军区部队已发展到2万余人，有枪约6000支。

日本统帅部下达命令，由上海派遣军与第10军组编成“中支那（华中）方面军”，由松井石根大将担任司令官。命令规定该方面军在苏州—嘉兴一线以东地区作战。

11月15日　蒋介石对德国驻华大使陶德曼说，如果他接受了日本灭亡中国的条件，他的政府就会被舆论浪潮所冲倒，中国就要发生革命，唯一的结果就是共产党将在中国占有优势。

11月16日　国民政府召集国防最高会议，决定迁都重庆，长期抗战。20日，国民政府宣布迁都。

11月17日　日军在宫内设立大本营，作为最高统帅部，以统一侵华战争的政略、战略指导，协调陆、海军的作战行动。

松井石根发现从淞沪战场上撤退下来的中国军队溃不成军，提议立即攻打南京。他认为，“现在敌军的抵抗，各阵地均极微弱”，如不继续进攻，“不仅错失战机，且令敌军恢复其士气，造成重整其军备的结果，恐难于彻底挫折其战斗意志”。

11月18日　晋察冀军区领导机关由山西省五台县转移到河北省阜平县城。

11月23日　毛泽东、张闻天致电中共中央北方局：坚持山地游击战争的方针，是中央已定下的方针，谁也不应该对此方针发生动摇。

11月24日　日本御前会议确定：“华北方面军对残存在现在占领地区的

敌人及蠢动在靠近前线的敌人，实行‘扫荡’，力求安定这些地区。为此，目前在山西省部署约2个师团，河北省约4个师团，察哈尔方面1个师团。”

日本参谋本部正式撤销有关华中方面军原作战地区的规定。

11月25日　蒋介石下达保卫南京的部队战斗序列：共7个军、14个师及其配属单位，计10万余人。参加南京保卫战的中国军队有第78军军长宋希濂等。南京的防御工事分为两种：“外围阵地”和以城墙为主要依托的“复廓阵地”。

11月27日　蒋介石在巡视南京城防工事时叹息道：“南京孤城不能守，然不能不守也。”此时，中国军队不管是兵员素质还是士气，都与淞沪会战时大不相同。有的部队还来不及补充就投入战斗，有的部队补充的大批新兵还没有受过训练，战斗力严重下滑。面对来势凶猛的日军，中国守军屡战失利，南京外围战略要地相继陷落。

主动请缨的南京卫戍司令唐生智向外国记者发表谈话说：“自卢沟桥事件以来，我军在各地多遭挫败，但吾人将屡败屡战，至最后胜利为止。本人奉命保卫南京，至少有两事最有把握：第一，即本人及所属部队誓与南京共存亡，不惜牺牲于南京保卫战中；第二，此种牺牲定将使敌人付与莫大之代价。”

11月29日　中共驻共产国际代表、共产国际执委王明乘坐苏联军用飞机抵达延安。他根据共产国际和苏联领导人关于中国抗战应依靠国民党的指示精神，否认抗日统一战线中的独立自主原则，主张“一切服从统一战线”，“一切经过统一战线”，把共产党和人民军队的活动限制在国民党允许的范围内，从而干扰了全面抗战路线的贯彻执行。

12月1日　日军参谋本部下令“中支那（华中）方面军”（司令官松井石根大将）“与海军协同，攻打敌国首都南京”。松井立即着手部署兵力，令中岛今朝吾中将指挥的第16师团、吉住良辅中将指挥的第9师团、谷寿夫中将指挥的第6师团、末松茂治中将指挥的第114师团作为进攻主力，并调集了荻洲立兵中将指挥的第13师团、牛岛贞雄指挥的第3师团，总共8个师团的兵力，分为3路，向南京发动钳形攻势。日军从一开始就企图切断中国军队的退路，使南京守军处于3面被围、背水一战的困境。在通往南京的路上，日军每进一个村庄，必定先把村民尽数杀掉，然后才开始宿营。离去前，他们则将该村彻底烧毁。

苏联7架伊-16飞机参与南京空战，驾机者是飞行员多贝什、库德莫夫、马钦等，他们与20架日本歼击机鏖战，击落两架日机，自己也损失1架。与此同时，9架苏联高速轰炸机飞往被日军侵占的上海，向机场和港口投掷炸弹，日军1艘巡洋舰、6艘军舰被击沉，若干飞机被炸毁。

12月4日　蒋介石飞抵南京，向南京卫戍军师以上将领发表讲话，叮嘱他们抱定不成功便成仁的决心，努力固守南京。

12月5日　日军进攻南京的部队已经到达中国卫戍军外围防线附近，进抵南京城郊，不断对中国守军发动攻势。中国卫戍军奋力与日军苦战，损失奇重，节节后退。

八路军东进抗日游击纵队成立，司令员陈再道。

12月6日　夜晚，蒋介石偕夫人宋美龄，接见了参与保卫南京的团以上将领。根据速记，蒋介石在训话时说："总理的陵墓在这里……我们不能轻言放弃，轻易放弃。今日，首都已变成一个围城……但现在，各方面的战争形势都在继续发展，我不能偏于一隅，所以责任逼着我离开，这在我内心是感到异常的沉痛。今天我把保卫首都的责任交给唐生智将军，唐将军是身经百战、智勇兼备的将领，他必定能秉承我的意旨负起责任。大家要服从唐将军，正像服从我一样……万一有什么不幸，那也是成了保卫国家的民族英雄。"

12月7日　5时30分，蒋介石和宋美龄到达明故宫机场。快上飞机时，蒋介石似乎想起了什么，于是手写一张字条，叫人交给唐生智。字条上写着："应用火车将岔路口一线堵塞，阻止敌人的战车通过。"

12月8日　日军攻陷淳化镇和镇江炮台后，向南京城突进。

12月9日　日军进抵南京城下，并用飞机向城中投撒华中方面军司令官松井石根致中国守军的最后通牒——《劝降书》。唐生智对松井的最后通牒置之不理，并于当日下达命令，作为回答："本军目下占领复廓阵地为固守南京之最后战斗，各部队应以与阵地共存亡之决心尽力固守，决不许轻弃寸土、摇动全军，若有不遵命令擅自后移，定遵委座命令，按连坐法从严办理。"

12月10日　下午2时，日军地面部队见中国军队拒绝投降，就在飞机、大炮的掩护下，向雨花台、通济门、光华门、紫金山等阵地发起全面进攻。在城市东南方向，因复廓阵地已基本丧失，日军直接进攻城垣。卫戍司令部急令第83军的第156师增援光华门、通济门城垣的守备，并于城内各要点赶筑准备巷战的预备工事；同时将第66军由大水关、燕子矶调入城内，部署于中山门及玄武门内，准备巷战；另调刚刚由镇江撤入城内的第103师、第112师由教导总队总队长桂永清指挥，负责中山门附近城垣及紫金山阵地的守备。当夜，第156师选派小分队坠城而下，将潜伏城门洞中的少数日军全部歼灭。在雨花台方向，日军两个师团主力和步、炮、坦克及航空兵协同攻击，将第88师右翼第一线阵地全部摧毁。中国军队残部退守第二线阵地。

同日，日军攻占芜湖，中国军队后路遂被切断。

12月11日　日军第16师团猛攻紫金山南北的中国军队阵地，而第10军的第114师团、第 6 师团主力继续攻击雨花台。中国第88师的第二线阵地又被摧毁，守军被迫据守核心阵地。

12月12日　日军5个师团对南京复廓阵地和城垣发动猛攻。中午时分，日军第114师团开始攻击中华门，城门被炮火击毁，防守此处的第88师只得撤退。南京失陷已成定局。大批逃难居民与溃退的散兵拥挤在街道上，城中秩序开始陷于混乱。唐生智根据蒋介石“可相机撤退”的电令，决定当夜撤退。17时，卫戍司令部召集南京守军中师以上将领开会，布置撤退行动。唐生智首先简要说明了当前战况，询问大家是否还能继续坚守，与会将领无一人发言。唐生智于是出示蒋介石命守军撤退的电令，并由参谋长周斓分发了参谋处已油印好的撤退命令及突围计划。

12月13日　南京沦陷。

凌晨，日军京都第16师团第20联队的中队长四方藤造，用白漆在中山门城门上写下这样的文字：“昭和十二年十二月十三日午前三时十分大野部队占领。”铁门下，战死的中国士兵一层层倒卧在地。写完字后，四方藤造刚走几步就踩上了地雷，一命呜呼。

经反复查证确认，从这天开始，侵华日军在6个星期的时间里，总计在南京杀害了34万余人，其中被集体屠杀者计28案19万人。在集体屠杀时，日军将一群群被捆绑的中国人用机枪扫射后将尸体推入江中，或用浇上汽油的木柴焚尸，或将被害者以铅丝缚住手脚推下江河湖塘溺死，或将机枪扫射后未死的人集中驱押到一些茅舍内，然后把木柴堆在四周，放火活活把他们烧死。12月18日，日军在长江边的草鞋峡一次就杀死中国战俘和平民5.7万人。至于零散屠杀，由1947年中国军事法庭查证有据的就有858案，被杀者达15万之多。日军在大屠杀中，不仅使用了现代化的武器，还采用了种种野蛮、残酷的杀人方法，如砍头、劈脑、切腹、挖心、水溺、火烧、活埋等。与此同时，日军还在南京城内大肆奸淫妇女、纵火抢劫。

12月14日 根据中国大本营的指示，唐生智在临淮关宣布南京卫戍司令长官部撤销，撤至江北的卫戍军部队改隶第3战区。南京保卫战基本结束。

12月24日 以大汉奸王克敏为首的“中华民国临时政府”在北平成立。

12月25日 新四军在汉口建立军部。

12月 全国抗战爆发5个月后，侵华日军已经在关内占领了中国国土南北两大地盘。南以沪浦为中心，北以北平、天津、石家庄、太原为据点。中国陇海铁路一线守军阻断了日军两部，南北日军如欲合流向中原侵袭，就非拿下徐州不可。于是，从1937年12月起，中国军队同日本侵略军展开了正面战场上大规模的徐州会战。

徐州为苏北重镇，位居黄河、淮河之间的苏鲁豫皖4省相接之处。城中津浦线纵贯，陇海线横穿，为扼东西南北大动脉的要冲。城外丘陵起伏，河川纵横，古往今来为兵家必争之地。为夺占徐州，侵华日军最高指挥部调集矶谷和板垣两支精锐部队，海陆并进，企图在鲁南地区的台儿庄会师。

台儿庄距徐州150公里，中方只有少量军队驻守在该庄东南的禹王山上。为了加强防备，蒋介石任命国民党桂系领袖李宗仁为第5战区司令长官。李宗仁部有12个集团军，约60万人。他将重兵布置于徐州以北，抗击南犯日军；一部分兵力扎营于津浦线南段，阻击日军北上。

同月，中共中央长江局在当时国民党统治区的抗战中心武汉成立，统一领导南方各省党的工作，发展长江流域和南方各省的抗日运动。中共代表团同时驻武汉，负责同国民党联系和谈判。八路军、新四军先后在西安、兰州、武汉、重庆、桂林等地建立办事处，共产党主办的《新华日报》、《群众》周刊在汉口公开出版。周恩来担任国民政府军事委员会政治部副主任，共产党人还参加了国民党召集的国民参政会。

【1938年】

1月6日 新四军军部移驻南昌。

1月11—15日 晋察冀边区军政民代表大会在阜平召开，出席会议的有共产党，国民党，边区各县，蒙、回、满少数民族以及和尚、宗教喇嘛等各界代表共149人。会议通过了全区关于军事、行政、财政经济、文化教育、民运工作等多种议案，选举了由聂荣臻等9人组成的边区政府，即边区临时行政委员会。这是共产党领导建立的敌后第一个抗日民主政权。至此，晋察冀抗日根据地已发展到拥有40余县、1200万人口的广大地区。

1月12日 由海路进犯的板垣师团在青岛崂山湾和福岛两处强行登陆，然后沿胶济路西进，至潍县转南，到了2月初，其前锋直指鲁南军事重镇临沂。与此同时，从陆路进犯的矶谷师团也已沿津浦线南下，与板垣师团遥相呼应。

临沂距徐州300多公里，为徐州的外围屏障。李宗仁决定把驻守海州的庞炳勋第3军团火速调往临沂据守。庞军5个团的将士面对气势汹汹的敌人，毫不畏惧，拼死抵抗。日军虽反复冲杀，却不能前进一步。在鹅庄、独树头一带坐镇指挥的板垣感到难言的羞辱，发誓要踏平庞炳勋的第3军团，血洗临沂城，于是下令加紧进攻。第3军团因伤亡惨重，弹药不足，渐感不支。庞炳勋急电徐州请求增援，李宗仁遂令参谋长徐祖贻急调张自忠的第59军由海州开赴临沂参战。

1月18日　中共中央军委调整总参谋部人员：军委参谋长滕代远，总参谋部部长聂鹤亭，下设4局。

1月24日　根据蒋介石的命令，山东省政府主席、第3集团军司令长官韩复榘因消极抗日被秘密处死。

1月　八路军设立驻广州办事处、驻香港办事处。

新四军挺进大江南北，开赴苏南、皖南、皖中等地区，创建华中敌后抗日根据地。

滇缅公路总工程处紧急成立。由于时局空前紧张，国民政府提出了公路建设"先求通、后求好"的方针。据此，云南省主席龙云向公路沿线的地方当局下达命令：限期3个月之内建成一条简易公路。所谓"简易公路"，就是先整路基，再在上面铺上碎石，并用压路机压平。

2月17日　国民政府外交部主管对日事务的科长董道宁秘密到了伦敦，会见了日本参谋本部第八课课长影佐祯昭。回国时，他携带了影佐致张群、何应钦的亲笔信。

2月18—27日　八路军第120师第358旅第715团、第716团，第359旅第717团、第718团第2营，在日军侧后同蒲铁路北段开展破袭战，歼灭日军250人，攻占日军平社、豆罗车站和石岭关、关城镇、田家庄等据点，拆毁铁路15余公里、桥梁8座，有力地配合了国军的作战。

2月21日至4月1日　八路军第120师主力集中两个旅打击日军一部，同时以其他部队积极开展游击战争，袭扰、疲惫敌人，粉碎了日军第26、第109师团和伪军一部共1万余人对晋西北抗日根据地的首次围攻，歼灭日伪军1500余人，并收复了宁武、神池等7座县城。

2月　日本飞机开始对中国战时陪都重庆实施长达5年半的轰炸（1943年8月结束），而大规模的战略轰炸持续了3年时间（1939年至1941年）。在重庆大轰炸中，日机共空袭218次，出动飞机9513架次，投弹21593枚，炸死市民11889人，炸伤14100人，炸毁大中学校30多所。

3月1日　八路军第115师师长林彪带着师直属队途经国军阎锡山第19军防区时，因误判受伤，后送苏联疗养。1942年2月返回延安。

3月17日 在徐州会战外围战中，奉命孤军死守山东滕县的国军第122师师长王铭章向第5战区司令部发出最后一份电报："目前敌用重炮、飞机从晨至午不断猛轰，城墙缺口多处，敌步兵屡次登城，屡被击退。"最后，王铭章表示："决心死拼，以报国家。"18日，蒋介石下达的在滕县坚守3天的时限已经过去，但战斗还在继续。突然，一颗子弹击中了王铭章的胸部，鲜血很快染红了将军的衣服。卫士见状，急忙用绑腿为将军包扎。正当卫士要把受伤的王铭章转移时，一排子弹射来，师长光荣殉国。于是，滕县、临城陷入日军之手。

3月20日 山东韩庄、峄县被日军占领。

3月23日 矶谷先头部队抵达台儿庄，于凌晨发动总攻，下午即突破第30军田镇南的防线，冲进了台儿庄北泥沟、车站。24日晨，矶谷采用焦土政策，动用飞机、坦克和各种火炮，对蒲旺、辛庄、凤凰桥等一线防御工事实施毁灭性打击。国军第2集团军虽伤亡惨重，但将士们仍以血肉之躯抵挡日军的炮火和坦克，死守不退。

3月24日 中共中央书记处作出《关于北方局领导人员分工的决定》：书记胡服（即刘少奇）"暂时住延安，在中央指导下，仍旧担负华北党的领导工作"；副书记杨尚昆"率北方局工作人员往吕梁山脉，就近与华北各地党部联络，直接布置晋西南工作"，朱瑞以北方局代表名义前往晋东南，"指导同蒲路及平汉路东西两面党的工作"；彭真以北方局代表名义"协同聂荣臻指导晋察冀平汉路东及平津党的工作"。

3月28日 在日本的扶持下，梁鸿志在南京成立"中华民国维新政府"；日本人还在内蒙古扶植了以德王为首的"蒙疆联合自治政府"。

3月 国民政府成立迁建委员会，并提供1000多万元的资金保障，组织沿海内迁企业以及湖北沿江各大工厂紧急西迁。几个月内，仅从武汉西迁的企业就有223个，10余万吨设备安全抵达川、滇、陕、黔等地。

宋庆龄在香港发起成立"保卫中国同盟"。

白求恩受加拿大共产党和美国共产党的派遣，率领一个医疗队来到延安。

中共中央在对王明的右倾错误进行了坚决斗争后，派遣任弼时到苏联，如实向共产国际说明中国的抗战情况、国共两党关系以及党所采取的路线和政策。

4月1日 日本颁布《国家总动员法》。

4月3日　台儿庄2/3的地方已被日军占领。孙连仲的第2集团军仍据守南关一隅，伤亡人数超过7/10。在此情况下，李宗仁毅然下令："今夜向日军发动夜袭，以打破敌军明晨拂晓进攻的计划。"午夜，数百名敢死队员臂缠白毛巾，在暮春浓雾的掩护下摸向敌营。疲惫的日军此时正在酣睡，毫无察觉。敢死队勇猛冲杀，日军仓皇败退。第2集团军一举夺回被日军占据的3/4的地区。矶谷见大事不妙，忙下令部队撤到台儿庄北门，打算坚守到天亮再作处置。然而黎明刚到，台儿庄北面就猛然响起重炮声——汤恩伯军团已出现在矶谷师团的背后。矶谷如梦初醒："我被包围了！"忙下令撤退。经清点，矶谷共损失1.7万人。

4月4日　日军华北方面军第1军集中第16、第20、第108、第109师团各一部，共3万余人，由平汉路上的元氏、邢台等地，分9路从东、南、西、北四面围攻晋东南地区的八路军和国民党军。八路军第129师和第115师的部队由辽县（今左权）以南转至日军合击圈外的涉县以北地区，隐蔽待机，并以留在内线的各部队进行游击战和运动防御战，消耗、疲惫、阻止日军，为外线部队创造战机。4月16日，八路军在长乐村袭击战中歼灭日军2200人，缴获步马枪100余支、轻机枪2挺。至4月29日，八路军粉碎了日军的"九路围攻"，共消灭日军4000余人，收复县城19座，将日军全部逐出晋东南地区。

4月6日　台儿庄战役暂告一段落，国军第5战区（司令长官李宗仁）歼敌11984人，缴获步枪万余、机枪913挺、大炮127门，击落敌机3架。但是，矶谷不甘失败，稍加喘息后，又与板垣率近4万日军，分两路向台儿庄杀来，使得台儿庄一带的防线出现了一个缺口。

4月16日　国民政府外交部要员高宗武与董道宁从汉口去香港，会晤了日本人西义显。

4月21日　国军第60军军长卢汉率军抵达徐州后，兵分3路向台儿庄疾进。经过4月22日一天的激战，第60军将士扼住了缺口，稳住了阵地。次日，第183师、第182师又在凤凰桥、五窑路、蒲旺、辛庄一带夺回并守住了台儿庄正面一线的阵地。

中共冀中省委在安平召开第一次代表大会，决定改称冀中区党委，书记黄敬。八路军第3纵队兼冀中军区同时以人民自卫军和河北游击军编成，司令员吕正操。

4月24日　矶谷、板垣师团集中兵力，向国军第60军的正面防线发起猛攻。又经过几昼夜的鏖战，中国军队终于守住了台儿庄。

4月29日 日军改变战略部署，将主力转移到鲁西及苏、皖北部，继而调集华北方面军和华中派遣军的13个精锐师团，共30余万人，决心一举围歼徐州地区50个师的中国军队。日军此次改用了南北对进、侧翼迂回的战术，很快就攻克了徐州周围的若干重镇。5月中旬，南北日军会师安徽砀山，对徐州形成包围之势。坐镇武昌军委会的蒋介石见势不妙，急令李宗仁火速突围，经皖豫山区，收缩中原。

同日，日机从芜湖起飞准备轰炸武汉。苏联航空队的伊-15和伊-16勇闯敌阵，3架日机突出重围侥幸逃离，后来也因缠斗时间过长油料耗尽而全部坠毁。这一仗，中方以36比5的战绩获胜。

5月12日 新四军江北第4支队在皖东蒋家河口打响该军抗日第一枪。

5月14日 毛泽东致电朱德、彭德怀，提出建立大青山游击根据地。八路军第120师即组成大青山支队（司令员李井泉），经过多次战斗，于11月22日建立了绥远省委（书记白如冰），以大青山支队活动地区为中心，领导包头到大同、大青山到后套地区的抗日斗争。

5月19日 徐州陷落。由于中国数十万军队安全撤退，日军围歼中国主力部队的计划宣告失败。

5月26日至6月3日 毛泽东在延安抗日战争研究会上发表《论持久战》，正式提出抗日持久战的防御、相持、反攻3个战略阶段。

6月6日 日军占领开封，并向郑州推进。

毛泽东、刘少奇致电郭洪涛指出：山东抗日武装起义的基干部队，可恢复使用八路军游击部队的番号。

6月9日 根据蒋介石的命令，为阻止日军进攻，黄河花园口被炸开，大水如脱缰的野马，由中牟、白沙、郑庵越过陇海路，向南面和东南方向泛滥，经贾鲁河直泻安徽境内，越淮河、运河奔入长江，灾及河南、安徽、江苏3省的44个县。89万人被淹死，1200万人无家可归。决堤后，由于形成黄泛区这一巨大地障，迫使日军在平汉路以东停止前进，从而消除了唐白河流域和汉水中游面临的威胁，并守住了军事重地郑州。

6月11日 夜间，日本海军的20多艘舰艇护送波田支队（台湾混成旅），驶抵安庆附近水面。武汉会战由此拉开序幕。

此役，中方投入110个师、120万人；日军前后动用35万人。作战区域达

10多个省，作战面积达300多万平方公里。

蒋介石最后确定的破敌之策是：徐州作战后，主力退至皖西、豫中，并根据中原形势，在汉口的长江以南成立第9战区，以陈诚为司令长官。江北的鄂北、皖北、苏北仍为第5战区，由李宗仁指挥。江北的马当要塞、湖口对岸及田家镇要塞，还有武汉卫戍区等，均归第9战区指挥。总的作战方针是：以主力在武汉外围，凭依江南之鄱阳湖、九岭山、幕阜山和江北之大别山、桐柏山及长江两岸之丘陵、湖泊地区，进行持久作战，以牵制消耗敌人，粉碎日军的进攻企图。

6月12日　凌晨，波田支队的官兵冒雨在安庆登陆后，首先占领了郊区机场。18时，国军第27集团军杨森部的防御阵地被日军突破。13日，日军占领安庆。

6月18日　日军大本营根据御前会议的决定，下达第119号命令，全面部署武汉作战，企图以初秋为期，以长江两岸的30多万兵力实现"速战速决、征服中国"的美梦。

其时，日军华中派遣军（司令官畑俊六）共2个军、14个步兵师、1个支队、1个航空兵团、3个飞行团，占关内大陆侵华陆军总兵力的61%。其中，第2军，司令官东久迩宫稔彦王，辖3个师团：第10、第13、第16师团；第11军，司令官冈村宁次，辖4个师团和1个支队：第6、第27、第101、第106师团和波田支队；派遣军直辖：第3、第15、第17、第18、第22、第116师团；航空兵团，司令官德川好敏，辖第1、第3、第4飞行团。

6月26日　日军夺占国军第16军（军长李韫珩）防守的战略重地——马当要塞。此后，九江战斗、黄梅战斗、广济战斗、田家镇战斗、瑞昌战斗、马头镇战斗、星子战斗、万家岭大捷、富金山战斗、信阳战斗等相继展开。

7月1日　新四军江南部队火烧新丰车站，歼灭日伪军180人。

7月6日　八路军第115师第344旅主力进行町店战斗，歼灭日军500余人，缴获步枪900余支、轻机枪30挺、重机枪8挺。

7月30日至8月7日　日军第19师团向中朝苏三国交界处的张鼓峰、沙草峰苏军发动的进攻以失败告终。

8月5日　为支援抗日战争，中国工业合作协会在武汉成立，由新西兰友人路易·艾黎出任技术顾问，负责协会的组织工作。至1942年6月，全国各地的"工合"发展到1590个，月产值达2400多万元。

8月22日 日军大本营下达进攻武汉的作战命令。日军24个师团（占总兵力的70%）兵分几路发起进攻，声称将通过武汉会战歼灭中国军队，切断中国的国际补给线，达到“将国民政府驱逐于中原之外”的政治目的。至10月，日军9个师团20多万人从东面、南面和北面对武汉形成了3面包围之势。

8月 年初动工的滇缅公路通车。这条公路全长1153公里，其中在中国境内长959.4公里。它跨越地球上以高大陡峭闻名的怒山、高黎贡山和在高山峡谷之间以水流湍急而著称于世的澜沧江和怒江。滇缅公路的两端分别是中国的昆明和缅甸的腊戌。从腊戌往南，经过缅甸中部城市曼德勒可直达缅甸首都仰光。从昆明往东北方向，经过贵阳，是连接中国战时首都重庆的西南公路。所以，中国政府从海外采购的军火以及盟国的援华物资，可以从仰光港运抵中国的大后方，直至中原腹地。

本月，冀南抗日游击军区成立，司令员兼政治委员宋任穷。同时，冀南近30个县建立了抗日政权。至9月，冀南全区性总工会、农救总会、妇救总会、文教总会等各种群众抗日组织成立。

本月，60名被日本人称为“马路大”（意为“原木”）的中国抗日志士被“特别移送”到日军“731”细菌部队属下的孙吴“673”支队。“673”的研究人员随时在他们身上进行“孙吴热”的传染及治疗实验，幸存者后来又成为冻伤治疗试验的对象。孙吴支队长西俊英中佐战后在法庭上供认：“我们把中国俘虏绑缚在间隔10—20米的木柱上，然后通过电流，使装有坏疽菌的榴霰弹爆炸，结果10个人全部被带有细菌的碎片炸伤，同时感染上了坏疽病，他们经过一星期的痛苦挣扎后便死去了。”战争期间，被关东宪兵队申请或指令“特别移送”到“731”部队的人员共计372人，其中包括中国人、苏联人和朝鲜人。

9月10日 日军在南取广州、中攻武汉的同时，出动华北方面军第1军第109师团、独立混成第4旅团，驻蒙军第26师团、独立混成第2旅团和方面军直辖第110师团，共5万余人，以北岳区的五台、冀西为重点目标，对晋察冀抗日根据地进行了大规模的围攻，企图歼灭晋察冀军区领导机关和主力部队。

9月14日和29日 8月初从莫斯科回国的中共驻共产国际代表王稼祥传达了共产国际及其总书记季米特洛夫的指示：“中共一年来建立了抗日统一战线，尤其是朱、毛等领导了八路军执行了党的新政策，国际认为中共的政治路线是正确的，中共在复杂的环境和困难条件下真正运用了马列主义。”“在领导机关中要在毛泽东为首的领导下解决，领导机关中要有亲密团结的空气”。“应当告诉全党，毛泽东是在实际斗争中锻炼出来的领袖。其他的人如王明，不要再争当领导人了。”

9月20日至11月7日 晋察冀边区军民以第120师、第129师一部为主力，分3个阶段开展反围攻战，在东西庄、郑家庄、邵家庄、滑石片等地共进行大小战斗136次，歼灭日伪军5200余人，缴获长短枪570余支、轻重机枪49挺、各种炮10门。

9月—11月 中国共产党在延安召开扩大的六届六中全会。全会总结抗战以来的经验教训，确定党在抗日战争相持阶段的基本方针和任务，重申必须独立自主地领导人民进行抗战。会议基本纠正了王明的右倾错误，进一步确立了毛泽东在全党的领导地位。

10月9日 国军在万家岭大捷中歼灭日军第106师团8000余人。

10月12—21日 日军第21军和海军第5舰队共4万人，同国军第4战区第12集团军共6万余人，在广州及外围地区进行了广州战役。第12集团军余汉谋部由于丧失警惕，作战指挥和部队主力远离战场，致使日军如入无人之境，仅用10天就兵不血刃地占领了广州。

10月26日 早晨，冈村宁次指挥的第11军波田支队侵占了武昌。下午，日军第6师团占领汉口。27日，日军第106师团和第6师团各一部占领汉阳。武汉三镇丧失，国军保卫武汉失利。至此，中国的北平、天津、上海、徐州、南京、广州、武汉等7大城市相继沦入日本侵略军的魔掌。

在整个武汉会战中，双方军队伤亡在130万人左右；中国将军以上的伤亡达十多人，日军将校级军官近百人被打死；日军在战争中使用毒气达375次之多；中国平民死亡近百万人。较量的结果，中国军队主动放弃了武汉，全师而退，保存了继续与日军周旋的实力，而日军在付出惨重代价之后，仅仅获得一座空城，其聚歼中国军队主力、迫使中国求和的初衷灰飞烟灭。经此一战，日本国力大伤，被迫放弃“速战速决”的战略，中日战争转入对日本最为不利的持久战争阶段。

10月31日 蒋介石发表《告全国国民书》说：“我军之方略，在空间言，不能为狭小之核心，而忘广大之图，以时间言，不能为一时之得失，而忽久长之计。故决心放弃核心，而着重于全面之战事。……我国在抗战之始，即决心持久抗战，故一时之进退变化，绝不能动摇我国抗战之决心。”

10月　中国抗战在武汉和广州失守后，进入战略相持阶段。日本侵略军在坚持灭亡中国的总方针下调整侵华策略，停止对正面战场的战略性进攻，而将主要力量用于打击八路军和新四军；对国民党采取政治诱降为主、军事打击为辅的方针；在占领区加紧扶植傀儡政权，建立和发展汉奸组织。这对中国的抗战局势产生了影响。

当月，八路军和新四军同日伪军作战1600余次，毙伤俘敌5.4万人，先后创建晋察冀、晋西北和大青山、晋冀豫、晋西南、山东、苏南、皖中等抗日根据地。战斗在白山黑水的东北抗日联军也十分活跃，在极端艰难的条件下打击敌人。以延安为中心的陕甘宁边区是敌后战场的战略总后方。大批爱国青年和抗日志士涌向延安，经过培养训练后，又从这里奔赴抗日前线。

11月3日　日本政府发表关于“建立东亚新秩序”的声明，呼吁国民政府“抛弃以前的一贯政策……参加新秩序的建设”。

12月18日　国民党二号人物汪精卫根据日本事先制订的计划，率领一伙亲信潜离重庆，到河内当了汉奸。

12月22日　日本政府鉴于汪精卫已经叛国，再次发表声明，提出“善邻友好，共同防共和经济合作”三原则。

八路军第120师主力由山西省岚县出发，于次年1月25日进至河北省河间西北的惠伯口地区，与中共冀中区党政军领导机关会师，执行巩固冀中、帮助第3纵队兼冀中军区和扩大自己的任务。

12月27日　八路军山东纵队在沂水王庄正式成立，指挥张经武，政治委员黎玉，参谋长王彬，政治部主任江华，辖第2、第3、第4、第5、第6、第8、第9、第12、第13支队和陇海游击支队、第4团、临（沂）郯（城）独立团等，共2.45万人，另有所属地方部队1万余人。

12月30日　八路军晋冀豫军区对外由第129师后方司令部改称晋冀豫边游击司令部，司令员倪志亮，政治委员黄镇，副司令员王树声。

冬　八路军开始由山区向平原地区挺进，放手发动群众，广泛深入地发展群众性游击战争，不断消灭敌人的有生力量，巩固和扩大抗日根据地。

第二批苏军飞行员抵达中国，其中包括苏联英雄雷恰戈夫，以及雷托夫、波雷宁、日哈列夫、索尔和赫留金等。他们的到来粉碎了日军的空中优势。

【1939年】

1月 国民党五届五中全会专门讨论了对付共产党的问题，确定了“溶共”、“防共”、“限共”的方针。各地接连发生袭击、杀害共产党领导的抗日军民的反共摩擦事件，使中国团结抗战的局面出现严重危机。1月23日，中共中央发出指示，揭露了国民党顽固派的反共行径和实质。共产党从抗战全局出发，明确指出：整个抗战时期，民族矛盾始终是第一位的，各阶级的利益必须服从全民族的利益。针对国内时局逆转的趋势，共产党提出了坚持抗战到底反对中途妥协、巩固国内团结反对内部分裂、力求全国进步反对向后倒退三大口号，坚决揭露打击卖国汉奸汪精卫，继续争取同蒋介石集团合作，巩固并扩大抗日民族统一战线。

中共中央南方局（由周恩来、董必武等领导）在重庆成立。八路军设立重庆办事处，处长钱之光，副处长周怡，下设经理科、文书科、运输科、总务科，工作人员近100人。

1月3日 八路军设立贵阳交通站。

1月7日至3月 八路军第129师主力分成几个作战集团，结合地方部队，分区寻机歼敌，共进行香城固等较大战斗100余次，粉碎日军共3万余人对冀南抗日根据地的“扫荡”，歼灭日伪军3000余人。

2月8日 华侨领袖陈嘉庚发表《南侨总会第六号通告》，号召华侨中的年轻司机和技工回国服务，与祖国同胞并肩抗战。这个通告很快就传遍了东南亚各地，志愿回国服务的华侨司机和修理工共达3192人，他们被称为“南侨机工归国服务团”。从1939年2月到8月，南侨技工先后分9批回到祖国，在昆明的潘家湾接受两个月的军事和政治培训。这些司机过去大多在城市开车，来到云南后，他们几乎都要从头学习如何在崎岖的山路上避险。

2月18日 苏联航空队在武汉上空击落12架日本飞机。2月23日，苏联航空队一个小分队远征台湾，摧毁台北机场上停放的40架日军飞机和3年的燃油储备。4月29日，日军对武汉发起进攻，苏联飞行员击落日军54架轰炸机中的21架，5月31日又击落日机14架。

2月 周恩来去新四军军部传达了中共中央关于新四军要向南巩固、向东进攻、向北发展的方针。

3月1日 朱德等颁布人民军队誓词。

八路军第115师代师长陈光、政治委员罗荣桓率师部和第686团2000余人，由晋西灵石县双池镇出发，行程1500公里，进入鲁西平原。

3月30日 新四军第一支队司令员陈毅写了新体诗《十年》。诗写成后，陈毅提交新四军军部集体讨论，最后由他根据大家的意见修改定稿，遂成《新四军军歌》歌词。同年5月，经何士德作曲后，在皖南新四军军部驻地首次演唱，并发表在《抗战》杂志上。

3月 诗人光未然把他两次渡过黄河以及在黄河边上行军的感受写成长诗《黄河吟》，继而又将其改写成《黄河大合唱》的歌词，并由冼星海很快完成谱曲。4月13日，《黄河大合唱》在陕北大礼堂首次演出。

4月30日 随枣战役开始。中国军队同沿襄花公路西犯的日军在随县大洪山一带作战20余次，大量歼敌。5月8日以后，日军加强了对中国军队两侧的攻势，南路自钟祥沿襄河北窜，攻入枣阳，北路则自信阳西进，陷桐柏、唐河，企图对桐柏山、大洪山的中国军队实行大包围。中国军队一部自豫西南下，14日攻克新野、唐河，粉碎了日军的包围圈。4月15日，中国军队发起总反攻，激战3昼夜，日军被迫退却。中国军队克复枣阳。

4月 英国驻华大使卡尔频繁往返于日蒋之间，积极策动“中日议和”。与此同时，日本则在中国的沦陷区进行反英活动，并寻找借口封锁了天津的英国租界。日方声称，若“英国不同日本全面合作”，日本将不解除对英租界的封锁。在日本的强大压力下，英国决定向日本让步。

当月，日军调集3000余人，包围八路军驻河间县齐会的第120师的3个营。师长贺龙集中7个团的主力部队实施反包围，在地方游击队的协同下，对敌猛攻。贺龙被毒气弹毒伤，仍坚持指挥，激战3昼夜，歼敌大半。

春　毛泽东向陕甘宁军民发出“自力更生”、“自己动手，生产自给”的号召。

5月6日　汪精卫等乘日轮“北光丸”号由河内到了上海。

5月8—9日　日军华北方面军第109师团和独立混成第3旅团各一部，共5000余人，分别由五台县城、繁峙及其以东的砂河镇、大营出动，合击晋察冀抗日根据地北岳区五台县城东北的豆村和台怀镇地区。10日，八路军穿过空隙地带，登上高达3000多米的五台山北峰。日军合围扑空后，分路撤退，其第3旅团一部800余人在下细腰涧地区遭到八路军的截击。战至15日中午，八路军击毙日军700余人，缴获大炮5门、轻重机枪19挺、步枪400余支。

5月26日　毛泽东明确提出，“抗大的教育方针是：坚定正确的政治方向，艰苦奋斗的工作作风，灵活机动的战略战术。这三者，是造成一个抗日的革命的军人所不可缺一的。”（1960年5月8日，毛泽东在一个请示报告上把“艰苦奋斗的作风”改为“艰苦朴素的作风”。）

5月　日军对重庆实施战略轰炸，仅在3日和4日两天轰炸中就在人口稠密的市中心投下爆炸弹176枚、燃烧弹116枚，炸死2572人，炸伤3637人，市区10余条主要街道被炸成废墟，大火燃烧3天才被扑灭。

6月　苏联空军志愿航空队4个大队来华支援，苏联空军上校库里申科和科兹洛夫各率领一个由20架重型轰炸机组成的轰炸机大队进驻成都，苏普伦和柯基那基则各率领一个由伊-15和伊-16驱逐机组成的驱逐机大队进驻重庆，从而大大增强了中国抗击日寇的空中力量。

7月17日　英国政府迫于日本的压力同意关闭滇缅公路3个月，从而切断了所有通过香港的援华物资的运输。

8月　日军调集步、炮兵600余人，向鲁西梁山地区进犯。八路军第115师警卫营和骑兵连奉命伏击敌人。在政委罗荣桓的指挥下，经过7次激烈冲杀和白刃战，除20个日军被俘外，其余悉数被歼。

9月13日　国际援华医疗队抵达香港，“保卫中国同盟”主席宋庆龄会见了医疗队全体成员。1938年，世界反法西斯进步人士在伦敦成立了“国际医药援华会”，并招募到20多名自愿来华服务的医务人员，组建起这支国际援华医疗队。医疗队的成员来自波兰、捷克、德国、罗马尼亚、奥地利、匈牙利、保加利亚和苏联。他们来到中国后，都取了一个中国名字：波兰人傅拉都、陶维德、戎格曼、甘理安、甘曼妮、马绮迪；罗马尼亚人柯让道（或柯烈然）、柯芝兰（前者之夫人）、杨固；匈牙利人沈恩；奥地利人富华德、肯德、严斐德、王道（来华后不久病逝，葬于重庆）；德国人爱·玛库斯（女）、贝尔（或白尔）、顾泰尔（或谷太尔）、白乐夫、罗益、孟乐克；保加利亚人甘杨道；苏联人何乐经；捷克人纪瑞德（或基什）、柯理格。此外还有两名国籍不详的人士：外科指导员贝雅德和救护总队第40医务队医师杜翰。

9月14日至10月13日　日本第11军（司令官冈村宁次）为消灭中国第9战区（代理司令长官薛岳）部队，集中第6、第33、第101、第106师团及3个旅团约12万兵力，采取奔袭攻击的方针，自赣北、鄂南、湘北三面会攻长沙，此即第一次长沙会战。为打破日军战略企图，薛岳指挥16个军30多个师约40万人，采取逐次抵抗、诱敌深入的作战方针，在长沙附近迫使日军撤退。

9月19日　在日本的撮合下，汪精卫、王克敏、梁鸿志在南京召开会议，商谈成立伪中央政府事宜。自10月底开始，汪精卫与日本断断续续在上海进行了两个月的谈判，于12月30日秘密签订了卖国的《日华新关系调整要纲》。与此同时，日本驻香港武官铃木卓尔也同国民党代表宋子良进行了多次会谈，怂恿蒋汪合流。

9月23日　日军大本营下达中国派遣军的战斗序列令，规定其自10月1日行使统帅权。总司令部设在南京，总司令官西尾寿造，总参谋长板垣征四郎，辖华北方面军，第11、第13、第21军，第3飞行集团、第21独立飞行队等。

9月25日　日军第8混成旅团长水原，纠集1500余人，自灵寿出发，向八路军晋察冀腹地陈庄进犯。日军刚出城，就遭到民兵武装的强烈阻击。军区司令员聂荣臻、第120师师长贺龙早已作了杀敌部署。日军进入陈庄，立即陷入八路军主力部队和民兵武装的包围圈。29日夜，经过激烈战斗，水原旅团长以下2000多名日军（包括增援日军）全部被歼。

10月3日　苏联空军援华达到最高峰，在华人员共425人。下午2时35分，援华航空队12架重型轰炸机在库里申科的率领下，从成都起飞，高速接近汉口，炸毁了机场上的60架日军战机、炸伤约100架。

在同日机的空战中，苏联飞行员古边科奋不顾身地驾机撞向敌机，共击落敌机7架，因而被授予苏联英雄称号。14名在华参战的苏联飞行员获得了金星英雄奖章，200多人为中国人民的抗战事业献出了宝贵的生命。

10月14日 库里申科接到作战命令，编队飞临武汉上空时，遭到日军机群的拦截。经过激战，击落6架敌机，但他的飞机遭到重创，仅以一个发动机沿着长江向驻地返航。到达万州上空时，机身失去平衡。为了保护飞机免遭破坏，他不顾个人安危，操纵飞机，寻机迫降，终于平稳降落在长江水面上。库里申科由于长时间驾机，劳累过度，再也无力跳出机舱。

2013年3月23日，中国国家主席习近平在莫斯科国际关系学院发表演讲时特别指出："抗日战争时期，苏联飞行大队长库里申科来华同中国人民并肩作战，他动情地说：'我像体验我的祖国的灾难一样，体验着中国劳动人民正在遭受的灾难。'他英勇牺牲在中国大地上。中国人民没有忘记这位英雄，一对普通的中国母子已为他守陵半个多世纪。"

11月3日至12月8日 八路军晋察冀军区和第120师一部在反"扫荡"中进行了雁宿崖战斗和黄土岭战斗，共作战108次，毙伤日军3600余人，俘虏13人。11月7日，日军"蒙疆驻屯军"总司令兼独立混成第2旅团旅团长、"名将之花"阿部规秀在冀西涞源县黄土岭阵亡。中共中央、八路军总部和全国各地的友军、抗日团体的著名人士，纷纷祝贺晋察冀军区取得的胜利。蒋介石闻知此事也异常高兴，并给延安八路军总部发了贺电："据敌皓日（9日）播音，敌趾村部队本月江日向冀西涞源进犯……支日阿部中将率部驰援，复陷我重围，阿部中将当场毙命等语。足见我官兵杀敌英勇，殊堪奖慰。饬将上项战斗经过及出力官兵详查具报，以凭奖赏，为要。"11月23日，日本《朝日新闻》写道："自日军成立以来，中将级将官的牺牲，这是没有先例的。"

11月12日 1939年10月下旬，国际主义战士白求恩在河北省涞源县摩天岭战斗中抢救伤员时，左手中指被手术刀割破，受到感染。11月12日凌晨，他在河北省唐县黄石口村逝世。临终前他讲的最后一句话是："努力吧！向着伟大的路，开辟前面的事业！"12月1日，延安各界举行追悼大会，毛泽东题了挽词，并于21日写了《纪念白求恩》一文，高度赞扬了白求恩伟大的国际主义和共产主义精神。

11月12—20日 国民党五届六中全会在重庆召开，确立了以军事限共为主、政治限共为辅的方针。

12月3日 国民党军第2战区司令长官阎锡山集中兵力，在永和袭击了八路军第2纵队第196旅旅部，逮捕了旅政治部的6名政工人员，策动该纵队独立第2旅第6团叛变，同时破坏了临汾、蒲县、隰县、石楼、赵城等抗日县政权和永和牺盟办事处，大肆杀害中共党员和进步人士共300余人，制造了“十二月事变”即晋西事变。

12月8—26日 八路军第129师主力一部和第344旅大部进行了邯（郸）长（治）战役，毙伤日伪军700余人，并收复黎城、涉县等城镇。

12月10日 驻山西中国第14集团军向翼县、绛县一带的日军发起进攻，经9昼夜激战，日军伤亡过重，退守曲沃、新绛。

12月13日 进攻南宁的日军台湾混成旅团、其他特种部队、第5舰队、海军第3联合航空队等自海南三亚启程，15日开始在钦州湾沿岸登陆，17日占领钦州，22日进至邕江南岸，24日9时30分攻占南宁。昆仑关会战由此拉开序幕。

同日，中国第10集团军分别以一部攻入杭州、富阳、余杭城内，纵火焚毁日军仓库。

12月16日 中国军队以4个师的兵力从安徽青阳附近开始进攻，17日晚切断长江交通，23日攻克青阳。

同日，中国军队攻入河南开封，清剿城内日军并焚毁了日军司令部。

12月18日 集结于桂南各地的国军约15万人和100架飞机，兵分3路会攻日军，以图消灭日军第5师团，攻克南宁。在此后8天里，昆仑关与南宁之间的交通线完全被国军第99军第92师控制，日军只好用飞机运送弹药、给养。12月28日，国军第5军（军长杜聿明）开始正式进攻。日军在昆仑关筑有钢筋水泥工事，地势又易守难攻，因此战况极为惨烈。中国军队把据险顽抗的日军1个精锐旅团近5000人团团围住，发起猛烈进攻。29日上午，昆仑关附近的圆形高地与津田山相继为国军攻克。30日，中方增援部队到达。31日战斗结束，日军自旅团长以下全部被歼。此役被称为“昆仑关大捷”。

12月20日 国军身着便衣，涌进包头，冲进日军骑兵集团（集团长小岛吉藏中将）司令部，与敌展开激烈巷战。22日，日方援军发起总攻击，中国军队遂撤回五原。

蒋介石颁布《异党问题处理办法》，进而掀起第一次反共高潮。

12月25日 八路军总指挥朱德、副总指挥彭德怀、第115师师长林彪、第120师师长贺龙、第129师师长刘伯承等联名通电全国，痛斥国民党顽固派对共政策发生转折后的一系列反共罪行。

12月 八路军总部收到冀中军区发来的一份密电："敌最近修路的目的同过去不同。""一是以深沟高垒连接碉堡。由任丘到大城、河间的公路修得比地面高五尺，两旁沟深八尺到一丈，沟底宽六尺，沟面一丈六，把根据地划成不能相互联系支援的孤立的小块，部队也不能转移，便于敌逐次分区搜剿。第二种修法是汽车路的联络向外连筑，安国县已完成三层，敌汽车在路上不断运动，阻挡我军出入其圈内。"刘伯承就此指出，这是日军企图以"铁路为柱，公路为网，据点为锁"，对华北军民实行"囚笼"政策。因此，八路军总部提出，要截断正太（河北正定到山西太原）日军交通线，拔除该线南北地区若干敌军据点。

【1940年】

1月2—16日 国军连克翁源、官渡、青塘、英德、连江口、沙田、从化、瑟江口、潭源、清远等地，时称“粤北大捷”。

1月15日 汪精卫向王克敏、梁鸿志发出“青岛会议”的邀请。上午，三方进行第二轮会谈后，决定了伪中央政府的组织机构和各既成汉奸政权的归宿。伪中央政府为标榜“正统”，遥奉重庆国民政府主席林森为“主席”，汪精卫为“行政院长”兼“代主席”。政府设立行政、立法、司法、监察、考试五院和军事委员会，下辖若干部委，与重庆国民政府基本相同。五院院长及华北政务委员会委员有：汪精卫、陈公博、温宗尧、梁鸿志、王揖唐、王克敏。

1月18日 朱德、彭德怀致电徐向前、朱瑞指出，巩固和扩大八路军，是目前华北全党全军的中心任务之一，决定本年度扩军20万人。19日，该电内容转告中共中央和中央军委。30日，毛泽东、王稼祥复电：全军扩军30万，主要分配在有枪的区域。

2月23日 抗日联军第一路军总指挥杨靖宇在濛江县保安村三道线崴子的战斗中壮烈牺牲，年仅35岁。残暴的日军割下他的头颅，剖开他的腹部，发现他的肠胃里仅有树皮和棉絮，没有一粒粮食。杨靖宇牺牲后，抗日联军第一路军在副总司令魏拯民的领导下继续转战在长白山区。

3月7—10日　日本铃木卓尔、今井武夫等和蒋介石的代表宋子良、章友三、陈超霖等在香港召开中日会谈预备会议，讨论中国承认“满洲国”，放弃抗日容共政策，缔结秘密防共协定，日军驻屯内蒙华北以及蒋汪合流等问题。

3月9日　当日军华北方面军集中独立混成第2、独立混成第15旅团和伪军各一部，共9000余人，对晋察冀抗日根据地平西地区进行大规模“扫荡”时，八路军冀热察挺进军第7、第9、第10团，分别在涞水、门头沟和涿鹿矾山堡地区，袭击、阻击和伏击日伪军，并在张家庄、杜家庄战斗中歼灭日伪军370余人。日伪军合击计划失败后，到处搜剿，又遭到敌后军民的沉重打击。至22日，冀热察挺进军歼灭日伪军900余人，缴获重机枪8挺、步枪100余枝，击落敌机1架。

3月11日　毛泽东在延安中共党的高级干部会议上作了《目前抗日统一战线中的策略问题》的报告，全面总结了打退第一次反共高潮的经验，并指出，“抗日战争胜利的基本条件，是抗日统一战线的扩大和巩固。而要达此目的，必须采取发展进步势力、争取中间势力、反对顽固势力的策略”。

3月17日　日方决定板垣征四郎中将等人为中日正式谈判的全权代表。4月11日，宋子良重返香港，与日方继续会谈，不得结果。及至6月6日会谈结束时，双方终于取得一致意见：蒋介石、汪精卫和坂桓征四郎3人在湖南长沙会谈，一举解决所有问题。但是，汪精卫做贼心虚，不敢去长沙，坂桓于是又想同蒋介石单独会谈，实现中日全面停战。蒋介石要求日本拒绝承认汪伪政权，这与日本“和平谈判以汪蒋合作为前提”的既定方针相抵触，会谈延宕下来。

3月30日　汪精卫根据“青岛会议”拟定的日程，搜罗了几个前清遗老、北洋军阀余孽，以及效忠于他的少数国民党骨干，在南京成立了伪政权，并扬言这是“国民政府还都”。

3月　月底，中国军队冬季攻势结束。中方先后使用71个师的兵力。日本《中国事变陆军作战史》云，日军“付出的牺牲是过去作战不曾有过的”，“深感敌尚强大”。日军参谋次长泽田茂则指出，1940年进入了“最暗淡的时期”，日本中国派遣军总司令部只好“以溺水者攀草求生的心情，倾注精力推进”与中国的和谈（代号“桐工作”）。

4月　八路军平西分区成立，萧克兼司令员，辖第7、第9团。至9月，平西地区已发展成为包括宛平、房山、良乡、涿县、涞水、宣化、涿鹿、怀来的大部或一部，拥有30余万人口、1100余个村庄的抗日根据地。该军分区隶属于冀热察挺进军。

5月1日　枣宜会战开始。日军6个师团分3路向湖北枣阳地区猛攻，中国军队以3个集团军的兵力反击，阻敌西进。战至11日晚，日军因伤亡惨重，开始向南退却。在中国军队进行反包围作战中，第33集团军总司令张自忠，亲率总司令部一个特务营和74师的两个团渡襄河进攻南窜的日军。渡河后，在宜城方家集将逃窜之敌截为两段。5月15日，日军集中兵力，从南北两面向中国军队夹攻。张自忠力敌日军，苦战待援。不料5战区指挥部电令张部“放弃当面之敌，向钟祥敌后攻击”。张自忠奉命，星夜出发，杀出重围，转移到宜城洪山的罐子口。日军跟踪而至，占领两侧山头，飞机大炮集中火力猛轰张部。5月16日，战况益烈，张自忠率部退守南瓜店一个小山头，伤亡殆尽。他多处受伤，仍不下火线，终于为中华民族流尽了最后一滴血，年仅49岁。延安各界追悼张自忠《祭文》说，他“一战淝水，再战临沂，三战徐州，四战随枣，鞠躬尽瘁，卒以身殉，全国人民，同声悲悼”！

5月4日　中共中央指示东南局，要独立自主地建立抗日根据地和抗日民族统一战线的政权，向一切敌占区发展。

5月17日　日军回窜枣阳，中国军队转至唐白河待机反攻。宜枣会战第一阶段结束，日军死伤3850人。

5月21日　日军在得到第40师团的增援后，避开中国第5战区的正面进攻宜昌。5月31日夜，日军第3师团、第39师团分别渡过汉水。6月8日下午，日军攻占荆州、沙市。6月10日，日军集中兵力，进攻宜昌。6月12日16时，宜昌失守。日军第40师团奉命经六房咀向长寿店一带侵犯，13日傍晚到达六房咀附近。中国军队据险坚守。14日，日军继续进攻，苦战6天，日军师团长负伤。20日，日军突围，集结于安陆以北地区。其后，战势又进入对峙局面。枣宜一役，日军伤亡将校10人。

5月至6月　八路军第129师除保留第385旅、第386旅建制外，编成6个新编旅。新编第1旅由第2纵队和决死第3纵队改归第129师，撤销了晋冀豫军区，成立了太行、太岳军区。师长兼司令员刘伯承，政治委员邓小平，军区副司令员王树声，参谋长李达，政治部主任蔡树藩。

6月20日 法国允许日本监察员进驻印度支那与中国接壤地带，从而将中国的后勤补给线切断。

7月7日 过去3年，仅在华北战场上，日军发动的千人以上的“扫荡”达109次，使用兵力约50万人。

7月17日 日本大本营下令以攻城重炮24门编成第1炮兵队，作出南进香港的姿态。英国政府屈服于日本的压力，同意封闭滇缅公路3个月。

7月 陈毅、粟裕率领新四军在黄桥大战中歼灭了国民党顽固派韩德勤的主力。

7月22日 八路军总部发布朱（德）、彭（德怀）、左（权）签署的《关于大举破袭正太路战役的预备命令》。《命令》说：为打击敌人的“囚笼”政策，打破敌进犯西安之企图，争取华北战局更有利的发展，影响全国的抗战局势，“决定趁目前青纱帐与雨季时节，敌对晋察冀、晋西北及晋东南‘扫荡’较为缓和，正太线较为空虚的有利时机，大举破袭正太路”。“其他各重要交通线，特别是平汉、同蒲，应同时组织有计划之总破袭，配合正太铁道战役之成功”。《命令》决定调集聂荣臻领导的晋察冀军区和刘伯承、邓小平领导的晋冀豫军区的主力部队，发动以正太路为重点的大规模交通破袭战。这一注明“十万火急”的绝密电报发到延安，立即被抄送毛泽东、王稼祥、朱德、洛甫（张闻天）、王明、康生、陈云、邓子恢、任弼时、谭启龙和作战局。

8月20日至9月10日 八路军105个团、约27万人（岳思平主编《八路军》）开始“百团大战”的第一阶段。总司令为朱德、副总司令为彭德怀。这次战役共作战1824次，毙伤日伪军2.5万余人，破坏铁路470余千米、公路1500余千米，摧毁大量敌碉堡和据点，缴获大批枪炮和军用物资。

9月22日至10月1日 “百团大战进”进入摧毁敌人要塞、攻克部分城镇的第二阶段。总部下达给晋察冀军区部队的任务是：破袭涞源、灵丘境内的公路，夺取这两座县城。与此同时，太行、太岳部队也根据总部的命令，发动了榆（社）辽（县）攻坚战斗。陈赓、周希汉奉刘伯承、邓小平之命负责指挥部队作战。

10月6日至12月5日 百团大战发展到第三阶段，在作战样式上已由破袭战演变为反“扫荡”。在反“扫荡”中，各地方武装和民兵开展麻雀战、地雷战等，钳制了日军的兵力。

10月26日 日军36师团冈崎大队的500多人被游击队引进太行山区的

关家垴。彭德怀和左权立即指示炮兵部队向关家垴抵进，同时决定把第385旅、第386旅和新第10旅主力及决死1纵队的两个团也调来包围敌人。10月27日凌晨，八路军各路部队向关家垴的日军发起总攻，冈崎则进行疯狂的反冲击。在八路军凌厉的攻势下，日军死伤过半。冈崎见势不妙，独自一人策马逃去。可是，他没跑多远，就被八路军的一个班长打死在马背上。

10月27日 日军飞机在浙江宁波上空投放鼠疫弹。

10月 日本空军开始大规模轰炸滇缅公路。蒋介石召见陈纳德，要他制定一个方案，同宋子文一起去美国，尽可能为中国争取一些美国飞机和驾驶员。次年,陈纳德在罗斯福的支持下,以私人机构名义，重金招募美军100名飞行员和150名机械师，以志愿人员的身份参战。7月和10月，200多人分两批来华。

11月29日 夜晚，蒋介石发电报到香港，任命前驻日大使许世英为中日正式会谈首席代表。30日，日汪基本关系条约签订，日方承认早在1940年3月30日就宣告成立的汪伪政权。日蒋关于结束中日战争的谈判被迫终止。

12月22日 由毛泽东起草的毛泽东、朱德、王稼祥给彭德怀的电报说："百团大战对外不要宣告结束，蒋介石正发动反共新高潮，我们尚需利用百团大战的声势去反对他。"

12月25日 毛泽东为中共中央起草的对党内的指示说："在军事战略方面，是战略统一下的独立自主的游击战争，基本上是游击战，但不放松有利条件下的运动战。"

12月 八路军通过1939年以来的整训和整编，已发展到近170个团或支队、总队，共40万人，分布在陕甘宁和华北晋察冀、山东、晋绥、晋冀豫、冀鲁豫、豫皖苏和苏北等各抗日根据地，担负起华北和华中部分地区敌后抗战的艰苦任务。

八路军第120师第359旅奉命开赴位于延安东南的南泥湾实行屯田政策。至1943年年底，共耕种土地13.8万亩，实现部队粮食全部自给，成为全军大生产运动的一面旗帜。

【1941年】

1月7日　国民党顽固派制造震惊中外的皖南事变。新四军军部及所属部队9000余人，在向北转移途中遭到国民党军8万余人围攻，除约2000余人突围外，一部被打散，大部壮烈牺牲或被捕。军长叶挺在同国民党军进行战场谈判时被扣押，副军长项英遇害。事变发生后，蒋介石竟诬称新四军“叛变”。

1月17日　国民党当局宣布取消新四军番号。

1月20日　中共中央军委发布命令，重建新四军军部，任命陈毅为代理军长，刘少奇为政治委员，张云逸为副军长，赖传珠为参谋长，邓子恢为政治部主任。陇海路以南的新四军和八路军部队，分别改编为新四军第1至第7师和独立旅，全军共9万余人。

共产党深刻地总结了同国民党顽固派斗争的经验，丰富和发展了统一战线的策略。这主要是：在抗日民族统一战线中要采取“发展进步势力，争取中间势力，孤立顽固势力”的总方针，在反对国民党顽固派的斗争中要坚持“人不犯我，我不犯人，人若犯我，我必犯人”的自卫立场和“有理、有利、有节”的原则。

1月24日　豫南战役开始。日军动用第3、第40

等6个师团，以及军直属战车第7、第13联队，独立野战重炮兵1个联队，加上飞机上百架，兵分3路向北进犯。中国军队避开正面，从侧后攻击。豫西第59、第55、第68等军分别由唐河、泌阳等地出击，把日军的后方联络线完全截断；第2集团军也赶去增援。日军只好左旋应战。

1月25日 日军在河北丰润县制造“潘家峪惨案”，在全村1703人中，有1320人遭到杀害。

1月26日 日本大本营通过《对华长期作战指导计划》。

2月4日 日军在豫南战役中窜至南阳，遭到中国军队打击后于6日拂晓突围直奔唐河。7日夜，残敌一部开始退向信阳，恢复了原态势。

2月 美国总统罗斯福的代表居里访问重庆时向蒋介石提出：“本人来渝，常闻传言，某某等秘密对日进行和议，请直言相告。”蒋介石回答：“自由中国绝无一人愿与日本言和。”

2月至4月 日军为了阻断中国的外援通道，使用大约7个师团的兵力，利用海空优势，进行了一系列沿海作战，切断了香韶公路，封锁了大鹏湾、大亚湾，进而截断了雷州、汕尾与内地的联系，占领了宁波、福州等地，并宣布封锁香港、澳门沿海。但是，中国拥有5200公里的沿海，很难从外部加以封锁。

3月15日 江西上高会战开始。日军纠集第34、第33师团和独立混成第20旅团攻陷奉新，强渡锦江，续向高安进犯。16日，日军进攻罗坊、上富，向上高进攻。中国军队从19日下午开始，与日军激战三天两夜，重创顽敌，阻其前进。22日，日军第34师团进攻上高城，24日被中国军队包围，其师团长向军司令部呼救，同时命令所部撤退，经高安返回原驻地。日军第34师团也于29日开始后撤，并于4月2日返回原驻地。台北版《抗日战史》云：“作战17日，敌三十三师团伤亡过半，三十四师团，第二十混成旅团伤亡70%。实为抗战四年以来空前大捷。”

4月13日 苏联同日本签订《苏日中立条约》。对此，中华民国外交部长王世杰发表声明宣布：“《苏日中立条约》，对于中国绝对无效。”《条约》签订后，日本政府顺势通过外交渠道，要求斯大林召回在华对日作战的苏联飞行员。苏联领导层不得不作出让步，逐步满足了日方的要求。尽管如此，苏联军事专家在中国一直工作到1944年下半年。仅在飞行学校，他们就培养了1800多名学员，其中包括1204名飞行员、160名领航员和450名航空机械师。

5月7日 夜晚，日军从山东、河北、晋北、武汉各地抽调近8个师团的兵力，对晋南中国军队发动大规模的进攻。5月12日以后，中国军队腹背受敌，补给中断，奉命撤退。

5月25日 毛泽东向全党发出指示，号召“揭破远东慕尼黑的阴谋”。《解放日报》也连续发表社论，反对日美勾结出卖中国人民的利益。

5月 中共中央批准颁布《陕甘宁边区施政纲领》，规定根据地的抗日民主政权是共产党领导的抗日统一战线性质的政权，即几个革命阶级联合起来对汉奸、反动派的民主专政；在政府工作人员中实行共产党员、非党左派进步分子和中间派各占三分之一的“三三制”，容纳各方面的人士，团结抗日的各阶级、阶层；政府实行民主主义的施政方针，保障各抗日阶级的人权、财权，厉行廉洁政治。

据初步统计，自1938年6月以来，在华北，八路军在总司令朱德的率领下，对日军进行大小战斗15139次；在华中，对日军进行大小战斗4967次；合计20106次，平均每天战斗27次以上。在此期间，共毙伤日军125695人。

6月9日 中共中央军委发出《关于粉碎敌之“蚕食”政策及发展地方武装的指示》。

6月15日 晋南战役结束，黄河以北的晋南地区遂被日军占领。

7月2日 共产国际总书记季米特洛夫在日记中写道：“向莫洛托夫和马林科夫送交了向中国同志提供援助款项的建议。由于当前我们的中国军队的军事行动具有特殊意义，请求提供200万美元。”

8月1日 中国空军美国航空志愿队成立，陈纳德担任上校队长。这支航空志愿队的战机上绘有被日本人视为不祥之物的鲨鱼头形，因而被中国人称为“飞虎队”。

新四军骑兵团成立。

8月 日本华北方面军总司令冈村宁次集中10万多兵力，向晋察冀发起进攻，企图把八路军主力围歼于长城两侧。八路军根据敌强我弱这一因素，适时地把主力转移到日军后方。日军没有找到八路军主力，却处处遭到游击队和民兵的袭扰与阻击。日军合击扑空，即开始分股“清剿”。9月下旬，八路军集中兵力发动反击，收复阜平等中心地区。9月中旬，日军被迫从北岳区撤退，10中旬全部撤走。八路军这次反“扫荡”为时2个月，作战800多次，毙俘敌伪军8000多人。

9月10日 日本第11军（司令官阿南惟几）在湘北岳阳以南地区集结第3、第4、第6、第40师团和4个旅团等12万余人，并配有军舰20余艘、汽艇200余只、飞机100余架，以纵深突破的战略向长沙进犯。国民政府军事委员会令第3、第5、第6战区对当面之敌发动攻势，以牵制日军兵力调动，第9战区（司令长官薛岳）的40个师、50余万人则对日军实施袭击，借新墙河、汨罗江、捞刀河三线阵地，引诱日军主力深入至长沙东北地区围歼。10月5日，中国军队恢复了原阵地，与日军对峙于新墙河。

9月24日 日伪军3500余人，多方合围隐蔽在狼牙山区的涞源、易县、徐水与满城4个县的中共党政机关领导干部和数万群众。25日，日伪军500余人向狼牙山主峰棋盘坨围攻。担任后方掩护的晋察冀军区第1军分区第1团第7连第2排完成任务后，已来不及摆脱敌人。第6班班长马宝玉、副班长葛振林和宋学义、胡福才、胡德林为了掩护主力撤退，毅然把日军引向棋盘坨。他们激战12小时，打垮日军4次冲击，歼敌90余人。在地雷炸完、子弹打光后，他们毅然跳下深谷。马宝玉、胡福才、胡德林殉国，葛振林、宋学义被山腰树丛托住，由群众抢救脱险。他们就是人们广为传颂的"狼牙山五壮士"。

10月2日 在宜昌战役中，蒋介石命令第6战区司令长官陈诚："要不惜一切牺牲，在三日内夺回宜昌。"10月10日，中国军队发起猛攻。11日，中国军队误认为敌人援军已至，遂自行撤退，前功尽弃。

10月6日 日伪军3万余人对以沁源为中心的太岳北部抗日根据地进行"扫荡"。至18日，根据地军民共作战47次，歼灭日伪军916人，俘虏13人。第386旅兼太岳军区伤亡166人，被俘164人。

10月 侵华日军总司令畑俊六坐镇临沂，集中5万兵力向沂蒙山区根据地进行所谓"铁壁合围"。八路军经过两个多月的数十次战斗，粉碎了日军的"扫荡"阴谋。

11月4日 日军飞机在湖南常德上空投下谷麦穗状物质。次日，一个女孩发病，很快死亡。经国际援华医疗队医生肯德检验，并经解剖尸体，证实日军投下了鼠疫菌弹。他紧急呼吁常德展开一场反"毒菌战"的斗争，并采取灭绝鼠迹、注射疫苗等具体措施，使得鼠疫终被消灭。

12月7日 太平洋战争爆发，日本开始轰炸缅甸和中国的重庆、昆明等地。为了同时保卫滇缅公路和大后方的重要城市，陈纳德把飞虎队编成3个飞行中队，留下一个中队在缅甸，另外两个中队前往昆明。

12月20日　陈纳德建立的空袭预警系统从中越边境传来情报，说有10架日本轰炸机从越南机场起飞朝昆明飞来。陈纳德命令飞机立即起飞。当日本轰炸机快要飞到昆明上空时，十多架飞虎队的战斗机冲了上去，打下9架敌机，只有1架敌机回到基地。飞虎队没有任何损失。很多昆明人目睹了这场惊心动魄的空战，大家奔走相告，敲锣打鼓到巫家坝机场为飞虎队庆功。

12月23日　驻扎在缅甸同古（今东吁）机场的飞虎队首次与日军展开血战。飞虎队以损失3架飞机和2名飞行员的代价，击落日机25架。美国媒体迅速给予报道，称飞虎队为“世界上最坚强的战斗集体”。于是，名不见经传的陈纳德就成了美国英雄。

同日，日军强渡湘北新墙河，向中国军队发起进攻。中国军队总结了前两次长沙会战的经验，其合围部队转为向敌截击、穷追不舍，在多处予敌以重大打击。日军狼狈逃窜。

12月24日　日本大本营和政府联席会议通过《促使重庆屈服的工作方案》。

12月26日　中英在重庆签订《中英共同防御滇缅路协定》，从而结成军事同盟。

12月28日　中共中央和中央军委联合发出《关于一九四二年中心任务的指示》，提出1942年要“积蓄力量，恢复元气，巩固内部，巩固党政军民”。

【1942年】

1月1日至2日 中、美、英、苏等26个国家的代表在《联合国家宣言》上签字，正式形成国际反法西斯统一战线。中国战场成为世界反法西斯战争的东方主战场，承担着抗击日本陆军主力的任务。

1月2日 蒋介石充任同盟国中国战区最高统帅。

1月4日 蒋介石请求美国总统罗斯福选派一名高级将领来华担任中国战区盟军司令部参谋长。

1月5日 根据中共中央命令，广东人民抗日游击队东江纵队在此后半年多时间里，营救出了困于香港的300多名民主人士和文化人士，其中有何香凝、柳亚子、茅盾、夏衍、胡绳等。

1月15日 长沙会战结束，两军恢复战前态势。中国军队在会战中毙伤日军5万余人。日军第40师团龟川部云：日军“已疲劳不堪，现又弹尽粮绝，还得迎击众敌，其处境恰似网中之鱼”。在美英等国军队在太平洋战争爆发之初接连失利的形势下，三次长沙会战引起了强烈的国际反响。

1月21日 日本首相东条英机在演说中声称：“现在，重庆政权还在作无意义的抗战，实为遗憾。帝国将彻底加以击溃。”

2月11日 抗联名将赵尚志在前往袭击梧桐河

警察所的途中，因被特务开枪击穿腹部而英勇牺牲。

2月25—26日 日军华北方面军召开所属各兵团参谋长会议，下达了年度治安计划大纲，其中提出："特别在军事方面，灵活实行积极的不间断的作战讨伐"，"治安肃正的重点，应放在以剿共为主的作战讨伐上"。据此，日军以冀中为重点，开始了对华北抗日根据地的春、夏季"扫荡"，并继续推行"治安强化运动"。至同年春，华北抗日根据地面积缩小了1/3。

2月 毛泽东先后作《整顿党的作风》和《反对党八股》的讲演。反对主观主义以整顿学风、反对宗派主义以整顿党风、反对党八股以整顿文风的整风运动在全党普遍展开。整风运动大大增强了共产党的抗日战斗力。

3月4日 约瑟夫·史迪威以中国战区统帅部参谋长等多重身份抵达重庆。3月8日，蒋介石授命他指挥中国入缅第5军和第6军。但是，蒋史二人从合作的第一天起，就在指挥权、隶属关系和战略战术上出现了严重分歧。

4月30日 日本帝国大本营命令日军占领空军基地玉山、丽水和株州。

5月1日 由渡边正夫指挥的日军第56师团的6个联队，以及第2师团和第18师团各一部，在缅甸打败中英美联军后，由腊戍向滇西进犯，侵入中国云南边境。

5月3日 日军占领畹町，接着占领芒市、龙陵、腾冲，一直打到怒江边的惠通桥西岸，致使大批难民从桥西蜂拥而来。中国守桥部队为防万一，炸毁了惠通桥，并在怒江东岸严密布防，挫败了日军渡江的企图。中日两军在怒江两岸形成对峙局面。

5月7日 中共冀中区委和第3纵队兼冀中军区联合发出《敌"扫荡"冀中与我之对策》的指示，提出反"扫荡"的总方针在于发动全民武装自卫，展开广泛的全面的游击战争，进行全面的坚持。至7月初，第3纵队兼冀中军区部队在广大人民群众支援下，共作战272次，毙伤日伪军1.1万余人。然而，第3纵队兼冀中军区部队减员46.8%，许多地方干部被捕、牺牲，群众伤亡和被抓5万余人。日伪军据点增至1635个，冀中抗日根据地被分割成2670余块，大部变为敌占区。

5月15日 日军向浙江金华地区发起大规模攻势，企图夺占该地中国机场。浙赣会战开始。日方兵力计有华中派遣军第11军2个师团、华北方面军一部以及第13军6个师团，总人数达14万之多。鉴于日军来势甚猛，中国军队逐步转移阵地。5月29日，日军攻占金华和兰溪，6月6日—11日，衢州、常山、玉山、江山相继失守。7月1日，日军占领横峰，上饶赣东之敌与浙东之敌东西两路会师，浙赣路遂被日军打通。战至7月底，日军摧毁衢州、玉山、丽水机场的目的已经达到，日本大本营遂下令中国派遣军停止浙赣作战，只是固守金华地区。自8月中旬起，日军各部队开始撤退，中国军队乘机收复失地。这次会战，中国军民死亡25万人，其中军队官兵阵亡4万多人；日军死伤超过3万人。

5月20日　中国赴缅远征军第5军第200师师长戴安澜在返国途中因伤逝世，年仅38岁。

5月25日　凌晨，数万日军把八路军总部包围在辽县麻田以东的南艾铺一带。敌机疯狂地扫射投弹，彭德怀、左权决定分路突围，各自为战。左权坚决要求率部担任掩护和断后。敌众我寡，八路军以步枪、刺刀迎战日军飞机大炮，一时间血火竞迸，天地变色。左权焦急地站在高地上呼喊，指挥突围，不料被两发炮弹击中，壮烈牺牲。

5月　滇缅公路被日军切断后，美国总统罗斯福决定在印度和云南之间开辟一条战略物资转运的空中航线，主要由美国空运总队“租用”中国航空公司的飞机、飞行人员和部分军方人员，共同承担这项任务。新的航线由印度的汀江出发，途经缅甸北部的密支那，再经云南南部飞往昆明。航线全长800多公里。不久，日本空军进占密支那，致使盟军不得不把航线北移，使之横跨喜马拉雅山、高黎贡山、横断山、萨尔温江、怒江、澜沧江、金沙江。沿途山峰起伏连绵，犹如骆驼峰背，故而得名“驼峰航线”。美国空军在“驼峰航线”上一共损失飞机468架，牺牲和失踪飞行员和机组人员共1579人。

同月，日军在已沦陷的滇西芒市三棵树、树包塔和龙陵县镇安街建立慰安所。此后，凡日军师团部、联队部、大队部驻地均如法炮制，甚至一个中队到某地暂驻也要设立临时慰安所。初期慰安妇数量不多，因而军官之间或士兵之间常常发生争夺慰安妇的械斗，甚至发生士兵枪击军官事件。5月底，日军从台湾运来100多名慰安妇，并命令龙陵维持会给日军提供600个“花姑娘”。在被迫充当慰安妇的当地妇女中，有3个妇女的丈夫还被日军抓去烧水，而日军就当着她们丈夫的面蹂躏她们。

6月4日　日军夺占空军基地福州。6月7日占领株洲，6月12日占领玉山，6月13日占领广丰，6月16日占领贵溪，6月24日占领丽水。这样，适于美国空军轰炸日本本土的全部机场均被日军占领。

7月4日 美国航空志愿队转变为美国驻华空军特遣队，陈纳德担任准将司令。

9月21日 日本飞机在浙江义乌崇山村上空投放细菌炸弹。

10月10日 美英放弃在华治外法权。

12月 毛泽东在陕甘宁边区高级干部会议上作了《抗日时期的经济问题和财政问题》的报告。

【1943年】

年初 滇西的中国军队在驻防怒江、游击作战的同时，开始大规模的整训。美军也通过“驼峰航线”，向中国运送大量武器装备，并开始对滇西30个师的中国军队进行训练。

1月9日 日本扶植的汪精卫“南京政府”对美国、英国宣战。

1月24日 抗大总校1000多名教职学员由河北省邢台浆水镇出发，3月上旬返回陕甘宁边区的绥德。中共中央决定：抗大总校与军事学院及第2分校、第7分校各一部合并为新的抗大总校。代理校长徐向前，政治委员兼政治部主任李井泉，副校长彭绍辉，代理副校长（后副校长）何长工。

3月10日 美国驻华空军特遣队转变为美国陆军第14航空队，陈纳德担任少将司令。7月25日，陈纳德应聘为中国空军参谋长。10月，中美空军混合联队组成并投入战斗，陈纳德任指挥。到1944年年底，14航空队的规模已扩大到1000架飞机和两万多人，前方基地遍及湖南、广西和浙江等地。

3月14日 日本将在华租界归还给南京伪政府。

3月 驻灵寿的日伪军200多人包围了河北正定县高平村。拂晓，敌人开始进攻，民兵则进入地道监视敌人。当敌人进入地雷阵时，民兵先后两次拉响4枚地雷，炸死20多个敌人。敌人吓得在街上乱跑，又接连响了9个地雷。加上手榴弹和冷枪，敌人被打得到处乱窜。到中午，日伪伤亡40多人。

1942年日军进行“大扫荡”后，中共中央在广大平原地区开展了地道战。初期，村民主要在一些党员或“堡垒户”的住宅院内，挖掘能容纳一两人的小地洞，用以隐蔽斗争骨干，打击敌人。渐渐地，由于积累的经验越来越多，地道战便进入了一个新的发展阶段。在冀中平原和冀南一些地方，逐渐形成了房连房、街连街、村连村的地道网，形成了内外联防，互相配合，打击敌人的阵地。

4月24日　国军第24集团军新编第5军军长孙殿英在河南省临淇率部投敌，充当伪军。5月10日，国军冀察战区第24集团军总司令庞炳勋在山西陵川率部投敌，也充当伪军。6月22日，庞炳勋、孙殿英部与豫北伪军杜淑部合编为伪第24集团军，总司令庞炳勋，副总司令孙殿英，辖暂编第5、暂编第6、暂编第7军，独立第1、第2、第3、第4旅和太行保安队，部署在平汉铁路安阳至新乡段及两侧地区，配合日军进攻抗日根据地。

5月10日至6月17日　胶东赵疃的民兵用地雷炸死、炸伤日伪军72人和敌人军马多匹，引起国际舆论的关注。赵疃民兵创造了10多种地雷和30多种埋雷方法，对日伪军展开了地雷战，从铁雷、石雷、拉雷、缮雷发展到飞行雷、马尾雷、防潮雷、慢性自燃雷等，从单一的沿路埋雷，发展到村内的“地雷宴”。

6月9日和18日　国民政府军事委员会参谋总长何应钦、副参谋总长白崇禧，偕第8战区副司令长官胡宗南，先后在陕西省耀县、洛川两次召开作战会议，准备以60万兵力进攻陕甘宁边区。

6月　日伪军的据点和碉堡增至4756个。

7月3日和6日　罗斯福接受参谋长联席会议的建议，两次致电蒋介石，提出目前的危机要求中美授权一人来协调盟国在华的所有军事力量，这个人就是史迪威。

7月4日　中共中央军委致电八路军、新四军，列举了国民党顽固派准备闪击陕甘宁边区的情况，指出“三月蒋发表《中国之命运》一书，自己公开出面反对共产主义与共产党，可说是进攻的思想准备”。

同日和6日，八路军总指挥朱德分别致电胡宗南和蒋介石，呼吁国共两党、两军团结抗日，避免内战。

7月9日 延安抗日军民召开有3万人参加的紧急动员大会，主持会议的陕甘宁边区政府主席林伯渠号召全边区人民紧急动员起来！武装起来！保卫边区！保卫抗战建国大业！大会通过了《关于呼吁团结反对内战通电》。

7月10日 八路军总部决定：调晋察冀军区的部分部队进至晋绥地区；第129师的太行、太岳、冀南军区和冀鲁豫军区的部分部队，进抵陕甘宁边区，加强其军事防卫力量。

蒋介石在国内外压力下，电令胡宗南停止对陕甘宁边区的军事行动。

7月31日至8月19日 八路军冀鲁豫军区在焦虎集、瓦岗集和袁庄等地强袭、奔袭伪第7师，独立第1、第2旅等，歼灭伪军5600余人，缴获轻机枪35挺、长短枪200余支，胜利结束了卫南战役，并建立了卫南、滨河、滑县3个县抗日民主政权。

8月18—26日 八路军在林南战役中共歼日伪军7000余人，缴获山炮1门、迫击炮20门、轻机枪83挺、步枪3118支，击落日机1架，攻克据点80余处，解放人口40余万。

8月26日 美国轰炸机从中国基地起飞空袭香港。

9月13日 国民党召开第五届第十一中全会，蒋介石在会上说：中共问题是一个纯粹的政治问题，因此应该以政治方法来解决。

9月18日 国民参政会第三届第二次会议以保证不进行反共为条件，邀请参议员、中共代表董必武参加。但是，国民政府军事委员会参谋总长何应钦在做军事报告时，仍然攻击了共产党、八路军和新四军。董必武即席提出质问，愤然退场。事后，蒋介石派代表王世杰、邵力子同董必武会谈，提出双方停止互相刺激的主张。

9月26日 平阳惨案：日军在阜平平阳村一带搜寻边区机关和八路军驻地，用火烧、刀砍、剖腹、活埋、石头和木棒敲、轮奸等各种残忍的办法，杀死、凌辱青年男女及老弱妇孺达1000余人，烧毁房屋5000余间。

9月 盟军开始进行反击缅甸日军的战役。侵华日军为了策应南方日军在太平洋战场和印缅作战，亟欲牵制中国军队经由四川、湖南调往云南。为此，日军计划发动一次进攻常德的战役，以便寻歼中国军队主力，铲除第6战区的根据地。

10月6日 中共中央发出指示：一切揭露国民党的稿件暂时停止发表。

至此，国民党顽固派发动的一场波及陕甘宁边区、华北、华中和华南地区的第三次反共高潮，终被打退。

10月 日本派遣军由皖南、赣北、武汉、随枣、信阳等地陆续调集了大约8个师团和1个独立旅团，外加5个师的伪军，共约10万兵力投入常德会战。在此前后，中国军队统帅部已经判明日军动向，遂电令第6战区作了相应部署，中美空军也已做好了准备。第6战区的作战方针是：诱敌深入澧水和沅江两岸，然后将之压迫到洞庭湖畔予以歼灭。中国军队共投入兵力20多万人。

11月2日 下午6时，日军在从松滋到华容之间漫长的战线上，分兵4路，向松滋、公安地区、藕池口以及安乡等地中国军队阵地展开全面进攻。中国军队奋起迎战，凭借已经修好的阵地逐次抵抗。日军攻势迅猛，又施放大量毒气，中国军队一部反攻受阻，向西部山地且战且退。

11月5—8日 易县寨头惨案：日军搜捕附近村庄的平民，绑到寨头，挖了10个大坑，用刺刀狂戳后全部活埋，121人被害。

11月12日 日军主力开始南下进攻常德，14日陷石门，18日陷滋利；随后，各路部队陆续进抵常德四周，形成合围之势。

战役初期，驻守该城的国民党第74军第57师（师长余程万）在易攻难守、无险可凭的情况下，以8000之师，对付装备精良的4万之敌，孤军奋战了16昼夜。11月18日，余程万疏散全城百姓，并在这座“自断后路”的城池，向全师官兵发表了一篇长达3563字的《保卫常德文告》：“无论敌寇对我们施以如何大的压力，我们唯一的答复，是血，是死，是光荣！”

11月21日 日军攻陷常德的东南门户德山，同时进攻常德南站，常德保卫战由外围攻防转入城郊鏖战。25日，日军出动飞机对常德狂轰滥炸。27日，日军久攻不克，竟大量施放毒气。翌日，战火更炽，日军以重炮轰城，又施放毒气，继而分路向城内猛攻。北门和大西门守军与敌人短兵相接，肉搏多次，打退了日军进攻。日军向常德城内空投劝降书，守军未予理睬。

11月26日 中美空军混合团第一次袭击台湾新竹的日本空军基地。

12月1日 《中美英三国开罗宣言》正式公布。宣言载明：“我三大盟国此次进行战争之目的，在于制止及惩罚日本之侵略。三国决不为自身图利，亦无拓展领土之意。三国之宗旨在剥夺日本自1914年第一次世界大战开始以后在太平洋所夺得的或占领之一切岛屿，在使日本所窃取于中国之领土，例如满洲、台湾、澎湖列岛等，归还中华民国。日本亦将被逐出于其以暴力或贪欲所攫取之所有土地。”

12月2日　常德守军与冲入城内的日军逐巷殊死争夺，武器军械缺乏就用手榴弹、大刀、长矛与日军搏斗。但是，日军步步紧逼，援军又途中受阻未能及时赶来，常德守军已损耗殆尽。此时，整个常德街道没有一块青石板上没有尸体，被俘的守军没有一个不是伤员。

12月3日　日军以“减员一万”的代价占据了常德。一些没有被俘的守军，或藏在地窖、夹墙、枯井中，或混在尸体堆里。

12月9日　常德外围的中国军队在攻占德山、陬市、河洑、王家桥、白鹤庵等要地后，由东门突破常德城。12月20日，日军在伤亡4万余人后，仓皇败退长江以北。

【1944年】

1月21日　中共中央晋察冀分局在《关于1944年工作方针及任务的指示》中指出，为了坚持根据地，不论在军事上政治上经济上，均须一方面坚持我之巩固区，一方面积极向敌后之游击区、敌占区伸展，只有这样积极进攻的防御方针，才能分散敌之兵力，有利于巩固区之坚持。

1月至4月　八路军晋察冀军区部队发起春季攻势，先后袭入或攻克肃宁、安新、赵县、定襄等县城，袭击了门头沟西北大台煤矿等，共拔除和攻克日军碉堡、据点957个。

2月7日　八路军冀鲁豫军区第3军分区司令员兼回民支队司令员马本斋在山东莘县病逝。

2月8日　冀鲁豫军区司令员杨得志率1月由第3、第11、第16、第19、第32团和回民支队组成的西进支队，开赴陕甘宁边区。

3月4—5日　粟裕指挥的新四军在淮安城南取得车桥歼灭战的胜利，毙俘日伪军近千人，其中日军465人、伪军483人，日军三泽大队长被击毙，山本一三炮兵中尉被俘，缴获两门平射炮和大批枪支弹药。

3月25日至4月20日　在八路军春季攻势中，

鲁中军区7个团进行了讨伐伪军吴化文战役，共拔除据点100余个，歼灭伪军7000余人，解放村庄1000余个、人口30余万，国土1000余平方公里，控制了鲁山区大部，打通了沂、鲁、泰、蒙各区的联系；鲁南军区、滨海军区、胶东军区也取得了重大胜利。接着进行的夏季攻势以保卫麦收为目的，主要歼灭敌人突入抗日根据地的据点。

3月 经美国总统罗斯福同意，史迪威向蒋介石发出最后通牒：如果中国中央政府不愿在云南发起反攻，他将把援华物资提供给愿意反攻的中国其他军队。在美方的压力下，蒋介石答应派宋希濂的第11集团军和霍揆彰的第20集团军，共约20万人组成新的远征军，由卫立煌统领，开赴怒江前线。远征军司令长官部也从楚雄转移到马王屯。这就是中美关系史上有名的“怒江危机”。

当时防守滇西的日军主力是第56师团。日军在怒江沿岸并没有密集设防，而只是在怒江以西的腾冲、龙陵和松山3个地方驻扎重兵。在这3地中，松山又是重中之重，因为它正好处在滇缅公路的咽喉惠通桥的附近。

4月17日 日军攻击美国在华空军基地。夜晚，日军强渡黄河，于19晚攻陷郑州。

4月17日至12月10日 豫湘桂会战，即“一号作战”（日军打通大陆交通线作战的代号）。日军在贯穿河南、湖南、广西等地约2400公里的战线上，投入40万人、800辆战车和1500多门火炮，向中国军队发起进攻。日军的目的是夺取将成为美B－29型轰炸机基地的桂林和柳州；通过占领桂、柳地区以应付将来盟军由印度、缅甸和云南指向华南方面的进攻；在海上交通日益不稳的情况下，打通南北铁路，以开辟经法属印度支那与南方军的联络；通过摧毁重庆军的骨干力量以策划重庆政权的衰亡。日方指挥官有东久迩宫稔彦王、冈村宁次、横山勇和畑俊六；中方指挥官先后有蒋中正、陈诚、白崇禧、汤恩伯、薛岳、蒋鼎文和贺维珍。结果，日军取得决定性的战术胜利，占领了一些美国空军基地；国军损失兵力50余万人，大陆交通线被日军打通。但是，日军由于兵力不足，日后只能长期维持守势。

4月 蒋介石签署《中国远征军怒江作战命令》，并致电远征军说：“此次渡江出击之胜负，不仅关乎我军之荣辱，且为我国抗战全局成败之所系。”英国首相丘吉尔立即致电蒋介石，对中国决定发动怒江攻势表示欣慰，说他会“伫候其进展之佳音”。

5月1日 许昌落入敌手。

5月11日 国军第11集团军开始强渡水流湍急的怒江，拉开了滇西大反攻的序幕。按照作战计划，有3个师的部队绕过松山去围攻龙陵，另有3个师的部队攻打松山。

八路军冀鲁豫军区与冀南军区合并成新的冀鲁豫军区，宋任穷任司令员。

5月25日 洛阳陷落，日军占领河南全境。

6月1日 凌晨，中国远征军左翼在30架美军B-25轰炸机猛烈轰炸中展开攻势。第11集团军一个加强师随即开始仰攻松山第一个日军据点腊勐寨。

6月5日 中国远征军发动龙陵之战的第一次攻击：第11集团军第71军第87师、第88师向龙陵发起攻击，第2军第76师向平达进攻，直逼日军第56师团驻地芒市。

6月10日 中国远征军先后攻克镇安街、黄草坝、腾龙桥等，从而切断了龙陵与芒市、松山、腾冲的公路，并一度攻入县城。

6月19日 中国军队退出长沙。

6月24日 何应钦将军在接见即将回国的苏联军事顾问时表示：中国在抗日战争一开始就得到了苏联人民及政府的同情与支持，苏联军事顾问及志愿人员在战斗中表现出的英雄主义和自我牺牲精神，尤其值得钦佩和尊敬。

7月1日 怒江大桥修复通车，总司令卫立煌派出李弥将军的第8军赶来增援松山作战。远征军直属炮团以及军、师炮群的百余门大炮随后也被运送过江。

中共中央为了准备全面反攻，“夺取大城市与交通要道，最后驱逐日寇出中国”，发出了《关于整训军队的指示》。

7月3日和6日 罗斯福两次致电蒋介石，提出中国战场的危急形势要求中美授权史迪威协调盟国在华的所有军事力量。蒋介石认为这有损中国主权，不仅没有同意，反而提出换掉史迪威。

7月22日 以大卫·巴雷特为团长的美军延安观察团从重庆飞抵延安，团员中有美国大使馆二等秘书，中、缅、印战区美军司令部政治顾问约翰·谢伟思等人。观察团经过实地调查，更加深信中国共产党及其领导的人民军队是抗日救国的中流砥柱。

7月 中国远征军第71军集结5个师约3万兵力，从东、北、南3面向龙陵县城一带的日军据点发起第二次围攻。日军迅速增派第56师团、第2师团主力1.5万人增援龙陵，向远征军发动疯狂反扑。

8月2日 美军第14航空队的60多架轰炸机猛轰腾冲城墙，地面部队也发射了数千发炮弹。攻城的6个团阵亡了数百士兵。

8月8日 日军在中国发动的一系列大规模进攻中，占领长沙与桂林之间的衡阳机场。

8月18日 中国远征军各攻城部队从3个方向突入腾冲城区。这里大街小巷交错，高房巨宅毗连，日军据守其间，同中国士兵殊死搏斗。进入腾冲城5天后，城西的部队才推进15米，城东也只推进了10米，而且代价极大。

9月7日 下午松山上的残敌被全部肃清。历时3个月的松山之战，远征军死伤6763人，日军死伤850人。当天，东京广播电台宣称："腊勐（松山）守军全员玉碎。"

9月9日 蒋介石电令卫立煌务须于9月18日即国耻日前夺回腾冲。第20集团军总司令霍揆彰随即签署一项命令："自明日起，限5天内将各地域之敌彻底肃清，违限者，各军师长应负贻误之责。"

9月10日 中国远征军对腾冲实施最后的总攻。在至9月12日战役结束的4天中，远征军伤亡军官128名，士兵1132名。很多排长、连长都已负伤或阵亡，部队只能由营长、团长亲自带队冲锋。其时，城里难见好砖好瓦，几乎每片树叶上都有枪眼。

9月24日 蒋介石交给美国总统特使赫尔利一份备忘录，声明中国的主权和尊严与个人人格不能受到损害和侮辱，国家和个人都不能在强制命令下进行合作，否则任何牺牲都在所不惜。蒋介石还对赫尔利说："史迪威不懂政治，我不能让他担任中国战区的指挥。"

9月26日 夜晚，日本空袭中国成都的美国空军基地。

9月 中共代表林伯渠根据党中央的指示，在国民党参政会上正式提出废除一党专政、建立民主联合政府的主张。周恩来在延安进一步阐明实施这一主张的具体步骤和方法。这个主张在国内外引起强烈反响，获得各民主党派、广大民主人士的赞同和拥护，成为全国人民奋斗的政治目标。为实现这一主张，共产党同国民党及美国总统私人代表、后任美驻华大使的赫尔利展开谈判，并同美国的扶蒋反共政策进行坚决而灵活的斗争，扩大了共产党的政治影响，推动了国民党统治区民主运动的发展。

9月至10月 八路军晋察冀军区对所属部队进行整编，成立了4个军区：

冀晋军区（司令员赵尔陆）、冀中军区（司令员杨成武）、冀察军区（司令员郭天民）、冀热辽军区（司令员李运昌）。

10月5日 罗斯福经过再三权衡，复电蒋介石：美国政府不再坚持任命一名美国军官指挥中国军队，并同意免去史迪威中国战区参谋长和援华物资监理的职务，但希望史迪威能留下来指挥中国云南的远征军和驻印军。10月19日，罗斯福又致电蒋介石，表示同意由陆军少将魏德迈接替史迪威的工作。此后，史迪威主要承担了两项使命：一是训练军队并指挥中美缅北反击战，二是继续修筑中印公路，即“史迪威公路”。

10月10—14日 美第38特遣队的舰载飞机猛烈空袭台湾和琉球群岛，日军500多架飞机被炸毁或被击落。

10月14日 中共中央军委指出：“华北可能成为主要的决战战场，然而使敌最感头痛的，是共产党八路军许多民兵游击队”，目前“华北敌军减弱，伪军动摇，我在可能条件下，应乘虚尽量消减伸入根据地内之伪军、顽军及敌军小据点，扩大根据地”。

10月18日 史迪威奉召回国。

11月1日 进攻龙陵的中国远征军各部向中央合围，在300门大炮和美国空军协同下，一鼓作气攻占了日军在城中的核心据点。11月3日凌晨，中国远征军收复龙陵。据11集团军黄杰将军回忆：“此役我曾经过三次攻略，敌亦曾经过两次增援反扑，为全战役中时间最长、兵力最多、战斗最惨烈之会战。计敌共死伤10620员名，我军共死伤28384员名，约为一比二点七。”

收复松山、腾冲、龙陵的三大会战，在世界军事史上统称为“龙陵会战”。在中国抗日战争中，这是唯一一次由中国军队在正面战场上发起并全歼日军的战略进攻。克复龙陵后，日军赖以盘踞滇西的强固阵地均被扫除，日本侵略者被驱赶到芒市一线的一马平川之地，无险可守。中国远征军各路部队在滇西中缅边境各处勇猛出击，继攻占畹町后，又相继拿下芒友、猛卯、术遮，将日军在滇缅路上的归路截断，大踏步向西追击。

11月10—11日 日军在向中国南方的进攻中占领美国空军基地桂林和柳州。

12月15日 毛泽东发表《一九四五年的任务》的演说，指出：“无论哪一个解放区的附近，或其较远之处，都还有许多被敌伪占领而又守备薄弱的地方，我们的军队应该进攻这些地方，消灭敌伪，扩大解放区，缩小沦陷区。”

12月18日 美第20航空队以燃烧弹猛烈空袭日军在汉口的基地。

12月 八路军经过本年度局部反攻和继续贯彻整风、生产等政策，全面加强了根据地的建设，人口达9000余万，民兵发展到200余万，军队扩大到78万。

【1945年】

1月15日 美国战略轰炸机部队开始撤离中国，首先撤至印度，尔后撤至马里亚纳群岛。

1月22日 日军大本营在日本败局已定的情势下，为了建立以本土为核心的国防防御体系，准备与同盟国军队决一雌雄，因而要求中国派遣军速从湖南、广西、江西省方面的湘桂、粤汉铁路沿线的占领地域撤兵，将兵力转用于华中、华北方面，尤其是加强长江下游要地的战略态势，以对付美、苏军队登陆和中国军队反攻。

1月27日 中国远征军、中国驻印军会师于中缅边界缅甸一侧的芒友。在举行会师典礼时，中国远征军在通往祖国的大路上拉起白布横幅："欢迎驻印新军凯旋回国!"卫立煌致辞说："今天是会师东京的开始。"美国索尔登将军致辞说："到东京会师去，让两国的国旗飘扬在东京上空。"会师典礼后，中国远征军便启程回国，而中国驻印军为确保中印公路安全，返身攻打腊戍去了。

1943年11月破土动工的中印公路宣告竣工。这条公路始自印度东北部的利多，终于中国边界。接着，从印度开出的第一批105辆卡车满载美国物资抵达昆明。史迪威从美国发来贺电说："我脱帽向那些为中印公路战斗过和奋斗过的男子汉们致敬。”蒋介石则在公路通车典礼上说：“我们打破了敌人的包围。请允许我以约瑟夫·史迪威将军的名字为这条公路命名，纪念他杰出的贡献。”“史迪威公路”在枪林弹雨中为中国战场运送了5万多吨急需的物资。

1月29日 日本中国派遣军总司令部在南京召开各方面军、军司令官会议，并决定：“华北方面军司令官，大体上要确保现占领区域，尽可能加强对重庆势力的压迫，同时预定于夏初在青岛方面，大致完成对美作战准备。在蒙疆方面，尽可能做好对苏作战准备。”

2月11日 苏美英三国《雅尔塔协定》规定，苏联参加同盟国对日作战的条件包括：维持外蒙古（蒙古人民共和国）现状；大连商港国际化，并保证苏联在这个港口的优惠权利，恢复租借旅顺港为苏联海军基地；设立中苏合营公司，对通往大连的中东铁路和南满铁路进行共营，并保证苏联的优惠权益，而中国保持在满洲的全部主权。“苏联方面表示准备和中国国民政府签订一项苏中友好同盟协定，以期用武力帮助中国达到从日本枷锁下获得解放的目的。”

2月 八路军开始发起大规模春季攻势。山东军区以最大股、最反动的伪军为主要打击对象，进行了讨伐伪军荣子恒战役、讨伐伪军赵保原战役以及蒙阴城战役等；晋察冀军区以进攻残存在解放区内和边沿区的据点、碉堡为目标，主要进行了灵丘、任（丘）河（间）、文新、安（平）饶（阳）等战役；晋绥军区对区内离岚公路等沿线之敌发起了攻势作战；晋冀鲁豫边区部队以解放豫北地区为重点，进行了道清战役、豫北战役、南乐战役等20余次较大的战役攻势。

3月10日 日军袭击美国在华基地。

4月10日 日本在中国再次发动进攻，企图夺占芷江（汉口西南560公里）的空军基地。

4月23日至6月11日 中国共产党在延安召开第七次全国代表大会。毛泽东致开幕词、闭幕词，并作了《论联合政府》的书面政治报告；朱德作了《论解放区战场》的军事报告；刘少奇作了《关于修改党的章程的报告》。大会选举了以毛泽东为核心的新的中央委员会。其中，中央委员44人，候补中央委员33人。在6月19日的七届一中全会上，选举了13名中央政治局委员，毛泽东、朱德、刘少奇、周恩来、任弼时为中央书记处书记，毛泽东为中央委员会、政治局、书记处主席。中共七大不仅为中国共产党领导人民夺取抗日战争的最后胜利，而且也为争取新民主主义革命在全国的彻底胜利，奠定了政治和思想基础。

5月29日　八路军总部发出关于夏季攻势的指示：在以打击与消灭伪军为主的作战方针下，求得我军之战役组织与战术动作上的锻炼与不断提高；部分地逐渐改变游击战为围困战、运动战，在主力兵团中确立正规作战观念，发扬顽强性与攻击精神，严格战场纪律，肃清发洋财行为，认真执行对日伪政策。

接着，山东军区以胶济铁路沿线地区为重点，进行了讨伐伪军厉文礼、李德元、张步云、梁钟亭、张景月和顽军王豫民、张里元、申从周战役以及临（沂）费（县）边、郯（城）码（头）、蒲（台）滨（县）战役等十余次较大的战役；晋察冀军区以进军敌占区为目标，进行了雁北战役、察（哈尔）南战役、热（河）辽（西）战役、子牙河东战役和大清河北战役等；晋绥军区以夺取忻（县）静（乐）、神（池）义（井）公路沿线地区为重点；晋冀鲁豫解放区各部队则向解放区内和边沿区的日伪军主要占领城镇和据点发起进攻。

6月　日本中国派遣军根据大本营的旨意，确定了新的作战方针：中国派遣军以主力控制华中、华北重要地区，对苏、中采取持久的战术，同时应歼灭沿海要地来犯的美军，以利于日本本土的决战；对美战备的重点，首先是华中三角地带，其次是山东半岛，但应尽量识破敌人在华中、华北登陆的企图，于适当时间集中派遣军的主力部队；到万不得已的情况时，也要确保南京附近、北平附近及武汉附近的重要地域。

7月7日　云南腾冲军民在城南建起“国殇墓园”。墓园占地5公顷，其中埋葬着把热血抛洒在滇西战场上的9000多个中国英灵和14名美国官兵。园内有蒋介石、于右任、何应钦、卫立煌等撰写的挽联。

7月23日　美国第10航空队司令部由印度迁往中国南部的昆明。

7月26日　中、美、英三国发表波茨坦公告，促令日本投降。（详见“国际关系”部分）

7月29日　中国军队占领南部城市桂林及其机场。

7月　国民党陆军已扩充到38个集团军、约120个军、350余个师，另有近20个步兵、骑兵旅，计570余万人。其中，有10个军30个师改为美械装备。

8月8日 陈纳德离开中国，提前退休。他在中国生活了8年2个月零8天。

晚11时，苏联外交人民委员莫洛托夫召见日本驻苏大使佐藤尚武，交给他一份声明：自8月9日零时起，苏联同日本处于战争状态。

8月9日 拂晓，苏联远东红军（远东苏军司令部，司令A.M.华西列夫斯基元帅，参谋长C.П.伊万诺夫上将）以3个集群向在数量上处于绝对劣势的满洲日本关东军（司令山田乙三将军）发起进攻。

外贝加尔方面军（司令马利诺夫斯基元帅）辖第17集团军（司令丹尼洛夫中将）、第39集团军（司令柳德尼科夫上将）、第36集团军（司令卢钦斯基中将）、第53集团军（司令马纳加罗夫上将）、蒙古集团军（司令乔巴山元帅）、第6近卫坦克集团军（司令克拉夫琴科上将）和苏蒙骑兵机械化集群（司令普利耶夫上将），由第12空军集团军（司令胡佳科夫空军元帅）担任空中支援。

第1远东方面军（司令梅列茨科夫元帅），辖第35集团军（司令扎赫瓦塔耶夫中将）、第1红旗集团军（司令别洛博罗多夫上将）、第5集团军（司令克雷洛夫中将）、第25集团军（司令奇斯佳科夫上将）、楚古耶夫卡战役集群和第10机械化军（军长瓦西里耶夫中将），由第9空军集团军（司令索科洛夫中将）担任空中支援。

第2远东方面军（司令普尔卡耶夫大将），辖第2红旗集团军（司令捷廖欣中将）、第15集团军（司令马莫诺夫中将）、第16集团军（司令切列米索夫中将）、第5独立步兵军（军长帕什库夫少将）和第10空军集团军（司令日加列夫上将）。

总计1577725人，26137门火炮和迫击炮，5556辆坦克和自行火炮，3446架战斗机（4个坦克和机械化军，2个坦克师，40个坦克旅和机械化旅，6个骑兵师，74个步兵师和6个步兵旅）。

苏军太平洋舰队在朝鲜北部的南库页岛、千岛群岛登陆，协同作战。

中国共产党主席毛泽东在延安发表《对日寇的最后一战》的声明，号召全国国民举行全国规模的大反攻。中国人民解放军总部朱德总司令随后发布了进军令，号令中国共产党领导的八路军、新四军、民兵和其他部队，在东北、平津、平汉、陇海、济南、沪宁、鄂豫、华南等前线，向日本侵略者发动全面反攻。

此时，八路军有正规军91万人，民兵220万人。新四军也已从最初的1

万余人，发展到拥有主力21.5万余人，地方武装9.7万余人，计31万余人；另有民兵自卫队96万余人。建立了地跨苏、浙、皖、豫、鄂、湘、赣7省的苏南、苏中、苏北、淮南、淮北、鄂豫皖湘赣、皖江和浙东8块抗日根据地，面积达25.3万平方公里，人口3420余万。

8月10日　蒋介石电令八路军："在各地区作战地境之部队，并应接受各该战区司令官之管辖，勿擅自行动。"8月23日，蒋介石又令"中国战区所有日军，必须向蒋介石投降"。

8月10—11日　朱德以延安总部名义，连续发布7道进攻命令，令"各解放区所有抗日武装部队，如遇敌伪武装部队拒绝投降缴械，即应予以坚决消灭"。令陕甘宁晋绥联防军、晋绥、晋察冀、山东各军区和晋冀鲁豫边区部队，抽调一部兵力进军东北，配合苏军对日军关东军作战。

8月11日　中共中央作出《关于日本投降后我党任务的决定》，其中指出："各地应将我军大部迅速集中，脱离分散游击状态，分甲乙丙三等组成团或旅或师，变成超地方性的正规兵团，集中行动，以便在解决敌伪时保证我军取得胜利。"接着，八路军晋察冀军区部队逼近平、津，解放张家口；山东军区部队分路进逼济南、青岛、徐州等地，切断胶济、津浦铁路；晋绥军区部队进逼太原、归绥（今呼和浩特）和平绥铁路西段、同蒲铁路北段；晋冀鲁豫边区部队协同晋绥军区部队进逼太原，相机夺取平汉、陇海铁路沿线城市；华北的新四军、八路军加入苏联的进攻，占领张家口、承德、赤峰和威海卫。新四军接近南京，进至上海郊区。

8月12日　5时，新华社发表题为《百万雄师出动消灭日寇》的报道："延安总部消息：据前方报告：我华北、华中、华南百万雄师，于接到朱总司令命令后，先后整装出动，向所有城镇和交通要道两侧大举进攻。贺龙、聂荣臻、吕正操、李运昌等部，更分头向蒙古、绥远、察哈尔、热河、辽宁、吉林迅速进军，配合红军及外蒙军作战，该线已前进三十里至八十里不等。各地民兵亦持各式武器随军行动，攻城、袭敌、破路，万里云烟，一片杀喊。中华男儿正以坚决战斗动作，最后解决日本帝国主义。"

8月14日　《中苏友好同盟条约》在莫斯科签订。《条约》载明：中国政府承认外蒙古独立、中东铁路及南满铁路改名为中国长春铁路，主权属于中国，由中苏两国共同经营；旅顺口由"两国共同使用"，民事、行政权属于中国旅顺政府。在《条约》所附照会中，苏联政府承认"东三省为中国之一部分，对中国东三省之充分主权重申尊重，并对其领土与行政之完整重申承认”。

8月15日　日本宣布无条件投降。当晚，延安人民举行火炬游行。接着，新四军向拒不投降的日伪军展开全面反攻，到9月2日共解放县城40座，重要集镇400余个，歼日伪军2.8万余人，占领了武汉外围和南京、太湖、天目山之间的广大乡村和中小城市，将苏中、苏北、淮南、淮北根据地连成一片。

11时30分，日本广播协会大楼内外戒备森严，天皇裕仁《终战诏书》的录音从大桥会长的办公室送到第八播音室。当播音室里响起天皇声音的时候，在场的人无不神色慌张、忐忑不安。下午，铃木首相辞职，天皇遴选东久迩亲王组织投降内阁，东久迩任首相兼陆相，重光葵任外相。

8月16日　美国伞兵将温赖特将军从满洲沈阳以北约160公里处的战俘营中救出，他是1942年5月6日在菲律宾科雷希多岛投降时被日军俘虏的。

8月20日　晋冀鲁豫军区成立，司令员刘伯承，政治委员邓小平，第一副司令员滕代远，第二副司令员王宏坤，第一副政治委员薄一波，第二副政治委员兼政治部主任张际春，参谋长李达，政治部副主任王新亭，下辖冀鲁豫、冀南、太行、太岳军区。

苏军伞兵在沈阳附近空降。第6近卫坦克集团军的部队攻入该城。

8月21日　满洲日军司令山田乙三将军向苏军投降，609176人被俘，其中148名陆海军将军。自8月9日，日军死亡83737人。8月底，中国东北和朝鲜北部的日军被全部解除了武装。日本扶持的东北“满洲国”政权彻底消亡。自此，日本在中国东北长达14年的殖民统治宣告结束。

8月22日　苏军在辽东半岛的旅顺港和大连空降。

8月23日　八路军解放“天下第一关”——山海关。

8月25日　中国军队开进中华民国首府南京。

8月26日　中国军队占领上海。

中共中央任命陈毅为新四军军长，饶漱石为新四军政治委员。

8月31日　英国海军从日本手中接管香港的港口设施。

8月　日本中国派遣军（总司令冈村宁次，总参谋长小林浅三郎）辖有华北方面军、第6方面军（辖第11、第20军）和第6、第13、第23军，共26个步兵师团、1个坦克师团、1个飞行师团、22个独立混成旅团、11个步兵旅团、1个骑兵旅团、13个独立警备队，计105万人。

9月2日　日本代表在向同盟国的投降书上签字。

9月9日　在华日军在南京签署投降书。至此，中国抗日战争胜利结束。

中华民族为赢得抗日战争的胜利作出了巨大的牺牲。中国军民伤亡3500万，直接经济损失1000亿美元，间接经济损失5000亿美元（中共中央党史研究室《中国共产党简史》）。

八路军晋察冀军区司令员兼政治委员聂荣臻，副司令员萧克，副政治委员刘澜涛、罗瑞卿，由延安回到晋察冀解放区。中旬，中共中央晋察冀分局和军区机关，由河北涞源迁到察哈尔省会张家口，晋察冀分局遂改为晋察冀局，书记聂荣臻。

9月　根据中共中央在同国民党和平谈判中作出的重大让步，新四军在浙东、苏南、皖南的部队分别撤到长江以北。10月，执行中共中央作出的向北发展向南防御的战略部署，新四军军部北移山东临沂，并兼山东军区领导机关；新四军部分主力和留在山东的八路军部队组成津浦前线野战军，后改称山东野战军；仍在华中的新四军部队，组成华中军区和华中野战军。

（1947年1月下旬至2月3日，新四军兼山东军区以及所属华中军区、华中野战军、山东野战军合编为华东军区和华东野战军，新四军番号至此撤销。）

从1937年9月至1945年10月，中国共产党领导的八路军、新四军和华南人民抗日游击队，与日伪军作战12.5万余次，歼灭日军52.7万余人、伪军118.6万余人，缴获各种枪69万余支（挺）、炮1800余门，解放国土近100万平方公里，人口近1亿，部队发展到1318294人，民兵达260余万人。另加上东北抗日联军，部队共约132万人。

10月25日　台湾、澎湖地区的日军投降仪式在台北公会堂举行，被日本侵占50年的台湾回归中国。

尾　声

1945年12月至1947年12月　中国国民政府参照《海牙公约》和《日内瓦红十字会条约》，制定了《关于战犯审判条例》，并在南京、汉口、广州、沈阳、太原、北平、徐州、上海、济南、台北10个城市设立军事法庭，对2435名日本战犯进行审判，判处149人死刑，实际执行145人（4人在执行前病死或减刑），其余人被分别判处无期徒刑和有期徒刑，少数人则被无罪释放。但是，由于一些特殊原因，国民政府审判日本战犯的工作未能有效完成。

1945年8月日本战败后，苏联红军在中国东北境内俘虏和捕获了一批日本侵华战犯和“满洲国”官员，其中2000余名战犯已被苏联军事法庭判刑，尚余近千名战犯被羁押在苏联海参崴的战犯收容所。1950年毛泽东出访苏联时，提出将苏联红军在东北战场俘获而尚未判刑的日本战犯引渡到中国，由中国政府对他们进行审判和改造。这年7月18日，在位于中苏边境的黑龙江省绥芬河市，苏方将969名日本战犯和60多名伪满战犯移交给中国政府，由全副武装的军警押解，乘专列抵达辽宁省抚顺，被关押在抚顺战犯管理所。另外，在解放战争中被中国人民解放军俘获的100多名参加蒋介石、阎锡山部队的日本战犯，则收押在太原战犯管理所。

1956年4月25日　中华人民共和国第一届全国人民代表大会常务委员会第34次会议通过了《关于处理在押日本侵略中国战争中战争犯罪分子的决定》，最高人民检察院于同年6—8月，先后分三批对在押的1017名职务较低、罪行较轻、悔罪表现较好的日本战犯宣布免于起诉，立即释放，由中国红十字会移交日本红十字会乘船回国。同时，最高人民法院特别军事法庭也对罪行较重的前日军将领铃木启久、藤田茂、佐佐真之助、“满洲国”国务院总务厅长官武部六藏等45名日本战犯，分别在沈阳、太原两地进行了公开审判，分别判处8—20年有期徒刑。这些战犯除佐佐真之助在服刑期间病亡之外，其余44人在1964年3月6日全都刑满释放或提前释放，回到日本。

亚太战场

【引子】

1904—1905年

日本与沙皇俄国为了侵占中国东北和朝鲜，在中国东北的土地上进行了一场帝国主义战争——日俄战争。结果，沙皇俄国战败。

1905年

9月5日 日俄签订《朴次茅斯和约》，结束了日俄战争。

1909年

10月26日 朝鲜抗日义士安重根在中国哈尔滨3枪击毙日本枢密院议长伊藤博文。

1919年

4月13日 朝鲜反对日本殖民主义的“三一”爱国运动遭到镇压后，一些爱国志士辗转到了中国上海，组成大韩民国临时政府。士金九（自号白凡）长期担任政府首脑，从1927年起担任临时政府主席，1940年以后担任国务会议主席。在他的领导和直接策划下，曾发生震惊世界的1932年1月8日在东京谋刺日本天皇的义举，以及同年4月

29日在上海虹口公园投掷炸弹的事件。临时政府还曾派员赴中国东北谋刺日本关东军司令官本庄繁。1933年，在中国政府的支持下，临时政府决定以河南省洛阳军官学校为训练基地，培训韩国籍军官。“七七事变”后，临时政府先迁长沙，后到广州，最后经贵阳迁至重庆。

1935年

5月 朝鲜抗日民族统一战线组织——祖国光复会在长白县成立，金日成担任会长。次年，朝鲜工人为反抗日本统治，全年罢工138次，参加者达8200人。

1936年

2月26日 日本发生震动朝野的“二二六”兵变：这天清晨，日本陆军中的“皇道派”1400人，在法西斯分子荒木贞夫的率领下，在东京策动军事政变，袭击了首相官邸、警视厅等政府机关。日本内大臣、前首相斋藤实，藏相高桥是清，陆军教育总监渡边太郎当即遇害，天皇的侍从长铃木贯太郎也负了重伤。东京笼罩在一片血腥的暴乱中。事件发生后，以东条英机为首的陆军“统制派”借机通过所谓“肃军”，掌握了军部的主导权。

3月7日 日本新组建的实行法西斯专政的广田内阁举行“五相会议”，通过纲领性文件《国策基准》，规定日本的外交和国防要互相配合，确保日本帝国在东亚的地位。由此，日本国内掀起了海军主张的“南进论”热潮。“南进论”者声称，日本有3条生命线：一是中国东北，二是“内南海”即太平洋的委任统治地，三是“外南洋”即荷属东印度（今印度尼西亚）、菲律宾等地。

6月30日 日本贵族院议长、公爵近卫文麿组成第一届近卫内阁。近卫内阁组成的第三天，日本关东军参谋长东条英机即向政府建议：“从准备对苏作战考虑，根据当前中国形势，必须立即打击中国国民政府。”

1936年11月25日，日本与德国签订了《反共产国际协定》，形成了东京—柏林轴心。

1937年

6月 朝鲜人民革命军主力部队从长白县根据地出发，突破鸭绿江，奇袭了咸镜南道的日军战略要地——两江道的普天堡。

1938年

3月24日　日本国会批准“国民动员法”。

7月30日夜　日军第19师团在炮兵的掩护下，对中朝苏三国交界处的张鼓峰、沙草峰苏军阵地发起猛攻。苏军寡不敌众，在次日早晨6时25分失去了两个高地。8月5日，苏军2万多人在近百门大炮、200多辆坦克的支援下，向日军发起反攻，日军抵挡不住，撤出了张鼓峰和沙草峰高地。8月7日，日军发起20次冲击，均以失败告终。8月11日，双方签订停战协定。

1939年

5月14—15日　日本关东军第23师团骑兵联队长东八百藏联队在5架日机的配合下，向中蒙边境海拉尔以南200公里的诺门坎的蒙军发起攻击。蒙军居于劣势，主动撤退。苏联政府依据《苏蒙互助协定》迅速介入。28日拂晓，日军第64联队、东八百藏联队以及伪满兴安骑兵第1、第2、第8团各一部，分3个方向围攻蒙军，结果被苏蒙军队击败，全军覆没，东八百藏也被击毙。接着，苏军第57特别军（军长朱可夫）在塔木察格布拉格迅速集结，组建了一支有35个步兵团和20个骑兵中队的部队，并储运军需，在塔木察格布拉格、桑贝斯（今乔巴山）等地开辟了野战军用机场。双方在陆、空反复进行厮杀。8月27日，日军最后失败。

9月15日　日本驻苏大使东乡与苏联外交人民委员莫洛托夫签订停战协定，双方于9月16日凌晨2时停止一切实际军事行动。诺门坎战役历时135天，双方投入兵力20余万人，大炮500余门，飞机900架，坦克、装甲车上千辆，死亡6万余人。

9月以后　日军加强了对中国东北和朝鲜北部的打击，开始了对中朝人民游击队的大扫荡。为此，金日成于1940年8月在敦化县小哈尔巴岭主持召开了党政军负责人会议，决定改变斗争策略，变大部队活动为小部队活动，在敌后开展斗争，给敌人以突然袭击。人民革命军小部队在极其艰苦的条件下，在沿海的雄基、罗津、清津等地，给了日军以有力的打击。

【1940年】

1月 日本海军大将山本五十六下令就航母攻击珍珠港的可能性进行研究。

4月29日 韩国劳工李奉昌、尹奉吉在上海虹口公园投掷炸弹，炸死日本居留民团团长河端贞次。中国派遣军最高司令白川义则大将身中24个弹片，受伤后不久死亡，公使重光葵等受了重伤。

6月9日 苏日正式缔结协议。

6月25日至7月1日 日本大本营和内阁举行6次联络会议，讨论陆、海军制定的《帝国国策纲要》。7月2日，日本御前会议通过《纲要》，确定了日本帝国主义“南进”为主、“北进”为辅的侵略总方针：“一、不论世界形势如何转变，帝国将坚持建成大东亚共荣圈……的方针。二、帝国仍将朝着解决中国事变的方向迈进，并且……迈出南进的步伐，还要根据形势的演变解决北方问题。”

7月18日 英国迫于日本的压力，将中国的主要补给线缅甸公路封锁3个月。

7月22日 取中立态度并倾向与美国和解的日本米内内阁倒台，由近卫公爵组成新政府，松冈洋右任外务省大臣。新政府恢复了1939年8月中断的德日关于建立两国军事同盟的谈判。

8月1日 日本外相松冈洋右发表声明，抛出“大东亚共荣圈”的侵略计划。

9月22日 按照日本与法国维希政府签订的协定，日本接管印度支那北部的基地。

9月23日 日军进攻印度支那谅山。

9月23—25日 英国和自由法国在达喀尔作战失利。

9月25日 美国减少对日本的石油出口。

9月28日 泰国进攻印度支那。

10月27日 日本取消政党，开展仅为天皇服务的国民运动。

【1941年】

1月20日 日本出面调解法泰冲突。

1月30日 泰国和印度支那达成停战协定。

2月12日 日本新任驻美大使野村吉三郎抵达华盛顿。

3月8日 美国国务卿赫尔与日本驻美大使野村在上一年两国“私下谈判”的基础上，第一次举行正式会谈。到日本偷袭珍珠港为止，双方谈判60多次。

3月27—29日 日本外相松冈洋右访问柏林。希特勒和里宾特洛甫力促日本在新加坡采取行动，但未向日本透露闪击苏联的“巴巴罗萨”计划。

4月13日 《苏日中立条约》在莫斯科签订。条约规定：“如果缔约一方成为第三者中的一国或几国的战争对象时，缔约另一方在整个冲突过程中将保持中立。”

4月18日 日方收到美方拟定的《美日谅解方案》；5月12日，日方提出修正案。美国要求日本作出保证：当美国为了自卫参加欧洲战争时，日本不得威胁美国在太平洋海域的安全；日方的答复是：日本将履行三国同盟条约的规定，防止美国参加欧洲战争或使欧洲战争波及东亚。

4月27日 美、英、荷就马来亚—印度—菲律宾的防御问题在新加坡举行的计划会议结束。

5月 印度支那共产党在胡志明主持下召开第8次中央会议，决心集合各阶层广大人民和各民族的力量，全力打击主要的敌人法、日帝国主义，并决定把印度支那反抗法、日民族统一战线改名为“越南独立同盟”，即越盟阵线。

6月24日 日本大本营拟定《适应形势演变的帝国国策纲要》。

7月2日 苏联政府通过其间谍佐尔格了解到：日本枢密院会议决定，继续南进，把“北方问题”（由伪满洲国出发对苏作战）搁置一边。“南进”包括占领南印度支那，日本将不惜在“必要时”以与英国和美国开战为代价。

7月14日 日本驻法大使加藤开始同法国维希政府就日军进驻法属印度支那南部问题进行谈判。

7月18日 以近卫公爵为首的日本新内阁组成。松冈洋右被解除外相职务，由丰田贞次郎退役海军上将接任。新内阁的目标是与美国继续会谈。

美国破译了有关日本御前会议决定南进方针的密电。

7月21日 日本开始进入南印度支那，其海军占领金兰湾。

7月23日 日法签订《日本法属印度支那共同防卫协定》。

7月24日 美国总统罗斯福召开内阁会议，商量对付日本南进的经济制裁手段。当天，他向日本驻美大使野村提出：如果日本试图夺取东印度群岛（今印度尼西亚）的石油，荷兰人就会抵抗，英国人则会援助荷兰人，“鉴于我们自己援助英国的政策，结果立即会出现一种极为严重的局势”。过了两天，由于东京对此毫无反应，罗斯福果断下令：冻结日本在美国的大约1.37亿美元的资产，结束两国之间的贸易，包括石油贸易。接着，英国和荷兰也拒绝向日本出口石油。日本认为，这是西方国家包围日本的“最后一步”。

7月26日 美国组建新的远东司令部。

7月29日 日本与印度支那的法国总督德古签订关于将南印度支那的军事基地转让给日本的协定。

7月30日 日本海相永野修身向天皇裕仁报告海军根据7月2日枢密院会议决定拟制的作战计划。

8月1日 美国政府宣布对日石油禁运。

9月初 日本海军部和总参谋部联合会议在东京拟出最后的作战计划。

9月6日 日本御前会议通过《帝国国策实施纲要》，其中规定：“在不辞对美（英、荷）作战的决心下，拟以10月下旬为目标，完成战争准备”；“与此同时，帝国对美英尽量采取各种外交手段，努力贯彻帝国的要求”；“在上一条规定的外交谈判到10月上旬如果尚未达到我方要求的情况下，立即下决心对美（英、荷）开战”。身兼首相、陆相、内相三要职的东条英机，秘密召见日本驻美大使野村，要他加紧与美国进行和平谈判，以麻痹罗斯福总统。野村回到美国后，即对华盛顿报界大放和平烟幕：“我不相信有谁愿意战争！”

9月7日 日本铃木企划院总裁就《帝国国策实施纲要》作了说明：1.帝国为了贯彻自力生存和自卫的政策，决心不惜对美、英、荷一战。在此前提下，大致以10月下旬为期，作好战争准备。2.将对美、英采取外交措施，以求贯彻帝国的要求。

9月10—13日 日本海军在联合舰队司令山本五十六海军大将领导下进行图上演习。

10月1—5日 日本总参谋部在东京军事学院进行图上作业，对南方作战行动中的问题进行分析研究。

10月18日 日本近卫内阁倒台后，由陆相东条英机将军组成新内阁，东乡茂德任外相。在天皇颁布的诏书中，宣布9月6日的决定无效，东条内阁有权重新考虑日本的国策。

10月20日 日本海军开始作突袭珍珠港的准备，以备在与美国的谈判破裂时付诸实施。

10月23日 东条英机召开军政要员联络会议，集中讨论了有关日本与美国谈判的问题和同美国开战的前景问题。陆军总参谋长杉山主张在12月初开战，但眼下仍要继续同美国谈判。东条英机为了协调各方关系，决定把谈判期限确定在12月1日。

11月5日 日本颁布作战命令并发出警告：“对荷兰、美国、英国一战不可避免。”进攻日期暂定在1941年12月8日。

11月6日 日本在西贡的大本营向南方军总司令寺内寿一发出第556号命令：“大本营准备占领南洋各重要地区……开战日期另发专令。”

日本侵略东南亚的兵力分布如下：

陆军方面——

南方军（总司令：寺内寿一大将；总参谋长：冢田攻中将）。

菲律宾战区，第14军（司令官：本间雅晴中将；参谋长：前田正实中将），包括：第16师团、第48师团、战车连队2。

马来西亚战区，第25军（司令官：山下奉文中将；参谋长：铃木宗作中将），包括：近卫师团、第5师团、第18师团、战车团1（战车连队4）、第56师团。

荷属东印度战区，第16军（司令官：今村均中将；参谋长：冈崎清三郎少将），包括：第2师团、混成第56步兵团、战车连队3（第38师团、第48师团）。

泰国、缅甸战区，第15军（司令官：饭田祥二郎中将；参谋长：谏山春树少将），包括：第33师团、第55师团（不完整的南海支队）。

关岛战区，第55师团（混成第55步兵团，支队长：堀井富太郎少将）。

婆罗洲（今加里曼丹）战区，川口支队（第18师团的一部分，支队长：川口清健少将）。

南方军直属，法属印度支那战区，包括：第21师团（师团长：田中久一中将）、独立混成第21旅团第1空挺师团、第3飞行师团、第5飞行师团、第21独立飞行队。

支那派遣军，第23军的一部分，包括：第38师团（负责进攻香港）、第4师团（直属上海大本营管辖）。

海军方面——

联合舰队攻击珍珠港的任务由第1航空舰队与第6舰队担任，南洋方面则由第4舰队、本土东方第5舰队组成，内海由第1舰队配置，其他大部分由南方部队编成。南方部队指挥官由第2舰队指军官近藤信竹中将担任。

南方部队（指挥官：近藤信竹中将；参谋长：白石万隆少将）。

南方部队本队包括：第2舰队（以“金刚”号战舰、“榛名”号战舰为主力）用于南海、帕劳等地的作战支援。

马来部队包括：南遣舰队（司令长官：小泽治三郎中将；参谋长：泽田虎夫少将）用于支援马来亚、婆罗洲、苏门答腊地区的作战行动。

比岛（兰印）部队包括：第3舰队的大部分船舰（司令长官：高桥伊望中将；参谋长：中村俊久少将）负责支援攻取菲律宾。菲律宾攻下后，支援荷属东印度作战。

航空部队包括：第11航空舰队（司令长官：冢原二四三中将；参谋长：大西泷治郎少将）用于基地航空部队。夺取菲律宾的制空权后，转到荷属东印度地区作战。

潜艇部队包括：第5潜水战队（司令官：醍醐忠重少将）。

以上总共约40万人；陆军航空队的第一线飞机约700架，海军进攻飞机约1600架。

在日本联合舰队特遣编队偷袭珍珠港时，由寺内寿一指挥的南方军分5路向东南亚和西南太平洋岛屿发动全面进攻。

第一路：由驻台湾的日军第14军向菲律宾进攻。

第二路：由从台湾起飞的日军机群开始对香港发起进攻。

第三路：由驻印度支那半岛的日军第15军向泰国和缅甸进攻。

第四路：由驻印度支那半岛的日军第25军向马来亚和新加坡进攻。

第五路：由驻海南岛的日军第16军向荷属东印度进攻。

11月7日　美国总参谋长向总参谋部作战部和海军司令部作战部下达命令指出，美国将来参战后，在制定作战计划时应考虑到在太平洋作战的可能性，位于太平洋的日本诸岛将会成为作战区域。这是美国第一次把在不久的将来发生的太平洋战争作为重大问题严肃对待。

美国国务卿赫尔在政府例会上发言称："在我看来，关系极端危急。我们必须警戒日本在任何时间对任何地点的军事进攻。"

11月16日　日本特使来栖三郎抵达华盛顿，协助野村进行谈判。赫尔认为，来栖很可能企图利用谈判来麻痹美国，时机一到日本便会向美国发动攻击。

11月19日　德国41号舰"鸬鹚"号辅助巡洋舰（假货轮，舰长德特默斯上校）击沉澳大利亚排水量达9000吨的"悉尼"号巡洋舰，"悉尼"号上的数百名水兵无一生还。此后，"鸬鹚"号也在澳大利亚西部沿岸沉没。此前，"鸬鹚"号已击沉澳方11艘商船，共68274吨。

11月21日　凌晨零时，日本联合舰队司令山本五十六下达第5号作战命令，其中规定"第二阶段开战准备"的暗语为"登上富士山"。根据这项电令，南云特遣舰队将于11月26日从单冠湾出发，12月3日晚进入太平洋作战海域。

11月22日　美国海军部截获并破译了日本外相给日本驻美大使野村的电报。这份电报把野村大使递交给美国国务卿赫尔的照会称为日本的"最后通牒"，并说这是防止发生"某件事情"的"最后努力"，其期限为一个星期。美国海军部认为，这份电报表明，11月29日之后，美日关系中将会出现"某件事情”——也就是战争。这份电报作为急件，被送到了罗斯福总统手里。

11月24日 日本大本营授权南方军总司令官寺内寿一就日军进入泰国的一切军事问题同泰国当局进行谈判，谈判应在12月7日18时开始，于8日零时以前结束。不论谈判结果如何，日军都将按计划进入泰国。

11月25日 美国致日本“10点”照会，日本认为这是导致不可避免的绝交的最后通牒。罗斯福在战争委员会会议上说：“我们极有可能遭到日本人的袭击。至于在何处，我无法奉告，相信将军们也是如此。”

美国海军开始在太平洋对商船实施武装护航。美国占领荷属圭亚那（苏里南）。

11月26日 停泊在单冠湾、准备攻击珍珠港的日本舰队启航，其中有“赤城”号、“加贺”号、“翔鹤”号、“瑞鹤”号、“飞龙”号和“苍龙”号航空母舰，“比睿”号和“雾岛”号战列舰，“利根”号和“筑摩”号重型巡洋舰，1艘轻型巡洋舰，9艘大型驱逐舰（其中2艘用于炮击中途岛），8艘油船和供应船，以及3艘潜艇。起初，舰队冒着大风和浓雾向东航行，然后转向东南，天气好转。11天航行中完全保持无线电静默。

下午，野村和日本特使来栖被召到美国国务院。5时，赫尔把一份《备忘录》交给他们，这就是所谓《赫尔备忘录》。东条英机认为：“备忘录不仅依然坚持美国方面过去的主张，而且还加上了当时日本显然根本不能接受的下列难题，即：1. 日本陆海军不用说，连警察也要从中国全境（包括满洲）和法属印度支那无条件撤兵；2. 不承认满洲政府；3. 不承认南京政府；4. 把三国同盟条约变成一纸空文。”

天皇裕仁眼见日本两个大使的处境越来越困难，就同内大臣木户说：“已经是非下最后决心的时候了。告诉东条，我想再次听取重臣们的意见。”29日，当天皇询问重臣们对战争的看法时，倾向开战的2人，反对的5人，保持中立的1人。

11月27日 上午，美国的《备忘录》传到了东京。下午2时的军政要员联络会议得出结论：美国的备忘录是对日本的最后通牒，是不能接受的。会议决定：日美谈判僵局已无望打破，准备由御前会议作出决定。

当天，南云舰队正在太平洋上向南航行。马歇尔和海军作战部长斯塔克向罗斯福总统报告说：日军南进的目标是入侵泰国和东南亚，其主力仍在内海。

美国政府向亚洲和太平洋舰队的司令们发出“战争警报”。

11月28日 德国外交部长里宾特洛甫在对美日谈判现状一无所知的情况下，对日本大使大岛表示，如果日美开战，德国将支持日本。

12月1日 下午2时，在皇宫的“千种厅”举行了决定日本命运的御前会议，并作出决定：“通过11月5日通过的《帝国国策执行要领》进行的与美国谈判已不会达成妥协。帝国将对美、英、荷开战。”下午4时，天皇作出了开战的决定，然后闭目端坐。主持会议的东条英机最后说：“今天的会议到此结束。”于是，“天皇拖着沉重的脚步，退出了会场”。

12月2日 日本陆军和海军军部开会，把偷袭珍珠港的时间定在12月8日（夏威夷时间12月7日），因为这一天是美军“雷打不动”的礼拜休息日。下午5时30分，山本就向南云特遣舰队发出了“攀登新高峰1208”的密电，意思是：“开战日期定为12月8日凌晨零时（东京时间），按预定计划行动。”

日本赴美撤侨的“龙田丸”客轮由横须贺开往檀香山，预计12月14日离美回国。这使美国错误地认为，日本若要开战，最早也要到12月14日以后。

英国新造的“威尔士亲王”号战列舰和“反击”号战列巡洋舰以及4艘驱逐舰作为东南亚舰队的主力舰驶抵新加坡。

12月5日 希特勒向日本允诺：日本参战后德国将向其提供援助；在不与敌单独媾和的条件下，同意日本提出的关于签订军事互助条约的建议。

据东条英机在东京法庭上的口供：“东乡外务大臣说明了对美最后通告的核心，全体成员予以同意。日本政府由外相于12月6日向野村大使发出训令电，指示：对美备忘录已经决定，向美国提交该备忘录的时间，等后边电报决定，作好文件整理及其他各种预备措施，以便备忘录一到，即时向美国提交。第二天，12月7日，发出训令电，指示：该备忘录应于华盛顿时间7日下午1时整由野村大使直接交给美方（尽可能是国务卿）。”

日本确定的东南亚基本作战计划是：占领英属马来亚、菲律宾、香港、关岛、威克岛（第一阶段），以及婆罗洲、苏门答腊、爪哇、西里伯斯、巽他群岛、荷属帝汶岛、俾斯麦群岛和缅甸（第二阶段）。为此投入南方集团军群（司令寺内将军，大本营设在西贡），下辖第14军（菲律宾）、第15军（泰国和缅甸）、第16军（荷属东印度）、第23军（香港）和第25军（马来亚），共11个师（日本陆军总计51个师）、9个装甲团、2个航空兵师(700架飞机，陆军航空兵共计1500架飞机），此外有海军水面舰只的大部和海军航空兵3300架飞机中的1600架。

日本第15军由印度支那开进泰国，在克拉地峡登陆，12月8日占领曼谷。日军第25军（司令山下奉文中将）在泰国南部的宋卡登陆，揭开了马来亚战役的序幕。

12月7日 零时，日本联合舰队经过海上12天的航行，按计划准时到达珍珠港北面230海里的海域。

6时，日本渊田美津雄海军中佐在“赤城”号上系上缠头布带。在颠簸的甲板上，马达轰鸣，绿色信号灯在黑暗中闪烁着。垫木拿走了，第一架飞机呼啸着向前滑动。在后来的15分钟里，6艘航空母舰上的飞机一架接一架地起飞，有的擦着浪花。在第一攻击波的183架飞机中，包括49架载着有翼穿甲炸弹的“99式”轰炸机，40架机腹下携带一枚致命的氧动力“长矛式”鱼雷的“97式”飞机，43架护航的战斗机。它们在战舰上空盘旋，组织飞行编队，然后由渊田率领爬出云层，伴着绚丽的日出景色向南飞去。渊田估计，借着顺风，90分钟后他们就可以飞到珍珠港上空。

7时49分，所有日军飞行员都接收到了冲锋的信号。片刻之后，渊田看到第一批鱼雷轰炸机掠过战舰区，便命令报务员发出“托拉！托拉！托拉！”的信号。这是事先约好的“虎！虎！虎！”密码信号——通知南云海军中将奇袭成功。

7时58分，日军第二冲击波的机群（36架歼击机、54架水平轰炸机和81架俯冲轰炸机）飞临珍珠港上空，矛头对准了停泊在港湾里和周围航道上的美军98艘各类舰艇。日军鱼雷飞机从四面八方低空飞行，接近美军“战舰大街”，在离地仅12米的高度发射鱼雷。水中白色的雷迹交叉纵横，顿时，舰艇群连续发出轰隆巨响，海湾里水柱四起，火光冲天。

8时，美国太平洋舰队司令金梅尔向华盛顿和哈特海军上将以及所有海上部队发出急电：“珍珠港遭到日军空袭，并非演习！”

日本飞机以突然袭击瘫痪了美国的防空力量，击沉战列舰“亚利桑那”号、“加利福尼亚”号、“西弗吉尼亚”号、“俄克拉荷马”号、“内华达”号，以及布雷舰“奥格拉拉”号和目标舰“尤塔”号；此外重创战列舰“宾夕法尼亚”号、“田纳西”号、“马里兰”号，轻型巡洋舰“罗利”号、“海伦娜”号和“火奴鲁鲁”号，以及3艘驱逐舰、1艘航空母舰和1艘维修舰。美军死亡2403人，受伤1178人，被炸毁飞机188架；日本只损失5架鱼雷攻击机，15架俯冲轰炸机和9架歼击机，人员损失55人。

美国太平洋舰队这时只剩下3艘航空母舰：正从威克岛返航的“企业”号、正往中途岛运输飞机的“来克辛顿”号和停在美国西海岸等待检修的“萨拉多加”号。太平洋舰队另外还有11艘重巡洋舰和11艘驱逐舰，事前已出去护航，或执行海上运输任务，因而躲开了一场灾难。

凌晨4时，日本第23军（司令酒井隆中将）在炮兵、空军、海军的配合下，向香港发起攻击。

9时30分，日本轰炸机开始空袭菲律宾马尼拉基地。当时，远东美军司令麦克阿瑟将整个菲律宾划分为5个防区：吕宋岛北部、吕宋岛南部、比科尔半岛、棉兰老岛、科雷吉多尔及港口。不过，整个防御计划要到1942年2月才能完成。

12月8日 凌晨3时30分，寺内寿一命令日军进入泰国，并迫使泰国政府签订同盟条约。

日本第25军在马来亚北部的哥打巴鲁港登陆：首先，日本第5步兵师在强大的海军和航空兵部队掩护下登陆。英国“威尔士亲王”号战列舰、“反击”号战列巡洋舰和4艘驱逐舰由新加坡启航，企图与日本登陆舰队作战，途中被1艘日本潜艇发现。

日本同时对关岛、威克岛、吉尔伯特群岛发动进攻。

美国总统罗斯福在国会两院联席会议上发表战争咨文，对日宣战。英国也对日宣战。苏联政府声明，苏联不会因太平洋战争而改变1941年4月13日中立条约所确定的苏日关系。

12月9日 英国军舰在得到日本在马来亚关丹登陆的错误报告后，由哥打巴鲁返回。

日本战斗群在关岛东南约2700公里处的吉尔伯特群岛的塔拉瓦岛和马金岛（今布塔里塔里岛）登陆。

自由法国对日宣战。

12月10日 防守新加坡的英国3.5万吨级新型战列舰“威尔士亲王”号（司令、海军副总参谋长菲利普斯上将）和“反击”号被日本第22海军航空兵中队发现，遭到猛烈攻击。“反击”号很快下沉。“威尔士亲王”号失去控制，也开始慢慢下沉，菲利普斯只得命令水兵迅速离舰逃命。他本人站在即将没入水中的舰桥上，向离舰远去的官兵们挥手告别，接着就和这艘巨舰一起从海面上消失了。英国军事史家富勒后来写道：“新加坡本身存在的理由也同这两艘军舰一齐消失了——它现在是一个没有舰队的海军基地。”英国首相丘吉尔后来也回忆说：“在全部战争过程中，我从来没有受过一次比这更直接的震惊。”

关岛被日本占领。

12月11日　日军入侵南吕宋。

威克岛的美国守军（司令德弗罗少校）粉碎日军的一次登陆，击沉2艘驱逐舰。

德意对美宣战。

12月12日　匈牙利、罗马尼亚、保加利亚对美宣战。保加利亚对英宣战。

12月13日　日军占领香港九龙半岛。25日17时50分，香港总督杨慕琦与日军代表签订停战协定，他本人也成了日军的阶下囚。26日，日军举行占领香港的入城式，香港只坚守了18天，便成为“预计坚守6个月的堡垒”中最先失守的一个。

日本第15军由泰国出发，占领缅甸南端的维多利亚角，这是英国在印度和新加坡之间唯一设备齐全的空军基地。

12月16—23日　日军在强大舰队支援下占领威克岛。

12月17日　日军入侵北婆罗洲。

12月18日　马来亚槟榔屿陷落。月底，关丹失守。

12月19日　日军第15军（军长饭田祥二郎中将）连续轰炸缅甸南部的英国空军基地，并夺取了缅甸南端丹那沙林地区的3个机场。接着，该军又在泰缅边境集结军队，修筑道路，训练亲日分子，为全面侵略缅甸做好了准备。

12月20日　日军入侵菲律宾棉兰老岛。

12月21日　日泰条约正式签字。

日军以强大兵力在吕宋岛登陆。

12月22日　威克岛上的美军投降。

12月23—24日　日军第16师在马尼拉东部登陆。

12月25日　香港投降。

12月26日　《中英共同防御滇缅路协定》在重庆签订。

12月28日　日军入侵苏门答腊。

12月　菲律宾共产党召开紧急会议，号召建立全国抗日民族统一战线，并在此后领导和组织了抗日武装斗争。

【1942年】

1月1日 日本空军开始每天空袭新加坡。

1月2日 日本第48师一部占领马尼拉。

吕宋岛上的美军部队撤至马尼拉湾入口处的巴丹省和科雷希多岛，分别坚守至4月9日和5月6日。

1月2—12日 日本近卫师一部和第5师在马六甲半岛西岸登陆部队的支援下，渡过仕林河，一直突击到马来亚最南端的柔佛州州界。

1月3日 由英国新任西南太平洋战区总司令韦维尔将军领导的ABDA（美、英、荷、澳）联合司令部在荷属东印度成立。

1月4日 日军第15军的第55师团（师团长竹内中将）先遣队在泰国南部的干差那武里附近突入缅境。

1月7日 韦维尔将军赶到马来亚中部前线，开始视察败退下来的英印军部队。当他视察英国“不可攻破的堡垒”——新加坡要塞，看到那里的大炮全都对着南面大海，无法轰击北来的日军时，不禁惊得目瞪口呆。

1月11日 日军南方军直属第38师团向苏门答腊岛的巨港发起进攻，因为这里是东南亚陆上石油储量最大的地区。

1月15日 日本近卫师和第5师突破在柔佛的印

度第3军的防御阵地，迫使帕西瓦尔中将率部撤至新加坡。

韦维尔将军接管美、英、荷、澳四国的最高司令部。

1月16日 日本第16军开始由泰国向缅甸发动进攻。

1月19日 日军占领缅甸港口城市土瓦。

1月20日 日军第15军的第55师团主力全部在麦索附近进入缅甸。

日本舰队从婆罗洲等港口全速南下，23日晚在重要港口巴厘巴板附近下锚。美军6艘军舰火速北上阻击日军。24日凌晨4时，美舰队击沉日军4艘运输舰，击伤多艘。美军太平洋舰队司令尼米兹上将后来评论说："在整个荷属东印度群岛作战期间，这次夜袭是盟军部队唯一一次取得胜利的海上作战。"

1月21日 夜晚，被日军切断退路的英、印、澳士兵300多人，在澳军军官梅哈上尉率领下，冲入日军阵地进行肉搏战，终于突破重围，向新加坡撤去。

日军在54天内，以伤亡4600人的代价，占领了整个马来亚。英军伤亡和被俘人员多达2.5万人。

1月23日 日军占领西里伯斯、婆罗洲的巴厘巴板、腊包尔。

1月24日 中国轰炸机空袭印度支那的河内。

1月25日 日军在新梅克伦堡和新几内亚的莱城登陆。

澳大利亚实施总动员。

泰国向英美宣战。接着，英国向泰国宣战。

1月26日 日军在所罗门群岛北部登陆。

1月27日 在马来亚作战的英国轰炸机和侦察机全部撤至苏门答腊。

1月28日 日军向缅甸第三大城市毛淡棉发起进攻。

1月30日 日军占领缅甸的毛淡棉和安汶岛。

深夜，最后一批英、印、澳军在撤过并炸毁连接马来半岛与新加坡的长堤后，开始了新加坡要塞的防御战。此时，各处被日军打散后躲入树林中的英印士兵纷纷向日军投降。

1月 在马来亚共产党领导下，第一支马来亚人民抗日军在雪兰莪州成立。

以摄政王比里·帕侬荣为首的泰国民族资产阶级创建"自由泰"运动，在国内外开展抗日斗争。

2月7日 傍晚，日军向新加坡东北岸发起佯攻，争夺新加坡的最后战斗打响。日军近卫师一部在柔佛海峡东部的乌宾岛登陆。

2月8日 早晨，日军开始用大炮从柔佛海峡对岸猛轰新加坡，中午开始强渡海峡，并顺利登陆。

2月9日　夜晚，日军第5师和第18师渡过柔佛海峡。

2月10日　夜晚，日本近卫师和第2装甲团相继渡过柔佛海峡。这时，日本第25军司令山下奉文中将的3万日军已是精疲力竭，弹尽粮绝，无力再向10多万英、印、澳军继续进攻。

2月13日　在舰载飞机和一支强大巡洋舰队（司令小泽海军上将）支援下，日军第38师主力在苏门答腊巨港北部登陆。登陆之前，日军空降了伞兵部队。

2月15日　傍晚，正当日军准备撤回马来半岛时，英军司令帕西瓦尔却手持白旗，来到山下奉文中将的司令部，要求投降。当时仅有3发炮弹的山下大声逼问帕西瓦尔："投降不投降，你回答'是'或'不是'。"帕西瓦尔点了点头，在投降书上签了字。

2月16日　英、印、澳13万守军向日军交出了740门火炮、1万辆汽车和大批枪支弹药。

日军攻陷新加坡后，将它改命为"昭南岛"，山下奉文则得到一个"马来之虎"的绰号。

苏门答腊的巨港被日军占领。

2月18日　日军占领南苏门答腊，当地守军在炸毁部分炼油设备后撤到爪哇。这样，爪哇东、北、西3面的要地都被日军攻占。

2月19日　日本一支航母舰队（4艘大型航空母舰，携载188架飞机，2艘战列舰，3艘巡洋舰，由南云海军中将指挥）由帕劳出发，对达尔文港实施猛烈空袭，击沉11艘商船和1艘美国驱逐舰。

2月20日　日军在帝汶岛的古邦登陆，并占领该岛的葡属区，自1941年12月18日以来，这一地区一直由同盟国占据。

2月21日　日本南方军总司令寺内寿一命令侵缅第15军强渡萨尔温江。

2月23日　驻菲律宾的美军司令官麦克阿瑟将军接到罗斯福总统的命令：前往澳大利亚统帅该地的盟军部队。继任者为温赖特中将。

2月25日　盟军司令官韦维尔眼看爪哇岛难以防守，便撤到锡兰（今斯里兰卡）。韦维尔取消了他的指挥部，并将总部撤到印度。大部分英军和部分美军随他撤退，只有荷兰人留下来继续战斗。

2月27日　爪哇海大海战。同盟国海军在多尔曼海军少将指挥下，企图以5艘巡洋舰和9艘驱逐舰阻止从望加锡海峡驶出、准备在爪哇登陆的日本舰队，失利。同盟国舰队的2艘巡洋舰和3艘驱逐舰被击沉，其余舰只在与占优势的日军作战后逃走。这样，日军便打开了在爪哇登陆的通路，并于3月1日在苏腊巴亚西部登陆。

2月27日至3月1日 在同盟国舰队企图由苏腊巴亚和芝拉扎向澳大利亚逃跑时，又被占优势的日军舰队和舰载飞机击沉1艘巡洋舰、4艘驱逐舰、2艘炮艇和1艘大型油轮。其余2艘巡洋舰在巽他海峡击沉日军2艘登陆部队的运输舰（计16359吨），但最后也被强大的日军部队击沉。

2月 中国政府正式组成“中国远征军第一路军长官司令部”，命罗卓英、杜聿明将军分别担任正副司令，率中国远征军立即开入缅甸救援；同时授命当时任中国战区盟军参谋长的美国将军史迪威入缅指挥远征军作战。

3月1日 日军开始荷属东印度第二阶段作战，5日攻占首都雅加达，9日攻占万隆，荷属东印度代总督逃往澳大利亚。

3月2日 日军在菲律宾棉兰老岛的三宝颜登陆。

3月3日 日军强渡锡唐河，并对仰光进行猛烈轰炸。

3月4日 美国舰载飞机空袭太平洋上的马尔库斯岛。

3月5日 英国派遣哈罗德·亚历山大上将飞往仰光，任缅甸战区司令。亚历山大到任后下令尽可能守住仰光，失利时向北撤退。

3月6日 英印军根据亚历山大的决定，分两路退出仰光：一路沿锡唐河北上，向曼德勒一带的中国远征军靠拢；一路沿伊洛瓦底江向北转移。

在此期间，中国远征军第5军军长杜聿明率领所属戴安澜的第200师、廖耀湘的新22师、余韶的第69师，开赴指定地点，防守仰光以北的同古（今东吁）、曼德勒一线。由第6军军长甘丽初率领所属彭壁生的第49师、吕国铨的第93师、陈勉吾的暂55师，分散部署，驻守在东面泰缅边境的景栋、莫契等广大地区。稍后，66军军长张轸率领所属孙立人的新38师、刘伯龙的新28师以及马维骥的新29师进入缅甸，驻守在曼德勒、腊戍一带作为预备队。

3月6—10日 日本第4舰队（司令井上海军上将）运载日本“南海特遣队”部分兵力在新几内亚登陆。3月5日夜由腊包尔出发，于3月7日夜在休恩湾的莱城和萨拉莫阿登陆，盟军只进行了微弱抵抗。在美国舰载飞机对日军登陆舰只实施的一次突击中，击沉1艘，另1艘搁浅，其余8艘均中弹。

3月7日 日本第15军（司令饭田中将）占领仰光。

日军在新几内亚登陆。

3月8日 驻爪哇的荷兰军队（司令波尔顿中将）投降，整个荷属东印度落入日军之手。

中国远征军第5军的先头部队200师到达同古（今东吁），但驻缅英军不待该师完成部署即全部撤出。

3月10日 日军在新几内亚的芬什港登陆。

夜晚，麦克阿瑟在向接替他的温赖特将军交代完防务后，便乘鱼雷快艇离开菲律宾，到澳大利亚担任南太平洋美军司令。

盟军在萨拉莫阿对日本海军运输船队的空中作战中取得胜利。

3月12日 1.1万名荷属东印度守军向日军投降。

3月16日 日本空袭达尔文港；3月19日再次空袭。

3月17日 麦克阿瑟将军被任命为西南太平洋盟军司令，大本营设在澳大利亚的悉尼；温赖特中将仍为菲律宾盟军司令。

3月20日 中国远征军第200师与日军第55师团在同古（今东吁）城外发生激战。从25日拂晓开始，日军由南、北、西3面猛攻同古（今东吁）。3月31日凌晨，中国守军渡过锡唐河，跳出了日军的包围圈，退守100公里外的彬文那。至此，历时12天的同古（今东吁）大战结束。

3月23日 日军占领印度洋上的安达曼群岛。

3月23日至4月12日 由于日军入侵缅甸，使印度问题成为一个现实问题。为此，英国斯塔福德·克里普斯爵士与印度当局就解决印度问题进行一系列会谈，均无成果。

3月26日 一支由5艘大型航空母舰、4艘快速战列舰、2艘重型巡洋舰、1艘轻型巡洋舰和9艘驱逐舰组成的日本航母编队（司令南云海军上将）由西里伯斯的肯达里出发，突入印度洋。

3月31日至4月1日 日军在爪哇西南部的圣诞岛登陆。

3月至9月 日本占领者对印度尼西亚共产党领导的抗日组织进行了大搜捕、大镇压。

4月1—9日 日本舰队在锡兰（今斯里兰卡）海域作战。日本舰载飞机对科伦坡、维沙卡帕特南、科科纳达、亭可马里，以及英国舰船实施猛烈空袭。4月5日，占优势的日本航母舰队在200海里距离上，对英国“东方舰队”开火。英海军大部舰只被击沉，只有少数幸免。其中“赫姆斯”号航空母舰、

“康沃尔”号和“多塞特郡”号重型巡洋舰、2艘驱逐舰、1艘护卫舰、1艘辅助巡洋舰和31艘商船被日本军舰、飞机和潜艇击沉，共计约15.4万吨。

4月2日 日军向仁安羌猛进，并包围了英印军7000人，亚历山大将军也在被围之列。英印军北逃的道路已被堵死。

4月3—9日 争夺菲律宾巴丹的最后战斗展开。日本第14军（司令本间中将）以第4步兵师和第65旅突破菲律宾第41师的防线，并以第16、第21步兵师将美、菲右翼部队击退。菲律宾第2军（军长帕克少将）实施反突击失利后，于4月6日被击溃，4月9日投降，7.8万人只有2000人逃往科雷希多要塞。

4月4—9日 日本舰载飞机大规模轰炸锡兰和孟加拉湾沿岸城市。

4月5日 蒋介石夫妇在商震、史迪威、罗卓英等陪同下由重庆赴缅，具体部署杜聿明策定的“平满纳会战计划”。然而，英军印度总司令韦维尔当时的缅战方针是“弃缅保印”，一再指示亚历山大要尽量避免英军的损失，“平满纳会战”终于泡汤。

日军进攻科伦坡未获成功。

4月7日 日军完全占领苏门答腊。

4月9日 在巴丹的美军投降。

4月9—11日 日军第14军的4852人在宿务的东海岸登陆，经两天激战，粉碎了美菲军6500人的抵抗。

4月10日 美菲战俘开始“巴丹死亡行军”，途中死亡约4万人。

4月14日 被围的亚历山大急向中国远征军呼救。中国远征军第一路司令长官部虽对英印军在同古（今东吁）大战时逃离战场深为不满，但仍从大局出发，命令新38师师长孙立人坐镇曼德勒指挥解围。至19日，38师以不足千人的兵力，以牺牲500多人的代价，收复了仁安羌油田全部区域，歼敌4000人，成功解救了英印联军。英国人和印度人逃出来时，十分可怜地跪在中国士兵面前说：“中国好啊！”

4月16日 日本制定“第二作战阶段”的作战计划基本原则。

日本第14军的4160人在班乃岛登陆，防守该岛的美、菲军队7000人撤入该岛内地进行游击战。

4月18日 美国杜立特率领的16架B-25型轰炸机从“大黄蜂”号航空母舰起飞，空袭东京，收效甚微。由于飞机的飞行距离所限，无法返回，11架轰炸机的飞行员在中国和日本上空跳伞，4架飞机紧急迫降，另1架降落在苏联领土。但是，这次空袭仍然震动了日本朝野。

日军大本营决定：在攻占澳大利亚之前，必须首先攻占新几内亚东南海岸的重要海空基地莫尔兹比港，继而攻占所罗门群岛东南的图拉吉岛。这一战役由陆军少将堀井富太郎指挥的南海支队和井上成美海军中将指挥的第4舰队负责。美国太平洋舰队司令尼米兹上将（司令部设在新西兰）从截获的密电中得知日军的意图后，命令弗莱彻海军上将率领一支航空母舰特混队迎击日军。

4月20日　曼德勒正面防线的英军在没有通知中国友军的情况下开始撤退，彻底动摇了中国军队的信心。当晚，蒋介石从重庆发出急电，命令远征军将会战计划改为纵深防御，重点是东部的腊戌。

4月28日　日军截断滇缅路。

4月29日　盟军打开由阿萨姆通往中国的空中走廊。

日军占领腊戌，打乱了中国各路军保卫曼德勒的计划，各部队被迫后撤。英军也在中国远征军的掩护下，开始了长达1000英里的长途退兵。

日军约4000人由宿务出发，在棉兰老岛西海岸登陆。

4月30日　英军炸毁了缅甸伊洛瓦底江上的阿瓦桥，丢弃了大量武器装备，退到了邻近印缅边界的印度阿萨姆邦的英帕尔。

4月　美国太平洋舰队司令尼米兹被任命为太平洋地区总司令（不含西南太平洋）。

5月1日　日本第15军（司令饭田中将）的第56步兵师占领缅甸北部的曼德勒，缅甸至中国的道路被切断。

亚历山大开始把司令部向西面的印度转移。

5月4—8日　日军为夺取南太平洋新几内亚莫尔斯比港而同美军展开的珊瑚岛之战，被誉为“盟国对日进军的史诗性战斗之一”。其时，日本舰船绕过新几内亚东海角进入珊瑚海，企图调动部队攻占莫尔斯比港，以构成对澳大利亚的威胁。从“约克城”号和“列克星顿”号航空母舰起飞的美国飞机围住了日本舰队，双方展开了一场海战史上第一次由航空母舰担任主角的混战，损失都很惨重。日本小型航母“祥凤”号被击沉，“翔鹤”号航母遭重创后返回。美国损失“列克星敦”号大型航母、1艘加油船和1艘驱逐舰。日军残部被迫撤退，放弃了5月10日在莫尔斯比港登陆的计划。

5月5日　日本大本营同意山本的意见，发布第18号指令：命令联合舰队占领中途岛和阿留申群岛。按照日军作战方案，在联合舰队中，除山本大将亲率的主力编队外，另外还有6支战术部队：南云中将率领的航空母舰编队、近藤中将率领的中途岛攻略编队、田中少将率领的输送船团、细萱中将率领的阿留申编队、小松中将率领的先遣潜艇编队和冢原中将率领的岸基航空部队。联合舰队共有11艘战列舰、8艘航空母舰、23艘巡洋舰、65艘驱逐舰、21艘潜艇和100余艘其他舰船。这些舰船共携带700余架飞机。届时，各编队将分两路出击，彼此保持数百海里距离。

日军在菲律宾科雷吉多尔登陆。

担任协调指挥缅甸战区军事任务的史迪威带领百余人西行，于20日到达印度边境。他在退却途中说："我们进入了挨打的地狱。它就像地狱那样丢脸。我们应当找出它的原因并且打回去。"

5月6日　日军占领菲律宾科雷吉多尔岛，抓获11574名俘虏。至此，整个菲律宾落入日军之手。

5月8日　日军占领缅甸密支那。日本轰炸机空袭印度东部港埠吉大港。

5月13日　中国远征军第5军的直属部队和新22师、新38师、96师以及新28师一部陆续由曼西北行，闯入了阴森恐怖的丛林——胡康河谷。军部的地图完全失灵，部队往往走了几天又回到原点。再往后，部队完全迷失了方向。但是，新38师和22师的官兵却走上了回头路，携带武器进入印度境内。8月，史迪威在这两个师的基础上组建了中国驻印度远征军（简称"中国驻印军"），自任总指挥。他把蓝姆迦训练基地交给中国驻印军，还在利多一带设立了一个由中国军队自己管理的军区，由孙立人兼任总司令。

5月20日　日本第15军（辖第18、第33、第55、第56师）结束夺占缅甸的战斗，转入防御。

5月25日　山本五十六使用JN25密码向联合舰队下达任务。美军在其后几天中破译了这份"冗长的指令"。

5月27日　8时正，日本"赤城"号航空母舰升起信号旗，发出"按时启航"的命令。各舰开始起锚，从大凑、塞班岛、关岛3处出发，开往中途岛。中午，舰队进入太平洋，4艘航空母舰分成左右两路，周围是由警戒舰组成的双层警戒圈。然而，美军情报机构此前已截获并破译了日军的密码通讯，美军太平洋舰队司令尼米兹海军上将洞悉了山本的作战意图：佯攻阿留申群岛而实取中途岛。

5月28日　英军越过边界，进入印度。

6月3日　夺取中途岛的日本各舰队进入进攻位置。

美军一架水上飞机在中途岛以西600多海里处发现一支由26艘军舰组成的日本舰队，飞行员立即报告了中途岛基地。

6月4日　中途岛海战开始。凌晨4时30分，日军第一攻击波的108架飞机在15分钟内从4艘航空母舰上腾空而起。总指挥官、海军大尉友永文市率领机群在舰队上空绕了一圈，完成了飞行编队，然后升至4000米高空，向东南方向的天际疾飞而去。接着，扩音器里又传来命令："第二攻击波准备！"地勤人员再次忙碌起来。

此时，曾在珍珠港遭受惨败的美国人决计要洗刷奇耻大辱——由斯普鲁恩斯海军中将指挥的第16、第17特混舰队已神不知鬼不觉地隐伏在中途岛东北海面，始终保持无线电静默，等候攻击时机的到来。当日机距中途岛只有30海里时，在高空尾随的美军巡逻轰炸机冷不防投下一枚照明弹，日本飞机登时全被照亮。接着，美军歼击机从5000英尺的高度俯冲下来，向日机发起攻击，日机被打了个措手不及。日本机群飞至中途岛时，它们也遭到岛上的地面炮火的迎头痛击。日机的第一波未达目的。

7时，友永在返航途中，用无线电向"赤城"号报告："迅速进行第二次攻击，趁美机返回基地时歼灭它们！"于是，"赤城"号、"加贺"号两舰的地勤、军械人员马上动手，将飞行甲板上的水平轰炸机携带的鱼雷卸下，把飞机一架架送回机库，再重新装上炸弹，升上飞行甲板。

美国特混舰队接到中途岛被空袭的消息后，立即决定用"黄蜂"号、"约克城"号、"企业"号上的舰载机给日本航空母舰以致命打击。正当特混舰队悄悄向南云编队接近时，南云编队的"利根"号巡洋舰派出的一架搜索机正在远处暗中跟踪。"赤城"号收到搜索机的报告：发现10艘军舰，"好像"是敌舰。南云和幕僚们大吃一惊，他们没有料到美国舰队会那么快地出现，更没有料到敌方会就近伏击。

这时，第一攻击波的飞机急待降落，预备执行第二攻击波的战机已大部分卸下鱼雷换上了炸弹，而舰队上空护航的战斗机汽油也快耗尽了。于是，南云命令先腾清飞行甲板，回收第一攻击波的机群。疲惫不堪的地勤人员再次把战机运到下边的机库，并按现时的命令卸掉炸弹，重新装上攻击军舰的鱼雷。返航的飞机在甲板上降落。机库里，只穿衬衣短裤的地勤人员忙得大汗淋漓。为抢时间，他们把卸下的炸弹顺手堆积在机库旁边。

南云指挥编队暂时北撤。这时，刚刚收到的情报证实，美国航空母舰不止一艘。南云明白，灾难即将临头！

10时24分，瞭望哨高声喊道："敌机！俯冲轰炸机！"甲板上的人还没有回过神来，3架美国无畏式俯冲轰炸机已经从隐蔽的云块中钻出，垂直俯冲下来。紧接着，炸弹从机翼下摇晃着呼啸而下。一声声巨响，伴随着夺目的闪光，旗舰"赤城"号被直接命中，飞行甲板的中部被炸开一个大洞，下层机库里冒出浓烟。接着，又一阵猛烈的爆炸震撼着庞大的舰身。原来，先前给战机卸弹装雷时，暂时堆放在机库旁边的炸弹被大火引爆了。这真是一场致命的爆炸！当火势在比翼排列的飞机中蔓延时，飞机上的鱼雷开始爆炸了，弹片、机骸到处飞舞，整个机库和飞行甲板成了一片火海。"赤城"号全面丧失了作战能力，与外界的通讯也断绝了。

与此同时，"加贺"号航空母舰也遭到了致命的轰炸，舰长和其他军官当场身亡，舰桥旁一辆加油车被炸，火势迅速蔓延开来。船体开始倾斜，官兵弃舰，纷纷乘救生艇向近旁的"荻风"号、"舞风"号转移。晚7时25分，"加贺"号上突然响起两声巨响，这艘曾是最精良的日本航空母舰沉没在冰冷的北太平洋海水中，全舰死亡800多人。

"苍龙"号在遭到13架美军轰炸机攻击后，中部升降机和甲板被炸毁，烈火引燃了油库和弹药库，舰艇完全被浓烟烈焰包裹起来。柳本舰长被迫下令弃舰，舰上官兵纷纷跳入海中，只有柳本舰长一个人留在舰桥上，默不作声。船员们明白，他要与军舰共存亡。晚7时13分，幸存的船员站在近旁的几艘驱逐舰上，眼睁睁看着"苍龙"号沉入黑色的海水。

"大和"号上的山本大将得知战局急转直下，顿时目瞪口呆，说不出话来。……

6月5日　凌晨2时50分，山本下令撤销整个中途岛作战计划。

6月7日　日军在阿图岛登陆。

6月15日　日军在阿留申群岛登陆。

7月2日　美军想乘中途岛大捷之机，在太平洋上采取转守为攻的策略。西南太平洋战区司令麦克阿瑟上将主张在澳大利亚境外保卫澳大利亚，要求立刻进攻日军的腊包尔基地，然后施行"跳岛战术"，一直打到日本本土。美军参谋长联席会议据此决定：第一阶段的目标是占领所罗门群岛中的图拉吉岛和瓜达尔卡纳尔岛（简称“瓜岛”），这一任务由美军南太平洋部队完成，并由太平洋舰队司令尼米兹指挥；第二阶段的目标是夺取所罗门群岛的其余岛屿和新几内亚沿海地带；第三阶段的目标是夺取腊包尔的日军基地。后两个阶段由麦克阿瑟指挥。

8月7日 6时14分，美军首先由海空军对瓜岛发起猛烈的炮击和轰炸。9时，1万多人的陆战队未遇到任何抵抗，很快就登上了滩头。8月8日攻占日军的机场；日军从腊包尔出发，前去增援瓜岛守军。当天中午，双方飞机展开激战，日机被击落30架，剩下半数的日机急忙飞走。

8月8日 美国海军陆战队攻占图拉吉。

8月9日 日本一支巡洋舰队在所罗门群岛萨沃岛附近的夜战中，将美国“阿斯托里亚”号、“昆西”号、“文森斯”号巡洋舰和澳大利亚“堪培拉”号巡洋舰击沉。

8月16日 日本增援部队在瓜岛登陆。

8月20日至11月13日 经过双方在瓜岛的多轮激烈的攻防战，日军不仅无法占领该岛，而且还丧失了制海、制空权。这是太平洋战争的转折点。

8月23—25日 日本和美国的航母编队在所罗门群岛东部展开空战和海战，未决胜负。

9月1日 日本外务省大臣东乡与首相东条将军就建立大东亚省问题发生分歧后，宣布辞职，由谷正之接任（自1942年9月17日）。大东亚省是为日本领导的东亚“共荣圈”的设想服务的，它将限制外务省的权限。

9月12日 日军向莫尔斯比港的推进被阻止。

9月15日 日本巡洋潜艇在瓜达尔卡纳尔岛附近攻击美国舰队，将“黄蜂”号航空母舰击沉，并用鱼雷击中新近服役的“北卡罗来纳”号战列舰和1艘驱逐舰，美国最后放弃这两艘军舰。

9月19日 日本御前会议正式决定同德国结盟。

10月26日 夜晚，日美在所罗门群岛东部的圣克鲁斯群岛附近展开海、空战，并以日军取得战术性胜利告终。美军“大黄蜂”号航空母舰被击沉，多艘舰只（包括1艘战列舰和1艘航空母舰）被击伤；日军2艘航空母舰遭重创。

10月11日 夜晚，日美巡洋舰在瓜岛埃斯佩兰斯角展开海战。日本1艘重型巡洋舰和1艘驱逐舰被击沉，日本舰队司令近滕海军上将身亡。

10月26—27日 在圣克鲁斯附近的海空战中，日军战胜美军。

11月12—15日 日美海军在瓜达尔卡纳尔岛附近进行两次夜战，双方损失惨重。

11月28日 美国空军由印度格雅基地起飞，首次空袭泰国的曼谷。

11月30日 美国轰炸机空袭缅甸的仰光。

日本驱逐舰队在瓜达尔卡纳尔岛的塔萨法龙加附近向4艘美国巡洋舰发射鱼雷，将其中的“北安普敦”号击沉。

12月17日 英国东方集团军（司令欧文中将）沿缅甸与印度交界处的若开邦沿岸发动进攻，企图夺占实兑岛，但未能粉碎日本第15军（司令饭田中将）的抵抗，被迫停于实兑岛北部40公里处。1943年5月撤回其出发阵地。

12月20日 夜晚，9架日本轰炸机首次空袭印度加尔各答，虽仅造成少量人员伤亡，但有35万居民被迫逃离该域。

【1943年】

1月2日 美国西南太平洋司令部所属部队占领新几内亚的布纳。

1月4日 日军大本营经过反复讨论，在御前会议上作出了撤离瓜岛的决定。

2月1—7日 日本用300架飞机和30艘驱逐舰，趁着黑夜，分3批撤走了瓜岛上的陆军9800人，海军830人。瓜岛之战成了日军在南太平洋的末日。日军在这次陆海空战中共死亡5万多人。此后，整个太平洋战争的主动权完全落入了美国及其盟军手中。

3月1—3日 美国和澳大利亚飞机在俾斯麦海摧毁日本的一支重要运输船队。

3月5日 英国温盖特将军的远程突破部队在缅甸开始作战。

3月12日 美国参谋长联席会议召开太平洋军事会议。3月29日，联席会议向太平洋战场的司令官们发出指令：攻打腊包尔的战事由麦克阿瑟指挥，第3舰队司令哈尔西在麦克阿瑟总的指导下，直接指挥所罗门群岛战事。所有海军部队都由尼米兹控制。这样，在西南太平洋，盟军是分两路进攻：一路沿所罗门群岛北上，一路从新几内亚西进。

3月25日 日军开始实施防御战略。

4月15日 重光葵在东条内阁中接任谷正之的外相之职。

4月18日 7时30分，日本联合舰队总司令山本五十六的座机在飞抵布干维尔岛上空时，遭到美国机群的伏击。山本的座机中弹起火，栽入丛林中坠毁，包括他在内的机组11人全部身亡。美军机群立即向瓜岛的美军基地发报：“老爹见了黄鼠狼。”

5月11日 1.1万美军分成3路在阿图岛登陆。该岛是美国阿拉斯加半岛以西上千公里外的阿留申群岛中的一个小岛，1942年春天被日军2500多人占领。5月30日，弹尽粮绝的日军在岛上集体自杀，只有27人因自杀未遂而幸存下来。

6月1—30日 日本潜艇在印度洋击沉5艘船只，计26821吨；在太平洋击沉4艘（其中有2艘人员输送船），计20431吨。

6月23日 克劳德·奥金莱克将军接任韦维尔元帅的印度总司令之职，韦维尔任印度总督。

6月30日 美军在所罗门群岛的伦多瓦岛和新乔治亚岛登陆。

8月1日 日本占领下的缅甸宣布“独立”（政府首脑巴莫），并向英国和美国宣战。

8月15日 美军在所罗门群岛的韦拉拉韦拉岛登陆。

8月25日 同盟国成立一个由蒙巴顿海军上将领导的“东南亚司令部”。

9月14日 澳美军队占领新几内亚的萨拉莫河。

9月16日 美澳军队占领新几内亚的莱城。

9月30日 日本将主要防线撤到马里亚纳群岛和西加罗林群岛。

10月2日 澳大利亚军队占领新几内亚的芬什港。

10月10日 中国驻印军向缅甸境内的日军发起进攻，拉开了中缅丛林反击战的序幕。接着，孙立人的部队攻占了胡康河谷中的拉加苏高地。

10月14日 日本宣布菲律宾独立。

10月25日 日本空军在腊包尔遭受重大损失。

10月28日 美国利用伞兵部队在所罗门群岛的舒瓦瑟尔岛实施奇袭，以加速逐岛争夺的“跳岛”进程，结果失利。此后，美军继续执行消耗策略。

11月1日 美军在所罗门群岛北部的布干维尔岛登陆。

11月2日 美日巡洋舰和驱逐舰在奥古斯塔女皇湾发生海战，双方各损失3艘巡洋舰和2艘驱逐舰，然而美军却通过此役成功地掩护了陆军的登陆。

11月5日　美国航空母舰突袭日本海军基地腊包尔，97架飞机参战，被击落10架；另击中日军4艘重型、2艘轻型巡洋舰和2艘驱逐舰。

11月11日　美军航空母舰再次突袭腊包尔。

11月20日　美军在一支快速航母舰队的掩护下，占领吉尔伯特群岛的塔拉瓦岛和马金岛。

11月　日本加强了在缅甸的兵力部署，成立了缅甸方面军，由河边正三大将担任司令。日军增加到3个军的兵力：本田指挥的第33军驻缅甸东北地区，樱井指挥的第28军驻仰光、若开地区，牟田口廉指挥的第15军驻曼德勒等地的中央地区。牟田口是日本陆军中著名的少壮派将领，他极力主张进攻印度的重要军事基地英帕尔。

12月3日　美军开始实施从中国基地起飞轰炸日本的“马特霍恩”作战计划。

【1944年】

1月1—4日　美军在新几内亚的赛多尔登陆。

1月7日　日本大本营批准了第15军进攻英帕尔的计划。

1月9日　在同盟国于1943年12月开始的进攻缅甸作战中，英国第15军（军长克里斯蒂森中将）一举占领沿海城市孟都。

1月18日　美军飞机对被围困在胡康河欲达罗一带的日军阵地实施猛烈的轰炸，地面战车营的坦克接着也对敌人的工事和阵地发起进攻。13天后，一队坦克冲进达罗日军第25军（司令山下奉文中将）第18师团司令部，把日军师团参谋长濑尾少将以及数十名军官碾成肉泥。

1月31日　美军2个师（5.4万人）在马绍尔群岛的夸贾林岛登陆，岛上有8000名日本守军。美军损失约2000人，只抓获100名日军俘虏。

2月4日　日本在缅甸西部发起进攻，企图向印度东部突击。按计划，在占领吉大港以及阿萨姆地区的英帕尔和迪马布尔军事基地后，便正式开始对印度的进攻。苏布哈斯·詹德拉·博塞的印度“人民军”与其协同。日本企图借助博塞的力量抗击英国在印度的势力。

2月13日 美第14航空队的轰炸机空袭香港。

2月15日 美军在腊包尔东部200公里处的格林岛登陆。

新西兰军队在新爱尔兰岛登陆。

2月17日 美军占领埃尼威托克珊瑚岛，3500名日本守军中仅有少数人被俘。

美第58特遣队在特鲁克群岛附近对日军补给船只发动强大突袭，击沉约20万吨船只。

2月23日 美国首次以航空母舰突袭马里亚纳群岛，击落日军飞机168架，击沉相当于4.5万吨的舰船。

美军占领埃尼威托克岛。

3月5日 美国开始在缅甸战场投入温盖特少将（3月24日因飞机失事身亡）的“远程突击大队”。9000余人空降至日军占领区，并依靠空中实施补给。

3月8日 中国新38师第113团战车1营和美军加拉哈德突击队向瓦鲁班发起总攻，再次捣毁了日军18师团司令部，师团长田中新一仓皇逃跑。胡康河谷反击战共歼敌12000人。新38师和新22师在接着进行的孟拱河谷之战中，又歼敌11500人。日军18师团在多次增兵之后，仍然摆脱不了失败的命运。

日军第15军司令官牟田口廉指挥日军向印度进军，攻击英帕尔南部的平原。

3月25日 美军占领新几内亚的霍兰地亚。

3月30日至4月1日 美第58特遣队（11艘航空母舰）攻击日军基地帕劳群岛、雅浦群岛和沃莱艾环礁，并首次利用舰载飞机布雷；共击沉日本舰船10.4万吨。

4月4日 日军第15军司令官牟田口廉指挥3个师团和倒戈的鲍斯“印度国民军”师共1.5万余人，分3路向英帕尔发起进攻。4月7日，科希马失守，防守英帕尔周围的4个英、印师陷入困境。英国首相丘吉尔急调地中海战场的运输机前往支援，使英帕尔的作战飞机增至850架。因此，虽然英军的防守兵力处于劣势，但他们却掌握了制空权。

用以对日本实施战略空袭的美国第20航空队组建完毕。首批B-29型“超级堡垒”轰炸机于4月2日飞抵印度。

4月10日 英军在蒙巴顿勋爵的指挥下，向科希马发起反攻，日军接连受挫。

4月19日 英美航空母舰突袭苏门答腊的沙璜。

4月20日 英国第2步兵师为被日军合围于阿萨姆地区的科希马城守军解围成功，但该城仍在日军控制下。

4月21日 夜晚，美军强大兵力在新几内亚西部的荷兰迪亚（今查亚普拉）登陆。

4月29日 美国第58特遣队突袭特鲁克群岛。

5月3日 日本实施保卫新几内亚、帛硫群岛和马里亚纳群岛的“阿”作战计划。

5月17日 英美航空母舰突袭爪哇的苏腊巴亚。

美军在新几内亚的瓦克德岛登陆。

5月17日至8月1日 史迪威指挥中美联军取得了缅北重地密支那战役的胜利。至此，缅北反击战第一期作战结束，缅甸战场的主动权转入了盟军手中。对中国来说，这意味着抗日大后方真正有了稳定感，被阻断的中印公路和中缅公路的连通也指日可待。

5月19—23日 美国航空母舰突袭威克岛和马尔库斯岛。

5月27日 美军在新几内亚的比亚克岛登陆。

6月6日 美军第5舰队的535艘舰船运载着12.7万多兵力向塞班岛扑去。11日，舰队的216架飞机对马里亚纳群岛的塞班岛进行轰炸，机场上的147架飞机来不及起飞就中弹燃烧。13日，美军舰开始用巨炮对塞班岛进行炮击。6月16日至7月6日，在美军夺占塞班岛过程中，同日军展开了惨烈的海陆空战。战斗结束时，岛上到处死尸枕藉，鲜血浸透地面。日军伤亡4.1万人，被俘近2000人；美军伤亡1.6万人。

6月15日 美国B-29“超级空中堡垒”轰炸机首次从中国成都起飞，袭击了位于日本九州岛的八幡制铁所。这次轰炸没有造成太大的破坏。在总共68架飞机中，有4架未能起飞，有4架坠毁，有6架因机件问题被迫抛弃携带的炸弹，其余飞机大多只轰炸了次要目标，只有47架命中了主要目标。

6月16日 美军开始昼间轰炸和炮击日军基地关岛。

6月19日 日本9艘航空母舰和陆基海军航空兵与美国第58特遣队的15艘航空母舰在菲律宾海展开海、空会战。日本“翔鹤”号、“大风”号和“飞鹰”号航空母舰被美国潜艇和舰载飞机击沉，另损失400多架飞机。

6月22日 在日军的英帕尔攻势失利后，盟军再次由西（印度洋沿岸地区）和东北（中国云南省）向缅甸发起进攻，打通了英帕尔与迪马普尔的陆上联系，以及英帕尔至科希马的公路。

7月3日 英第14集团军（司令斯利姆中将）占领靠近印、缅边界的日军基地乌克鲁尔。

7月7日 夜晚，美国第20轰炸机司令部的B-29型轰炸机由中国成都起飞空袭日本九州的港口。

7月10日 日本第15军奉命撤至原防地，英帕尔战役结束，参战的10万日军死亡一半。第15军的牟田口军长及其参谋长被免职，缅甸方面军司令河边正三大将及其参谋长也被解除了职务。日本防卫厅战史研究室后来把这场历时4个月的战役称为“无谋的作战”。此后，日军在缅甸即走向全面崩溃。

7月17日 日本实施保卫菲律宾—台湾—日本—千岛群岛这一线的“捷1—4号”作战计划。

7月18日 日本东条内阁由于屡遭失败，尤其是塞班岛的失陷，被迫引退。新政府首脑为前朝鲜总督、“高丽之虎”小矶国昭，副首相为米内光政海军上将，重光葵外相留任。

7月21日 美军在对关岛进行了14天连续不断的轰炸和炮击后，兵分两路登上该岛海滩。守岛日军在第31军司令小畑英良中将指挥下，退往内陆进行顽抗。8月10日，美军攻占了关岛，日军司令小畑自杀身亡，残留的零星日军分散潜入山洞和丛林之中，直到日本战败投降后才纷纷出来投降。这一战，日军死亡1.7万人，美军伤亡9200人。

7月24日 美军在马里亚纳群岛的提尼安岛登陆。

7月25—28日 美第58特遣队的航空母舰突袭帕劳群岛和加罗林群岛。

8月1日 美国海军陆战队3.5万人占领提尼安岛。

8月3日 缅甸北部城市密支那被美国上将史迪威指挥的中国军队夺占。

8月31日至9月14日 美第38特遣队猛烈空袭硫磺岛、博宁群岛（今小笠原群岛）、西加罗林群岛、帕劳群岛、棉兰老岛和菲律宾中部诸岛。

8月 在缅甸共产党的倡议下，反法西斯人民自由同盟正式成立，其后，有组织的成员达到20万人

9月15日 美军在帕劳—佩莱利乌岛和莫罗泰岛登陆。

9月21—24日 美第38特遣队的12艘航空母舰上的飞机空袭吕宋岛和菲律宾中部岛屿上的日军基地。

10月10—13日 美国舰载飞机和日本的岸基飞机在台湾进行空战。

10月15—18日 美第38特遣队的飞机对吕宋岛实施3次猛烈空袭，使日本海军航空兵第1航空队遭重大损失。

10月19日 夜晚，20多万美军在第3、第7舰队（司令金凯德海军中将）的300多艘军舰护航下，分乘400多艘运输船，在莱特岛外的海面汇合。20日拂晓，护航舰队开始对日军滩头阵地进行猛烈炮击，美军官兵冒着日军的炮火，乘登陆艇一批批冲到岸上，迅速建立了滩头阵地。接着，美军在坦克和炮火的支援下，突破了日军的环形防线，从南北两路向莱特岛纵深插入。上午10时，麦克阿瑟涉水上岸。21日，美军攻占了莱特岛的首府塔克洛班。

英印联军攻占缅甸铁定。

10月21日 美军在关岛登陆。

10月22日 随美军回到莱特的菲律宾总统奥斯梅纳，在省议会大楼前召开群众大会，号召人民支援盟军攻打日军。

10月27日至11月19日 美第38特遣队再次对菲律宾中部目标、吕宋和莱特岛西海岸发动猛烈攻击。交战中，日军使用了“神风”突击队。

10月28日 美轰炸机从刚刚夺占的基地塞班岛出发，首次攻击日军基地加罗林群岛的特鲁克群岛。

11月1日 从塞班岛起飞的美国侦察机首次飞抵东京上空。

11月5日 美第20航空队由新加坡出发空袭印度和苏门答腊的石油中心。

11月24日 美军陆军航空队的111架B-29轰炸机轰炸了日本最大的飞机发动机制造厂——东京郊外的中岛飞机制造厂，由此开启了美军对东京进行战略性轰炸的序幕。但是，当飞机在1万米高空投弹时，只有约30架找到了目标，命中率仅为10%。11月26日再次空袭。

11月29日 夜晚，30架美国B-29型轰炸机由塞班岛起飞空袭东京。

12月3日 美国B-29型轰炸机第四次空袭东京。

12月7日 一个美国师在莱特岛西部的奥尔莫克湾登陆。

12月15日 美军（指挥官邓克尔准将）在菲律宾的民都洛省登陆。

12月22日 在武元甲领导下组成越南解放军。

12月26日 麦克阿瑟将军宣布，占领菲律宾莱特岛上帕隆蓬的战斗结束。

【1945年】

1月1日 莱特湾战役基本结束。

英军占领缅甸的拉德堂。

1月2日 日军最后一次空袭塞班岛。

1月3日 英国突击旅在1月2日登陆后占领缅甸实兑。

美机空袭日本名古屋和泰国曼谷。

1月3—4日 美第38特遣队的航空母舰空袭台湾和琉球群岛。

1月4—8日 美第77特遣队为掩护一次大规模登陆行动驶往菲律宾吕宋岛的林加延湾，途中遭日本“神风”飞机的猛烈攻击；1艘护送航空母舰被击沉，多艘舰只（其中有战列舰、护送航空母舰和巡洋舰）被击中。

1月6日 美空军从中国基地出发，空袭日本九州的大村和南京的日军。

1月9日 美第78、第79特遣队将美第6集团军（司令克鲁格中将）在林加延湾送上吕宋岛。第6集团军编有第1军（军长斯威夫特少将）和第14军（军长格里斯沃尔德少将）。第1军下辖第6、第43步兵师；第14军下辖第37、第40步兵师。日本“神风”飞机对美军的攻击一直持续到1月13日，击沉2

艘登陆舰，重创大批军舰。

1月11日　美国空袭新加坡。

1月12—22日　美第38特遣队在中国南海袭击印度支那、中国南部、西南部、吕宋北部、台湾和琉球群岛上的目标。

1月21日　印度第15军一部在缅甸兰里岛登陆，并占领该岛。

1月23日　缅甸通往中国的公路重新开通。

1月24日　“英国太平洋舰队”的航空母舰突袭苏门答腊巨港，1月29日再次突袭。

1月27日　美国空袭东京。

1月29—31日　美第11军（军长霍尔少将）以其第38步兵师、第34团战斗队和第11空降师在吕宋的马尼拉湾两侧登陆。

1月　美国陆军航空队总司令阿诺德将军委任38岁的柯蒂斯·李梅少将负责指挥第20航空队对日实施战略轰炸。2月19日，第20航空队的指挥部发出命令：把“试验性”燃烧弹空袭摆上突出位置。2月23日和24日，174架B-29型轰炸机在东京抛下了大量凝固汽油弹，焚毁了东京约2.56万平方公里的地区。此后，李梅对轰炸战术进行了彻底改革：他命令B-29型轰炸机卸下除尾炮以外的所有其他武器，全部携带燃烧弹，这样，每架B-29型的载弹量就从白天精确轰炸时的平均3吨，增加到了7吨以上。每架B-29型轰炸机可携带40束、每束38枚燃烧弹，而每枚燃烧弹可以使面积6公顷—7公顷的地面燃起熊熊烈焰。

2月1日　美国轰炸机由新加坡起飞空袭印度。

2月4日　美第6集团军部队占领日本已撤离的菲律宾首都马尼拉。

2月7日　美国轰炸机从西贡和曼谷起飞空袭印度。

2月12日　美国B-29型轰炸机部队从马里亚纳群岛起飞空袭博宁群岛硫磺岛上的日军防御设施。

2月15—16日　美第38步兵师一部在巴丹的最南端登陆，随后2065名伞兵（第503伞兵团）在马尼拉湾入口处的科雷希多岛空降。至2月17日，日军的抵抗被粉碎。

2月16—17日　美第58特遣队的舰载飞机出动1170架次空袭东京地域目标。2月25—26日再次空袭，但因天气不利，收效甚微。

2月19日　经第51特遣队（司令特纳海军中将）的多次空中突击和战列

舰、巡洋舰的3天炮击，美国第5两栖军（军长施米特少将）以其第4、第5海军陆战队（第3陆战师为预备队）在硫磺岛登陆。至3月26日，经与日本守军（司令第109步兵师师长栗林中将）激战，占领该岛，付出重大代价。美军死亡和失踪5931人，伤17272人。日军死亡20703人，被俘216人。

美第21轰炸机司令部的B-29型轰炸机空袭东京。

2月24日　美第6集团军夺占菲律宾吕宋的战斗结束。

美第20航空队空袭新加坡。

2月27日　麦克阿瑟在刚收复的菲律宾马拉卡南宫举行仪式，“正式把首都交还给（菲）奥斯梅纳总统”。

2月28日　美第41步兵师一部在菲律宾巴拉望岛登陆。

3月1日　科雷吉多尔的日军投降，菲律宾大部分地区解放。

3月3日　美军完全占领马尼拉。菲律宾宣布恢复自治政府。

3月9日　日军向印度支那的法军仓促递交了一份最后通牒，随后将法军解除武装和拘禁。大约3万名官兵中有6000人逃出，投向中国军队。在被俘人员中，除1940年由贝当元帅正式委任的总督德古海军上将外，还有戴高乐为印度支那的3个法国保护国（越南、老挝和柬埔寨）秘密派遣的“全权代表”莫尔当将军。

英第19师将缅甸北部的曼德勒合围。

傍晚5时34分，334架B-29型轰炸机从马里亚纳群岛的塞班岛和提尼安岛机场起飞，扑向东京。每架飞机携带了6—8吨燃烧弹，足可以使燃烧面积超过6000平方米。东京时间10日零时15分，两架导航机飞入东京下町地区上空，在离地面约500米的空中投下十字形的两串凝固汽油弹，为B-29型轰炸机群标明了轰炸目标。紧接着，300多架B-29型轰炸机依次鱼贯而下，向东京狂泻下2000多吨燃烧弹。与此同时，数十架经过改装的B-29型轰炸机直接撒下了数十吨汽油。大火造成的灼热气浪与冷空气混合，形成强劲的对流风，使原本零散的火焰迅速聚集成一股烈焰风暴。大火席卷了东京，地面温度接近1000℃，树木、房屋以及人体全都被点燃了，就连金属都被熔化了。

美机的大轰炸使东京的1/4被夷为平地，其中63%是商业区，18%是工厂区，其余则是居民区。26.7万幢建筑物被付之一炬，美军计划中的22个工业目标也被彻底摧毁。据当时日本政府统计，轰炸中约有10万人被烧死，另有10万人被不同程度烧伤。军事专家认为，这一天的轰炸是人类历史上最具破坏性的非核武空袭，这比二次大战中任何一次军事行动都造成了更多的伤亡。大火之后，日本政府花了25天的时间才把烧焦的尸体清除完毕。

3月11日 美国第21轰炸机司令部出动285架B-29型轰炸机以燃烧弹猛烈空袭日本名古屋。3月19日夜，再次以300架B-29型轰炸机空袭该市。

日本政府单方面宣布废除法国对印度支那（在安南国王保大统治下的越南）的保护和殖民法规。

3月16日 美国海军陆战队攻占硫磺岛。

美第21轰炸机司令部出动307架B-29型轰炸机猛烈空袭日本神户。

3月18日 第一批美国飞机奉命从米彻尔海军中将指挥的第58特遣舰队起飞，对琉球群岛上所有的日军军事设施进行猛烈轰炸，使日军损失了400余架飞机。3月26日，美军在军舰、飞机的掩护下，登上了冲绳岛西部15英里的庆良间岛，并于次日占领该岛。4月1日，美军向冲绳岛发起总攻。

3月18—21日 美第58特遣队突袭日本主要岛屿九州和本州。日本以轰炸机和“神风”攻击机实施反击，击伤美军5艘航空母舰。日本首次使用BAKA炸弹（火箭驱动有人驾驶炸弹），但未击中目标。

3月20日 日本守军放弃缅甸曼德勒的达弗林堡，曼德勒城的战斗自此结束。

3月22日 英军收复曼德勒。

3月27日 缅甸国民军和各地游击队发动总起义，并于5月1日解放了首都仰光。

3月28日 夜晚，美第20航空队的飞机在西贡前方海域、长江和金兰湾（印度支那）布设水雷。

3月底 日本实施最后一个保卫本土的“决”作战计划。

4月3日 盟军太平洋司令部易人：海上作战由尼米兹海军上将负责，地面作战由麦克阿瑟将军负责。

4月5日 日本小矶内阁倒台。天皇召开重臣会议，讨论小矶内阁总辞职后由谁来担任总理大臣的问题。东条大将极力主张说：“现在正面临本土作战的形势，为了使政府和军部能够实行一元化领导，军部愿意出任下届总理大臣。”于是，会议顺风推舟地推举枢密院议长、年老的海军上将铃木贯太郎为总理，反战派东乡任外相。

4月7日 日本舰队进行最后一次大规模作战：日本一个自杀性战斗群攻

击冲绳岛，被美第38特遣队飞机拦截。日本“大和”号超级战列舰以及1艘巡洋舰和4艘驱逐舰被击沉。

美第21轰炸机司令部出动B-29型轰炸机空袭东京。4月12日和13日夜再次空袭。

4月12日　诺罗敦·西哈努克国王宣布柬埔寨独立。

4月16日　美军在冲绳伊江岛登陆。经6天战斗，岛上3个机场全部被美军夺占。

4月22—30日　美英航空母舰攻击琉球群岛。

5月1日　澳大利亚第9师在婆罗洲东北部的打拉根岛登陆。

5月3日　美军在菲律宾棉兰老岛的达沃登陆。

英印第26师进入日军撤离后的缅甸首都仰光。

5月5日　日本外相东乡在东京召见德国大使施塔默尔，谴责德国未履行对日本所承担的义务，争取单方与英美军司令部进行“和平谈判”。

5月11日　在有日本重臣和陆海军头目参加的日本最高战争指导会议上，只有东乡一人主张改变国家的方针政策。他提出，必须采取一系列外交措施，以便达到以下目的：第一，防止苏联对日参战；第二，争取苏联友善地对待日本；第三，争取在苏联的调停下与英美缔结和约。

5月11—16日　美英航母舰群袭击琉球群岛。

5月14日　美国470架B-29型轰炸机猛烈空袭名古屋。

5月23日　夜晚，美国520架B-29型轰炸机向东京投掷约75万枚磷燃烧弹。25日夜，美再次以500架远程轰炸机空袭东京。东京50%以上的建筑变为废墟。

5月24—25日　美第38特遣队的航空母舰袭击九州南部。

5月25日　美国参谋长联席会议制定占领日本最南部大岛九州的计划：1945年11月1日在九州登陆。

5月31日　美第21轰炸机司令部的B-29型轰炸机在P-51型歼击机护卫下空袭大阪。6月1日，再次以450架远程轰炸机空袭该市。

6月2日　新几内亚韦瓦克的日本守军向澳大利亚第6师投降。

6月2—3日　美第58特遣队袭击九州南部。

美第20航空队的470架B-29型轰炸机空袭神户，投掷3000吨燃烧弹。

美第5舰队一部在菲律宾海遇强台风，损失大批军舰，其中有4艘战列舰、

4艘航空母舰、7艘巡洋舰和4艘护送航空母舰，另有多艘军舰严重受损。

6月6日　日本最高战争指导会议决定“把战争进行到底”，这一决定得到御前会议的批准。

巴西对日宣战。

6月7日　美国400多架B-29型轰炸机空袭大阪。

6月8日　美第58特遣队再次袭击九州。

6月12日　东乡秘密会见海相米内，他们决定采取措施，争取在苏联的调停下与英美缔结和约。在6月22日的“六大臣”会议上，东乡提出了这样的建议。

6月20日　澳大利亚部队在马来西亚沙捞越登陆。

6月22日　美国尼米兹海军上将宣布冲绳日军有组织的抵抗已经结束。日本第32军司令牛岛满及其司令部人员自杀。

在持续3个月的战役中，美军第10集团军死7600人，伤3.2万人；海军死4900人，伤4800人。这是美军在太平洋战争中伤亡最大的一次战斗。日军约损失11万人。“神风”突击队有1500余名驾驶员丧生。冲绳民间死伤者超过10万人，其中有1000多人是在日军的逼迫下，高喊着“天皇陛下万岁”的口号集体自杀的。

6月24日　澳大利亚第9师占领婆罗洲北部的塞里亚油田。荷兰和澳大利亚轰炸机空袭荷属婆罗洲的巴厘巴板。

6月28日　麦克阿瑟将军宣布，日军在菲律宾最大岛屿吕宋岛有组织的抵抗已经结束。

6月29日　美澳轰炸机空袭荷属婆罗洲的巴厘巴板油田设施。

6月30日　美军在冲绳岛西部的久米岛登陆。

澳大利亚第7师在婆罗洲巴厘巴板东部登陆。7月3日占领空军基地塞平甘，7月4日占领巴厘巴板。

7月2日　日本广播电台宣布，600万东京居民已疏散580万。

约600架B-29型轰炸机空袭日本大城市，投掷燃烧弹4000吨。

7月5日　麦克阿瑟宣布菲律宾战役结束。

7月10—30日　美第38特遣队与英国航母舰群连续袭击北海道、本州和日本内海目标，战列舰和巡洋舰炮击海岸目标。7月24日和28日，美、英航母猛烈袭击日本海军舰队基地吴市和日本舰队的余部，击沉3艘战列舰、2艘航空母舰和4艘巡洋舰。

7月12日　东乡打电话给驻苏大使佐藤，委托他提出派特别代表近卫亲王访问莫斯科的问题。近卫本人不想去莫斯科，因为他要求无限全权，这引起军界的反对。只是到了7月25日，佐藤才通知苏联政府，近卫代表团的任务是请苏联政府调停，以便结束战争。

7月15日　麦克阿瑟将军被任命为太平洋美军总司令。

意大利对日宣战。

7月16日　美国在新墨西哥州的沙漠地区阿拉莫戈多试验原子弹成功。

7月16—17日　英美军舰首次炮击日本沿海地区。

7月18日　约2000架同盟国飞机空袭东京。

苏联代表在波茨坦会议上向盟国详细通报了日本的求和建议。斯大林声明，苏联将以拒绝的方式来回答日本关于调停的新建议。

7月21日　在缅甸的1.5万—1.8万日军企图渡过锡唐河逃向泰国。盟军轰炸机以磷燃烧弹进行9天轰炸，炸死1万多日军。

7月24日　正在参加波茨坦会议的美国总统杜鲁门，指令美国陆军战略空军司令斯帕茨将军派遣第20航空队第509大队，于8月3日以后，在天气许可的条件下，对日本投掷原子弹。

冲绳岛上仍在顽抗的最后一批日军分队停止战斗。

美第20航空队的570架B-29型轰炸机空袭名古屋和大阪的目标。

英国海军一支分舰队在罗林海军上将的指挥下，向名古屋、大阪和长崎发动猛烈进攻。日本本土诸岛完全被封锁。

7月25日　澳大利亚部队占领沙捞越的美里。

7月26日　美、中、英签署《波茨坦公告》。8月2日，苏联在《公告》上签字，使该《公告》成为4国对日的共同法律文件。《公告》规定：彻底根除军国主义；占领日本领土；履行开罗宣言的条件；日本的主权范围仅限于本州、北海道、九州、四国等岛及盟国指定的其他一些不大的岛屿；解除日本武装；严厉惩办战犯；消除恢复和巩固国内民主倾向的一切障碍；言论、宗教和思想自由，尊重人的基本权利。《公告》允许日本拥有和平的工业部门，但不允许拥有“可使其重新武装起来进行战争的部门”。《公告》的结语是：“我们要求日本现在就宣布所有日本武装力量无条件投降，并对此作出适当的、足够的善意保证。否则，等待日本的将是迅速、完全的覆灭。”

7月27日　在日本最高军事会议上，铃木首相和东乡外相表示接受《波茨坦公告》，而阿南陆相和丰田海军参谋长却主张"不予理睬"，并请求天皇向全国发表强硬的声明。28日，铃木对报界说："日本政府认为，波茨坦公告并不是什么重要的东西，我们绝不会予以注意。"

8月1日　美国轰炸机空袭长崎。

8月2日　美国出动约800架B-29型轰炸机对日本4个城市和川崎的石油中心实施二次大战中最猛烈的空袭，投掷6000吨磷燃烧弹。

缅甸解放。

8月3日　尼米兹海军上将宣布，B-29型轰炸机将在日本各重要港口和朝鲜布雷，将日本完全封锁。

8月6日　8时整，美军第20航空队的两架B-29型轰炸机从高空进入广岛上空。8时15分，其中一架向广岛投下世界上第一颗原子弹。原子弹顿时发出强烈的白色闪光，广岛市立即化为一片焦热的火海。广岛其时有34.3万人，原子弹爆炸后，死者约14万人。在全市7.6万幢建筑物中，全毁的4.8万幢，半毁的2.2万幢。

二战后，日本中央和地方政府分别对广岛原子弹受害者人数进行调查，而广岛市从1979年起对两项调查进行了归拢。2013年3月广岛市公布的最新调查结果是：在原子弹投下时，与广岛市相邻的一些町村的"直接受害者"有38.4743万人，加上在爆炸中心受害的人员和身体状况受害不很明显的人员，共有55.7478万人。

8月8日　下午，日本东乡外相在皇宫地下室晋谒天皇裕仁，奏明美国使用原子弹及其有关事项。裕仁面谕："敌既已使用此种新武器，则战争之继续更不可能。为获得有利条件，不得丧失结束战争之有利时机。应努力迅速结束战争。"

晚11时，苏联外交人民委员莫洛托夫召见日本驻苏大使佐藤尚武，交给他一份声明：鉴于日本拒绝《波茨坦公告》，"日本政府向苏联提出的关于远东战争中进行调停的建议失去了任何基础"。自8月9日零时起，苏联同日本处于战争状态。

8月9日　拂晓，苏联红军百万雄师分兵4路发起进攻：第一路进攻长春和沈阳，第二路进攻承德、锦州和张家口，第三路进攻吉林和哈尔滨，第四路进攻哈尔滨和齐齐哈尔。同时，苏军太平洋舰队在朝鲜北部的南库页岛、千岛群岛登陆，协同作战。

11时2分，美国飞机又在长崎上空投下第二颗名为“小胖子”的原子弹。长崎是九州南部的一个港口和工业城市，当时约有居民24万人。这颗原子弹长3.25米，直径1.52米，重4.5吨，爆炸时释放的能量相当于2.1万吨高性能炸药。但是，由于受山谷地形影响和当日无风，原子弹爆炸后破坏程度较轻，但也有70%的工厂被摧毁，约7.4万人死亡，7.5万人受伤。

11时50分，天皇下旨，要众臣入宫商议危局。天皇问道：“最近几天，美国人连续两次使用原子弹，使帝国臣民伤亡惨重。苏联人又不讲信誉，竟然进攻关东军。为了避免帝国遭到毁灭，朕欲仿效明治天皇受到三国欺压时的做法，先接受《波茨坦公告》，无条件投降，卿等意下如何？”隔了一会儿，铃木首相说：“以目前的局势，只能接受盟军的一切条件。”

陆相阿南接着说：“我也认为可以接受盟国的公告，可是必须提出条件，维护大日本帝国的尊严。”天皇问：“有什么条件？”阿南回答：“盟国必须保证皇宫的地位和安全；保证帝国驻外军队安全回国；战犯由帝国自己处置；不准占领军进驻日本本土。如果盟军不同意，臣等愿誓死战斗。”陆军参谋总长梅津美治郎和海军军令部总长丰田表示同意阿南的意见。天皇拿不定主意，宣布退朝。

8月9—13日　美第38特遣队袭击东京地域和本州目标。

8月10日　零时30分，在铃木请求“圣断”时，裕仁天皇称：“在大局上应以明治天皇在三国干涉时所作的决断为例，加以效法，忍其所不能忍，为了将人民从悲惨的结局中拯救出来，为了世界人类的幸福，只有作出这样的决定。”凌晨3时，日本政府正式接受《波茨坦公告》。

8月12日　苏军占领北朝鲜、萨哈林和千岛群岛。

8月14日　一架轰炸机飞到东京上空散发传单，上面写道：“日本军民：天皇已经提出投降的条件，而你们有权知道天皇提出的条件以及美国、中国和苏联所作的答复。你们现在有了结束战争的机会。”内大臣木户幸一看完传单，马上进宫说：“美国人把陛下想降的事情公布于军民，这对没有思想准备的军民来说无疑是一个沉重的打击，恐怕会引起叛乱，望陛下早日决断。”天皇立刻召开御前会议，不顾军队的反对，决定投降。天皇说：“如果再打下去，结局是使日本变成焦土，使亿万人民遭受涂炭，朕于心不忍，对不起祖宗的英灵，决定无条件投降。”他还哭道：“若有朕应做之事，朕在所不辞。任何时候，我都可以站在麦克风前面。官兵的动荡可能很大，希望陆海军大臣共同努力，好好管理。”满朝文武失声痛哭。铃木哭道：“臣遵旨马上草拟诏书。”

夜里11时，诏书在政务室里录制。天皇以独特的抑扬顿挫的声调，开始宣读诏书。由于录音是在连日来疲劳和睡眠不足的情况下进行的，因此个别地方不够流畅。在现场试放录音时，天皇说：“不行，这个录音盘的语调稍微低沉了一些，再来一次吧。”再录时，声音虽然高了，但是仍有一两个地方的接续词漏掉了，也有念错的地方。不过，谁也没有加以理会。就这样，侍从德川把录音盘放进了保险柜。11时30分，录音的一伙人刚走到皇宫城内的坂下门，杀气腾腾的一伙士兵就把他们围住，不分青红皂白地把他们带到卫兵总部监禁起来。这是守卫宫城的近卫军发动了叛乱。

原来，陆军省的畑中少佐、椎崎中佐知道了录音盘的事情后，就与近卫师的古贺少佐和石原少佐等人进行策划，决定在第二天阻止广播天皇的录音。近卫师团的师团长森纠中将说：“我也不愿意投降，但我不想落个不忠不义之名，你等先杀了我再造反吧。”于是，一帮人当场杀死了森纠，搜遍了宫内省也没有找到录音盘。德川侍从不肯协助，就被狠狠地打了几个耳光。东部军司令官田中得知此事后，赶到现场，大声怒斥，叛乱者才听从了他的命令。东条大将的女婿古贺在森纠师团长的遗体前剖腹自杀，椎崎、畑中也用手枪结束了生命。陆相阿南回到家里，燃香沐浴，换上天皇赐给的衬衣，也走到廊下切腹自尽。天空微微发亮的时候，天皇对侍从长藤田说：“那些人究竟想干什么？怎么就不理解我这难过的心情呢？”他担心外地不明真相的日军叛乱，急忙派皇族到各地传达圣旨。

8月15日　11时30分，日本广播协会大楼内外戒备森严，天皇裕仁《终战诏书》的录音从大桥会长的办公室送到第八播音室。当播音室里响起天皇声音的时候，在场的人无不神色慌张、忐忑不安。下午，铃木首相辞职，天皇遴选东久迩亲王组织投降内阁，东久迩任首相兼陆相，重光葵任外相。

8月16日　裕仁天皇向全部日军下达停火令。据估计，中国和南海的全部日军分队接到命令需6天，新几内亚和菲律宾则需12天，即使日本本岛也需2天时间。

8月17日　美国飞机从冲绳起飞，到东京上空作侦察飞行，仍遇日本歼击机拦击。8月18日，此类事件再次发生。

8月19日 日本密使到达伊江岛，并由此飞往马尼拉，听取了盟军占领军总司令麦克阿瑟有关签署投降书的指示，并收到了同盟国拟定的投降书的全文。

8月20日 在“争取越南独立同盟”游击队8月17日攻入河内和海防后，胡志明宣布在河内执政。

8月26日 麦克阿瑟通知日本帝国大本营，美国舰队已开始向东京湾进发。这支舰队拥有383艘军舰、1300架舰载飞机。

8月27日 美国舰队驶入东京前方的相模湾。

8月28日 美军先头部队在东京附近机场着陆。30日，美英军队也在东京附近和其他地方登陆，对日本实行军事管制。同日，麦克阿瑟到达东京，控制了该市广播电台，建立了自己的新闻局。

苏军占领萨哈林岛（今库页岛）南部地区。

8月29日 美部队在东京西南的厚木机场空降，开始占领日本。

8月30日 美军占领横滨和东京周围的关东平原一部。麦克阿瑟飞抵横滨，将其大本营设在横滨大旅馆。

9月1日 千岛群岛全部被苏军占领，日军被俘47600人。

9月2日 上午9时，在停泊于东京湾的美军战列舰“密苏里”号上举行了隆重的签降仪式。日本新任外相重光葵代表日本天皇和政府，陆军参谋总长梅津美治郎代表帝国大本营在投降书上签字。随后，接受投降的同盟国代表依次签字，他们是：盟军最高统帅麦克阿瑟、美国代表尼米兹海军上将、中国代表徐永昌上将、英国代表福莱塞海军上将、苏联代表杰列维亚科中将，以及澳加法荷新等国代表。

保大在印度支那退位。

9月8日 美军在南朝鲜的仁川登陆，进驻汉城，第三天就指定李承晚为“最高统治者”；同时，以金日成为首的朝鲜劳动党也在平壤成立政府，此后即形成战后朝鲜南北两个政权。

9月9日 日本侵华派遣军总司令冈村宁次在南京黄埔路中国陆军总部所在地，代表日本签署了投降书。接着，印度支那北纬16度线以南的日军向英军司令蒙巴顿投降，此线以北的日军向中国军队投降。

9月20日 越南劳动党领袖胡志明在河内巴亭广场举行了有50万人参加的集会，向全世界郑重宣布：越南民主共和国成立。

9月21日 法国军队在英国支持下，重返越南南方，占领西贡，建立了南方政权。此后不久，中国撤回驻北越的全部军队。

9月27日 天皇裕仁一行四辆轿车自皇家书库出发，前往美国大使馆拜访麦克阿瑟。晤谈持续了35分钟。据大使官邸职员领班船山贞吉说："这一天，麦克阿瑟没有对天皇使用'陛下'这一尊敬的称呼，天皇也没有喝端上来的咖啡。"

10月24日 最后一批日军被解除武装。

美军太平洋舰队司令和太平洋战区司令切斯特·尼米兹在一艘潜艇上向海军作战部长路易斯·登菲尔德移交了指挥权，回国担任新的职务。

国际关系

【引子】

1905年

9月5日 日本和俄国在美国总统西奥多·罗斯福的调停下，在美国新罕布什尔州朴次茅斯海军基地签署和约，结束了日俄战争。和约规定：俄国承认朝鲜是日本的独立势力范围；双方同时从中国东北撤军，但被租借的辽东半岛地区除外；俄国将包括旅顺、大连在内的辽东半岛的租借权，以及由长春至旅顺的南满铁路的租借权一并转让给日本；以北纬50度为线界，俄国将萨哈林岛南部和邻近该岛的岛屿全部割让给日本。

1919年

6月28日 《凡尔赛条约》签订。按照条约，德国丧失1/8的领土和1/10的人口，并需支付2260亿金马克的赔款。

1932年

12月 英、美、法、意、日首脑会议通过决议，原则上承认德国军备平等的权利。

1933年

10月14日 德国退出国际联盟。

1934年

1月26日 《德国和波兰互不侵犯和谅解宣言》在柏林签订。宣言说，“两国之间长久和平的维持和保证是欧洲普遍和平的主要条件”。

2月17日 《英法意三国关于奥地利独立完整的联合宣言》签订。

9月18日 苏联参加国际联盟。

1935年

4月11日 在斯特雷扎会议上，英、法、意3国谴责德国单方面废除《凡尔赛条约》。

4月14日 法、英、意签订维持欧洲现状的斯特雷扎协议。

5月2日 法苏签订互助条约。

5月16日 《捷克斯洛伐克共和国和苏维埃社会主义共和国联盟互助条约》在布拉格签订。

6月18日 英德未与法国磋商便签订了海军条约，规定德国水面舰艇总数不超过英国海军的35%。

1936年

2月27日 法国议会批准同莫斯科的联盟，希特勒认为有了借口，便于3月1日决定出兵莱茵河非军事区。根据《凡尔赛条约》的规定，德国不得在莱茵河两岸驻扎军队和建立军事设施。3月2日，德国最高统帅部发出占领莱茵区的正式命令。3月7日凌晨，德国1000多名步兵和骑兵开进了非军事区，完成了占领。

3月12日 在乌兰巴托签订的《苏联和蒙古人民共和国互助议定书》规定：“苏维埃社会主义共和国联盟政府和蒙古人民共和国政府约定，如果缔约国一方遭受军事进攻时，它们应互相给予各方面的援助，包括军事援助在内。”

10月25日 德国和意大利用一致同意协调外交政策的条约建立起罗马—柏林轴心。

11月25日 德日《反共产国际协定》在柏林签订，形成了东京—柏林轴心。此后，日本依仗德国的支持，大举增兵中国。意大利于1937年11月6日、匈牙利和伪满洲国于1939年2月24日、西班牙于1939年3月27日相继加入了本协定。

1937年

5月20日 由于纳粹德国党卫队策划了苏联“反革命军事法西斯组织”案，斯大林解除了图哈切夫斯基元帅的副国防人民委员的职务，让他担任伏尔加河沿岸军区司令员。6月4日，伏尔加沿岸军区召开政治工作会议，会后逮捕了图哈切夫斯基。6月10日，由伏罗希洛夫等4名元帅组成的军事审判团设立秘密法庭，审讯图哈切夫斯基和另外几位著名将领的“罪行”。6月12日，图哈切夫斯基和基辅军区司令员亚基尔、白俄罗斯军区司令员乌鲍列维奇、伏尔加军区副司令员帕里曼科夫、红军军事学院院长科尔克、红军干部部长费里德曼等高级干部均被处决。1937年下半年至1938年，苏联处决了3位元帅、14位军区司令、60位军团长、136名师长（总共35000名红军军官），使苏军元气大伤。1957年1月31日，苏联最高法院军事法庭作出最终裁决：撤销原判并终止此案。

8月21日 中苏签订互不侵犯条约，苏方允诺中国可不用现款购买苏联军火。

11月5日 希特勒在柏林总理府举行的会议上声言，“在欧洲寻找与德国直接相关的原料地区，比到海外去寻找这些地区更为适宜。……我们的第一个目标在任何一种卷入战争的情况下，必须是征服捷克斯洛伐克和奥地利”。

11月6日 意大利加入《德日反共产国际协定》。11月9日，希特勒在慕尼黑声称：“三个国家联合起来了。起初是欧洲轴心，现在是世界的大三角。”

12月11日 意大利退出国际联盟。

【1938年】

3月14日　英国首相张伯伦在下院辩论时说：无可动摇的事实是，没有什么能制止德国吞并奥地利。3月17日，他又拒绝了苏联关于举行一次4国会议以讨论制止德国进一步侵略的建议。

5月27日　《丹麦、芬兰、冰岛、挪威和瑞典关于划一制定中立规则的宣言》，即《斯堪的纳维亚中立规则宣言》在斯德哥尔摩签订。

8月3日　张伯伦派人赴捷克斯洛伐克“调查”，并充当苏台德危机的“调解人”。

9月13日　法国内阁一整天讨论法国是否应当履行对捷克斯洛伐克的义务的问题，但意见不能统一。

9月15日　张伯伦匆匆赶往德国拜见希特勒。希特勒在高山别墅会见他时表示，德国决心“在最短时间内，用一切办法结束苏台德区不能容忍的局面”；“现在不是苏台德日耳曼人自治的问题，而是把这一地区割让给德国的问题”。

9月16日　张伯伦召开内阁会议，说是只有答应德国的要求，才能阻止希特勒进犯捷克斯洛伐克。法国总理达拉第同日也赶到伦敦，联合向捷克斯洛伐克施加压力。无奈之下，捷克斯洛伐克总统贝奈特9月21日发表公报说："我们没有别的选择，因为我们被抛弃了！"

9月20日 斯洛伐克人向捷克斯洛伐克政府提出了实行自治的要求。9月21日，波兰向捷克斯洛伐克政府提出在特青地区举行公民投票的要求。9月22日，匈牙利向捷克斯洛伐克的卢西尼亚地区提出领土要求。

张伯伦带着英法提案到了莱茵河畔的小城哥德斯堡，但是，希特勒现在又抬高了要价。他说："我极其抱歉，由于过去几天形势的发展，这个计划再也没有什么用处了。"他说：苏台德区必须立即由德国实行军事占领。

9月28日 早晨，法国驻德大使按照本国政府的指示，前往总理府拜见希特勒，并献计说："当你的主要要求能不需要战争而得到满足时，为什么你要冒那种风险呢？"这正合希特勒的心意。希特勒同意把总动员的时间推迟24小时。下午2时，希特勒作出决定：向英、法、意3国领导人发出请帖，要他们第二天中午到慕尼黑开会，解决捷克斯洛伐克问题。

9月29日 12时45分，张伯伦、达拉第、希特勒、墨索里尼及其随从在慕尼黑纳粹新厦"褐色宫"举行正式会议。这就是历史上臭名昭著的慕尼黑会议。会上，张伯伦和达拉第极力迎合希特勒和墨索里尼提出的出卖捷克斯洛伐克的建议。开会时，两位捷克斯洛伐克的代表在德国秘密警察的监护下，坐警车来到举行会议的"褐色宫"，在会议室隔壁的房间里等候四大国首脑对他们祖国命运的判决。

9月30日 凌晨1时，四大国首脑在慕尼黑协定上签字。协定载明：德国得到捷克斯洛伐克的苏台德区（约1.1万平方英里，居民350万人）。会议结束后，张伯伦同达拉第等人一起，向捷克斯洛伐克代表介绍了协定的内容。捷克斯洛伐克代表还被告知，这是一个"无权上诉和不能修改的判决书"。下午12时50分，捷克斯洛伐克政府终于投降。但是，慕尼黑协定签字还不到10天，甚至希特勒还没有最后占领苏台德区，他就下令德国军队进行战争准备，"清算捷克斯洛伐克的剩余部分"。

【1939年】

3月28日 希特勒废除1935年的英德海军协定和1934年的德波互不侵犯条约。

3月31日 德国西班牙友好条约签订。

4月15日 苏、英、法3国政治谈判在莫斯科开始。4月17日，苏联方面向英法提出了关于结盟的8点建议，未被英法接受。7月，鉴于战争有一触即发之势，苏联政府向英法提出建议：3国要打破常规，既举行政治谈判，也举行军事谈判，并派出了以国防人民委员伏罗希洛夫为首的全权代表团。但是，英法采取了拖延策略。8月15日，苏联高级军事代表团在克里姆林宫同英国和法国高级军事代表团会谈时，苏军总参谋长沙波什尼科夫主动提出，如果波兰允许苏联红军过境，苏联在战争开始时就可以派出136个师、5000门大炮、1万辆坦克和5000架飞机来对付侵略者。然而，英法政府仍旧没有回应苏联的建议。至于波兰，它在历史上曾被俄国3次瓜分，其领导人现在面对苏联的建议，斩钉截铁地回答：“德国人来了，我们有丧失自由的危险；俄国人来了，我们有丧失灵魂的危险。绝不允许俄国士兵进入我们的领土。”到了8月底，3国谈判在进行了4个多月后，仍然达不成协议。二战史法国编纂委员会秘书马塞尔·博多由此得出结论："（英法）这两国在任何情况下都拒绝与苏联进行军事合作。"

4月28日 希特勒谴责英波条约，并要求波兰把但泽（今格但斯克）归还德国。

5月8日 西班牙退出国际联盟。

5月20日 德国和苏联在莫斯科开始谈判。

5月22日 德国和意大利用一个被称为"钢铁盟约"（《德国和意大利同盟条约》）的军事联盟加强了罗马—柏林轴心。

6月15日 日本外相有田向英国驻日大使克莱琪声明：如果"英国不同日本全面合作"，日本将继续封锁天津英租界。谈判结果，英国决定向日本让步。7月24日，双方签署协定。英国政府声明：承认中国的现状和在华日军的特殊需要。当天，英国首相张伯伦以口头方式在下院宣布了这个协定。

7月26日 美国政府通知日本政府，6个月后可能废除美日商约。

8月21日 苏、法、英莫斯科会谈中止。

8月23日 中午，德国外长里宾特洛甫带着希特勒亲笔签字的全权证书飞抵莫斯科。经过两国政府的高级谈判，当天晚上签订了《苏德互不侵犯条约》。条约规定：缔约双方保证决不单独或联合其他国家在彼此间进行任何武力行动、侵略行为或攻击；缔约一方不加入任何直接或间接旨在反对另一方的国家集团；不以任何方式支持对缔约一方进行敌对行为的第三国家；双方保持联系，交换对彼此共同利益有关问题的情报；双方在某种问题上发生分歧或抵触时，只应通过和平方法解决。条约共7条，有效期为10年。当晚，苏德还签订了《苏德条约秘密附加议定书》，划定了两国在欧洲的势力范围。

8月25日 英波签订互助条约。

希特勒推迟对波兰的进攻时间。

9月5日 美国宣布在德波战争中保持中立。

9月8日 在德军进抵华沙时，美国总统罗斯福宣布有限紧急状态。

9月28日 冯·里宾特洛甫和莫洛托夫分别代表德、苏双方在莫斯科签署德苏边界条约和友好条约。立陶宛仍为苏联的"势力范围"；将"势力范围分界线"由8月23日确定的维斯瓦河改为布格河。德军进至该线。

苏联和爱沙尼亚签订互助条约。

10月3日　美国建立“泛美安全区”，规定在该区内交战国不得采取军事行动。

10月5日　苏联和拉脱维亚签订互助条约

10月10日　苏联与立陶宛签订互助协定。立陶宛同意将其领土作为苏联红军的基地；割让维尔纳。爱沙尼亚和拉脱维亚已分别于9月28日和10月5日准予苏联红军将其领土作为基地使用。

10月11日　苏芬开始就芬兰向苏联出让基地问题进行谈判，无果。

10月18日　斯堪的纳维亚半岛三国国王在斯德哥尔摩会晤。

10月19日　英、法、土三国签订互助条约。

10月27日　波兰东部地区“要求”通过“投票”对并入乌克兰和白俄罗斯苏维埃社会主义共和国的问题作出决断。

11月3日　美国国会通过增加“现金交易和运输自理”的附加条款，修改了美国中立法，使英国和法国大受裨益。修改后的中立法于次日生效。

12月14日　国际联盟因苏芬冬季战争宣布苏联为侵略国，并将其开除出联盟。

【1940年】

2月11日 苏联和德国签订贸易协定。

3月1日 夜晚，美国副国务卿萨姆纳·韦尔斯在欧洲各大城市作旨在收集情报的旅行中，在柏林与冯·里宾特洛甫和希特勒会晤。

3月12日 《苏维埃社会主义共和国联盟和芬兰和平条约》在莫斯科签订。

5月12日 法、荷、英就战争总进程问题举行卡斯托会议。

5月22日 德国和罗马尼亚签订石油条约，保证德取得罗全部石油产品。

6月9日 苏日正式缔结协议。

6月12日 《日本和泰国关于继续友好关系及相互尊重彼此领土完整的条约》在东京签订。

6月13日 美国总统罗斯福电告法国总理雷诺，他将向法国提供各种形式的物质援助，但拒绝参战。

6月26—28日 苏联和罗马尼亚“就和平解决比萨拉比亚和布科维纳北部纠纷问题”相互换文。

7月1日 斯大林在莫斯科接见英国新任驻苏大使克里普斯。他将英国的建议经过“篡改”，于7月13日通报德国驻苏大使冯·舒伦堡伯爵。通报称：英国认为“德国正力图称霸欧洲……这对于英国和苏联都是危险的。因此两国应当商定一个防御德国以自卫的共同政策，并且商定重建欧洲均势的办法”。

7月10日 希特勒在慕尼黑会见匈牙利总理泰莱基伯爵，原则同意匈方提出的关于修正匈罗关系的要求。

7月19日 罗斯福签署“两洋海军扩充法案”。

7月26日 美国宣布《美日通商航海条约》失效。

8月27日 美国投票通过义务兵役制。

8月30日 德国和意大利在维也纳会议上迫使罗马尼亚把特兰西瓦尼亚割让给匈牙利。

8月 美国飞机月产量达到900架。

9月2日 美国和英国就“在英属外大西洋领土给予美利坚合众国政府海军和空军便利以及将合众国驱逐舰移交给联合王国政府”在华盛顿相互换文。

9月27日 《德意日三国同盟条约》在柏林签订。条约规定：“日本承认并尊重德意志和意大利在欧洲建立新秩序的领导权”；“德意志和意大利承认并尊重日本在大东亚建立新秩序的领导权”。这标志着三国轴心军事同盟正式形成。

10月12日 罗斯福发表广播演说称：“任何欧洲和亚洲独裁国家的联盟，都不能阻止我们去帮助那些正在战斗、拼死抵抗独裁国家的几乎是最后的一些自由民族。”

10月13日 德国外交部长冯·里宾特洛甫在一封给斯大林的信中，代表希特勒邀请莫洛托夫访问柏林。

10月21日 斯大林接受德国对莫洛托夫的邀请，宣布将于11月10日至12日抵达柏林。

11月4日 美国宣布其一旦参战的“狗”作战计划。

11月5日 罗斯福再度当选，连任第三届总统。

11月12—13日 苏联外交人民委员莫洛托夫访问柏林，与希特勒和冯·里宾特洛甫就苏联加入三国同盟条约，以及在英国被战败和英帝国瓦解后如何划分世界势力范围的问题举行会谈。莫洛托夫提出对芬兰、罗马尼亚和保加利亚的领土要求以及在土耳其诸海峡获得基地的要求，并将此作为会谈的先决条件。双方同意通过函件继续交换看法。

11月20日　匈牙利加入《德意日三国同盟条约》。

11月23日　罗马尼亚加入《德意日三国同盟条约》。

11月24日　斯洛伐克加入《德意日三国同盟条约》。

11月25日　苏联在一份给德国政府的照会中，更为详细地表述了莫洛托夫于11月12—13日访问柏林期间提出的关于苏联加入三国同盟条约的先决条件。希特勒未予答复。柏林与莫斯科进行谈判的纽带从此中断。

12月5日　英国和法国维希政府达成关于不改变殖民地现状的秘密协议。

12月8日　英国首相温斯顿·丘吉尔在给美国总统罗斯福的一封信中写道：英国不久将无力偿还美国向英国提供物资的费用。此后，罗斯福努力使美国舆论界认识到美国继续支援英国的意义。

12月12日　匈牙利和南斯拉夫签订友好条约。

12月16日　罗斯福在记者招待会上将美国对英国的援助比作帮助邻居救火。他说，为解燃眉之急，在将自己的橡皮管借给邻居时，不应在橡皮管值多少钱上斤斤计较，纠缠不休。此即所谓“橡皮管讲话”。

12月20日　美国成立国防委员会加速军工生产。

12月29日　罗斯福要求美国国会批准美国成为“民主国家的兵工厂”。

【1941年】

1月6日 美国总统罗斯福提出“四大自由”，即言论自由、宗教信仰自由、物质需要自由和敬畏自由。

1月10日 美国国会提出一项租借法草案。

苏德续订条约。

1月29日至3月27日 美英两国参谋部代表在华盛顿举行秘密会议，草拟了如果美国参战，两国进行合作的计划（ABC计划）：要是两国既对德国又对日本作战，就要采取封锁、轰炸和颠覆的方法首先解决德国问题，而把击败日本放在第二位。

2月10日 同盟国与罗马尼亚断绝外交关系。

2月12日 日本新任驻美大使野村吉三郎到达华盛顿。

2月17日 保加利亚与土耳其签订友好和互不侵犯条约。

3月1日 保加利亚加入《德意日三国同盟条约》。

3月5日 希特勒下达“第24号指令：关于与日本的合作”。“三国同盟条约所创立的合作之目的”应当是“促使日本尽早在远东采取积极行动”进攻新加坡；“巴巴罗萨”行动应对日本保密。

3月8日　美国国务卿赫尔与日本驻美大使野村举行第一次会谈。到日本偷袭珍珠港为止，双方共进行谈判60多次。

3月11日　美国总统罗斯福签署租借法案。法案准许美国总统在他认为某国的国防对美国国防有重要意义时，可采取出售、出租或出借的方式向该国提供劳务或物资。只要总统同意，美国可同意该国付款或用实物偿还，或使美国直接或间接受益。此后受惠的国家有英国及其盟国、苏联、土耳其等受轴心国威胁的中立国。虽然这一法律在1945年9月27日终止，但由于杜鲁门主义，租借法又用另一形式继续存在，如马歇尔计划。

3月25日　南斯拉夫加入《德意日三国同盟条约》。

3月27—29日　日本外相松冈洋右访问柏林。

3月30日　罗斯福下令没收停泊在美国港口的德国船只。

4月4日　日本外相松冈洋右在同墨索里尼和意大利外长齐亚诺会谈后从罗马返回，再次与希特勒和里宾特洛甫交换意见。

4月5日　苏联和南斯拉夫签订互不侵犯条约。

4月7日　英国断绝与匈牙利的外交关系。

4月13日　苏联同日本签订《苏日中立条约》。《条约》第二条规定："如果缔约一方成为第三者的一国或几国的战争对象时，缔约另一方在整个冲突过程中将保持中立。"双方并发表联合声明说：苏联保证尊重"满洲国"的领土完整和不可侵犯，日本保证尊重"蒙古人民共和国"的领土完整和不可侵犯。对此，中华民国外交部长王世杰发表声明宣布："《苏日中立条约》，对于中国绝对无效。"4月16日，《中国共产党对苏日中立条约发表的意见》称，条约"是苏联外交政策的又一次伟大胜利"，它"首先在于巩固了苏联东面的和平"，而且"没有限制苏联援助中国进行独立的正义的对日抗战"。

4月21—27日　荷兰、澳大利亚、新西兰和美国在新加坡进行军事会谈。

5月9日　苏联政府取消比利时、希腊、南斯拉夫和挪威公使的外交权。

5月12日　日本外相松冈洋右在一份给美国国务卿赫尔的复照中，拒绝按4月16日赫尔提出的原则作出让步。

5月13日　德国与克罗地亚签订边境条约：施泰尔马克南部划归德国。

5月17日　德国驻东京大使向日本外相松冈洋右表示，帝国政府对日美谈判深感"遗憾"。

5月18日 意大利—克罗地亚条约规定把南斯拉夫的一部分领土以及几乎所有的达尔马提亚诸岛割让给意大利。

5月20日 德国公使施努雷在赫尔辛基向芬兰总统吕蒂通告了莫洛托夫1940年11月12—13日访问柏林时提出的对芬兰的领土要求。

5月27日 罗斯福总统宣布"全国非常紧急状态"。

6月6日 美国政府依照法律获得没收停留在美国港口的异国商船的权利。

6月14日 在美国船只遭到德国鱼雷攻击后，罗斯福颁布关于"冻结"德国在美存款的法令。

6月15日 克罗地亚加入《德意日三国同盟条约》。

6月16日 美国要求关闭全部德国领事馆，限其人员于7月10日前离境。

德国与土耳其签订互不侵犯条约。

6月18日 土耳其外长萨拉焦格卢和德国大使冯·巴本签署为期10年的德土友好条约。

6月21日 美国国务卿赫尔向日本大使野村吉三郎宣读一份照会，提出日美达成谅解的条件是：日本退出三国同盟条约；与中国媾和；就满洲里问题进行"友好谈判"；解决与中国的全部争端。

6月30日 法国维希政府与苏联断绝外交关系。

7月10日 日本外相松冈洋右称，6月21日赫尔宣读的照会是对日本事务的干涉，宣布中断与美国的会谈。

7月12日 《联合王国政府与苏维埃社会主义共和国联盟政府为对德作战采取联合行动的协定》在莫斯科签订，同日生效。《协定》规定："两国政府相互承允在这次对希特勒德国作战中彼此给予各种援助和支持"，"并承允在这次战争中，除经彼此同意外，既不谈判亦不缔结停战协定或和约"。

7月14日 希特勒向日本驻德大使大岛浩建议，联合"消灭"美国。

罗斯福总统提出，以日本撤出北印度支那，并保证该地区的中立，作为美日关系正常化的先决条件。

7月23日 法日签订印支条约。

7月24日 罗斯福总统向日本大使建议，一俟日军撤出印度支那，便使这些国家中立化。

7月28日 芬兰断绝与英国的外交关系。

7月30日 美国总统顾问霍普金斯访问莫斯科，受到斯大林的接见，双方讨论了美国向苏联提供战争物资的问题。

苏联与波兰流亡政府恢复外交关系。

8月1日 美国宣布对所有“侵略者”实行石油禁运，即禁止向除西半球和英国势力范围各国之外的所有国家，尤其是日本输出石油和飞机用汽油，但是，棉花和粮食除外。

8月8日 日本政府建议罗斯福总统与近卫首相会晤。双方长达数周的谈判由于美国提出的先决条件而破裂。日本对美国于7月24日提出的关于印度支那中立化的建议避而不答。

8月9—12日 美国总统罗斯福和英国首相丘吉尔在大西洋纽芬兰岛阿根夏附近的普拉森夏湾的军舰上，举行了两国首脑会议，史称“大西洋会议”。8月13日，双方签署了一项联合声明。这项声明是前一天在罗斯福总统的“奥古斯塔”号巡洋舰上起草的，当时在场的除了罗斯福和丘吉尔之外，还有负责草拟初稿的英国外交部常务次官卡多根、美国代理国务卿韦尔斯和总统顾问霍普金斯等。14日，声明正式公布，史称《大西洋宪章》。《宪章》共有8条：

（一）两国并不追求领土或其他方面的扩张。

（二）凡未经有关民族自由意志所同意的领土改变，两国不愿其实现。

（三）尊重各民族自由选择其所赖以生存的政府形式的权利。各民族中的主权和自治权有横遭剥夺者，两国俱欲设法予以恢复。

（四）两国在尊重它们的现有义务的同时，力使一切国家，不论大小，胜败，对于为了它们的经济繁荣所必需的世界贸易及原料的取得俱享受平等待遇。

（五）两国愿意促成一切国家在经济方面最全面的合作，以便向大家保证改进劳动标准，经济进步与社会安全。

（六）待纳粹暴政被最后毁灭后，两国希望可以重建和平，使各国俱能在其疆土以内安居乐业，并使全世界所有人类悉有自由生活，无所恐惧，亦不虞匮乏的保证。

（七）这样一个自由，应使一切人类可以横渡公海大洋，不受阻碍。

（八）两国相信世界所有各国，无论为实际上或精神上的原因，必须放弃使用武力。倘国际间仍有国家继续使用陆海空军军备，致在边境以外实施侵略威胁，或有此可能，则未来和平势难保持。两国相信，在广泛而永久的普遍安全制度未建立之前，此等国家军备的解除，实属必要。同时，两国当赞助与鼓励其他一切实际可行的措施，以减轻爱好和平人民对于军备的沉重负担。

丹麦海峡的安全和北大西洋的快速护航工作统由美国大西洋舰队接管。

8月30日 德罗签订蒂吉纳（今宾杰里）协定，规定将特兰斯尼斯特里恩（罗马尼亚称尼斯特鲁，在布格河与德涅斯特河之间地区）交由罗马尼亚民政机构管理。

8月 斯大林在给苏联驻英国大使迈斯基的一份电报中说："如果英国人不能在最近的3到4个星期内在欧洲开辟第二战场，我们和我们的盟国就可能输掉这场战争。"

9月3日 斯大林在给英国首相丘吉尔的信中再次指出，英国"今年必须在巴尔干的某个地方，或者在法国开辟第二战场"。但是，丘吉尔当时把在法国北部开辟第二战场指责为"奇谈怪论"和"愚蠢行为"。

9月6日 日本枢密院会议决定，如果与美国的会谈至10月10日仍未取得满意结果，就将对美及其东南亚盟国开战。

9月24日 苏联发表声明，同意《大西洋宪章》的基本原则。在此之前，在伦敦召开的同盟国会议讨论了《大西洋宪章》，参加会议的有英国、苏联、比利时、卢森堡、荷兰、南斯拉夫、波兰、捷克斯洛伐克、希腊、挪威和"自由法国"。

9月29日至10月1日 苏、美、英三国会议在莫斯科召开，会议主要讨论了美英向苏联提供武器装备和战略物资的问题。

10月30日 罗斯福代表美国政府写信给斯大林，宣布美国给苏联10亿美元的无息贷款。

11月5日 日本枢密院会议决定，在与美国的谈判中，还需对协议提出两项建议：如果到11月25日仍未取得一致意见，战争将被视为不可避免，届时日本将发动进攻。为协助日本驻华盛顿大使野村的工作，原驻柏林大使来栖作为特使前往华盛顿。

11月11日 美国将租借法扩大到适用于自由法国。

11月13日 美国修改中立法：准许美国商船在作战海域行驶；为商船装备武器（11月18日生效）。

11月20日 日本在华盛顿的谈判代表野村吉三郎和来栖向美国政府提

出不容更改的最后建议。美国政府已从破译的日本密电中认识到局势的严重性。

11月23日 日本政府把与美国谈判的最后结束日期11月25日，延迟至11月29日。

11月25日 罗斯福总统决定中断与日本的谈判，并于11月26日由国务卿赫尔向日本大使递交一份日本无法接受的“十点照会”，两国关系的破裂已无法避免。

在《德日反共产国际协定》5周年之际，《延长反共产国际协定的议定书》在柏林签订。签字国有保加利亚、丹麦、克罗地亚、芬兰、罗马尼亚、捷克斯洛伐克和中国。西班牙、法国、比利时和荷兰的志愿人员被招募为反对共产主义而战。

11月27日 美国向驻外指挥官发出“战争警告”。

12月4日 波兰流亡政府与苏联签订防御和友好条约。

12月8日 在日本偷袭珍珠港后，苏联政府声明，苏联不会因太平洋战争而改变按照1941年4月13日的中立条约所确立的苏日关系。

12月9日 日本同法国维希政府缔结关于印度支那的军事协定。

12月11日 《德意日联合作战协定》在柏林签订，同日生效。协定规定，三国“应共同地并以在它们支配下的一切手段，对美国和英国强加于它们的战争，进行到获得胜利为止”。

12月22日至1942年1月4日 美英两国首脑在华盛顿聚会（代号“阿卡迪亚”，意为“世外桃源”），商讨两国的整个作战计划，决定建立盟国参谋长联席会议。双方同意，不单独同敌人媾和。制定了在西北非或法国登陆的初点设想。会议期间，美国倡议由所有对轴心国作战的国家签署一项共同宣言。美国提出的宣言草案经与英、苏两国政府磋商并加以修改后，用急电发给各同盟国政府。12月27日，罗斯福和丘吉尔分批会见了各同盟国驻华盛顿大使，并告知他们这个宣言的内容。

12月 到1941年年底，美国援助苏联204架飞机、182辆坦克；英国供给苏联669架飞机、487辆坦克和301支反坦克枪。

【1942年】

1月1日 26个国家的代表开始在《联合国家宣言》上签字。美、英、苏、中4国的代表罗斯福、丘吉尔、李维诺夫和中国新任外长宋子文，先在白宫罗斯福的书房里签了字。1月2日，宣言移放国务院，其余22国大使按英文字母顺序依次签了字，它们是澳大利亚、比利时、加拿大、哥斯达黎加、古巴、捷克斯洛伐克、多米尼加共和国、萨尔瓦多、希腊、危地马拉、海地、洪都拉斯、印度、卢森堡、荷兰、新西兰、尼加拉瓜、挪威、巴拿马、波兰、南非和南斯拉夫。《大西洋宪章》和《联合国家宣言》，为联合国的成立奠定了基础。

1月9日 同盟国关于战犯的宣言签字。

1月14日 丘吉尔和罗斯福以及两国参谋长参加的“阿卡迪亚会议”结束。其基本战略决断是：首先集中各盟国的力量于欧洲战场，以全力对付德国；其后在太平洋发动进攻。成立“联合参谋长委员会”（设在华盛顿）。该委员会至1945年解散前，一直负责制定英、美基本作战计划。第一个作战计划是法属西北非作战计划，代号为“体育家”。

1月15日 在伦敦的南斯拉夫和希腊流亡政府缔结一项关于在战后组成巴尔干联盟的协定。

1月15—28日 里约热内卢会议。除阿根廷和智利外，拉丁美洲各国都与轴心国断交。

1月18日 德、意、日签订军事协定，划定了作战区域；德日将东经70°定为“东半球”的分界线。

1月23日 在伦敦的波兰和捷克斯洛伐克流亡政府缔结一项关于战后两国组成联邦的议定书。

1月29日 英国、苏联、伊朗条约签字。

4月1日 美国总统罗斯福批准了陆军参谋部制定的“西欧作战计划”，即“马歇尔将军计划”。4月8日，他委托总统顾问哈利·霍普金斯和陆军参谋长乔治·马歇尔带着这个计划前往伦敦，征求英国的意见。4月11致信斯大林，请他派两名特使前往华盛顿，商讨这一作战计划。斯大林认为，开辟第二战场是美英两国的事情，必须有丘吉尔的坚决支持，因此，他决定派苏联外交人民委员莫洛托夫先到伦敦，再往华盛顿。

4月8—17日 霍普金斯和丘吉尔在伦敦会晤。马歇尔将军访问伦敦。

4月27日 美国召回驻法国维希政府的大使。

5月21日 由外交人民委员莫洛托夫和军事代表伊萨耶夫少将组成的苏联代表团抵达伦敦，双方在契克斯开始会谈。

5月26日 莫洛托夫在访问伦敦期间，与英国签订为期20年的英苏同盟条约，规定双方不得单独与敌媾和。

5月26—31日 德国反抗运动代表（舍恩费尔德和博恩赫费尔）与英国奇切斯特主教在瑞典取得联系（探询推翻纳粹政府后与西方媾和的可能性），结果遭英国政府的坚决回绝。

5月29日 下午4时，莫洛托夫在美国白宫会见了罗斯福、国务卿赫尔和霍普金斯。次日上午，罗斯福同莫洛托夫进行了会谈。莫洛托夫在会谈时表示，开辟第二战场的问题既是个军事问题，也是个政治问题，“但它主要还是个政治问题，因此，它不应当由军人，而应当由国务活动家们来解决”。6月1日上午，罗斯福在同莫洛托夫进行最后一次会谈时说，莫洛托夫可向莫斯科表明，美国政府力争并希望在1942年开辟第二战场。

6月11日 美国把租借法扩大应用于苏联。美苏在华盛顿签署互相援助的原则议定书。

6月17日 在莫洛托夫回国后不久，丘吉尔带着总参谋长艾伦·布鲁克等飞往华盛顿。会谈期间，两国政府首脑和参谋长们讨论了开辟第二战场和原子弹研究的问题。丘吉尔不赞成1942年在法国本土登陆，而主张研讨在法属西北非的军事行动。7月，马歇尔、欧内斯特·金和霍普金斯访问伦敦时，美国参谋们主张在西欧作牵制性的进攻，但英国军政领导人则坚决主张在北非采取军事行动。最后，罗斯福同意了英国领导人的意见。

6月18—25日　丘吉尔、霍普金斯以及英美总参谋部代表在伦敦会谈。

7月24日　美英双方决定于1942年秋天在北非登陆，这次军事行动的密码代号为“火炬”。次日，美国总统正式批准了这个计划。

8月12日　为了劝说苏联接受北非登陆计划，丘吉尔偕同他的军政顾问和美国总统驻英特使艾夫里尔·哈里曼飞抵莫斯科。当晚，他来到克里姆林宫，向斯大林介绍了“火炬”计划。8月13日中午，丘吉尔到克里姆林宫拜访了莫洛托夫，详细阐述了有关“火炬”计划的一些军事问题，但双方最终仍未能形成完全一致的意见。

8月17日　丘吉尔、哈里曼和斯大林在莫斯科会谈。

11月9日　维希政府与美国断绝外交关系。

12月2日　美国核物理学家恩利科·费米在芝加哥建立的第一个原子反应堆开始运转。

12月14日　法英条约重新确立法国对马达加斯加及其属地的主权。

【1943年】

1月12—23日　美国总统罗斯福和英国首相丘吉尔在摩洛哥卡萨布兰卡，在严格保密的条件下进行了会晤。会议制定了英美1943年的作战方针——在北非战役结束后攻占西西里岛，并为此任命艾森豪威尔为盟军总司令。会议在政治方面取得的突破，是使法国的两派力量，即“自由法国”领导人戴高乐将军和北非军政长官吉罗将军实现了联合。戴高乐由此登上国际舞台。

1月20日　德日签订经济协定，但由于商船突破同盟国封锁的可能性日渐减少，该协定成了一纸空文。

2月5日　丘吉尔、艾森豪威尔（北非盟军司令）和法国的吉罗、戴高乐在阿尔及尔举行会谈。

3月1日　美英大西洋护航会议开幕。

3月24日　吉罗和戴高乐在卡萨布兰卡会谈。

4月11日　绍克尔—赖伐尔条约使法国的战俘成为德国的自由劳动力。

4月14日　英国外交大臣艾登在华盛顿与罗斯福商定，将东普鲁士划归波兰。罗斯福建议德国居民迁出东普鲁士。苏联驻华盛顿大使李维诺夫早在3月16日就声明，苏联赞同这一设想。

4月25日 苏联与波兰流亡政府断交。

5月8日至6月3日 在由美国在弗吉尼亚州召集的温泉会议上，酝酿成立了粮食及农业组织。联合国成立后，该组织被承认为联合国的一个专门机构。

5月12—25日 “三叉戟”会议在华盛顿举行。会上，罗斯福、丘吉尔和他们的顾问们决定不抽调地中海的力量去加强太平洋战区的麦克阿瑟的运输能力，而是计划在西西里岛取得胜利后，在意大利登陆；占领亚速尔群岛，以加强对德国的潜艇作战；1944年进攻法国。

会议还详尽讨论了太平洋地区的战略，英国同意在缅甸发动一次有限的进攻，美国则决定加强空军在中国的战斗活动。

5月15日 苏联宣布解散1919年成立的“共产国际”。

8月11日 意大利政府代表与同盟国开始在葡萄牙的里斯本接触。

8月14—24日 罗斯福和丘吉尔在加拿大魁北克举行会议，代号为“四分仪”。议题：除即将出现的意大利投降问题外，讨论由联合司令部参谋长制定的进攻法国的计划（“霸王”），发起日期初定在1944年5月1日。会议同意为配合“霸王”战役，在法国南部发起一次登陆行动（代号为“铁砧行动”，后改为“德拉冈行动”）。会议还就缅甸战局和东南亚司令部问题交换了意见。

8月19日 美英“关于共同研究和发展原子问题的协定”在魁北克签订，同日生效。

9月9日 匈牙利与英国秘密商定，匈将背着德国及其盟国与同盟国谨慎合作，一俟同盟国军队到达匈牙利边境，便与同盟国正式缔结停战协定。

9月29日 意大利政府领袖巴多格里奥和盟军总司令艾森豪威尔在马耳他签署《意大利投降书》。

9月 创建国际货币基金组织和世界银行的国际会议在华盛顿开幕，1944年7月在新罕布什尔的布雷顿森林结束。会议签订了《国际货币基金协定》。1945年12月27日，国际货币基金组织在华盛顿正式成立。

10月19—24日 苏英美外长（莫洛托夫、艾登、赫尔）会议在莫斯科斯皮里多诺夫斯克（今阿列克赛·托尔斯泰大街）的迎宾馆里举行。这是三国外长自第二次世界大战爆发以来的第一次会晤。其间除了12次全体会议外，还举行了几次小范围的外交部长会晤。会议决定在伦敦成立欧洲咨询委员会，以研究战后的合作问题。会议通过了4项宣言：《四国关于普遍安全的宣言》（有中国签字）、《关于意大利的宣言》、《关于奥地利的宣言》和《关于希特勒分子对于其所犯暴行的责任的宣言》。

11月9日　44国协商成立联合国善后救济总署。该组织的目的是帮助受战争创伤的国家自助，修复战争带来的破坏。

11月23—27日　代号为“六分仪”的开罗会议在米纳饭店举行。罗斯福、丘吉尔、蒋介石及这3国的高级官员均出席了第一次会议。在5天的会议中，三国首脑举行高峰会议1次，美中首脑对谈4次，英中首脑会晤3次。会上，各方就远东的战略问题进行了激烈的交锋，最后作出了在滇缅对日作战的决定。关于远东战后安排，会议于12月1日通过了如下《开罗宣言》：

“三国军事方面人员，关于今后对日作战计划，已获得一致意见，我三大盟国表示决心以不松弛之压力，从海陆空诸方面加诸残暴的敌人。此项压力已经在增长之中。

“我三大盟国此次进行战争之目的，在于制止及惩罚日本之侵略。三国决不为自身图利，亦无拓展领土之意。三国之宗旨在剥夺日本自1914年第一次世界大战开始以后在太平洋所夺得的或占领之一切岛屿，在使日本所窃取于中国之领土，例如满洲、台湾、澎湖群岛等，归还中华民国。日本亦将被逐出于其以暴力或贪欲所攫取之所有土地，我三大盟国轸念朝鲜人民所受之奴役待遇，决定在相当期间，使朝鲜自由独立。

“我三大盟国抱定上述之各项目标并与其他对日作战之联合国家目标一致，将坚持进行为获得日本无条件投降所必要之重大的长期作战。”

11月10日　同盟国成立“同盟国委员会”，对盟军所占领的意大利领土实行管制。

11月28日至12月1日　罗斯福、丘吉尔和斯大林举行德黑兰会议，会议代号为“尤利卡”。会上，斯大林进一步了解了定于1944年5月1日实施的“霸王”行动，就分割德国问题取得“原则上”的一致。罗斯福建议将德国分成5个独立国家；丘吉尔主张将普鲁士孤立起来，建立一个在奥地利或匈牙利影响下的多瑙河联邦；斯大林赞同罗斯福的建议。会议商定将寇松线作为波兰东部边界，波兰国土向西推移。丘吉尔建议将奥得河作为波兰西部边界。斯大林要求将柯尼斯堡划归苏联。斯大林和丘吉尔同意将德国东部领土归还德国。斯大林要求400万德国男人到苏联参加一定时间的重建工作，并在战后剥夺德国的工业能力。

11月29日　在德黑兰会议期间，罗斯福同斯大林举行会谈，重点讨论了世界未来的治理问题。罗斯福提出了美、苏、英、中“四警察”的主张。

12月3—6日　罗斯福、丘吉尔和土耳其总统伊讷尼举行第二次开罗会议。土耳其拒绝参战。

12月9日　在德国秘密警察头子舍伦贝格于11月9日首次与美国代表休伊特进行接触之后，“帝国党卫队领袖”希姆莱决定在瑞典与休伊特就和平谈判的可能性交换意见，但休伊特已返回美国。

12月12日　苏联与捷克斯洛伐克流亡政府（总理贝内什）签订战后互助合作条约。

12月15日　“欧洲咨询委员会”在伦敦开始工作（成员有怀南特、斯特朗、古谢夫）。至1944年秋，该委员会制定出德国占领区计划，关于建立同盟国对德管制委员会的决议以及关于德国在政治上投降的文件。

苏联承认南斯拉夫“民族解放委员会”为南斯拉夫唯一政府，断绝与开罗的南斯拉夫流亡政府的关系。英国和美国赋予铁托以“平等的同盟国司令员”的地位。

12月24日　苏罗开始在斯德哥尔摩就停战问题进行秘密对话。

【1944年】

1月11日 苏联政府发表声明，主张在寇松线基础上重建一个“强大和独立的”波兰，“将很久以前属于波兰和……被德国劫掠的波兰领土归还波兰”。

1月14日 丘吉尔认为最终应将奥得河作为波兰的西部边界。

1月15日 在副首相艾德礼领导下，英国内阁委员会制立了一份将来划分德国占领区的计划。该计划规定，东、西两部分的分界线为吕贝克—黑尔姆施泰特—爱森纳赫—霍夫。2月18日，苏联政府表示赞同这一计划；6月1日，美国政府也表示赞同，并撤回原来提出的关于西方盟国应分得较大一块占领区的建议（即以柏林为中心，将德国分割成数块）。

1月28日至2月1日 苏联召开最高苏维埃第十次代表大会：修改1936年制定的“斯大林宪法”；每个苏维埃共和国均设立自己的外交人民委员会，从而为苏联要求在“联合国”有多个投票权奠定基础。1945年2月，在雅尔塔会议上，美、英同意乌克兰、白俄罗斯在联合国有投票权。

3月11日 爱尔兰政府拒绝接受美国和英国政府提出的关于驱逐“轴心国”外交代表的请求。3

月13日，英国停止与爱尔兰的人员交往。5月30日，爱尔兰首相德瓦莱拉准予政府重新进行投票。

3月17日 以斯蒂尔贝伊亲王为首的罗马尼亚反对党的代表与3个主要同盟国的代表在开罗开始秘密停战谈判。

5月5日 捷克斯洛伐克流亡政府与苏联政府签订关于苏军占领捷克斯洛伐克的协定。

6月2日 安东内斯库政府与苏联大使在斯德哥尔摩举行秘密谈判，就罗马尼亚退出战争的条件原则上达成一致。

以巴格里亚诺夫为首的保加利亚新政府组成，并开始与西方同盟国进行秘密停战谈判。

6月7—12日 波兰流亡政府总理米科拉伊奇克在华盛顿访问期间，罗斯福总统曾向其允诺，为消除苏联政府与波兰流亡政府之间的紧张状态，他将从中斡旋，并促成斯大林与米科拉伊奇克的会晤。

6月30日 鉴于里宾特洛甫与吕蒂之间的协议，美国断绝与芬兰的外交关系。

7月1—22日 同盟国44国政府代表在美国新罕布什尔州布雷顿森林举行会议，澄清货币、支付和贸易等问题。会议建议筹集100亿美元的国际基金和建立一个国际银行，用以恢复建设和发展生产。起初，苏联未参加合作。

7月13日 德国与阿尔巴尼亚建立外交关系（1943年秋，阿尔巴尼亚组建一个亲德政府，但国内无人支持）。

7月25日 欧洲咨询委员会批准关于德国在政治上投降的草案。

7月26日 苏联政府和波兰“卢布林委员会”在莫斯科签订友好同盟条约。

8月2日 土耳其断绝与德国的外交关系。

苏联与“卢布林委员会”建立外交关系。

8月3日 斯大林在莫斯科接见波兰流亡政府总理米科拉伊奇克。接见时，在座的“卢布林委员会”代表要求免去波兰流亡政府军队总司令索斯恩科夫斯基将军的职务，废弃1935年宪法，并以此作为与流亡政府和解的前提。

8月12日 丘吉尔与铁托在那波利（今那不勒斯）附近的卡塞塔盟军大本营举行会谈。

在整个战争中始终与苏联政府保持外交关系的保加利亚政府断绝与德国的关系。

8月21日至10月7日 美、苏、英、中四国在华盛顿附近的敦巴顿橡树园举行会议，史称“敦巴顿橡树园会议”。由于苏联以尚未与日本开战为由,不愿与中国坐在一张会议桌旁，最后各方商定，会议分为两个阶段：第一个阶段从1944年8月21日到9月28日，美、英、苏三国参加（“苏联阶段”），就战后联合国的组织机构基本达成协议。第二个阶段从1944年9月29日到10月7日，中、美、英三国参加（“中国阶段”），对联合国组织问题作进一步的讨论。会议规划了联合国宪章的基本轮廓，解决了联合国建立的主要问题。

8月25日 罗斯福任命一个德国问题内阁委员会，由国务卿赫尔、国防部长史汀生和财政部长摩根索组成。

9月2日 美国三人委员会提交了一份德国计划，后经摩根索加工，成为所谓“摩根索计划”。该计划的主要内容是：把德国分成数个小国；破坏和清除德国工业固定资产；使德国变成农业国。

9月5日 比利时、荷兰和卢森堡在鹿特丹组成关税同盟。

9月10—17日 “八边形”会议在魁北克举行。会议批准了艾森豪威尔进军德国的计划；再次修改了在缅甸的作战计划，英国同意密切地进行协同作战，以击败日军；同时还计划了盟军在德国的占领区的划分，并同意“把德国变为一个农业和畜牧业国家”的摩根索计划。

9月11—19日 罗斯福和丘吉尔举行第二次魁北克会议：签署第一个占领区划分议定书。议定书确定了东、西方占领区的边界，计划组建一个大柏林特殊管理机构。丘吉尔同意经修订的摩根索计划。但是，罗斯福于9月22日收回他对该计划的签字。

9月12日 苏联、美国、英国同罗马尼亚签订停战协定。

9月19日 苏、英、芬在莫斯科签署停战协定。芬兰必须要求德军在15天内撤出芬兰，否则芬兰应承担以本国军队将德军赶出芬兰的义务；将佩萨莫割让给苏联。

9月24日 根据匈牙利国家元首的指令，一个代表团前往莫斯科企图与苏联进行停战谈判。

10月3日 罗斯福再次宣布放弃摩根索计划。

10月5日 铁托与保加利亚缔结友好协定。铁托开始执行巴尔干结盟政策，从而导致与斯大林的紧张关系。

10月7日 东方阿拉伯国家签署亚历山大草约，它是未来阿拉伯联盟的雏形。

10月9—20日 丘吉尔和斯大林在莫斯科举行会议（美驻苏大使哈里曼作为“观察员”出席），确定东南欧势力范围：希腊为英国势力范围；保加利亚、罗马尼亚为苏联势力范围；南斯拉夫和匈牙利一半为英国势力范围，一半为苏联势力范围。

波兰流亡政府总理米科拉伊奇克拒绝接受以寇松线作为波兰东部的边界线。

10月11日 匈牙利代表团和苏联最高统帅部代表在莫斯科草签停战协定。

保加利亚放弃对希腊（色雷斯西部）和南斯拉夫（马其顿）的领土要求。

10月23日 美、英、苏承认以戴高乐为首的法国临时政府。

10月28日 苏、英、美、保在莫斯科签署停战协定。协定规定，保加利亚军队继续参加对德作战；宣布在维也纳建立的、以赞科夫教授为首的保加利亚流亡政府为非法。

11月7日 罗斯福第四次当选为美国总统。

11月14日 欧洲咨询委员会在伦敦草签第二份占领区划分议定书（确定英美占领区分界线）以及管制委员会协定（同盟国计划建立一个德国管制委员会，作为同盟国在占领区内的最高监察机构）。

12月2—10日 斯大林和戴高乐在莫斯科举行会议，签订法苏条约。

12月5日 米克洛什-达尔诺基将军在莫斯科建立一个与现政府对立的匈牙利政府（由匈牙利左翼党代表组成，共产党员纳吉·伊姆雷出任农业部长）。该政府于12月7日在德布勒森开始办公（12月21日才公布于众）。

12月10日 戴高乐和皮杜尔（自12月2日在莫斯科举行会谈）与苏联签署一项针对德国的法苏同盟条约，为期20年。戴高乐拒绝斯大林提出的关于承认“卢布林委员会”的要求；斯大林同意将莱茵兰和鲁尔区从德国分离出去。

12月15日 丘吉尔在下院宣布，他在与苏联谈判中同意以割让德国领土作为对波兰的赔偿，以及驱逐在这部分领土上生活的全部德国人。他认为驱逐成百万德国人是“最令人满意的和最可靠的手段”。

12月18日 美国新任国务卿斯退丁纽斯（前任科德尔·赫尔）宣布，对一切边界调整问题，美国将推至战后考虑。

12月25—27日 丘吉尔和艾登访问雅典，以平息该国各党派之间的斗争。

【1945年】

1月3日 苏联承认“波兰共和国临时政府”（“卢布林委员会”）。

1月6日 土耳其断绝与日本的外交关系。

1月20日 匈牙利和苏联在莫斯科签字停战。

1月30日 捷克斯洛伐克流亡政府宣布废除1942年1月23日协定，同时承认华沙“临时政府”，断绝与在伦敦的波兰阿齐谢夫斯基流亡政府的关系。

2月4—12日 斯大林、罗斯福和丘吉尔及其外长、参谋长举行雅尔塔会议。决议：协调军事行动，将德国划分为4个占领区（斯大林同意由英美占领区各划出一部组成法国占领区）；在“肢解”德国、赔偿问题上达成原则性一致意见；建立一个对德管制委员会；“联合国”代表在旧金山召开一次会议（1945年4月25日），共同制订联合国宪章。

“三大国”同意组成一个以华沙政府为核心、吸收波兰流亡代表参加的波兰“全国统一临时政府”；三方同意波苏边界基本按“寇松线”划分。在德国向波兰割让领土、以此作为对波兰的赔偿以及驱逐德国人问题上也取得原则性一致，但认为

“波兰西疆的最后定界应待和平会议解决”。

会议建议1944年11月1日签订的铁托—舒巴希奇协议立即生效。该协议规定在共产党领导的民族解放反法西斯会议基础上，由若干1941年的南斯拉夫国会代表参加，组成联合政府。

2月11日　罗斯福同斯大林就苏联参加对日作战的条件，达成了秘密的《雅尔塔协定》，并邀请丘吉尔共同在协定上签字。这一协定是在没有中国代表参加的情况下作出的直接涉及中国主权和利益的决定，其全文是：

“苏美英三大国领袖同意，在德国投降及欧洲战争结束后两个月或三个月内苏联将参加同盟国方面对日作战，其条件为：

“1.外蒙古（蒙古人民共和国）的现状须予维持。

“2.由日本1904年背信弃义进攻所破坏的俄国以前权益须予恢复，即：

“甲、库页岛南部及邻近一切岛屿须交还苏联；

“乙、大连商港须国际化，苏联在该港的优越权益须予保证，苏联之租用旅顺港为海军基地须予恢复；

“丙、对担任通往大连之出路的中东铁路和南满铁路应设立一苏中合办的公司以共同经营之；经谅解，苏联的优越权益须予保证而中国须保持在满洲的全部主权。

“3.千岛群岛须交予苏联。

经谅解，有关外蒙古及上述港口铁路的协定尚须征得蒋介石委员长的同意。根据斯大林大元帅的提议，美总统将采取步骤以取得该项同意。

“三强领袖同意，苏联之此项要求须在击败日本后毫无问题地予以实现。

“苏联本身表示准备和中国国民政府签订一项苏中友好同盟协定，俾以其武力协助中国达成自日本枷锁下解放中国之目的。”

2月13日　伦敦的波兰流亡政府称雅尔塔会议决议是“第五次瓜分”波兰。

2月19日　希姆莱与瑞士红十字协会主席贝尔纳多特伯爵接触，探询与西方单独媾和的可能性。

3月8日　德国党卫队上将沃尔夫（驻意大利党卫队和警察最高长官）在瑞士与驻意大利的盟军司令部代表举行秘密谈判，企图争取有利的投降条件。

由彼得二世任命的摄政会议批准在雅尔塔会议“推荐”基础上产生的南斯拉夫铁托内阁人员名单，舒巴希奇在此内阁中任外交部长。

3月11日 伦敦波兰流亡政府对旧金山会议作出的波兰决议提出抗议。

3月15日 受里宾特洛甫之托，驻斯德哥尔摩的德国大使馆参赞黑斯向西方国家探询单独媾和的可能性。

3月18—20日 捷克斯洛伐克流亡政府总理贝内什访问莫斯科。

3月22日 埃及、伊拉克、叙利亚、黎巴嫩、外约旦、沙特阿拉伯和也门在开罗签订阿拉伯联盟条约。

4月5日 苏联政府发表声明，废除1941年4月13日与日本签订的中立条约。

4月11日 在铁托访问莫斯科期间（自4月5日），苏联与南斯拉夫签订友好互助条约。

4月12日 美国总统富兰克林·D.罗斯福突然去世，由副总统哈里·S.杜鲁门继任。

西班牙断绝与日本的外交关系。

4月21日 斯大林和奥苏卡-莫拉夫斯基分别代表苏联和华沙“临时政府”在莫斯科签订“友好合作互助条约”。

4月25日至6月26日 《联合国宪章》制宪会议在美国旧金山召开。会议根据1945年2月雅尔塔会议的决议，由中苏美英4国发起，50个国家的代表参加，讨论、制定了《联合国宪章》。6月26日，各国代表签署了《联合国宪章》。在签字仪式上，中国代表团因在发起国中按字母顺序排在第一位，故代理宋子文担任首席代表的顾维钧第一个在《宪章》上写下了自己的名字。10月21日，蒋介石代表中国在《联合国宪章》上签字。《宪章》于同年10月24日生效。

《联合国宪章》共19章、111条。第一章《宗旨及原则》的第一条规定“联合国之宗旨为：一、维持国际和平及安全；并为此目的：采取有效集体办法，以防止且消除对于和平之威胁，制止侵略行为或其他和平之破坏；并以和平方法且依正义及国际法之原则，调整或解决足以破坏和平之国际争端或情势。二、发展国际间以尊重人民平等权利及自决原则为根据之友好关系，并采取其他适当办法，以增强普遍和平。三、促成国际合作，以解决国际间属于经济、社会、文化及人类福利性质之国际问题，且不分种族、性别、语言或宗教，增进并激励对于全体人类之人权及基本自由之尊重。四、构成一协调各国行动之中心，以达成上述共同目的。”

第二条规定“为求实现第一条所述各宗旨起见，本组织及其会员国应遵行下列原则：一、本组织系基于各会员国主权平等之原则。二、各会员国应一秉善意，履行其依本宪章所担负之义务，以保证全体会员国由加入本组织而发生之权益。三、各会员国应以和平方法解决其国际争端，俾免危及国际和平、安全及正义。四、各会员国在其国际关系上不得使用威胁或武力，或以与联合国宗旨不符之任何其他方法，侵害任何会员国或国家之领土完整或政治独立。五、各会员国对于联合国依本宪章规定而采取之行动，应尽力予以协助，联合国对于任何国家正在采取防止或执行行动时，各会员国对该国不得给予协助。六、本组织在维持国际和平及安全之必要范围内，应保证非联合国会员国遵行上述原则。七、本宪章不得认为授权联合国干涉在本质上属于任何国家国内管辖之事件，且并不要求会员国将该项事件依本宪章提请解决；但此项原则不妨碍第七章内执行办法之适用。”

5月5日　瑞士政府不承认邓尼茨政府，将其公使召回。

5月7日　2时41分，约德尔大将代表德国国防军在兰斯的艾森豪威尔将军大本营签署投降书，5月9日生效。

西班牙断绝与德国的外交关系。

5月9日　零时16分，凯特尔元帅、什图姆普弗大将和弗雷德堡大将，代表德国最高统帅部在柏林卡尔斯霍斯特的苏军大本营再次签署德国无条件投降书。

斯大林在就德国投降发表的广播讲话中，表示赞同建立一个统一的德国，反对“肢解”政策。

5月11日　由英美代表组成的“同盟国派驻德国国防军统帅部管制委员会”开始与德国国防军统帅部和邓尼茨政府接触。

5月13日　因美苏关系趋于紧张，美国政府宣布重新考虑租借法案。

5月26日至6月6日　美国总统杜鲁门的特命公使哈里·霍普金斯在莫斯科与苏联领导人晤谈。

6月5日　柏林宣言：艾森豪威尔、蒙哥马利、朱可夫和德拉特尔·德塔西尼签署4个文件，宣告德国政府权力机构结束，由管制委员会中的4个同盟国最高军事长官集体行使德国最高行政职权；以1937年的边界为基础，确定将德国划分为4个占领区和柏林特别区域。

6月9日　南斯拉夫、美国、英国就威尼西亚朱利亚的“暂时军事管制”问题签订协议：南斯拉夫部队从的里雅斯特、波拉、伊松佐—塔尔撤出。

6月14日 捷克斯洛伐克政府提出对劳西茨地区德国领土的要求。

6月16日 斯大林和杜鲁门就美军撤出苏联占领区西部地区问题互致电报，交换意见。

6月20日 在波捷就占领切申的争执中（1938年10月由波兰占领），苏联作出有利于捷克斯洛伐克的裁决。

6月21日至7月14日 三大国赔偿委员会在莫斯科开会。

6月23日 铁托对伊斯特拉半岛和克恩滕提出领土要求。

6月26日 旧金山会议结束。50国政府代表签署联合国宪章（10月15日波兰补签）。

6月29日 美国、英国和苏联代表在柏林举行的一次会议上决定，盟军由苏联占领区撤出；英国和美国进入柏林西部地区。上述工作均于7月1—4日完成。三方口头商定通向柏林的自由通路。

根据苏捷两国政府的一项条约，捷克斯洛伐克将喀尔巴阡—乌克兰割让给苏联。

7月1日 根据美国总统杜鲁门的任命，詹姆斯·伯恩斯接替爱德华·斯退丁纽斯就任国务卿。

7月1—4日 英美军撤离苏联占领区。苏军进入萨克森、勃兰登堡、梅克伦堡和整个图林根地区。英美军进入苏军撤离的西柏林地区。

7月4日 西方盟国承认由苏联指定的奥地利伦纳政府。

同盟国宣布，根据1937年边界划定的奥地利将划分为4个占领区，处于特殊地位的维也纳也将被分割。

7月6日 美国财政部长亨利·摩根索退职。

7月7日 对柏林实施四国共管协定签字。

美国当局将萨尔区移交法国管理。

7月11日 柏林的盟军司令官举行首次会议。

7月12日 巴登和符滕堡被划入美国和法国占领区。

7月15日 美国将莱茵兰南部移交法国。

7月16日 美国在新墨西哥州阿拉莫戈多附近的洛斯阿拉莫斯进行的首次原子弹爆炸实验成功。

7月17日 西班牙政府颁布一项关于冻结德国在西班牙财产的法令。

7月17日至8月2日 杜鲁门、斯大林和丘吉尔（7月29日由英国新任首相艾德礼代替）在采齐琳霍夫宫举行波茨坦会议。会议对下列问题作出决定：继续处理德国问题（将德国视为“经济单位”）；在柏林建立同盟国管制委员会；赔偿问题（最高数额仍未决定）和拆除德国工业设施问题。东普鲁士北部及柯尼斯堡委托苏联“管理”，至奥得河和尼斯河的德国东部地区委托波兰“管理”，直到召开一次和平会议对这些地区作出最终裁决为止。法国和中国将应邀参加在伦敦举行的五国会议。届时，将先与意大利，后与德国其他盟国缔结和约。与德国的和约将待德国建立统一政府后缔结（建立德国统一政府问题未列入计划，只是在同盟国管制委员会中设若干“国务秘书”）。

7月24日　贝鲁特和米科拉伊奇克到波茨坦，代表波兰政府接受奥得河—尼斯河线。根据1945年8月2日签署的波茨坦公告第9条，授权波兰政府暂时管理奥得河和劳西茨尼斯河以东的德国领土以及“但泽自由城”。公告第13条允许在“人道”前提下，将德国人逐出波兰、捷克斯洛伐克和匈牙利。

7月26日　四大国在关于德国占领区和管理柏林的四国协定的最终文本上签字。

苏、美、英首脑讨论了结束对日作战的条件和有关对日本的战后处置方针，并通过了著名的《波茨坦公告》。《公告》共13条，原以美、英、中3国共同宣言的形式发表，苏联因尚未参加对日作战，故未签字。苏联在8月9日对日宣战后，于8月8日正式在公告上签字。

《公告》促令日本无条件投降，其第8条特别指出：“《开罗宣言》之条件必将实施，而日本之主权必将限于本州、北海道、九州、四国及吾人所决定其他小岛之内。”

7月27日　日本首相铃木贯太郎在一次记者招待会上宣称，日本“无视”7月26日的《波茨坦公告》。

8月2日　各方代表签订了包含下列内容的《苏英美三国柏林（波茨坦）会议议定书》：1. 外长会议的设立；2. 在盟国管制初期关于处置德国之政治及经济原则；3. 取自德国之赔偿；4. 德国军舰商船之处置；5. 哥尼斯堡城及其附近地区；6. 战争罪犯；7. 奥地利；8. 波兰；9. 缔结和约与加入联合国组织；10. 领土托管；11. 修改盟国对罗、保、匈三国管制委员会程序规则；12. 德国人之有秩序遣返；13. 罗马尼亚之油田设备；14. 伊朗；15. 丹吉尔国际共管区；16. 黑海海峡；17. 国际内水通道；18. 欧洲内陆运输会议；19. 对于德国管制委员会军事司令官之指令；20. 以盟国财产作为卫星国之赔偿或“战利品”；21. 军事洽商。

8月7日 法国临时政府声明，它同意8月2日签署的《波茨坦公告》，但对保持德国统一的段落持有异议。

8月8日 苏联对日宣战。

苏、美、英、法代表在伦敦正式缔结了《关于控诉和惩处欧洲轴心国主要战犯的协定》，并通过了《欧洲国际军事法庭宪章》，决定由该4国各派法官和助理法官1名，组成纽伦堡国际军事法庭，审判第二次世界大战的主要战犯。欧洲国际军事法庭的地址最后确定在纽伦堡。

军事法庭规定，犯有下列3种罪行的个人或组织应受审判和惩罚：一、破坏和平罪：指策划、准备、发动或进行侵略战争，或参与实施上述任何罪行的计划或阴谋等；二、战争罪：指杀害、虐待或劫走占领区的平民，杀害或虐待战俘或海上人员，杀害人质，掳掠公私财产，恣意破坏城镇等；三、违反人道罪：指战争发生前或战争期间对于任何平民的杀害、灭种、奴役、放逐以及其他不人道的行为等。

8月11日 同盟国各政府答复日本：日本天皇须听从于一名盟军司令官，并应对波茨坦决议的实施负责。盟军部队将占领日本，直至实现投降条件。

8月14日 日本铃木内阁接受同盟国8月11日的答复，并引退。东久迩亲王任新内阁首相，重光葵任外相。

苏联与中国缔结“友好条约”。

8月15日 同盟国“胜利日”（对日作战胜利）。

8月16日 波苏签订边界条约。两国边界最终以“寇松线”为基础，稍稍作了有利于波兰的变动。

8月23日 杜鲁门总统命令停止一切租借供货。

9月2日 东京时间10时30分，在东京湾的美国“密苏里”号战列舰上，日本签署无条件投降书。日本外相重光葵、日军总参谋长梅津美治郎、麦克阿瑟和各同盟国代表在投降书上签字。

9月11日 根据此前盟军最高统帅麦克阿瑟就逮捕甲级战犯下达的命令，前日本首相东条英机被捕。此后，盟军总部又陆续将前陆军大臣荒木贞夫等72人追列为甲级战犯。12月中旬，除前首相近卫文麿等数人自杀外，其余100多名日本甲级战犯全部被盟国逮捕收监。

10月24日 《联合国宪章》生效。

10月29日　《国际军事法庭程序规则》在纽伦堡通过。

11月20日　上午10时3分，纽伦堡国际军事法庭开始审讯。英国劳伦斯大法官担任军事法庭庭长。首席检察官、美国大法官杰克逊宣读了起诉书。从1945年11月底到翌年3月，法庭对战犯罪行进行了检举。1946年3月8日，纽伦堡审判的战犯们开始为自己辩护。

在纽伦堡审判中被指控和起诉的纳粹德国罪魁共20多人：赫尔曼·威廉·戈林、鲁道夫·赫斯、约阿希姆·冯·里宾特洛甫、罗伯特·莱伊、威廉·凯特尔、恩斯特·卡尔滕布龙纳、阿尔弗雷德·罗森堡、汉斯·弗兰克、威廉·弗里克、尤利乌斯·施特赖歇尔、瓦尔特·冯克、雅尔马·沙赫特、古斯塔夫·克虏伯·冯·博伦和哈尔巴赫、卡尔·邓尼茨、埃里希·雷德尔、巴尔杜尔·冯·席拉赫、阿尔贝特·施佩尔、弗里茨·绍克尔、阿尔弗雷德·约德尔、马丁·鲍曼、弗朗茨·冯·巴本、阿图尔·赛斯-英夸特、康斯坦丁·冯·牛赖特和汉斯·弗里切。

被宣布为犯罪集团或组织的是：德国内阁、德国民族社会主义工人党政治领袖集团、包括保安勤务处（通常被称为SD）在内的德国民族社会主义工人党党卫队（通常被称为SS）、秘密警察（通常被称为“盖世太保”）、冲锋队（通常被称为SA）以及参谋总部和国防军最高统帅部。

按照法律程序，罪犯在受审前30天，即在1945年10月，各自收到一份长约2.4万字的德文起诉书。

纽伦堡法庭进行了长达4个月的法庭审讯，共开庭403次。核实查对3000多份原始材料。传讯237名证人和数百名其他人。听取16个报告。为被告进行辩护的22名德国律师提交法庭的书面材料不少于30万份。法庭的英文记录厚达17000多页。

12月16—26日　苏、美、英3国外长莫斯科会议决定：驻日盟军最高统帅应采取一切必要的措施，保证使包括惩办日本战犯在内的“日本投降及占领和管制日本”诸条款一一实现。随后，苏、美、中、英、法、澳、加、新、荷9国代表经过多次谈判，决定将日本首要战犯交由这些国家代表所组成的国际军事法庭审判。印度和菲律宾后来参加了这项协议，远东国际军事法庭遂由11国组成。

12月27日　《国际货币基金协定》在华盛顿签订，同日生效。它同国际复兴开发银行协定一起构成《布雷顿森林协定》。

【1946年】

1月19日 麦克阿瑟签发“特别通告”，即“设置远东国际军事法庭”（又称东京法庭）的命令，并批准了《远东国际军事法庭宪章》。

2月15日 盟军最高统帅部根据各同盟国政府的提名，任命了11名远东国际军事法庭法官，美、中、英、苏、加、法、新、荷、印、菲各一名，法庭庭长是由麦克阿瑟指定的澳大利亚法官韦伯爵士。中国法官是42岁的梅汝璈。

5月3日 远东国际军事法庭宣布开庭。28名甲级战犯在军警的押解下一一进入法庭。

检察长季南（美国人）首先宣读长达42页的起诉书。然后，根据法庭采用的英美法系规定，28名被告应对起诉书公开声明自己是否有罪。除大川昭明外，其他27人全都声称无罪。

审判历时两年，开庭日数为417天（818次）。近12000人提出了口头或书面的证言，被受理的审判和辩护方面的证据近5200件。

9月30日 纽伦堡法庭开始判决。判决书长达250页。

10月1日 法庭对每一名战犯进行判罪。被判处绞刑的有12人：赫尔曼·威廉·戈林、约阿希姆·冯·里宾特洛甫、威廉·凯特尔、恩斯特·卡尔滕布龙纳、阿尔弗雷德·罗森堡、汉斯·弗兰克、威廉·弗里克、尤利乌斯·施特赖歇尔、弗里茨·绍克尔、弗雷德·约德尔、阿图尔·赛斯-英夸特、马丁·鲍曼。被判处无期徒刑的有3人：鲁道夫·赫斯、瓦尔特·冯克、埃里希·雷德尔。被判处有期徒刑的有4人：卡尔·邓尼茨（10年）、康斯坦丁·冯·牛赖特（15年）、巴尔杜尔·冯·席拉赫（20年）、阿尔贝特·施佩尔（20年）。宣告无罪的有3人：雅尔马·沙赫特、弗朗茨·冯·巴本、汉斯·弗里切。

10月16日　纽伦堡审判的死刑犯被处以绞刑（戈林在行刑前一天服毒自杀身亡）。

尾声

1948年11月4日，远东国际军事法庭开始进行判决，厚达1500页的判决书宣读了7天。法庭最后宣判25人有罪，其中7人被判处绞刑，16人被判处无期徒刑，2人被判处有期徒刑。

被判处绞刑的7人是：

东条英机（历任陆军大将、陆相、内相、首相、参谋总长）；

广田弘毅（历任驻苏大使、外相、首相）；

土肥原贤二（历任陆军大将、驻满特务机关长、陆军航空总监）；

板垣征四郎（历任陆军大将、中国派遣军总参谋长、陆相）；

木村兵太郎（历任陆军大将、陆军次官、缅甸派遣军司令官）；

松井石根（历任陆军大将、上海派遣军司令官）；

武藤章（历任陆军中将、陆军省军务局长）。

1948年12月23日零时至零时33分，7名死刑犯在东京巢鸭监狱被执行绞刑。